柴静对话李安

心中的卧虎

文／柴静
选自作者博客

类　别 | 电　影　人物传记
ISBN 978-7-5086-3839-3
9 787508 638393　01>
定价 | 69.00 元

《看见》采访李安的节目，访问录制的时间是2012年11月2日，电影《少年派的奇幻漂流》还没公映，我们无法知道剧情，按照之前约定也不能询问电影内容，只能根据原先看小说的经验和对李安的些末了解来做这个访问。访问时长也很局促，这是很冒险的事，肯定不免粗浅。还好他对任何问题的思考都诚挚而有价值，使很多人看过节目后写信表达共鸣。节目播出后我出国了，到现在也还没有看过电影，不好再多写什么，访问不长，未剪辑进去的内容也不多了，我摘选一些，用语录体的方式附在文稿之后，供大家参考吧。

再补几句，这次提问中，有三处于我有个人的意义，第一处是我问："你不怕失败吗？"

李安说，怕，怕才有劲；怕，人才会提高警觉。就像小孩跟老虎飘洋过海，他后来发现没有那只老虎他活不了，没有那种恐惧，没有让他（产生）一个警醒的感觉。他对老虎的恐惧是提了他的神，增加了他的精气神，所以那种提高警觉的心态，（或者说）心理状态，其实是生存、求知跟学习最好的状况，所以有时候我也需要一点刺激，我就害怕（不）这样的话，自己也惰怠了，很容易陈腐的，很容易被淘汰。

"你还会有这种担心吗？被淘汰的恐惧。"

“会，会，对于观众、对于期待你的人，也要有一个交代，也要很诚恳。”

我采访前正是一个思想上不安的阶段，听这段话时，他如此赤诚，于公于私我都很有感触。恐惧是人最强的感受，但也使人保持精神上的警觉，与之共存。第二处是，记者这个职业，有时候莫名其妙的，跟一个人素不相识，一见之下，众目睽睽，要问人心腹深处的事，有冒犯之感，但这个职业也就是这样，就像李安拍电影时，他扮演老虎与派对戏，两人伏地游走，相互盯视，他说他不是在扮演虎，是从心里进入这只虎，忘记自己是谁。两人都要有一种专注和相信，眼神一分，四周灯光、摄影、声音全在眼里，幻觉就没了。所以他说太精明的人有时候做不成事情，是因为他们不再把幻想当真。

第三处是问到他：“你原来说过一句话，说电影不是去拍已知的，在拍电影的过程当中你会发觉自己的未知，这部电影让你发现自己的什么呢？”

他说他发觉（自己）就像派一样：“我觉得我对信仰还是有一种向往，可是心里面还是有那头老虎，还是搞不定。”

“这头老虎对你来说是什么？”

“这个不能讲。”

“是你在《十年一觉电影梦》里面写到的不断重复出现的那个元素吗？”我没直接问。

他也没直接答：“你看，我是一个很平和很温和的人，为什么我拍电影会这么冒险，我想跟老虎有关系？”

“那种咆哮的欲望吗？”

“说不出来，像野兽一样，有一种野性。我常常会拍一些跟我完全没有关系的（题材），拍女人，拍同性恋，拍《绿巨人浩克》。（为什么）拍这个东西，我自己也说不上来，只有在拍电影的这种精神状态里面，我才会有一些体验，我很想这个真的层面、这种情怀能够传达给观众，希望也能够引发他们心里面的‘卧虎藏龙’吧。”

问与不问，答与未答之间，忽然落到这句，我心里也一阵悸动。

这个访问从技术上讲还有太多可以检讨的东西，不过它让我回到了好久以前做这个职业之初的某一种心情，就如访问将完时李安说的：“没有一个真心诚意的交流，生活是很空虚的，人生是荒谬的，而深层交流不能明讲，只有靠艺术，靠电影，靠这些虚幻的东西、假设的东西，在里面交流，然后你感觉上没有那么孤单、没有那么无助。”

当天日程安排几乎以秒计，访问时间一到，他被身边人裹挟而去，但被卷到门口时，他还是回过身来向大家一一道谢，对我说“其实可以再谈一谈”。我说，嗯，会的。领受他对世界的一番好意。

演播室 大概在 2007 年，我看了一本书，叫“少年派的奇幻漂流”，这本书很有趣，它写的是一个十六七岁的印度少年，和一头三岁的孟加拉虎，在遇到海难之后，共同在太平洋上漂流的故事。我还记得看完这本书后跟朋友说，这就是书和电影的区别，像这样的故事只能写成书，不能拍成电影，但是五年之后，这部电影要在下周*公映了，而拍摄这部电影的人，是华人中唯一获得奥斯卡最佳导演奖的李安。

影像 *船难镜头*

解说 *船难，这是好莱坞电影常有的题材。*

影像 *少年幸存*

解说 *幸存，这也是西方大片惯常的情节。*

影像 *掀开帐篷，里面有老虎*

解说 *但是，一个 17 岁少年，和一只 450 磅的孟加拉虎共同在救生艇上，在漫无边际的太平洋上漂流 227 天，在互相威胁中共同求生。这不是科幻或者神话，这是一个从未被大银幕表现过的纪实题材，也是奥斯卡金奖导演李安的新作——《少年派的奇幻漂流》。这部电影的同名小说，曾经被评价为“绝不可能拍成电影”。从头到尾，人与虎之间几乎连互动的对白都没有，所有的海上巨浪和老虎都需要电脑动画虚拟。曾经有多位导演试图尝试，先后知难而退，而李安之前的大部分影片，不管是讲述父子关系的《推手》、《喜宴》、《饮食男女》，还是同性恋题材的《断背山》、古装武打题材的《卧虎藏龙》，或者谍战题材的《色，戒》，都使他一直被*

*这里指 2012 年 11 月 22 日，《少年派的奇幻漂流》在中国大陆正式上映。

认为最擅长讲述社会关系、人与他人的相处。但这部电影中，一场海难把所有的人类都与少年派隔绝了，只剩下让人恐惧和敬畏的大自然、动物和自我。

采访 **柴静：** 您为什么不去做您已经很熟悉、很有安全（感）的事情，比如说你以前很多题材都是社会的关系，你在当中把握得很游刃有余，里面有你的人生经验。为什么要去做一部只有一个男孩和一只老虎、基本上连对白都没有的电影？

李安： 没有做过的才有意思，我打一个比较俏皮的比方。比如说在婚姻关系（中），你要很忠诚，拍电影不需要，越新鲜的越好，越没有做过越刺激（越好）。

柴静： 跟您的年龄和处境（有关吗）？

李安： 有关，有关。跟我的心态有很大关系。做电影，职业做了二十年，入行二十年，就以我现在做的成绩来讲，我就是再拍烂片、再拍十年还有人找我拍，可是我会担心说拍东西又没有意思、没有挑战，我的那个斗志就没有了。

解说 *老虎的每一只爪子都像刀一样锋利，它意味着威胁和死亡，为了和老虎保持安全的距离，少年派用船桨、救生衣和救生圈造了一只迷你的小筏子，用绳子把自己系在救生艇上。一开始，他满脑子想的都是如何把老虎置于死地，后来他意识到，自己的生路只有一条，就是保证这只孟加拉虎的食物和饮水，只要它不饿，自己就没有危险。他只能用这种方式来驯养这只老虎，而李安这次也面临自称有生以来最冒险的电影之旅。小孩、动物、水，这三样已经是电影界公认最难拍的题材，这还不够，他还挑战着尝试3D拍摄。*

采访　**柴静**：你不怕失败吗？

李安：怕，怕才有劲；怕，人才会提高警觉。就像小孩跟老虎飘洋过海，他后来发现没有那只老虎他活不了，没有那种恐惧，没有让他（产生）一个警醒的感觉。他对老虎的恐惧是提了他的神，增加了他的精气神，所以那种提高警觉的心态，（或者说）心理状态，其实是生存、求知跟学习最好的状况，所以有时候我也需要一点刺激，我就害怕（不）这样的话，自己也惰怠了，很容易陈腐的，很容易被淘汰，那我当然不希望。

柴静：以你现在在电影界的这个地位和大家对你的敬重，你还会有这种担心吗？被淘汰的恐惧。

李安：会，会，对于观众、对于期待你的人，也要有一个交代，也要很诚恳。一直在不知道的状态，一种很新鲜、很兴奋的状态，给你最好的发挥，这是你作为一个有天分的人欠观众的一个人情。

解说　*李安曾经在自传中写道："恐惧鞭策我不断地求改进。因为没有比'恐惧'更强烈的感受了。"海洋中的少年在恐惧中学习如何制造钓竿、寻找淡水，在暴风雨的夜晚与鲨鱼缠斗，而李安在恐惧中也开始他这一趟未知的漂流。他说，我喜欢做我不知道该怎么做的事。*

采访　**柴静**：以往你曾经说过，你说你摸着你的肠胃说，除非我这里有感觉，否则我不会去拍一部电影。拍这部的时候你有（感觉）吗？

李安：有，当然有。

柴静：什么样的感觉？

李安：很奇怪，对信仰有一种好奇，还有一种渴望，有一种想要去受苦受难的感觉，想要找点罪受吧，希望精神能够提升。

PART 2 纯真

解说 *在大海中，少年派根据从小在动物园长大所积累的经验，开始了驯虎的过程，他甚至通过把玩老虎的粪便来打击老虎的士气，慢慢地，老虎终于明白了在救生艇中，派是老大，而自己是老二。这个少年在很多读者想象中是一张很勇敢的面孔，但李安说，他花了6个月的时间，在印度面试了3000多个少年，他寻找的是一张有点傻里傻气的脸。*

采访 **柴静：** 你曾经说过这个男孩刚来试镜的时候戴个眼镜，很驴的样子。

李安： 人是缘分，真是缘分。

柴静： 你在传记里提到自己的时候也很多次用“傻里傻气”这样的词语。

李安： 事情做成的话，大家觉得你很有先见、很有想象力，做不成的话真的就是傻里傻气，那我们把幻想当真，是有一些天真、有一些单纯，感觉上是傻里傻气的。那你看，做电影后来做出来都有一股傻劲，太精明的话可能就没那么有意思了。

柴静： 我看到你在选择派这个少年的时候，你说过一个标准，你说我想找一张纯真的脸。为什么是纯真的脸，而不是坚强的或是聪明的？貌似这两个词更能帮人度过难关。

李安： 所谓的天才不是说能演能逗趣，而是他愿意投入在一个让自己相信的状况中，能够非常专注。

柴静：“相信”这个词这么重要吗？

李安： 当然，电影就是相信，他不相信，你看（电影时）怎么会相信？他就是属于这一种（人），一试就试出来。

采访 *电影中一切皆为幻觉，太平洋并不存在，只是台湾旧机场里搭出来的大水槽，所有这一切，壮观的飞鱼群在空中画出的虹弧、闪闪发亮的海洋、跃出海面的座头鲸，包括孟加拉虎都不存在，它从上百万根毛发到运动的肌肉都是后期技术所为，这意味着扮演派的少年必须幻想出这一切。16岁的印度孩子苏拉是一个学生，从来没有演过戏，试戏的时候，李安针对一份两页长的独白，给孩子们很简单的指示，而苏拉的专注力完全没有中断，念白念到最后，他哭了，苏拉身上浑然不觉的真挚打动了李安，从那一刻起，李安说“就是这孩子了，我赌他”。*

解说 **柴静：** 但是在他演这个戏的时候，老虎也是3D做出来的，他等于要面对一个前面一无所有的世界，你让他怎么去相信？

李安： 所以我觉得纯真很重要，所以故事中的小孩16岁，不是12岁，也不是26岁。一般（从这个年纪）开始，（对于）你存在的意义是什么，他开始动脑筋了，然后你把他通过这样一个年纪的角色去试炼，接受自然环境，还有神的试炼，他的气质纯真是很重要的，然后他对我的纯真也很重要，因为本身他的相信，这个念力本身就是一种力量，就有一种说服力，所以我也不晓得，我想我自己本身的专注影响了他。

柴静： 这个专注是指什么？

李安： 对电影的热诚，我也不晓得，反正有一个东西，我好像被它占据，整个身体被占据，所以在那个状况下，不止他，其他的人自然而然就会进入那种状况。

解说 *在片场，为了调动派的情绪，李安曾经亲自扮演过那只老虎，来跟这个少年搭戏，两个人沉默对视，在船舷上伏地游走，在这个*

大水槽搭起来的太平洋里，一个完全靠想象力构建的世界，只依据两个人共同的相信。苏拉是一个从不会游泳也没见过大海的男孩，他必须学习承受一切，在身上绑重物，在水下憋气5分钟来学习水中的生存。三个月里，他每天生活在水槽的巨浪里，每一次重拍，只能依靠自己重置一切道具，这让剧务都掉了眼泪，拍摄结束，苏拉瘦了14公斤。

采访 **柴静**：这个演员本身还是一个没有成年的孩子，为什么你后来说在拍的过程当中反而是他率领着大家往前走？

李安：就是那种纯真的力量。

柴静：纯真会有这种力量？

李安：他不愿意让我们失望，所以一般十几岁小孩你不能那么靠着他，他会调皮，他会脆弱，他不习惯，他们还在受人照顾的年纪，他不习惯扛那么重的责任。所以他能够每天出来扛那个责任，他本身精神可贵，他对我们这些人是会有感染的。我们都拍过很多电影，有些人甚至都拍疲了，你看到他你就不会疲。然后你要跟着他，其实你心里面的派就会出来，每个人心里面都有派，那你就都寄托在他身上，这是一种共生的状态，所以他的状态就影响到你拍片的状态，其实大家都在做他、教他，可是相反的，相辅相成，他变成一种精神的领袖。

柴静：不是你吗？

李安：是我，我跟他后来等于感觉好像是一体的，我是给指令，可是他是被看的人，就是他每天进场，他的精神状况怎么样，对大家是有影响的，拍片我觉得最可贵的是一种赤子之心。

解说 *少年派慢慢学会驯服猛虎，但是不知道何时靠岸的漂流折磨着人与虎，而李安此时也陷入了无解的境地。这次他选择用3D来拍*

摄这个题材，想探索另一种可能，但这样一来，电影成本高达5000万美金，投资方认为，这个题材不属于商业大片，没有赢收视的元素，经过一年半的挣扎，李安才拿到预算，拍完之后又花了一年半的时间做后期，整个过程很煎熬。

采访

柴静： 我看到你上午说，你做这个片子的时候，精神上曾经受过很大的折磨，感觉就像你是派，在太平洋当中漂流，没有尽头的样子，那是因为什么？

李安： 拍片嘛，很困难，看不到底，琢磨不到东西，不晓得未来会怎么样，当然有压力，你没有解决之道，或者看不到什么出路的时候，就像派一样感觉在漂流。

柴静： 你说过你曾经颓废得想要放弃，我看以前你拍的所有电影的访问当中，没有出现过颓废这个状态。这次是怎么了？

李安： 通常一年，硬挺一下就挺过去了，一年、两年、三年、四年，有的时候真的不太好受。

柴静： 你担心过自己可能到不了那个头吗？

李安： 会，常常会有软弱的时候，不过第二天早上起来又是好汉一条，再往下拼嘛。

柴静： 会不会有人劝你说，做艺术片就很成功，但是商业片，比如说《绿巨人浩克》好像也没有赚钱。

李安：《绿巨人浩克》我是真做烈士了，跟它拼了，而且我现在也不年轻了，比《绿巨人浩克》也年长了十几岁，（其实）年长也该放聪明一点。

解说 好莱坞希望这个电影故事能够更多地倾向大众口味，就做单纯的冒险故事，讲一个男孩怎么征服老虎，怎么历险成长的故事，但是，真实的世界真的是这样吗？这正是李安最大的挣扎。在2010年，我在一场采访中曾经见过一位独自驾驶无动力帆船环游世界的人，这个叫翟墨的人曾经向我描述他所见的海洋，那种像墨一样黑的晚上，像镜子一样平的海洋，孤独让人快要疯掉。从印度洋进入大西洋之后，有一条鲨鱼一直跟踪着他的船，一直距离十米左右。他最初很害怕，试图用方便面喂它，担心鲨鱼吃掉自己，但是后来，他却觉得跟这个物种之间产生了某种依恋。

解说 《面对面》节目

翟墨： 我驾着船吧，它老浮在那儿，总有一个东西，就是一个动物在跟着你。实际上就是说人和动物啊，可能从语言上无法去交流，但是从感觉上，可能是一种感应。我在看它，它可能也在琢磨我，其实这是一种假想。

影像 但这条鲨鱼跟踪翟墨的帆船一天一夜之后，突然掉头而去。

影像 《面对面》节目

柴静： 它最后掉头而去的时候，那一瞬间你的感觉是松了一口气还是失落？

翟墨： 有点空得慌，因为没人跟你做伴了。

柴静： 你说这个，让我想起一本书，叫“少年派的奇幻漂流”，李安正在把它拍成一部电影，这里面讲的一个故事就是说，在海上一个大的马戏团的船突然被风暴打翻了，这时候只有一个少年和一只孟加拉虎逃了出来，在这个小船上，在海上不断地漂流，经过了很多天，这个小孩子要不断地给老虎喂食物，要跟它斗争，要驯服它，最后他们成功地逃到了一个荒岛上。很多年之后记者

去采访这个已经成为老人的小孩，那个老人跟他说，其实那只虎从来没有存在过，那是我幻想出来的，因为比老虎更可怕的是海上的绝望。

影像 *书和插画（刻画幻想）隐黑黑起，再出李安之前的那张困惑照片，停顿一下再进解说*

解说 *少年派的挣扎，也是李安内心的挣扎，因为绝望对于李安来说，也曾经是一个最熟悉不过的词。李安年轻时从台湾去往美国，唯一的愿望是想当演员，而这在当时的亚洲文化里是不被社会鼓励的事情。他学电影，自传中说自己“毕业快六年，一事无成，在家带孩子做饭，刚开始还能谈理想，三四年后，人往四十岁走，依旧如此，也不好意思再说什么理想，于是开始有些自闭。这期间，我偶尔帮人家拍片子，看看器材，帮剪接师做点事，当剧务等等，但都不灵光，后来我只好去做一些出苦力的事，拿沙袋，扛东西，其他机灵的事由别人去做”。他说那时的自己，唯一能和绝望对抗的，就是对电影的幻想。而即使现在已经功成名就，在电影之外，他说自己仍是一个无用的人，只有在电影的幻觉中，才能寻找和表达自己。*

采访 **柴静：** 你觉得你在现实中是一个无用的人，为什么用“无用”这个词？

李安： 就是没什么用了。我电脑也不会用，一般信用卡什么的，一般生活上的事情我都不太灵光的，不是我现在做大导演了，我才不管这些琐事，我在年轻时就这样子，迷迷糊糊的，不太灵光那么一个人，所以我想我可能是活在另外一个空间的人吧，跟这个世界好像若即若离，有那个感觉，不太容易专注。人不是很笨的人，就是不太容易专注，所以不太灵光了。

柴静： 那在电影里的时候你是什么状态？

李安：好像换了一个人，魂回来了。我的工作人员觉得我是很有主见的、蛮坚强的，然后很专注。他们任何大大小小的事我都管，control freak（控制狂），什么都要管他们，从最大事项的东西，到小事的每个细节我都管，而且我有很多听不懂的东西，只要跟电影有关，我一下就懂了，这样，然后拍完电影又忘了。我最怕拍个电影的时候是那个东西的专家，拍完了一访问就不记得了，讲不出个所以然，很尴尬的。

PART 4 回到电影

解说 *李安说，他和电影里的派，有很多相似之处，他们都曾面临挣扎。在少年派小的时候，他曾经想要喂养笼中的老虎，跟它建立感情，但父亲给他“上了一课”，让他亲眼看到被关在笼子里饿了三天的老虎，是如何吃掉山羊的。父亲用这种血淋淋的方式让他知道，绝不能对现实心存幻想，否则就会死掉，这只是幻觉。而李安从小也被父亲教育，电影是一个依靠幻觉为生的职业，当他以《喜宴》拿下金熊奖时，父亲还希望他改行。所以，故事到底该如何收尾，是靠情感和幻觉支撑，还是功利以求生存，这是李安和派都必须回答的问题。*

采访 **李安**：电影中的这个父亲，他教了派很多生存的守则，（他告诉派）你不能有幻觉，因为他父亲是一个无神论者，你不要相信那些东西，你不要相信动物有灵魂，你不要相信这些，你（这样）想的话会被它咬死，所以他后来靠父亲的这些教训在海上能够存活。所以这个东西我跟我父亲（之间也有），父子因为都是男性，阳刚的对抗，本身有一种张力在那边，这个是比较戏剧性的。

解说 *所以，电影里的故事该如何收尾，老虎的存在，到底是真实的，还是少年派在海上漂流中为了对抗绝望、为了活下去而制造的幻觉，是李安必须回答的问题。*

采访 **柴静：** 当年我看小说的时候就想过，如果它拍成电影的话，到底是哪个结局，更接受绝望还是更接受恐惧，哪样更可怕。你在拍的时候，你会更倾向于相信什么？

李安： 所以那是那个片子最难做的地方，我重拍了好几次，试不同的剪法，我主要挣扎就在那个地方。

柴静： 也许制片人会劝你，你不要管它了，你就给它一个通俗的故事、一个冒险的故事不就够了吗？

李安： 对，可是那就是不够好。我职业（做电影）做了二十年，入行二十年，我从小没有停过的，就是脑子喜欢编东西，很喜欢幻想一个人，就是做梦，白日梦也分不清楚，我很重视精神力量。

柴静： 在这个片子里面的时候，你的态度是什么？

李安： 就是一个男孩子的成长，从一个男孩变成男人，他需要面对的东西。当然他跟老虎的戏好看，可是他的张力跟他的雄性的生存以及成长有很大的关系。

柴静： 你想传达的是什么？

李安： 一种情怀吧，我这个人比较多愁善感，所以说我觉得成长本身有痛苦在里面，也就是纯真的丧失，小时候觉得很纯洁，受到保护，像他家里的动物园一样，可是他一出到海上以后，不再是动物园，是一种野性的东西，是一种抽象的世界，在精神上面是抽象的，在物质上面是一种野性的东西。

柴静： 好像你的大部分电影都在讲纯真的丧失？

李安： 对。不光是纯真不能丧失，你对纯真的怀念本身是一种情怀，我觉得那种怀念也不能够丧失。我觉得纯真在心里面，在内心深处，还有你最珍惜的这种友情、跟人的关系，我觉得要保留住，那是种精神状态，那是种赤子之心。我希望不管你的生存环境怎么样，那个纯洁的心一定要有一份，我觉得挺宝贵的，在某种程度上纯真对我来讲很重要，我希望在那个方面我永远不要长大。

这部影片是今年纽约电影节的开幕片，但李安一直到开幕之前的三天才脱手。

柴静：那是很挣扎的过程吗？

李安：对，非常焦虑，前三天。我后来就是释放了一下，看到后来我就哭了，我觉得好像会 work（行得通），好像可以。

PART 5

心中的卧虎

采访 **柴静**：你原来说过一句话，说电影不是去拍已知的，在拍电影的过程当中你会发觉自己的未知，这部电影让你发现自己的什么呢？

李安：很难讲，真的很难讲，我发觉（自己）就像派一样，我觉得我对信仰还是有一种向往，可是心里面还是有那头老虎，还是搞不定。

柴静：这头老虎对你来说是什么？

李安：这个不能讲。

柴静：是你在《十年一觉电影梦》里面写到的不断重复出现的那个元素吗？

李安：你看，我是一个很平和很温和的人，为什么我拍电影会这么冒险，我想跟老虎有关系？

柴静： 那种咆哮的欲望吗？

李安： 说不出来，像野兽一样，有一种野性。我常常会拍一些跟我完全没有关系的（题材），拍女人，拍同性恋，拍《绿巨人浩克》。（为什么）拍这个东西，我自己也说不上来，只有在拍电影的这种精神状态里面，我才会有一些体验，我很想这个真的层面、这种情怀能够传达给观众，希望也能够引发他们心里面的“卧虎藏龙”吧。

解说 *传记中李安说过，我可以处理电影，但我无法掌握现实，在现实的世界里，我一辈子都是外人，在东方文化里长大，我习惯了协调，但接触西方的艺术后，又产生了对冲突、抗争和梦境的渴望。李安说，在生活中，他是隐忍的俞秀莲，但在内心里他是率性的玉娇龙。在电影《卧虎藏龙》的结尾，他让玉娇龙一跃而下，隐入不知处的云深，李安说，她是我梦中那份让人心惊的浪漫情怀。*

采访 **柴静：** 表面看上去大家都觉得你是一个好好先生，你甚至不愿意说得罪人的话，你觉得锐气会带给人麻烦的，但是你的电影当中充满了不安、挣扎，甚至是愤怒的东西，那你觉不觉得你会有点矛盾？

李安： 我想每个人都有，只是说我有那个天分，我（把它）具体化，我能够拍成电影，其他人不见得有能力表达出来。

柴静： 那你觉得拍完这个电影，你心里面这只孟加拉虎离开了吗？

李安： 就是佛家讲的因果关系，你要离开，最好连想都不要想，越想越深……

结尾，演播室 *李安说，每个人心中都卧虎藏龙，这头卧虎是我们的欲望，也是我们的恐惧，有时候我们说不出它，我们搞不定它，它给我们危险，它给我们不安，但也正是因为它的存在，才让我们保持精神上的警觉，才激发你全部的生命力与之共存，少年派因之得到生存，李安因之得到电影的梦境，而我们，按李安的说法，我们因之在这场纯真的幻觉中，得知自己并不那么孤单。*

因为时间关系，未剪辑的场记里，我挑选数段他的语录放在这里：

李安： 看到这本书的时候，我本身有一种想要受苦受难的感觉，它其实不只是检验信仰这个事情，它也在检验讲故事这回事，用讲故事的方式给人生一个定义、给人生一个意义，所以这件事情对我来讲是挺有意思的，因为我就是个拍电影的人、说故事的人，这是我的天分、我的倾向，也是我的事业，也使我更认识这个世界、跟大家结缘，也是我跟我自己相处的工具，其实是一个幻觉的东西，到底是这个幻觉重要，还是你可以理性思考的东西重要，这个很有意思。因为你不去思考的话，只是迷信，（这是）很愚蠢的一件事情，不是很可取的，可是你没有（幻觉）的话，光思想，思维只能到一个限度，你不做那个跳跃，你什么都要证实、都要验证、都要相信的话，你的生活是很空虚的，怎么讲，我觉得是很荒谬的，人生的存在是很荒谬的。信仰是什么东西？这些虚幻的东西，到底有没有实质的意义，还是说那才是实质的意义？我们能碰到的东西是一种假象，还是一种谎言？就是这个辩证关系，对我来讲，跟我做的这一行、跟我的心态有很大关系。

柴静： 你在决定拍这部电影之前，见过一个在现实生活里在海上漂流 76 天的人。为什么你说“跟他一块出海”之后才决定拍这部电影？

李安：我让自己进入状况，听听他的感受。那个人在海上漂流了76天，(我想知道)是什么感觉。出海的时候他跟你讲，讲海的东西，讲他的精神状况，当你到了那么严酷的状况，你整个体制、思路都会变的，听他讲那些东西，我觉得很有启发性。

柴静：是什么东西说服或者触动你？

李安：我觉得他最动人的地方是他决定接近上帝，这属于一种精神状态。当他到岸以后，慢慢地他的那种东西没有了，就跟普通人一样，爱恨、憎恶、喜好，什么都一样，包括吃东西。他吃第一口饼干的时候，（感觉）味道简直是……到神水里面，过了一个礼拜，慢慢就跟老百姓一样，没有什么两样。他属于一种肉体极端的（状态），就是被剥削以后，一种很极端的状态，这个东西很有启发性。然后我自己去了一趟印度，去接受他们的宗教文化，很有意思，慢慢接受，一边旅游，一边思考，我就想到两个东西。首先就是，我想到怎样去检验想象力的一个结构。

柴静：怎么讲？

李安：就是有第一人称，你有感受，还有一个第三人称在讲这个故事，（二者是）同一个人，我用现代的派，（也就是）成年的派讲他的感觉，所以他既有理性又有感性，我觉得二者可以兼顾，我有一个框架出来，我觉得有点希望了。然后我想到3D，因为我想既然是无解的一个东西，可能你再加一度空间，可能就有解，可能看到的那个圆周率不是一个无理数嘛，那无理数怎么样找到解答，看到那个圆就想出一定要另外一度空间，我就想到3D，我就想可能做3D，（可以）增加一种可能性，观众的感受，看水看东西，可能它处在一种不同的空间。那只是空想，那是《阿凡达》出来之前九个月的事情，我也不晓得（能不能成功），只是自己这么幻想，然后慢慢我就去找答案。

李安：我这么大年纪，我不是空想，我一步一步地学习，然后到某一个程度就可以提出一个创见，这是我想做的。我还做了一个很重要的工作，我把电影中飘洋过海这个七十分钟中途航行的阶段，把它全部视觉化，我做了一套卡通，花了一年，然后到每一个镜头都把它做出来，流动，有音乐，有表演，其实这个片子还没有拍以前我就演练过一遍了，然后它才有说服性。我要做多大，我怎么做，怎么做的具体方法，怎么跟专家讨论，然后再找可行的方案，一步一步，然后慢慢做这个的时候，男主角找到了，小孩，16 岁。

李安：故事中的小孩 16 岁，不是 12 岁，也不是 26 岁，16 岁已经是男孩子了，一般（从这个年纪）开始，（对于）你存在的意义是什么，他开始动脑筋了，然后你把他通过这样一个年纪的角色去试炼，接受自然环境，还有神的试炼，他的气质纯真是很重要的，然后他对我的纯真也很重要，我讲什么他就相信什么。如果换成老成一点的，或者演戏多一点的，你跟他讲话，他就这么看着你，你想，这种眼神就不行，眼神是直的就可以。所以他愿意相信，甚至像宗教一样相信，那最好，因为本身他的相信，这个念力本身就是一种力量，就有一种说服力。

李安：我不是一个对人咆哮的人，就是对人吼吼叫叫，或者想个方法让人家怎么样，我不是这样子的人。所以我自己本身的专注会影响到我周围的人。我一般对演员说戏拍戏的时候，不止是演教，也有一种身教的作用在里面，我自己不自觉的。其实我跟他讲的话，如果别人去讲一下可能没用，可能我过去这样讲就可以了。我不晓得什么东西会影响他们，他们也是有求好的心，不是说被动受教，他们也在追求，就是说我们一起在一个气氛里面去追求一个我们想象的东西。

柴静： 你是说，这个影响不是来自于导演这个地位的权威？

李安： 有的时候不是（来自）你讲的东西，而是你相信什么东西，所以我更相信你要专注、你要投入，要相信那个幻觉，它本身有种精神力量、有一种气质。按印度人讲的，就是一种因果关系，一种因缘，一种气息，一种振动，一种频率，说不出来的。

李安： 我想父亲对我的影响很大，他是比较传统的，他认为搞戏剧这一行总是没面子，后来我拿到奥斯卡，他还开玩笑说，拿到了，满意了吧？当然我受到很多社会的尊重，带来很多荣誉，光耀门楣了，这个他也很有面子，所以基本上做电影没面子的事情，他也释怀了。我想他当初不让我拍电影，总是（因为）在我们社会，尤其旧社会里面，对做这一行的人印象不好，总觉得有些戏子，行为不太规矩，不是那么正经，这是他们老人家的观念，可是后来我想我慢慢得到了他的尊重。我看起来除了拍戏，我回家后还是过很正常的生活，我想我这方面（还不错），他也就接受了，我想这个比我在电影上的成绩，是更能让他接受的一点。也不容易，（就）那么干了三四十年。

李安： 我常常觉得导演是二级演员、三级演员，最好的（演员）是被人家拍的，差一点没到那么好的话，就想想该怎么做。导演跟演员相当不同，因为演员是被看，所以是比较本能性的，但作为导演你需要有一种观察力跟分析力，当然也要有创作的本能在那边。不过我们的观察比较重要，所以我观察到的东西，不管是二级还是三级演员，我会提醒他，他做得好不好，问题在哪里，我会感同身受，他哪里有矛盾，他这边紧，我这边就跟着紧，这点对于演员还挺有效的，我可以学给他们看、讲给他们听。

李安： 不是我刻意要坚强，你说要做一个事情，应该言必行，行必果，对不对？总要有一个结果出来，我说过要做，拿了钱，带这么多人，我讲一些活灵活现的事情，没有做出来就没有办法交代。这个东西会驱策我，一直努力下去，而且你自己的幻想没有兑现到荧幕上的时候很不满足，你（这样）人生是不行的，你接着往下做，这是很自然的，我想很多拍片的人都是这样，是片子在拍你，不是你在拍片子。我们都好像是奴隶一样，是片子的奴隶，不是片子的主人。是这样的，拍多以后，就觉得是片子在拍你，不是你在拍片子。

李安： 就像那本书一样，它本身不是一个孤僻的东西，它本身是对人有期望、有指望、有精神力量，而且你拍这样一个东西，你花这么多钱，你希望对社会大众有感染（力），而不是指着精英人物在那里做思想训练，不是那么回事。有的故事是这个样子，让你做烈士，（有的又）好像不是那么回事，所以我自己也琢磨到底（该）什么样，因为我自己也不是拍主流，基本上有些片子拍拍就变成主流。

李安： 就以我现在做的成绩来讲，我就是再拍烂片、再拍十年还有人找我拍，可是我会担心说拍东西又没有意思、没有挑战，我的那个斗志就没有了。没有新鲜（感），或者没有想象（力），或者拍累了，有一种病态的心理，我就不想把病态传染给别人，我觉得我的身心要健康，想象力要丰富，人还要有活力。明天我不晓得，我会过什么样的生活，我完全没有准备，我没有嗜好、没有生活、没有其他任何能力，钱我不会担心，我这辈子只要没有人把我银行卡抢掉，基本上我不必担心生活，可是我不能为了这个事情去拍片。

李安： 我们这一代拍电影的人，处在历史上很有利的地位，中西交结，文化的交结，我们正好有机会发挥，这是很难能可贵的机会。我们要把握，我们要创作，我们要激发下一代的创作力，然后对世界，我们要展现我们生活的那种精神状态、我们的文化状态，让世人能够更了解，也能够对他们有种启发。我觉得我们正好可以（这样）做，很多人有天分不见得能做，（不见得）有机遇、有时机来做，我们这一代是很幸运的，这代中国导演是很幸运的，（因此）要把握机会，不能够妄自菲薄，要好好地把握机会，做最好的发挥。

陈文茜对话李安

我其实只是一个载体，一个灵媒

文/陈文茜

原载自《外滩画报》

李安回台湾为新片《少年派的奇幻漂流》宣传期间，接受了我的专访。李安认为，宗教里，沙漠通常是考验人对神性的信仰，而《少年派》是用海洋来试验。他想通过这部电影来探讨神性：「到底是神创造人，还是人创造神？我觉得内在的东西很难讲。我喜欢神秘性，而电影是一种感性的抒发，所以我不想把它一条两条地讲清楚。」

李安一生挑了许多不同故事，拍成电影。他就像一只沉默的老虎，蛰伏时，身边的朋友一度以为，他只是许许多多流连于纽约、做着电影梦的无用艺术家。直至《卧虎藏龙》，沉睡的老虎醒了，把一生的挫折、温情、旁观、澎湃、异乡、怀旧、疏离、眷恋全挥洒于他的电影中。于是，经过那么久的等待，李安终于跃上顶峰，成了东西方电影世界没有人可以忽视的导演。

> 关于李安的名字与他的外表，给人太多错觉。他太不「出色」了，他太「忠实」了，他是一个好人、一个儒生；这些特质组合起来，如何成为一名杰出的艺术家呢？但李安的出现打破了「达利式」艺术家标榜的狂妄与自恋，他蹲地够低，所以他的眼睛看世界、看人生、看宗教都够广、够透彻。

我未曾错过李安任何一部片子，自从《断背山》后，我已不只是李安的忠实观众，而是他的影迷。他对人性的彻悟，使任何故事在他手中，无论题材是东方的、西方的、古典的、现代的、科幻的、冒险的、性别的、亲情的……最终故事只是一个壳，李安会透过老僧

才拥有的灵魂，让你走入主角的生命，与他或她一同呼吸。瞬间，观众丢开了世间的成见、框架、枷锁，我们爱起了每个主角，跟着他历经我们未曾经历的旅程。

有那么长一段时间，法国及欧洲为主的电影如此强调「作者论」，好似导演的眼睛是一切，观众得跟着他，追随他移动。然而这种创作模式，限制了导演说故事的能力。

因为他的经验是有限的，当他把自己的风格当成一切时，每部电影只能在他熟悉的题材中，翻转相似的风格。

李安不同，七年前《断背山》使李安真正登上导演高峰，接着他从怀俄明的山脊回到上海滩，拍了《色，戒》，五年后他又交出了印度小男孩《少年派的奇幻漂流》的 3D 电影。李安没有令我失望！奇幻 3D 技术中，我看到的不是炫技而是古老的智慧，为的是呈现未曾被污染的海洋。这个男孩纯真的心灵，使他同时信仰印度教、天主教、伊斯兰教。他热爱每一个宗教，他善良、真诚，因此电影里李安变更了原著小说的情节，生长在动物园家庭的小男孩一度想伸手，和最残暴、也最绚丽的老虎做朋友。

李安的奇特之处在于，他虽是一名国际导演，却总把自己放得很低——无论成名前或成名后。当他第二部小成本电影《喜宴》于柏林影展得大奖时，害羞的李安上了台，耳根红红的，脸上带着温柔怯怯的微笑。他没有为自己从小以来的挫折叫屈，也没为可能的

未来喊口号。

李安曾为了追逐电影梦，蜷身纽约家中，扮演一个中国人眼中所谓「没用的男人」十年。朋友们期待李安此时说点什么，或者哭出声来，结果导演李安在台上致词时淡淡说了一句：「我是一个没用的人。」能把自己放得如此低，或许才是不失自信的人吧。

放下自己，然后爱上主角，最终又自信地扮演导演，挥洒故事里每一个章节。这种温柔式的坚强，是我们遗失已久的智慧，它曾存于传统，但早已被人们丢弃。在一个专说大话的世界，李安的形式，多么难得。

此次《少年派的奇幻漂流》的主角小男孩信奉多神，受尽家人嘲讽，「再祈祷下去你的羊肉就没了」；小男孩想与老虎当朋友的心愿，则在一场父亲以一只山羊被老虎活吞的血淋淋的教训中终结。

然而上天最终在一场海难中，让派失去他深爱的父亲、母亲、哥哥……最终与他一度想交往的朋友老虎理查德·帕克相守漂流大洋。

老虎随时想吞噬小男孩，但也使他因恐惧，忘却悲伤。他没有绝望的权利。世界上大概只有李安，会在这样的故事结尾加入如此的旁白：「当你陷入危险时，你反而强壮；当你终于安全时，你反而虚弱。」

电影结尾，小男孩漂过太平洋，在墨西哥海滩被救起。在漂流中与他最终成为朋

友的老虎，一步跃上了沙滩。男孩期待老虎理查德·帕克至少回头看他一眼，他知道这将是永恒的告别，但他期望理查德·帕克至少记得他这个朋友。漂流大海中，男孩没有恨，只有感激这个想要吞噬他的老虎，因为它激发了他的求生意志。

可是理查德·帕克最终头也不回地离开了他。

当人们抱起小男孩时，他放声大哭，哭的不是他终于获救了，也不是那片海洋吞噬了他所有家人，而是老虎毫不留恋地跃入丛林。那一刻，他知道，这世间有些事永远是残酷的；有些事，是改变不了的。他心碎了，也被迫长大。

专访李安时，我问他：「你自己是不是就是那个男孩派？」他回答得很干脆：「是。」

「其实是电影在拍你，不是你在拍电影。」

陈文茜：李导演，我看了这部电影，也阅读了原著小说，我最感动的是，在我们现在这个世界里，每个宗教都认为它是最崇高无上的，而在小说里，作者安排了一个小孩，展现了小孩的世界——他对宗教充满崇敬，却又可以看到每一个宗教。

李安：这部小说的故事，其实是在探讨老天爷这个观念，宗教只是其中一部分。派小时候很天真，在印度那个环境里，什么宗教对他有启发，他就去接受那个信仰。可宗教其实是一个人为的东西，是一种组织，而宗教本身就有社会性的意义。

可当派丧失一切，到了海上后，他就受到了考验。他是面对 God（上帝），面对他自己，这个才是考验他信仰力量的场所。在宗教里面，有人说沙漠是考验人对神性的信仰，现在我们则用海洋来考验。所以我觉得，这部电影也好，书也好，它最想讲的其实是人对信仰、对某种我们未知的力量的探索。这种力量不仅仅是精神和思想方面的，还有一个情感的依附。这种力量到底是什么？我觉得其实它是挺人性的。

陈文茜：人性这两个字，大概是我看你作品最大的感受。

李安：人性跟神性到底要怎么结合？到底它是怎么呼应的？是单方向还是双方向的？是神创造我们，还是我们创造神？是要往外看——它有一个单独存在、一个伟大的东西？还是说我们要往内看——相信里面有摸不着的东西？其实很难讲的。

陈文茜：先来谈谈少年派获救的那个段落。电影里的这段篇幅没有小说里那么长，书里作者特别写到少年派快要获救时，他周围的水大概只有两尺深，但他却很害怕，害怕他的船不会真的获救。可之前当他身处大洋中时，反而没有那么恐惧。你电影里有一段小说里没有的台词，就是说「人在最危险的时候，反而很强壮；而人在安全的时候，反而很虚弱」。最后决定把整个台词改成这样，而不是像小说里那样简单叙述的原因在哪？

李安：我不晓得。其实我拍电影，就好像把自己当实验品一样。刚开始拍片的时候，我觉得好像有话要说，可后来我觉得，我其实只是一个载体，像个导体一样。不管是高僧弘法也好，或是我们做艺术、做娱乐的也好，它不是你用力就可以做到的。其实是电影在拍你，不是你在拍电影。因为你好像被这个电影迷住了，你受到了电影的召唤。就好像说它要见观众了，观众也有这个需求，于是通过像我这样的灵媒来达成，把它具象化。

我一直有这样的感觉，所以你问我很多道理，其实我不晓得，我只是觉得有这个需求。我看书时受到这个题材的召唤，心里的那种滋味，其实跟作者是一样的。我希望用影像表达给观众，然后观众在自己的脑海里演练。我觉得你拍得再好，也没有观众想象得好，其实就是一种抛砖引玉。我拍的可能不是你想的东西，可是你想到的，那就是很好的东西。

陈文茜：你对少年派与老虎的第一次见面有所改动。原来在小说里，是少年派的父亲强迫他去认识老虎的；而在电影里，派则是出于好奇，偷偷去见老虎的，他觉得可不可以跟老虎做朋友，可不可以对它伸出友谊的手。这个改编很重要，因为最后他最难过的事，就是失去了理查德·帕克这个朋友。

李安：我觉得原著是一本哲学小说，它虽然

讲了一个水的故事，可是蛮 dry、蛮干燥的。我觉得它是一部思考性的小说，但我们拍电影不能这样子。拍电影最主要的是感性的流露，就是拍情感怎么起伏飘动。你是靠这个吸引观众，引导他们做了一件事后的再思考。所以我们拍电影时，感情的表达、流露是非常重要的，因为电影是具象的东西。当然我自己有很多感受，要发挥出来，要让观众感受到，所以我拿了小说的框架，再填补血肉。

举个例子，派在海上的那个木筏，如果你照小说里那样搭，是浮不起来的。可观众看到电影要信服，你要在上面生活，你就要对它做改动。

情感部分也是如此。我觉得小说可以写，老虎离开我很伤心，可是在电影里你不建立感情，你怎么伤心，对不对？我觉得小孩与老虎最初的关系很吸引人，一个小孩跟一只老虎，然后他爸爸说，你从它眼睛里看到的只是你的倒影，这也是书里面没有的，是比较东方式的思想。爸爸说他看到的只有倒影，可他觉得他确实看到了什么。这个辩证关系非常有意思，有感性，又有思索性。

陈文茜： 你有宗教信仰吗？

李安： 没有宗教，可是有一些信仰。

陈文茜： 就像派那样吗？

李安： 差不多。我当然有认同感，才会拍。小时候因为妈妈是基督徒，她就带我上教堂。我到14岁为止，一天祷告四次，后来在中学吃中饭的时候，同学在那边笑，后来我就不祷告了，好像也没什么大事发生。长大以后，像佛教、道教这种思想，慢慢开始让我思索，当然，就像其他小孩一样，我高中一毕业，以前不准看的书都开始看了，什么存在主义都混进来了。

宗教信仰这种东西，其实你思索到某种程度，都只是哲学。你不自己用身体去演练，

是没办法有那种感受的。所以这个东西，其实还蛮玄的。我不敢说有宗教信仰，不过我感觉，总是好像有一个冥冥中的东西，让我半思索、半体会。我等于是在用电影修炼，用一种动态的，而非静态的方式修炼。

陈文茜：我见过你妈妈一次，印象深刻。她带着一个佣人，参加长青会。那时候我 50 岁，经常肩膀酸痛，她就告诉我，医生曾教过她一套治疗肩痛的动作，后来她就觉得，这不是跟打乒乓球一样吗？所以她就规定她的佣人跟她每天一起打乒乓球。我们大家都知道，你的父亲以前是校长，他的性格坚定，完全表现在你的《推手》里面。那你母亲其实也是一个坚强的人，但你有一颗很温柔的心，我觉得你的温柔是一种沉默的力量。

李安：我像我妈妈。妈妈很温柔，可是也很坚强、很拗的，你扳不动她。她的韧性很强，可表面非常随和。

陈文茜：所以你也像派一样，在大海中漂流的时候，某种程度上你会希望依在妈妈怀里，可你会想办法生存。最后少年派对理查德·帕克充满了感激，因为如果不是要对抗这么危险的老虎，在大海中，其实他早就放弃了。

李安：它让他警醒，让他精神抖擞。人在恐惧的时候最专心。其实我觉得，他都不需要祷告，他就在 God（上帝）的这个范围里面，他就有一种神性，有一种灵性。很不幸的是，通常有这种感受，都是在最难受的时候，跟痛苦有关，所以 no pain no gain（不劳则无获）。

那我自己在拍这部片子时，也经过很挣扎的时候，也就是在那个时候，感觉好像有一股精神力量，也不是幻觉。譬如有时候，我觉得很难拍下去啊，折腾那么多人，花那么多钱，这片子看起来行不行啊？我要讲那么多东西，可它又像个主流电影，怎么走到底？就像「π」一样无解。

「婚姻要忠实，但拍片不需要，什么好玩就去拍什么。」

陈文茜：你接到这部片子的时候，已经是一位非常成名的导演，跟拍《喜宴》、《推手》时，或是我很多朋友认识的那个在纽约的李安，已经完全不同。

现在这个时候拍这部片子，你当然会有票房的压力，因为我想你的个性里，可能会觉得，你要对所有投资的人有所交代。你有没有成名的压力？

李安：拍电影是一个赤子之心的流露，不管光明的一面，黑暗的一面，总是我有感而发的东西，其实是很个人的，也很需要自由的东西。

可是成名以后，其实钱对我不是最大的压力。最大的压力是人情的压力，是大家对我的期待。因为我看起来一直是个好好先生，都是笑眯眯的样子……

陈文茜：事实上呢？

李安：事实上也是这样，我生活中就是这个样子。大家看到我，总是好像很高兴的样子。所以很多事情我就不敢做，或者很冲的时候，就变得很不好意思。这部片子最大的压力不是来自公司，他要跟我过不去，我也可以跟他过不去，只不过是钱嘛，可是观众对这个故事的期待，我觉得是对自己最大的压力。不是一个、两个人，你会感觉那种排山倒海的力量。

我带了3000个工作人员，做了将近四年，他们的投入也是我的压力。他们希望我给他们答案，希望我创造出一个启发性的电影。他们相信你，所以你不能辜负他们。我记得《读者文摘》曾做过一个统计，说我好像是台湾前三名最受信任的人，这很可怕，对不对？好可怕。我输证严法师，我输李昌

钰，他是做鉴识的，解剖尸体的，你当然得相信他，完全科学，然后我排名第三，那是很大的压力。我工作时，制片方福克斯有时候会有犹豫，我就说你不要开玩笑，我是台湾第三名最受信任的人（笑）！

其实也不是盛名之累。人情这样，其实都是好事，但当人家都说「哇，《少年派》来了，要看要看」，那个压力是很大的。而且那个数量是很大的，是数量不是质量……

陈文茜：不是说一两个影评人，或者有识之士，包括老百姓、年轻人也会评价。你不会只在乎那些影评，因为我看很多报纸对你的影评都非常好。你最在乎的是，是否仍然可以给所有走进影院的观众，一个好的、可以有所启发的故事。

李安：对，可是每个人的想象都不一样，数量那么多的时候，我又不能找平均值，那又不是艺术，所以我就很难做。

陈文茜：我要请教你一个问题，就是跨文化。这部影片本身从印度出发，那里有对伊斯兰教的憧憬，有对上帝的信仰，有印度教。那印度教刚好是一个很好的切入点，它允许多神教，你也拍了印度——我从来没看过印度的水灯仪式那么漂亮。从西方到印度，从内地到台湾，每一个观众都在里面寻找可以启发自己的哲理，这对你是不是一个很大的压力？就是如何让跨文化的不同观众都可以得到应有的启发？

李安：这个对我来讲，在做电影的时候，最有意思的就是这些东西。所以我一直拍不同的题材，很好玩。你说我们对东方有一些了解，对西方有一些了解，可印度是另外一个国度，它是热带的、那种回归性的思路，以前我们都没有接触过。

其实你说这部电影讲神，不如说是讲对故事的探讨，什么是故事性？讲的是故事的

力量，人为什么要寄托在一个故事性的结构里去寻找智慧？它的故事本身很重要，而印度教的故事是最棒的。基督教也好，佛教也好，全部都输给它，它的故事真的编得很好，所以我们到印度教里面寻找灵感，尤其它的那种轮回，用睡眠、非常存在主义的思路去编的那些故事，我觉得好有意思。这些在书里面是没有的，但我拍电影，当然要研究一下印度教，我觉得里面都是宝藏，很有意思。这是我觉得拍电影很实惠的地方，就是能够接触到不同的东西。

陈文茜：你选择的题材，刚开始属于非常个人化、与家庭相关的，比如《推手》、《喜宴》，然后你就跳到英国文学《理性与感性》，然后又是《绿巨人浩克》，再回来又变成《卧虎藏龙》，然后跳到《断背山》，现在又跑到印度去。你一直是个异乡人，对不对？

李安：对，但我说不清楚。可能就是因为我是在台湾的外省人，后来又到了美国，可能无形中就有这种感觉，总是有一种漂浮感。可我情感最深的地方，当然还是台湾，可它本身的定位也很漂浮，所以我说不上来。

陈文茜：认同议题总是有的？

李安：对。

陈文茜：但你总是那么大胆，我觉得你的大胆，跟你的外表差别太大了。从你挑题材来讲，你像 Lady Gaga 一样，可以从某地跳到最远。你好像刻意想逼迫自己，一直在跨越，跨越所有的边界。可你所有的作品又都有一个共通性，虽然它叫作印度，虽然它叫作断背山，虽然它叫作卧虎藏龙，可你一直有一个东西贯穿，那就是人性。这是我对你的观察。

李安：我对我自己的观察，好像有一点相反。我在拍片之初，都以为会走到一个完全不一样的地方，可最后又拍回到原点。你讲得对，

可能我一直在逃避自己还是什么，我不晓得，也可能是那些题材完全吸引到我。你说婚姻要忠实，但拍片不需要，什么好玩就去拍什么。那拍着拍着，有时候就不晓得该怎么办，但它那个片子好像自己有一条命，就回到我，也就是所谓的中心思想，或者我的本性上来。也好像一个安全网一样。我说不出来是什么东西。

陈文茜：你有几个好朋友，在不同的阶段都用不同的方式解读你，我帮你回顾一下，希望你不介意。焦雄屏说，李安拍《卧虎藏龙》，他根本就是拍周润发，就是他自己渴望章子怡这样的女人，可他不敢去爱这种女人，不敢追求，他必须像儒家一样忠于他的婚姻。这就是李安，他拍的就是他自己。他渴望那个女性的肉体，可他不敢做。

拍《断背山》，别人就说他在拍他自己，因为他想出柜，可又不敢。拍《少年派》，别人就说其实这就是李安，因为李安一直想要去冒险。这是舒国治讲的，他觉得你就是一直想要去大海里冒险的人，可没有胆量去，所以就做了这部电影。

李安：我个人觉得，我比较像第三个，因为舒国治当年是我的穷哥儿们，是当年在美国混的哥儿们，所以他可能比较清楚一点。舒国治以前看我，说我不是很有出息，但他觉得，从我太太那个样子可以印证说，我应该还有一点料，不然像我太太这么棒的女人，怎么会跟我结婚（笑）。

「对我来讲，到了电影结尾就要交货了。」

陈文茜：我们回来谈少年派和理查德·帕克在海上漂流的那个部分。原著小说就写得非常好，尤其是他跟老虎的道别，文中有一段提到：「很害怕在这么短短的一个距离，你没有办法获救。」

最后是他去感谢那个曾想伤害、想要吃掉他的老虎。你把这个部分强调了很多，包括他跟老虎的关系。这跟你在前面流畅的第一部分，就像《卧虎藏龙》里好莱坞式的快速剪辑很不一样，你给了它非常多的时间，让所有观众被迫进入一个虽然是 3D，但是在大海里的部分。每一个人都进入那种有时祥和、有时危险的环境，那一段的节奏拉得特别特别慢，为什么？

李安：我本来初剪的时候，还要再长半个钟头，电影公司就受不了了。因为那更像他真实的生活方式，不过以叙事角度来讲，就比较慢。因为我最终的目标是，最后的结尾要有力，不管你怎么陈述第二幕，第三幕一定是要最有力的。因为它是两个故事，第二个故事是以口述的方式呈现的，并不是你真的要漂洋过海，而是说一个漂洋过海的故事。所以我最后还是节制一下，让它快一点，不让你觉得它比一般的电影慢。

陈文茜：你最有力的第三部分，拍的是少年派。饰演他的演员眼睛刚好特别凸，所以他的眼神特别可以呈现那种茫然。你几乎没有放任何其他画面，就是很大胆地一直拍那个表情，他一直在说话。后来日本人说，我不接受这个故事，于是他又讲了第二个版本。这个段落又和好莱坞的手法很不一样，就是单独几个人在那个地方口述，可你觉得它最有力量。

李安：对。我觉得这样有力量。

陈文茜：光是人跟人在讲话？

李安：对。不管前面的海上漂流多精彩，但书最后要讲道理，我也要讲点道理，我觉得那个是最有力量的东西。对我来讲，那时候要交货了。

陈文茜：这本小说，比你拍的电影要滥情。那我很高兴你把其中的一段话删掉了，可这段话真的很滥情，它会很讨好，可我觉得，一个会讨好的李安就不是李安了。这段话大致是这样的，就是少年派说，我好希望有机会可以和理查德·帕克说话：「理查德·帕克，结束了，我们活下来了，你能相信吗？我对你的感激不是言语可以表达的。没有你，我根本活不下来。我要很慎重地跟你说，理查德·帕克，谢谢你，谢谢你救了我一命。」这段非常煽情，可你把它删了。

李安：我觉得有感情、有精髓的地方还是要讲一下，不过，有它十分之一就够了（笑）。我看老虎，跟他（指作者）看老虎不太一样。因为我们东方人，还是比较内省的。他要看他自身的那只老虎，我跟他思路不完全一样。我不是说拍电影就是要翻译他这本书，我有我自己的想法，可以用的我就用，要加的我还是要加，要减的就减。

陈文茜：我看你这部电影的时候，觉得那只老虎其实内心里也有挣扎。

李安：对，也有。

陈文茜：就是理查德·帕克最后的挣扎。它知道什么时刻对抗、什么时候道别，所以你到最后不想把老虎那么具象化。

李安：老虎的意义很多。东方人对老虎，印度人、东南亚人对老虎的感觉，还有希腊人对老虎的感觉都是不一样的。

神性跟兽性的感觉，它的理论很多很多。我觉得原著小说的作者还局限于他自己对老虎的想象、对神的想象。我看到小说后我有感受，它启发了我。

陈文茜：你自己呢？你自己觉得通过这部电影你最想说什么？因为我刚才说的，都是我对电影的看法。

李安：我觉得是对神性的一个探讨，到底是神创造人，还是人创造神？我觉得内在的这个东西很难讲，而且神性也不见得都是光明、道德的。这些道德是人的事情，故事结构、意义都是人的事情，神不是这个样子，它可能也有野性、也有虎性，你搞不清楚的。我想基本上中国人都还是比较有道家的思想吧，有一些不可知论，我喜欢神秘性，我不喜欢把它一清二白地讲清楚。电影是一种感性的抒发，是一种启发性的，所以我不想把它一条两条地讲清楚。

2013 年《少年派的奇幻漂流》获奥斯卡最佳导演奖，李安在颁奖现场亲吻“小金人”。（Steve Granitz 摄）

十年一觉电影梦

张靓蓓 编著

中信出版社 · CHINA CITIC PRESS · 北京 ·

图书在版编目（CIP）数据

十年一觉电影梦：李安传/张靓蓓编著.-- 北京：中信出版社，2013.4（2025.12重印）
ISBN 978-7-5086-3839-3
Ⅰ.十… Ⅱ.张… Ⅲ.李安－传记 Ⅳ.K825.78
中国版本图书馆CIP数据核字(2013)第031865号

十年一觉电影梦：李安传

编　　著：张靓蓓
策划推广：中信出版社（China CITIC Press）
出版发行：中信出版集团股份有限公司
（北京市朝阳区东三环北路27号嘉铭中心　邮编　100020）
承 印 者：北京通州皇家印刷厂

开　　本：787mm×1092mm　1/32
印　　张：16.25　　　字　　数：323千字
版　　次：2013年4月第1版　　　印　　次：2025年12月第25次印刷
书　　号：ISBN978-7-5086-3839-3/K · 304
定　　价：69.00元

目 录

简体中文版序

李安

这本书记述了我电影生涯前十年的第一个大高潮，感觉上，《卧虎藏龙》真是一个阶段的总结，一切并非故意，而是自然发展的结果，如今看来，还真是“十年一觉电影梦”！

打从入行起，每做一部片子，纵使翻江倒海，我也就拍了；之后去宣传，都得说说我当初拍片的冲动。其实就算片子拍完，我仍有许多地方不明所以，我比较老实，人家一问，我会想要讲清楚，每逢不通之处、又得自圆其说时，总觉得自己好像是闯了祸，拍完片后又自陷重围。由于张靓蓓的邀约，出这本书，等于帮我将那些隐藏在旮旮角角的困惑再次翻出，去理清楚、连起来。我重回往日时光，一趟反省下来，好像真是到了一个阶段。

之前拍片我闷着头往前冲，到了《卧虎藏龙》，我启动各方资源，回笼去做创新，又往前闯出一个更大的世界。人也跟着迈入中年，心情开始转变，我也不自觉地透过拍片往自我解剖的路上走。

我常自问，为什么从第五部片子《冰风暴》开始，我每部片子的结局都带有“死亡”的因素，一开张我拍了四部喜剧，《理性与感性》拍完，我一直回不去喜剧，想也找不着题材，可能因为我的显性已经表现够了。《冰风暴》起，我开始有兴趣摸索隐性部分，碰触潜意识里一些无法掌控的领域，如此才能摸到新鲜的东西，才有那种处子感。寻求刺激，让我持续处于亢奋状态，也折磨着我的身心；但这股亢奋，又支撑我度过身体的不适。长期下来，精神、肉体几乎难以承受，老感觉是在“解构”自己。久而久之，在我的电影里，结尾都以悲剧收场、以死亡终结，似乎要追求到某种美感才能结束，《色，戒》也是一样，走向死亡，成了我电影中主角的宿命，包括活着的人（易先生、俞秀莲、罗小虎等）也要去体会逝者（王佳芝、李慕白、玉娇龙等）的滋味。我是不是在追求一种绝对值，也在满足一种求死欲望？对我来说，创作欲好像不是求生，而是求死，是自我解构的一个演化过程，当你冒险追求绝对值时，经常处于临界点上，如履薄冰，兴奋感与危机感共生，求生与求死并存。

我是一个心智与身体都较晚熟的人，个性比较温和、压抑，因为晚熟，所以我很多的童心玩性、青少年的叛逆、成年对浪漫的追求，以及我的提早老化，其实是一起来的。就在自觉比较成熟时，我年轻时该发生又不发生的事，突然在我中年危机、身体开始往下掉的时候，就这样都冲撞上来。

打从《卧虎藏龙》起直到现在，我都在经历这些。拍《卧虎藏龙》时，我正和刚冒起的中年危机感搏斗，还不承认，还在尽使少年的那股傻劲蛮力；及至《绿巨人浩克》（Hulk），我更是一头栽入，好像要把剩下的半条命也拼掉似的。《卧虎藏龙》规模甚大，又有很多我不解之处，且引发出许多文化现象，依我原来的个性，应会稍事收敛，但我反而更拼命；拍《绿巨人浩克》时，我更直接面对好莱坞的商业与制作机制、挑战电脑动画、碰触美学领域，进而摸索我心底的不安、父子间的紧张，触摸死亡与创作的关系。我觉得体内好像有个什么东西硬要蹦开，我也不自觉地以暴力的方式去表达出来！

拍完《绿巨人浩克》，我才真的认命，人到中年，岁月不饶人，以前身体根本无须考虑，如今还要去与它共存。《绿巨人浩克》之后，我身心俱疲，很想就此收手；可是不拍电影，整个人又很沮丧。就在父亲首次鼓励我继续拍片时，我决定拍《断背山》，其实动机也很单纯，我就是想用它来休养生息。拍摄时，我尽量不多想、不动气，人虽没什么力气，但还是很投入，每天按部就班，把该拍的拍完，拍法感觉和拍《推手》时差不多。拍摄当中，我曾因为疲累想停拍，面对演员偶尔也会想：干吗要这么挤榨他？这是前所未有的念头。拍完《断背山》，整个人也养了过来，五年来困扰我的病痛，也逐渐控制下来。有人说，《断背山》有种自然天成的味道。我想，如果不是《卧虎藏龙》及《绿巨人浩克》耗尽一切，《断背山》也不会拍得这么松活。我别无他意，没想到它会引发出这般回响，至今依然余波荡漾；更没想到是它带着我跨越过一个阶段。到了《色，戒》，我的精神又来了，挣扎奋斗的着力点也不同了。

七年来，我变了，外在的世界也变了。《卧虎藏龙》时，我第一次来大陆拍片，谁知道在外面转了一圈，如今又回大陆来拍《色，戒》。这七年里，大陆各方面变得很多。想起《卧虎藏龙》时，我带着大陆电影工作人员开始与世界影坛接轨；到现在，他们真的接了，现场工作时，不论事情大小，人人都有自己的一套，很顺溜、很舒服。

《色，戒》的戏份本来计划香港、大陆各占一半，后来一些香港的戏，都移到大陆来拍了。

这些年来，我也陆续感受到《十年一觉电影梦》的回响。记得2002年这本书繁体版出版前，张靓蓓约我给书写序，当时我比较担心解析自己是否会引起反感。出书以来，一开始虽不很热络，但慢慢有许多反应回来，感觉很善意、很温馨。这本书道出了很多我们这一代成长的一个心声，书中电影部分虽着墨不少，但回响最多的则是社会意义，是对我们这个年代的共鸣！

我觉得台湾外省人在中国历史上是个比较特殊的文化现象，对于中原文化，他有一种延续，大陆是个新发展，香港又是另一回事。由于《色，戒》是个年代剧（period pieces），是四十年代的东西，所以我是从我的文化背景出发，间接来做诠释、表达。这次让我觉得，好似离散多年的“旧时王谢”，如今归来，似曾相识，大陆也好奇台湾的发展。许多年来，我们在台湾承继了文化中国的古典养分，同时也吸收美、欧、日等各地涌入的现代文化，多种元素混杂变化，但都在一个较为渐进的形式下进行，个中带有一种舒缓、亲切的特质。就在彼此交流当中，我感受到，对于文化中国的古典传承，大陆是相当在乎，双方有许多共鸣。因为这本书，我结了很多善缘，当初答应张靓蓓，我是想从我文化根源的角度发声，所以书中不论我受访说话或她写作询问时所用的语词、口气等各方面，均立足台湾，就因为我们都是在这个文化教养下成长的一代；也因为这个文化到了我们这一代以后，已然渐行渐远，现今若不留点鸿爪，日后想要按图索骥，怕也难寻！就算为文化传承尽点心意吧，这本书或可作为中原文化在台湾发展的一个线索。

现在年龄渐长，我总有个感觉，这几年来，不论拍片、讲话或写文章，越来越说不出个道理来，我可以拉里拉杂地接受访问，但要我理出个所以然来，一方面力不从心，一方面也不愿意。其实到《卧虎藏龙》那个阶段，我也是东讲西讲，支离破碎，许多东西还想不通，也没有深思，如今回想，其实很多东西是张靓蓓帮我理出头绪、言之成理的。就因为写这本书，她常会追问，她觉得不通，也不愿意笔下糊涂带过，就问我，逼着我要去想，事实上那段时间里我想通了很多东西。其实这本书有个特点，它不神秘，我们从头道来，蛮老实的，因而结了很多善缘，这和书的内容与我们两个的态度有些关系。我们有这样一本书出来，对我是一番自省，真的很值得，我要谢谢她！

书里蛮完整地表达了我至《卧虎藏龙》阶段的整体经验，其中有传统的东西，也有地域性的东西。如今在大陆首度出版，正好是我从《卧虎藏龙》起绕了一圈，又回大陆；再拍《色，戒》时，情况已经不太一样了。我来大陆再拍华语片，书也在这时候出版，我想，是有一些意义的！

2007 年 7 月 28 日

繁体中文版序

李安

2000年的1月吧，正当拍完《卧虎藏龙》后不久，我在纽约做后期制作，当时身心俱疲、神情沮丧，生平初感岁月之不肯饶人。张靓蓓来电，说想编写一本我生活及拍片经验的书，当下，我听着颇觉得烦心，就跟她说，我的一切都放在电影里了，除此生平是很乏味的，大家看电影不就挺好的吗，何需赘述？

她在另一头显得很有诚意地说："你的经验很特殊，应该（有责任）记录下来，对台湾这里后进学电影的可能会有些帮助。"我认识张靓蓓多年，她为文、报道是很公正有分寸的，于是我应了下来。

结果，本来为期三天的当面访谈记录，拖拖拉拉地近一年半才定稿下来，一方面是我忙着《绿巨人浩克》的拍片事宜，再方面，每每话一出口，便觉不妥，于是修修补补、愈描愈黑地弄成厚厚一大本。

在这里先向各位读者致个歉，书中所言，不过是个人经验与片面之词，并不代表绝对的真理，而论及个人作品时，也并不是存心自我诠释，而是老老实实回答问题的结果，张靓蓓的用心探讨，让我讲了许多的话。

我要向所有跟我合作过的工作同仁及所有教导过我的师长致谢。他们是形成我作品的主要成因，也是影响我所知、所想、所行的重要来源，书中若有直言不讳之处，敬请多多包涵见谅。

子曰:“吾日三省吾身。”这十年*来瞎忙乎的时间居多，正好借着这本书，好好地反省一下吧！多谢张靓蓓一年多来的耐心与细心，让我有这么一个省思的机会。

2002年10月30日

---

*本书最早成书于2002年，距李安导演拍第一部电影《推手》十年左右，当时共已拍摄七部电影。

简体版再序

知之喜悦

张靓蓓

我没想到的是，十几年后，这本书的后坐力还那么强！

这似乎要归功于李安导演，谁想到他会两度拿下奥斯卡最佳导演？

朋友开玩笑说："你可真蒙对了！"

我则反问："嗨，怎么不说我有眼光呢？"

记得《十年一觉电影梦》刚出繁体版时，蔡康永访问我，谈李安、谈为什么写这本书时，我说了个看法。我觉得，李安不像当时一些锋芒万丈的导演们，他不是狂狷型的艺术家："他不是狂草，可苏东坡的书法，较之于怀素、张旭，并不逊色吧？！"

凡是走过20世纪80年代后期到90年代末的人们，可真是幸福！

那段岁月，可真精彩；尤其喜欢电影的人，可真过瘾。

至今大家都忘不了吧，当时台湾有侯孝贤、杨德昌、陈国富、李安、蔡明亮……香港有方育平、徐克、许鞍华、关锦鹏、王家卫……大陆有陈凯歌、张艺谋、田壮壮……呵，两岸三地，各路英雄好汉齐聚，在那个封闭的年代里，这群电影人率先在海外影展里，相遇、相聚，通宵达旦地侃大山，彼此互通声气，汇流成一股电影新势力，集体冲上国际影坛，强力地为中华文化发声。

我因工作关系，躬逢其盛，当时老是觉得，岁月流逝，这些事迹也将烟消云散，所以总想把当日的所见所感留下些什么。可能就因为有这点想头，所以才酝酿了这本书。当日只觉得，这个该做，一旦做了，就要做好。如今回头再看，猛然惊觉，这件事还真应了台湾的一句老话，真得是个憨胆人，才成得了这桩事吧！

或许是当日的研究功夫做得还可以，所以至今依然受用。说件好玩的事给你们听听吧，今年跟李安导演谈起《少年派的奇幻漂流》时，片子还在后制，李导演正在配乐，我好奇地问："这是不是你的'天问'？"这是我的第一个问题，当时没看过小说原著，也没看过电影，只觉得应该是，就随口问了，没想到他说："是，前几天我还想到这个！"

有趣就在这里，这不是神算，而是知的乐趣及力量引领我继续前行，不论是多年前写这本书的时候，亦或现在！

2013 年 3 月 15 日清晨于台北

种树记

张靓蓓

写李安，当初想得很单纯、很简单！我没想到自己选上的是一座这么难爬的山！一路工作下来，他带给我的是一连串的惊喜与挑战，同时也证实了我之前的想法：他之所以有今天，并非侥幸，亦非偶然，而是一步一脚印的结果。

十年记者生涯，有幸接触到许多创作者，进入他们的作品，进入一个人的想象及内心世界去观赏、体会精彩的内心风景，将所见所感行诸笔端，我乐此不疲。这十年来，采访各位导演，每当思想有所碰撞、交流，或学到新东西时，就是我最快乐的时刻。我想多留住一些感觉，也想累积一点东西。

这本书，就是在这样的心态下有了开始。当时我心里的人选有五位，出版社最感兴趣的是李安。当然，那时候谁也没想到他会得奥斯卡。

1999 年底，《卧虎藏龙》在北京举办第一次国际媒体记者会，我去了，回来后即打算写李安。他起先不甚愿意，几经游说，终于勉强答应。但是全心忙于《卧》片的他，直到该片在台湾上映之后，才挪出三天时间接受访问，自千禧年 8 月 16 日开始。我为此特别飞往纽约，就在他家展开访谈，同时近距离观察他的家居生活。

这三天的问与答，结结实实，从早到晚，连他开车去接儿子放学、为家人煮晚餐、为妻儿监工建造鸡笼，或到城里开会的乘车途中、在纽约日本面店吃晚餐时，都是话没停过。他的助理李良山说，李安出道至今，最多只接受过一个小时的访问，像这样三天马拉松式的专访，前所未有。但是为了写他，我也不得不尔，只有让他破例了。李安的个性是答应了就全力以赴、毫无保留。那三天，他是有问必答，我问出许多他真正的想法：如在东西跨界时遭遇的文化冲突及困境；如在对白上所下的功夫；如对普遍性及本土性、发言权与好莱坞关系的思考；如对现实的了解——影展像选美，得奖是权力，导演没有权、钱及社会资源，很难玩得起来；而创作上的时时求变，乃源自于他的不安及恐惧感……更重要的，是看到他隐藏的锐气。

一直以来，我觉得精彩的创作者都有着不顾一切的痴与执着，及一股过人的敏锐。但李安给人的印象却一直是个好好先生，外在处事他尽量面面俱到，凡事求全，但我老感觉到他好像不只这些。记得1996年《冰风暴》正在纽约做后制，专访时我嗅到一些不同的气息，那是我第一次对他深入访谈，当他提及1973年革命的浪潮已过、影响扩散至一般家庭时*，我突然想起以前上"社会变迁"时高承恕教授讲过，人们只注意到变，其实长期不变的规律对我们才最具支配性。当如常的家庭生活起了变化，方为真正变革的开始。那次之后，我对李安一直存有好奇。

2000年8月的这三天专访，印证了我以前的想法。

---

*详见本书第212～218页。

访谈后，他随即展开《卧虎藏龙》的欧美宣传行程。我在台湾忙于工作，看着他一路冲天直到奥斯卡拿奖，当然，这一路下来的新闻我也都报道过。出版社本来希望赶在奥斯卡热潮时出书，我不肯，因为我希望将结果一并纳入书中。李安得奖回台时，我本想就近和他再深谈这一路的感受，他则希望我再去一趟纽约，因为他需要点时间来消化整理这一切。

2001 年 6 月 7 日，我再度来到他纽约家中，进行第二次两整天的专访。这一次，我看到的是一个意气风发、滔滔不绝的李安，一如花之盛开，他的各种想法也如泉涌而出。第一次，我看见如此具批判性的李安。

回台后，我加紧展开工作。同年 8 月离开中时报系，全心全力投入这本书的写作。

首先，两次五天的访谈，有二十卷录音，加上自 1997 年以来每次的访问，整理下来近三十万字，但这些只是原始材料，得再重新扒梳。我分大标、写小标，做成卡片，重新组合，顺出理路，分成十个章节。下笔写第一章时，虽有李安的访谈及相关的中外书籍、剪报、资料，但轮廓架构出来之后，描写细节时，我发现仍有多处空隙无法衔接，而且有待查证之处颇多，如资料上显示的出生地就有台北、屏东两处。于是我再次展开台湾的访谈，李岗、张正良、徐立功外，我还南下，连李家二老都成了我打扰的对象，然而人人热心帮忙，已不是我一句谢谢能表达的。

一开始，我用第三人称书写，从我的角度来看李安。出版社建议，不妨用第一人称来写会比较亲切。我心想，我又不是他，怎么能这样？心里虽犹豫不安，但还是试试，没想到写得比较顺了。但这一转变，却造成接下来一年多我和李安的并肩作战。

原本打算稿子给李安看过后，12月多出书，但李安并不满意，就因为第一人称，虽引用他的话语，但差距仍大。

于是有了第三次的洛杉矶专访。这是2001年12月14至16日，我们以初稿为底来谈，最后一章的《电影梦》也是这次新谈出来的，他提及玛丽安的梦，谈到看完初稿后想起这十年来好像画了幅巨大的壁画，说是好像累积出一点什么东西了。我回来后整理这次的十卷访谈，从中挑出他与合作伙伴的关系、拍片与现实世界的不同等，写成两篇文稿，由他挑出一篇，再以此为基础，增减修改。其他篇章也都经过这个过程。

这一回，我才真正看到那个难缠又执着的李安，他对问题追根究底，对创作缠斗不休，对转折处理细腻，又毅力、耐力过人。有趣的是，这一次见面，我发现他得奥斯卡时的意气风发已然沉潜。

当初采用第一人称，是个尝试。我明白，任谁都不能成为他人，但决定这么做，就要尽可能地做到像。我采取的态度是“主观的客观”，李安，就像是我的研究对象，这是主观的选择，但在“写”李安时，我下笔尽量客观，让他自己说话，我则如实地反映所见所闻，并不添加自己的意见，尽可能地成为“归零状态”，同时在文中也把自己隐藏起来，而从选材的方向及架构来表达我的意念及眼光。我不知道这样做对不对，对我来说，也是个尝试。直到这本书完成，我开始撰写下一本书时，一天找资料，看到《梦是唯一的现实——费里尼传》(Ich, Fellini)，发现导演费里尼（Federico Fellini）与该书作者夏洛蒂娜（Charlotte Chandler）也是以第一人称书写，我才比较安心了些。本书的前面六个章节，偏重于李安个人及想法，没再多提电影，一来考量篇幅，二来电影是由他这个人导出来的，我想从本源找起。

接下来就是个既快乐又痛苦的过程。

我写完稿后，他看，他改，从用词到想法的补充，李安没有一处放过，仔细的程度让我大开眼界，也学到许多。我学到的是，他不用武断激烈的词句，而喜欢用“可能”、“似乎”等语词，这和他的个性有关吧，给自己、给别人留个余地。凡是有关特别的事迹、批判性的话语，最好别用。他非常注重细节的转折，一点一滴的累积，出来会是不一样的东西。对逻辑性十分的信服，这是他凡事讲理的来源；但我觉得，世间事物有理性，也有非理性。而他最担心的就是“别得罪人”，许多真相，便在这个原则下被删减或修饰过。“锐气是惹麻烦的事，不是吗？”他这样问我。而我也第一次听他说：“我讲的话很少人能听得懂！”怎么会？我们所认识的李安，不管是电影还是访问，他都平易近人。

就在和他来回改稿的过程里，我开始明白他所指为何。他的话别人听不懂，我体会到的有两种情况，一是可能连他自己都不懂，因为这个概念还处于发展状态中，他也还没理清楚；另外就是，他懂了，但他只讲了一部分，他以为其他部分别人知道了，其实别人并不知道。

当然可能还有其他情况。

我开始有些明白，为什么王蕙玲曾形容，和他工作像是在投篮，因为你得去琢磨他不断变化的心思。

除此之外，许多以往单独来看似乎很特别的事件，当放置到他整个的人生坐标上观察，其实是个惯例。如我的三次登门采访，他去冯光远家写剧本，去王蕙玲处谈剧本，一如他早年到乔尔·罗斯（Joel Rose）的夏日度假屋去写剧本，这是他的做事方式吧！

最重要的是，由于他本身兼具台湾、大陆、美国多重文化的熏陶，加上选材、制作环境又东西跨界，从美式独立制作到大联盟，从台湾到大陆，这种特殊多面向的穿梭经历，不仅是他个人的体验，同时在电影里也呈现出东西文化融合时的矛盾、冲突，及融合后的突变、开创，且逐步获得印证。从他的述说里，我看到东西文化互动的其他形式。

当然，在这段写作的过程里，我最感谢的是李安，他开放内心世界，让我看到一个创作力的活泼性，几乎每次访谈，他都有新想法出现。就在谈话的过程中，我看到一个意念的生长过程。我执着地想多看一点、多知道一些，尽量客观地听、问，然后转化成文中的部分章节，不过已是经过浓缩、处理，但仍是他的想法。有时我也会说出我的想法，但这些想法也要经过他的同意，因为这本书要写的是“李安”，并不是我，所以我对事情的看法能否出现，得看这个想法是否对他的新想法能够有所补充。我开始体会到李安以前所说的，跟他合作的人多半难以尽情发挥，因为一切以作品为中心。当然这本书不管我怎么写，都是要写出他的想法、他的人、他的事。从他的不满意，到如今认为“整本书都是我在说话嘛”，我想，我的笔耕似乎是告一段落了。

书成之后这些年来，当许多人告诉我，书中的李安真的很像他们所认识的李安时，我反倒开始有些不安了。我发现，道尽一切，那是不可能的，我只希望这本书能够呈现出李安本质的某些层次与面貌。至于其他，仍有待挖掘！

想起那段爬山的岁月，整个过程很像是个梦，一个完书前几天我常做的“种树之梦”。

一个小和尚，用借来的盆儿、借来的土、借来的苗儿、借来的水，兴高采烈地种起他的树。浇水灌溉、捉虫施肥，再用上以前学得的法子，日复一日，七棵小苗儿逐渐茁壮。

有一天，师父跟小和尚说：“要盆栽成个样儿，不能任由着树儿长，得剪剪！”

“怎么剪啊？师父？”

于是老师父开始传授剪法，小和尚拿着把剪子，遵照老师父的法子，开始剪枝修叶。起先小和尚捉摸不清老和尚的意思，一剪子想了老半天还下不了手，老和尚一旁千叮万嘱，亲授绝活。有时只一剪刀，就说上老半天。时常老和尚也会下场剪上几剪。逐渐地，小和尚的剪子用熟了，老和尚的心思也猜出了些，剪起来也有点样儿了。

就这样，剪剪这棵，修修那丛，再回头拾掇拾掇另一棵。七棵小树，慢慢地变了个样，挺像老和尚嘴里的“盆栽”了。

说也奇怪，这一天，七棵小盆栽一夜之间成了株绿荫大树，小和尚一惊，梦醒了。咦！怎么真有棵大树在眼前。

大树对小和尚说："我不属于你！"

小和尚大吃一惊，伤心地抬头问天："为什么它这么说？"

老天给了他后脑勺一记，说："那不都是借来的嘛！"

小和尚十分疑惑："天老爷，难道让树木一天天长大的过程不重要吗？"

老天提点他："你忘啦！这棵树经过修剪！"

喔！小和尚想，也对啊，小树处处生长，盆栽则需要老师父的那把剪动过后，才能有个老师父所说的样儿，难怪盆栽能化为奇树。小和尚心想：也好，这棵奇树能让好多人观赏！不过想起种树、修树的那段日子，小和尚也不无唏嘘。

老天拍拍小和尚说："是该搁下的时候了。树木成荫，本属于天地。"

书已完成，心里有着许多感谢与欢喜。欢喜的是，这段日子自觉没有白过；也希望这一路的探索，或可让人们透过李安的心路历程打开另一扇窗。当然，重新做回自己，备感轻松。至于要感谢的人倒有许多。李安不用讲，他为这本书付出的心力、时间超乎一般传主。此外，好友刘玉芳小姐及妹妹张靓菡帮忙看稿、指正，李良山先生全程帮忙联系，李安的夫人林惠嘉女士曾以电子邮件帮忙收稿，助理黄丹尼先生帮忙传稿。郑培凯教授、学妹李慧娜小姐应邀相助译出《梦》这首诗，鲍德熹、叶锦添、黄家能、刘鸿文免费提供照片使用，埃玛·汤普森、凯特·温斯莱特、周润发、杨紫琼、章子怡等人，慨然授予肖像权，均因李安之故。谨此致谢。如今本书简体版得以付梓，还得多谢台湾时报文化出版公司总编辑陈蕙慧小姐、主编李清瑞小姐、版权李怜仪小姐等人。

此外，我要感谢家母、妹妹及弟弟肇丞的鼎力资助，使得我多年来能够继续专心写书。

想想，之所以有这股傻劲及坚持，大概得自于一生忠直的父亲吧！

这几年里，脑中时而浮现出那晚的情景，1999年11月24日，出差至北京采访《卧虎藏龙》的我和陈嘉倩（前台湾《民生报》记者）正在访问李安，手机响起，大弟肇霖从台湾来电，他在那头说："爸爸想听听你的声音！"当时卧病在床的父亲已不能言语……如今父亲过世已十三年，回首往事，不觉惊起，过往已难追回，今后要做的还有许多，唯有更加努力……至于取之于天地的，就还诸天地吧！

2002年10月28日初稿于天母
2007年7月10日二稿于桃园
2013年3月15日清晨三稿于台北

童年往事

我来了

我家兄弟姊妹四个，就数我最难带。小时候我的额头上有条青筋浮现，父亲说，这样的小孩比较难带，老是会碰上个三灾两难的。我从小身体不好，不过长大后，人也就健朗了。

妈妈怀我七个月时，一天中午，下楼时一脚踩空，就这么一路下滑直到最底层。大家都在睡午觉，叫不到人，也叫不到车，妈妈发愁了，因为还有一班学生在教室等她上课，那时她在屏东潮州小学教书，学校离家很近。妈妈坐了一阵子，然后起身慢慢撑着走到学校，直到上完课回家，爸爸才知道，赶紧带她去医院检查，幸好没事。

当时妈妈有个朋友也怀孕了，不小心扭了脚去照 X 光，孩子就这样没了。要不是有这个比较，爸妈还不知道事态的严重。

我是 1954 年 10 月 23 日在台湾屏东潮州出生。当天请了医生来家里接生。据妈妈说，我刚生下来时，一张脸发青，也不哭，直到医生拍打我的小屁股，哇的一声，大人才放了心。医生事后告诉妈妈，好险，脐带绕在我脖子上两三圈，一般来说，这种情况很容易窒息的。现在太太常骂我脑子不清楚，她说："大概就是那时候留下的后遗症。"

我的诞生，让爸爸兴奋得整晚都睡不着觉，他百感交集地说："李家终于有后了！"爷爷临终的遗嘱，要爸爸在台湾"另起炉灶"，我这个长子让爸爸充满了期盼，他给我取名"李安"，一来是老家在江西德安，二来是爸爸来台湾时搭乘的轮船就叫“永安号”。

我出生时有八磅重，还好。弟弟李岗比我强壮，生下来就有十磅。七个月大时，两个姐姐出麻疹，我也被传染了。当时爸爸正好调职到台东女中当校长，这是爸爸第一次升任校长，又搬家，结果我出完麻疹没照顾好，自此后肠胃老闹毛病，身体积弱不振，体质不好。

在台东过了一年多，我还不到两岁，父亲又接任花莲师范校长，举家迁往花莲，一住就是八年，我们戏称是“八年抗战”。十岁时，爸爸再度调任台南二中校长，全家定居台南，四年后又接任台南一中校长，父亲常言：“我将终老斯乡。”

儿时的我瘦小多病，在花莲时，如果两个礼拜没去挂号，连医生都说：“怎么好久没来缴菜钱了！”当时我家戏称看病是“给医生缴菜钱”。我们小时候有种很普遍的营养品“胖维他”，爸爸曾气得说：“胖维他都让你给吃得变成瘦维他了！”

我的体质到了高中才逐渐好转，但还是很瘦小，高一上学期时才一百五十多厘米，发育很晚。太太说，我到美国好像还长了两厘米。

我脸上有个酒窝，大家都说好看，我说：“狗咬的。”大伙还以为我开玩笑。那是小学一年级时，有天放学后我跟着妈妈去她同事家。平时我常跟那家的狗逗着玩，那天见狗屁股底下有根棍子，想去拿，没想到“狗一翻脸不认人”，猛然扑了上来张口就咬，上牙咬住我的眉骨，留下一记疤，下牙深陷在我脸颊上，后来就成了酒窝。当时我满脸是血，大人们都吓坏了，狗主人当场把那只狗痛揍一顿，狗生病死了。爸妈怕我染上当时流行的狂犬病，只好拿下狗头去化验，报告要等二十一天才出来，把爸妈给急坏了，幸好没事。

还有一次几乎命丧鲤鱼潭。那年我正念幼稚园，有天爸妈与朋友一起去鲤鱼潭划船，船快到岸时，我兴奋地起身，船失去重心直晃，扑通一下我就栽进水里。妈妈当时想都没想跟着跳下去，一把抱住我，从水里站起来，水刚好淹到妈妈的眼角下，大家慌忙把我们母子拉上岸。好险，当时要不是妈妈在我滑落潭底前的那一抱，我可能就没命了。所以我常说，妈妈给了我两条命。

快乐的童年

花莲八年，地方的纯真、朴实，人情的温暖、诚挚，给我的童年留下了美好的回忆，尤其是花莲师范附小的启发式教学，是我上艺专 * 之前最快乐的一段学习岁月。

花莲师范原先在花岗山，爸爸担任校长后迁到美仑，花师在美仑的校园就是他一手创建的。迁校前，我常爱跑到花师去看他们升旗。奉蒋经国之命，父亲在花岗山的花师旧址办了国民党军队退除役官兵的师资训练班。听父亲说，当初开办师训班时，有许多人反对，认为军人教书恐怕不合适，可是父亲知道很多人入伍是因为战乱，未必没有发展潜能，所以极力替他们争取学历，使有心向上的人有进修的管道。后来师训班搬到板桥成为国民党军队教育中心，那里就成了现在的“花岗国中”。

---

*全称是“国立艺术专科学校”，现为“国立台湾艺术大学”，简称“台艺大”。

这就是把「胖维他」吃成「瘦维他」的我。

我与李岗自小就是兄唱弟随。

我和弟弟李岗，两兄弟哥俩好。

我家住在花岗山上师训班里，小时候成天和那些即将为人师表的退伍军人在一起，如任贤齐的父亲就是爸爸学生中跟我们最要好的大哥哥，当年我们老是围绕在他身边听他讲《西游记》里的故事。父母虽是公教人员，却生活在一个大退伍军区里，所以我自小就对“军公教”很熟悉，生活在非常外省的公教环境中。

父亲除了担任花莲师范校长外，还是师训班班主任。师训班不是部队，却集合了陆、海、空、政战等各军种的退伍军人，所以各种康乐队都会来此表演，包括歌舞特技、京剧、绍兴戏、魔术、话剧等等，小时候看了不少“秀”。因为我是“校长公子”，每次都坐第一排近中间的大位，这大概是旁人少有的经验。现在我带儿子去参加电影活动，前尘往事不时浮上心头。说来巧合，儿时我家虽住宿舍，但在这方小小天地里，我家就是中心；如今我当导演，儿子们坐在我身边的最佳座位。在拍电影的小天地里，历史重演，顿生似曾相识之感，回想起多年前我尚赋闲家中，一切恍如梦中。

小时候看康乐队时，我偶尔也会上台表演，有时两兄弟一块上台，李岗就唱：“老祖母今年八十八……”

爸妈的朋友、同乡或同事来家拜访时，我常拿支扫把当吉他，带着弟弟上场表演一番，逗大家开心，我最擅长模仿叔叔伯伯或我家的管家老杨。

上小学后，班上每周六班会前来上一段相声，就常是我的拿手好戏，同时我还自编自演了许多话剧。花师附小三年级时，曾编写剧本导演同学表演，男生不愿演女生，我就自己反串。当时校长曾向爸妈半开玩笑地说："你这个儿子将来可能走第八艺术*！"真是不幸言中。后来我考上艺专，第一个给老校长打电话。

第一次的文化震撼

课外活动充实快乐，课内学业也还好。

在花莲，我念过两所小学。到了台南，又念过两所。一般小孩上小学多是"从一而终"，除非调皮捣蛋才会转学。我转学，纯粹是因为老爸的职务调动。

由于妈妈在花莲明礼国民小学任教，我一年级进了明礼，一学期后又转到花莲师范附小，因为爸爸在花师当校长。念明礼时，我很爱哭，离不开妈妈，但一转到附小，离开妈妈，爱哭的毛病就改了。

在花师附小念到四年级，这三年半的开放式教育让我至今难忘。附小采用美式新式启发教育，属小型学校，一个年级才三班，每班四十几个学生，男女合班，多是外省子弟，大家都讲国语**，当时学校正在推行说国语运动，不讲国语还要被罚。我们班每四张桌子并成一组，全班往往分成六个小组，不但自己使用仪器动手做实验，教学也以发问讨论为主。我觉得发问是学习当中极重

---

*西方习惯把电影称为继诗歌、戏剧、绘画、音乐、舞蹈、雕塑之后的"第七艺术"，后来也有人称摄影为"第七艺术"，电影则是"第八艺术"。

**汉语普通话的旧称，台湾至今沿用。

要的一环，所谓学问，要学就是得问，这种方式不同于一般“国小”排排坐填鸭式的教学法，至今台湾“国小”大概都还少见，我很喜欢这种学习方式。

十岁时，爸爸调职台南二中，全家迁至台南，我和李岗转学台南师范附小，姐姐们转到南商*。我在附小念了还不到半天，又转学了。由于爸妈刚到台南，不明情况，后来听说南师附小因为不重补习，升学率最低，因而转往国民小学，我家住公园路，就转到公园国小。

记得那天第四节体育课上到一半，我正爬竿上到竿顶，远远就看见妈妈和一位邻居太太走来，招手把我叫下来，带到公园国小。这是个我从未见过的世界，大约九千多人的大学校，每一年级就有二十个班，一班七十多人，大家都讲台语，把我吓坏了。

上课时，学生得挺直了身，双手交叉放在背后，跟着老师念课文，好似古时读书般地拖长了节奏性的声调。师生间的对答十分制式，如：“对不对？对！懂不懂？懂！有没有问题？没有！”有一次老师问有没有问题时，我举起手来，结果全班同学瞪着我，好像见着个二百五：“你要造反啊？怎么举手？！”后来我就不敢了。

这是我生命中第一次经验到文化冲击，十分的戏剧化。人家多是渐进式地，我则是突然地，乍从一个完全外省、讲国语、美式

---

*全称是“省立台南商业职业学校”。

开放教育、没有体罚打骂的环境，来到一个完全本省、讲台语、日式填鸭教育、体罚打骂、注重升学的环境。突来的巨变，我很不适应，加上是少数，话也听不懂，自然害怕。我就像离了水的鱼，虽然觉得奇怪，但也努力学着适应。

进公园国小第二天，我生平头一次在学校挨打。那天下午五点多，是老师算总账的时间，考试不佳的同学全体出列到教室旁跪成一排，依次挨耳光，打完还要鞠躬说："谢谢老师！"这一巴掌，令我当场眼泪就扑簌簌地往下掉，觉得真是没法活了，因为在附小时老师连重话都没说过。妈妈就到校和老师沟通："我家小孩不习惯被打。"五年级就没怎么挨打。到了六年级，开始过着科科都挨藤条的日子，尤以数学课为最，因为我们的老师一视同仁，为表示公平，照打不误。那位老师认为越是好学生，越要加重惩罚，计算题错一题打两下手心，应用题错一题打五下屁股，考不到一百分就得挨打。一天要考个四五张八十多题的考卷，每天早上从七点半到晚上九点多不停地考，考完就打，除了上厕所都在教室，不分寒暑。我们每天带两个便当上学，一星期六到七天，每晚回家还有一张考卷做家庭作业。直到现在我对数学仍有恐惧感，记得三十多岁时，仍会半夜做噩梦为解不出数学题而被吓醒。由于我从小到大就有个心神恍惚的毛病，因为粗心，数学老考不好，"竹笋炒肉丝"就成了家常便饭。但就算被打到怕，被罚跪尖算盘、跪油漆桶边，甚而被威胁要戴狗牌游女生班，我还是照错。公园国小的老师觉着奇怪："究竟要怎么样你才会小心？"而附小老师则只是含蓄地说："李安啊，我看你人这么细，为什么心这么粗！”一个是狂风化雨，一个是春风化雨，都没改掉我粗心的毛病。不过我并不怪老师，玉不琢不成器，他以加重惩罚来表示公平，并非恶意。这是老式日本教育的方式，打你才尽责，爱你才管你。整个台湾中南部的大环境如此，很难例外。到了晚上洗澡时，看到我屁股上一条条的红印及跪算盘跪出整腿的红肿淤血，妈妈只能暗自饮泣。

从1964年到1965年在公园国小就读期间，则是我的得奖期，参加各种比赛过关斩将，甚至当选第九届儿童小市长，在朝会上代表致辞，以前在花师附小时倒没什么表现。但在国小课外活动表现虽杰出，学校却不太重视，当时艺术教育一直被忽略，只注重数学，就连国文、作文好也没用，家里也不太鼓励。

公园国小的那两年，我受的教育就是考试不断、重视数学、打……的升学教育。我很不适应，但也就这么挨过去了。

如今回顾小学岁月才发现，从小我就身处文化冲击及调适的夹缝中，在双方的拉扯下试图寻求平衡。因为培育我的两种教育制度，正代表着台湾的两种文化：外省中原文化及日式本省文化。而从中原文化进入本省文化的环境变迁中，让我更加体会到，人是需要群体的。来到一个新环境，你就要成为那个环境的一部分，但在融入的过程中，会面临适应问题，只是当年大人并未特别注意到孩童面临环境改变时细微的心理变化。我第一次挨打，家长跟老师说过后，那一年老师不再打我，我想，在同学眼中我可能成了娇生惯养的异类，令我造成心理上的不平衡及负担，觉得和同学有个差距。

在「公园国小」就读期间，是我的得奖期，参加各种比赛过关斩将，甚至当选第九届儿童小市长，在朝会上代表致辞。

身为外省人，出生在台湾并不是我的选择。所以现在对待小孩，我们会比较注意他们的变化，因为是我们选择住在美国，他们也身不由己。过去老一辈比较笼统、定于一尊，只要孩子读书好、孝顺就行；做错事体罚后讲一下道理，就觉得尽到教训的责任了。老师觉得打你、公平待你，就是爱你。可是打骂小孩是最不需要花脑筋的，因为你不需要观察他成长中的细微变化，设想出有益的辅导对策。其实抚育小孩与其他人生事务一样，可以是很困难、很复杂的一件事，拿过去中原文化的伦理或日式的台湾文化模式去套，用的都是最不费心思的方式。

当我长大后面对这个世界，尤其是拍电影后才发现，其实在细微不一的变化里，正埋下了许多巨变的种子。当年是外省文化压抑本省文化，双方的角力是暗中进行，如今则是翻上台面。这些都不是新问题，而是过去压抑下埋藏的许多因素开始发酵彰显。

青涩的初中岁月

初中我念的是第二志愿学校——延平中学。太太说："打这么多还没考上第一志愿，也真够笨的。"在班上，很自然地就跟同学张正良、唐国定玩在一起，成为好友。那时我坐最前排，唐国定坐中间，张正良个子高，坐最后面。我们三个怎么会成为好友，我也弄不清，只觉得很自然。

基本上我们三个都不很喜欢念书，但还算乖，个性也不是很积极。那时我们整天泡在一起，晃啊晃的，既不打架，又不把马子*，有时打打乒乓球，晚上补习后，经常一起去光顾启聪学校对面的一家干面店，或去吃老唐牛肉面。

初三时，延平中学校长卢明星做了个大胆的实验，试办一年男女合班。我们那届有十四个男生班、一个女生班，校长把女生班拆成两半，男生班每班前十名可以自愿参加。阿良记得当时班上盛行玩“配对”游戏：“顶多是男女生互瞄，心里面想想，并没有付诸行动。”但他说的配对，我不晓得，也没玩过，那是他们后排同学搞的把戏。我发育晚，个子小，那时坐前排，声音还在要变不变的阶段，阿良是初二就变声了。初中时很好玩，男生参差不齐，有的已是大人，有的还是小孩，乱七八糟的，很荒谬。

躲老爸校长

我和张正良初中的成绩还不错，所以都考上第一志愿——台南一中。不过念南一中时，我的名次就落在二三十名了。高一时我俩都念倾向自然组的一班，高二以后，我转社会组，张正良念自然组，之后的发展不同，朋友也很少交集，但我俩的友情依旧（见尾注）。

台南一中是中南部精英的荟萃，我念书就更不行了，加上父亲

---

*意为“交女朋友”。

是校长，我觉得很糗，在学校里老躲着他。青春期我行为上倒没什么叛逆，就是喜欢胡思乱想，读书不专心，驼背又害羞，到了高一下学期越来越明显。我对高中的印象，除了上课，就是补习。我一星期补十堂，给我补习的老师全是中南部的名师，可是我的成绩还是不见起色。

南一中鼓励理、工、医、农，文科是少数，直到现在依旧如此。我上学那年二十个班里文科才三班，其中一半是因为性向太明显，绝不会读理工；还有一半就是功课比较跟不上的菜脚。比起甲丙组来，乙丁组的学业平均成绩差了一大截。我知道自己绝不会念甲丙组，当年我虽选填了丁组，但对文、法、商也不见得有兴趣，不知喜欢什么。

刚考上南一中的那个暑假，父亲就拿了份大学志愿表回来，他大概想知道我会是块什么料，好提早安排最佳师资阵容吧！通常性向表*是高一念完后才填的，我看了看，就知道自己不是理、工、医、农的料，可是文科里的外交、新闻、外文、法商等科目，又都觉得没啥意思。

当时我就对父亲说："我都不喜欢，我想当导演。"大家听了一笑置之，不当回事，可我讲的是实话，而且特别想当电影导演。当时也不知道导演是干什么的，只知道是导演把电影给拍出来。

---

*性向表是性向测验的一种。性向测验泛指用来测量个体潜在能力的测验，或者预测个体接受学习或训练后的成就或表现的测验。性向表在台湾已行之多年。

我的很多电影里都自然流露出父亲的影响。

从小父亲就对我期望很高，让我一直背负望子成龙的压力。

紧张以致落榜

天天补习，还是落榜！

第一年考大学，我以六分之差落榜。第二年，因为紧张，第一天第二堂考数学时，第一个钟头我腹痛头涨，豆大的冷汗直滴，一个字都看不清楚，复选加上倒扣，考了个0.67分，再度以一分之差落榜。放榜时，我正好独自在家，家人都上班去了，我就一个人跑了出去。

他们回来一看我失踪了，急得不得了，只有弟弟李岗猜到我可能去了哪里，于是骑着脚踏车，奔驰了一个多小时，来到安平海边，果然看见我的脚踏车。他走到沙滩上仍没见着老哥的踪影，心里也开始忐忑不安了，直到看见我低着头走近，兄弟俩什么话也没说，默默穿过沙滩，摸黑骑着单车回家。

二度落榜在我们家有如世界末日，我根本没想到会发生在我身上。那天我是去海边散心，那阵子我蛮喜欢和朋友去安平的海边游泳，岸边有树林，风景很好。其实出海口很危险，常淹死人，我也不晓得。

回家后，没人敢惹我，李岗则奉母命盯着我，怕我出事。

重考那年我最好的朋友就是黄重嘉老师，当时他才二十几岁，帮我补习数学，我们一起听古典音乐，谈文论艺，算是知心的朋友。我数学考零分，觉得没脸见他。放榜两天后，他来家里帮我准备专科考试，没想到我突然把桌上的台灯、书本全摔到地上，然后跑了出去。

黄老师安慰我:“不读就不读,放心去考。”专科反而考得不错,数学第二天考,没那么紧张,考了六十八分,进了艺专影剧科。

注：他像生活里的一种味道

在好友张正良的眼里，李安是个很温和的人，对任何人都没有威胁，成绩中上，所以一般同学都很喜欢他，深交的就是他和唐国定："但李安和一般同学也都保持很好的往来，他个性就这样，以前话不多，常常傻笑，很受怜爱。"

两人从初中起就建立起的交情，经过三十六年，依旧如昔。张正良说："对我来说，李安就像生活里的一些味道。他是乖乖的升学小孩，我则像侯孝贤电影里的小孩。当我看侯孝贤的电影时，就像看到我小时候的感觉，看《牯岭街少年杀人事件》就像看到我的邻居，那些行为有些偏差、书读不好的小孩。以前没什么大帮派，'竹联'、'四海'也都是些小毛头凑在一起，看不顺眼就打架。不过我和李安的家庭背景蛮相似的，他爸爸是校长，我爸爸是教育局局长，所以我们很合得来。李安对我，就是一个感觉。我今天看电视上他接受采访、拿奥斯卡，还是李安，他的动作、笑声、表情，都没有改变，从以前到现在就是这样。"

"他跟我在一起没什么话讲，像一家人。就像一进家门，沙发就该在那个地方。我常常说，一般人的价值观不要用在李安和我身上。"

"譬如说，李安没有守时观念，我也没有。如果我今天跟他约七点在台北西站碰面，我先到，就等他，我曾等他等到九点，那时没有手机，没法联络，但他一定会来，我知道他一定是有什么事耽搁了。他也等过我，我知道我一定得去，他一定会在那边等我。我们迟到多久，彼此都不会埋怨，反正见了面就很高兴。不过拍片后他很守时。"

"他回台湾做宣传，三更半夜打电话来，想见我，我去了，他还是跟他那些朋友继续聊，但彼此见到面就很高兴。"

"1982年我们夫妇第一次去纽约找他，那时李安还没结婚，和一个黑人雕塑家住在一间废置的仓库里，房子里乱七八糟，整个墙上都是分镜表。李安告诉我，那个雕塑家来自非洲，接受联合国教科文组织的资助，所以包下整个仓库，李安向他分租，后来他因嗑药过量而身亡。”

“我那时正在密歇根念书，李安一通电话：‘来看我的作品！’我就带着太太孙青开车到纽约去了。李安带着我们到学校去看他的作品《荫凉湖畔》。他从未问过我对他电影的观感，但他觉得我参与他的作品或他的挫折，是很重要的。他没考上大学时，我只知道他把自己关在房间里，谁也不见。李妈妈打电话给我，说他心情不好，叫我去安慰他。其实我也不知道怎么安慰人，只是在一旁坐着陪他，两人也没说什么。但他心情不好或快乐的时候，会想到我。我去找他，他会觉得好受一点。”

“我个头高，他个头矮。我常说，我们两人有点像七爷与八爷＊！”

---

*相传“七爷”和“八爷”为阴间的差使（相当于西洋地狱里的死神），专司缉捕鬼魂及恶鬼，负有维持阴间秩序的职责。“七爷”和“八爷”一高一矮、一黑一白，也就是我们常说的“黑无常”和“白无常”，也称“范谢将军”。

电影梦·生命

1996年，在日本一家小酒馆，杨德昌导演曾在这里题下「生命・梦・电影」，李安导演在同一面墙上题下了「电影梦・生命」。

解放了

舞台，改变了我的一生。在此，我的灵魂第一次获得解放。混沌飞扬的心，也觅得了皈依。

一上舞台我就强烈地感觉到，这辈子就是舞台。清楚了，原来是这么回事。它擦亮了我的双眼，呼唤、吸纳着我的精魄。我逐渐了解，所谓的升学主义、考大学，除了培训基础知识与纪律外，对我毫无意义。遵循常规，我的一生可能庸庸碌碌；但学戏剧，走的可能就是条很不平常的路。

但刚进艺专影剧科时，谁也没当回事。有些人就是去读了一个月，随即办理休学，准备重考。戏称影剧科是第一百零八志愿*的我，也打算重考，所以在我脸上找不到新鲜人（freshman，大一新生）的喜悦。当时学姐施秀芬（广播主持人金笛）正编导一出独幕剧，还缺个男主角“诗人”，经同学推荐，选中我来演。她觉得我虽无诗人的飘逸，但面部表情尚可，照他们的讲法是，脸上挂着一副多愁善感的忧郁气质。这出戏是个转折点，记得第一次站上舞台，强烈的聚光灯洒下来，面对灯光之后黑暗中的观众，我第一次感觉到命运的力量，是戏剧选择了我，对它我无法抗拒。接着又演出美国剧作家田纳西·威廉姆斯（Tennessee

*即“倒数最后几个志愿”的意思，名次越后面的志愿，录取的分数越低，学校越差。

Williams）的名著《玻璃动物园》（The Glass Menageries）的男主角汤姆。从此在艺专，我一路担任男主角，演戏不下十五出，并于 1974 年拿下台湾大专话剧比赛的最佳男主角，同时自编自导独幕剧，改编、导演外国剧本，兴头很大。可能台湾第一次实验做圆形剧场即是《泰吉丝的故事》，该剧由友人余季编剧，我执导，我将观众席设在中间，四周划为表演区。一搞戏剧，我什么都想尝试。

那时候学艺术，没有很多大环境，不过艺专的环境很适合我，三专、五专、日夜间部齐聚一堂，总共才七百多人，自成一个小天地，有音乐、美术、舞蹈等七科，大家都是学艺术的，悠游其中，我觉得很自在。

找到自己

到了艺专后，我才真正面对另一种人生的开始。原来人生不是千篇一律地读书与升学，我从小到大所信守的方式并非唯一，其实每天可以不一样，我有种灵魂出窍的感觉，很过瘾。

可是爸爸看了很伤心，因为环境实在很差，我又是他最宠爱的儿子。那时艺专的校舍很简陋，爸爸第一次送我到学校时，一看伙食及宿舍，难过得说不出话来。因为老鼠正沿着柱子跑上跑下，一间几坪*大的小房间里摆了七个床位、两张桌子……听说他回家后大哭了一场。现在那些宿舍都改建成宏伟的校舍了。

第一个学期快念完时，爸妈一起北上看我。那晚，北一女**郑玺瑸校长请我们吃饭，席间郑校长说："小安休学吧，住到我家来，我请最好的老师给你补习，明年重考。"

饭后我们父子俩独处时，爸爸问我："要不要重考？"

我说："我觉得我是属于这方面的！"

爸爸决定支持我，他说："不要再重考了，不过我有个条件，毕业后留学。"

当时大家心情都很矛盾，我不忍心看爸妈难过，他们也认为我很不甘心，觉得我应该考上更好的学校。

但是我在舞台上找到真正的自己，充满自信的喜悦，不再六神无主地过日子。

眼界大开

艺专时期，除了在舞台上找到自我归属感外，对电影也有了另一层的体会。

打从在娘胎起，我就和电影结缘。妈妈怀我时，最难抗拒的两

---

*1 坪约合 3.3 平方米。

**全称是"台北市立第一女子高级中学"。

个嗜好就是看电影及啃甘蔗。在我还不会走路时，她就推着婴儿车带我进电影院了。那个年代，电影是最佳娱乐。从童年到求学期间，我看了不少电影，每当心情低潮时，电影院就成了我的避风港。看电影时，每逢感人之处我便会掉泪，所以经常是两眼红肿地走出戏院，可能这也影响我日后拍电影的品味及要求，希望能拍出感动人心的电影。

记得有一次跟妈妈去看电影，我好奇地问道："为什么我们老看外国片？"

妈妈说："外国片好看啊，等你长大，看看能不能拍更好的华语片。"

不过小时候看电影仅只是娱乐，也没多想，更没想到电影还能启发其他的想象，直到进艺专之后，我对电影的想法才有所改观。

艺专时，看了本翻译的《超级巨星》，才知道电影导演是超级巨星，对作者论慢慢有了点认识。迈克·尼科尔斯（Mike Nichols）执导的《毕业生》（The Graduate）是我的启蒙电影，一年级时看了这部描写人生没有游戏规则的片子，第一次让我有了触电之感，影片里达斯汀·霍夫曼（Dustin Hoffman）不按牌理出牌的调调，以及电影中冲撞社会制约的主题，与我当时的心境有所共鸣。

《毕业生》是部六十年代末的电影，因主题有违伦常，直到七十年代初才在台湾上映，本来达斯汀·霍夫曼周旋于母女之间的情节也改了，母女成了姊妹。我连看三遍，感觉到电影不光是讲故事，还表达些别的意涵，脑筋开始有点想头了。

到美国后我又重看了几遍，对《毕业生》还是喜欢，不过是另一种对社会讽刺剧的喜欢了，因为我对这个社会有了更多的了解，但我永远记得它当初带给我那种触电的感觉。

一年级下学期时，台北的大专院校间开始流行看艺术片，大家都到台北汉口街的台映试片间去看，每周一部。我看的第一部艺术片就是伯格曼（Ingmar Bergman）的《处女之泉》（The Virgin Spring），带给我极大的震撼，看完后我兀坐在试片间内，久久不得动弹，也不愿出去，连看两场。第二部是德·西卡（Vittorio de Sica）的《偷自行车的人》（The Bicycle Thief），第三部是安东尼奥尼（Michelangelo Antonioni）的《蚀》（Eclipse）。艺术电影这头三炮就轰得我几乎久久不省人事。当时台湾所有的艺术电影不如现今，十分有限，也没有影带、影碟，所以观赏艺术电影的经验非常珍贵。其他各学校有时也会举办电影欣赏会，我就一部一部地看。自伯格曼等人的电影里得到的启发与感动和《毕业生》又很不一样，伯格曼让我感觉到导演的存在，意识到艺术电影的力量。

超八毫米摄影机 *

---

* 八毫米底片是目前八毫米影片的标准规格，多用于拍摄业余电影和教育影片。超八毫米（super-8mm）底片其宽度和八毫米底片一样，但齿孔较小，因此画面多出一半，影像的清晰度因而较高，而且有足够的空间来容纳一条声带。二十世纪六七十年代，超八毫米曾广泛使用在教育及新闻影片上，近年来因电子录像器材的兴起已逐渐被取代。

三个时期的李安（由左至右）：戴上墨镜扮痞子状的NYU时期；服兵役时期，在嘉义刘家昌拍片地点留影；伊利诺伊大学毕业那年暑假，回台请示父亲去NYU念电影或继续留在伊大攻读戏剧。

那时在艺专，学校拍不起电影，只在毕业前让所有技术组的同学扣一下十六毫米摄影机，我不是技术组的，一直没碰过电影摄影机。二年级时，我看到有人在拍超八毫米影片，一个香港同学说可以帮我从香港带机器进来，我就跟父亲要了钱去买。这是除了书以外，父亲送给我唯一跟电影有关的礼物。我把它当宝贝，用这台摄影机拍了一部十八分钟的黑白短片《星期六下午的懒散》，灵感来自余光中的短篇小说《焚鹤人》，叙述一位画家写生时看到白鹭鸶在天空自在地飞翔，就想做一只如鹭鸶的风筝，结果风筝飞了几次，都飞不起来。在这部剧情默片里，我想表达艺术家面临理想与现实落差的挫折与挣扎，我当时也有这种心情，对电影既充满向往又不明所以。

为了拍摄该片，我和朋友赶工了几天，用竹枝和宣纸完成了戏中所需的鹤形风筝，没想到试飞时，不小心摔断了鹤脖子；隔年四月，我又重做道具，才完成片子。后来这部短片还帮我申请进入了纽约大学（NYU）电影系。

拍片时我从摄影机的观景窗望出去，我就知道我应该有天分，因为那个世界跟我平常经验到的世界是不一样的，我可以只选择有意思的东西，在那个世界里，我可以尽情挥洒，并让梦想显影、留下。不过那时候舞台做得多，我对两个都有兴趣。

在艺专，影响我最大的就是教授“电影导演”的王大川老师，我三年级时他去世了。我追随他，因为他学问好，阅历丰富，我很崇拜他。

王老师是位蒙古王子，以前很有钱有势，据他说，“光是统辖的国土，就比台湾大二十倍”。二十八岁当上将军，至俄国、美国求学，都有秘书、随从随行，又念军校、理工大学，经历过辉煌的岁月。他喜欢票戏，在国内捧戏子，跟名角一起票戏；在国外捧电影明星，送林肯轿车。初到台湾时，还送了三百辆吉普车及军备给政府。不过他在教我的时候，可能受过很多委屈，十分抑郁。我追随王老师时，他身体已大不如前，住得很破旧潦倒。我有时陪他去国民党军队文艺活动中心看京戏，有时去给他买面包，他喜欢明星面包店的面包，质感像美国的口味。向他请教任何问题，不论东方、西方，一定有答案。

多方尝试

在艺专的艺术氛围下，除了戏剧、电影外，只要是好玩的，我都碰一下。我学过芭蕾，不过时间很短。因为那时编了出独幕芭蕾舞剧《阿奇》，换了五个男主角都不成，后来我就自己上场，先去学了一个多月，又演又跳。

当时还写过一篇一万多字的短篇小说《走了样的焚鹤人》，述说我拍摄《星期六下午的懒散》的经验，发表在《艺专青年》上，那是我第一次的写作经验。

同时，我还跟申学庸老师学声乐。记得高中时参加合唱团，每天下午人家扫地我们练唱的一个小时，是我的快乐时光。到了艺专，继续练声乐，先跟音乐系学生陈建华练发声，申老师听了我的声音，说我可以练得很好，就破格收我为徒。有时我也和好友余季画画素描。

我好像做艺术类都有点天分，不过除了拍电影外，没有一样持续下来。电影很适合我，因为它涉及了音乐、舞蹈、写作、戏剧、视效等因素，我可以在电影里把这些东西整合起来，变为另一种独立的表达方式。

近乡情怯的矛盾心理

我学戏剧、美术，爸爸虽然答应支持，但内心一直很矛盾。

记得二年级升三年级暑假时我们环岛巡回公演，到工厂、军中演出舞台剧，音乐、舞蹈科也随行表演歌舞、民族乐等，我们演员也会支援歌舞表演充个场面，大伙又歌又舞又搬道具，像跑江湖似的很好玩。一到嘉义，我就开始紧张，因为快回台南了，我也心里老犯嘀咕地气自己，在外面本来高高兴兴的，为什么一接近家就备感压力。踏进家门，爸爸一看我因公演累成的黑瘦模样，就在饭桌上开训："什么鬼样子！"我当时把筷子往桌上一放，走回房里，把自己锁在门内。这是我第一次胆敢有此犯上举动，已经是很革命了。当时父子俩都很不开心。因为在父亲的印象里，我的公演和小时候我们看的军中康乐队没两样，他很伤心，一心指望能光宗耀祖的我没考上大学，居然沦落为给人逗乐子的康乐队队员，所以他一直催促我留学，希望能拿到学位，成为戏剧系教授。

直到现在，我格局比较大了，这层心理障碍依旧存在。我一回台湾就紧张，搞戏剧，我是跑得越远，能力越强，人也越开心。一临家门，紧张压力就迎面而来。对我来说，越接近生活，我的压力越大，越难以从事艺术处理，能力越低。如小时候离开妈妈到花师附小，我就不哭了。离家到艺专，我的能力就有所发挥。在英国、美国拍西片较易发挥，一拍华语片就心情沉重。在我电影里，这种心情表达得最明显的大概就是《喜宴》，以为在海外很自由，但亲情又把你抓回来。

想来有趣，返家、离家，压抑、发展之间的拉扯，都和父亲有关。留学是他和我之间的约定，离家千万里即是他的促成。

因为要留学，我就做了些准备。本来想去法国，因为那时法国电影新浪潮很吸引人。刚开始我去学了两个月的法文，但法文里的阴性阳性、时式，搞得人头昏脑涨，加上也要通过语文考试，于是改变初衷，有一搭没一搭地继续补英文，总算托福勉强过关，我开始申请学校。由于邻居小孩在伊利诺伊大学念书，回来时说起该校戏剧系有栋很大的剧场，里面在干什么倒是不知道，我就申请伊大。

Upside-Down——文化冲击

因为当时艺专不是大学，学位只是学分证明（credit

diploma)，所以我到伊利诺伊大学戏剧系导演组就读时，还是转学生，得从大学部一年级读起，不但有些共同科目要念，所有专业科目也都要学。1980 年顺利拿到艺术学士学位。

在伊大第一年，我经历了两个天地翻转的文化冲击：一是来自戏剧，一是我开始看左派书籍。

第一个文化冲击跟“性”有关。因为当时伊大戏剧系老师所选读的近代经典剧本，包括从易卜生（Henrik Ibsen）、荀伯格（Harold c．Schonberg）等人的作品以降，正巧都与性有所关联，而且都很强烈。年轻的我便有个印象，“性”是西方戏剧的一个重要根源，精神渊源于“失乐园”。以前在台湾老师都不明讲，到了美国第一年，全反过来，老师谈的很多都是性和戏剧的关系。我因而对戏剧原理、东西方的文化差异产生了很大的兴趣。在伊大，我感觉才接触到真正的西方戏剧，整个扭转了我对戏剧的观点。

在我的认知里，以基督教为主的西方传统中，“失乐园”跟“性”有很大的关系。人类受到撒旦（蛇）的引诱，偷吃禁果，被逐出伊甸园，开始意识到羞耻，有了性交、怀孕，所有的痛苦与生命的延续由此开始。人类对性欲望的觉醒是受到魔鬼的引诱，致使人类犯下原罪而受到上帝的惩罚。西方的挣扎即是人类摆荡于上帝与撒旦之间的拉锯，西方戏剧精神也以此为出发点。走出伊甸园后，人类开始认识自己，因而求知与创作，知识与创作即是人类对上帝的一种挑战，也是人性的一种骄傲。在人性与神性的对立中，人要活得有尊严，就会有所怀疑，我思故我在。因此，一切知识的衍生也与痛苦有关，尤其是宗教、哲学的产生，都跟人的磨难密不

在伊大求学时，暑假期间曾至英国做交换学生，初识莎士比亚剧场。

可分。因为人在快乐顺利时多半不去思考，痛苦时，才比较会反思问题出在哪里。

在西方，蛇在梦中引诱女人（夏娃）而使人类犯下原罪，受到“性”的处罚；在东方就好比七情六欲。西方戏剧喜用冲突来做手段，求取净化与升华，这似乎跟我们的教养很不同。

记得在艺专时，中西通达、学问最好的邓绥宁老师教授“中国戏剧史”时，曾讲过一段话，我当时以为是个笑话，在伊大接触西方戏剧后，才领略个中道理。邓老师说：“和尚和尼姑的戏没什么好看，但花和尚碰到浪尼姑，就有戏看。”

我们的话剧（舞台剧）、电视、电影皆学自西方，但一般不去摸它的骨。以前王生善老师教我们“戏剧概论”时，也曾提及电视剧里演“爸爸打儿子”的情节，一个耳光下去，儿子马上说：“爸，我错了！”王老师说：“戏，就不能认错，就是要跟爸爸吵，再冲出去，这才叫戏，一认错就没戏了。”虽没有明讲，其实就是冲突，就是讲个人意图的最大伸张。“不顺”才造成戏剧性，戏剧的产生不是靠平衡、和谐，是相反的。我觉得很有意思，就在那默默地吸收。

另一个文化冲击就是我离开那时的台湾，才有机会开始看“禁书”——共产党的文艺及宣传作品，尤其是老舍的著作及斯诺（Edgar R. Snow）的《西行漫记》（Red Star Over China）。从台湾到伊大，我第一次经历下雪，也第一次从图书馆借了这些书回来，真是“雪夜闭门读禁书”。头一回，我对自我的身份认同产生了不一样的观察角度。这个冲击对我来说，有如天地倒置。

这两件事持续影响我很长一段时间。

念电影选对了路

在伊大，学科、术科并重。学科方面有戏剧史及剧本研读，术科方面除了学习表演、导演、剧场运作外，每学期还要打卡做满一百二至三百六十小时的剧场工作。除了做剧场工外，我还参加过三次正式舞台演出及导过一次小剧场。伊大两年，艺专三年，五年的戏剧养成教育，成为我日后电影创作的底子。

当时一眼看过去，我以为最优秀的人才都在表演组，我就有个概念，如果把戏剧剥到最后，用削减法衡量每个元素，哪些可以不要，那么最后最必要的一个元素就是：一个演员站在舞台上面对观众。

过去在艺专，从一年级开始我就演男主角，自小练习的演讲经验，让我可以口齿清楚，在台上我是有两把刷子的。然而到了伊大，语言不行就不能演，只能演默剧、小配角，埋头在一边学习导演功课，比较没意思。

那时我开始兴起念头，当导演就要当电影导演。1980 年拿到戏剧学士后，我同时申请了伊大的戏剧研究所和纽约大学电影研究所。

我将转念纽约大学电影研究所的想法，征询父亲的意见。父亲本来希望我继续念戏剧，拿博士，将来好教书，最后还是同意我念电影，学费及拍片花销家里会帮我。

我一读电影就知道走对了路。因为我当演员是一种表演，当导演也是表演，借电影来表演。电影主要靠声光效果，没什么语言障碍，这是最适合我的表现方式。

拍电影我很容易就上手，那时我英文都讲不太通，句子也说不全，但拍片时同学都会听我的，做舞台也如此，在台湾、美国都一样，不晓得为什么。平常大家平等，可是一导戏，大家就会听我的。导戏时，我会去想些很疯狂的事，而且真的有可能就给做出来了。我想，那么容易上手，一定有些什么东西在里面，也许这就是天分。

真搞创作的，其实没什么高深学问。拍片实务是街头智慧，靠的是临场的机变反应。可是想法的成形，却是个复杂的有机过程。

我在纽约大学拍片后才发现，平常在班上滔滔不绝、分析电影头头是道的人，一拍片，你不敢相信那是同一个人，那么简单的事情，他都反应不过来。我这才知道，读理论和拍片根本是两码事，是两种不同的才分。当然，有些人像戈达尔（Jean-Luc Godard）、特吕弗（Francois Truffaut）两样都具备，但这种人真的不多。

身段高的人常常拉不下脸来放胆一试，较难突破现状。我觉得人的自尊和他的知识背景有关，而创作多是本能，是打破现成观念的。

观念能分析很多东西，可是创作不是观念分析，创作是运用想象力直观地去表达一种经验，创作者本身只是作品诞生的一个工具。

在台湾升学体制下形成的士大夫观念，以考试成绩为唯一标准来评判一个人的高下，在这种科层里，从小学起一路到拍《推

在伊大演出默剧。

念电影，选对了路，我第一次觉得没上课很可惜！

学生时期，大伙儿分工合作去拍电影，这次我负责音效。

手》之前，我所处的地位始终徘徊在吊车尾阶段，反而是一种解放。到了艺专，我第一次可以抛开以往的价值观，像个新生儿般地重新开始。走上这条路，是一种原始的冲动，非做不可。

在我生活的环境里，我的自尊一直很低，从台南一中起我就觉得不如人，到了艺专，社会上又觉得不是间好大学。毕了业，服兵役剃光头，又被女朋友甩掉，女友进入社会往前走了，我还是阿兵哥。到了伊大，都是美国人，话也听不太懂，朋友也没法交，个子比老外瘦小，台湾留学生又多是念理、工、医、农的高材研究生，我是唯一念戏剧的大学生。虽然努力地吸收，但仍自觉处于很低的位置，要进入世界闯出什么，好像是不可能的事。

可是一到电影系，就不一样了。

我最愉快、最充实的日子，就是1980年到1983年在NYU的求学时光。一拍片就很快乐，会想很多点子实验。学校经常放犹太假，有时我搞不清楚，到了教室一个人都没有，我第一次觉得放假心里不高兴就是在NYU。以前上学放假是最高兴的，现在不想放假是因为心里想学，想多知道些。放假不上课，我觉得损失了一天，心里头真的很在意。

NYU电影制作系研究所的训练算是很扎实，三年里把电影的前置、后制都摸过了，通常毕业作得花上额外的一年时间完成。每个学生要编导五部作品，包括默片、音乐片、配声片、同步录音片及毕业作。这里以栽培导演为主，上课时，有时老师在课堂上讲解名片的结构与拍法，但大部分时间我们都在拍片及讨论彼此的作品。

拍自己片子时可练习创作过程、领导统御及被批评时要何以自处。帮别人拍片时，则有机会触及各部门的基本技术。虽然都是入门，但我学到了初步的整体制片及导演的概念。

纽约大学期间，我拍了五部电影，二年级拍的《荫凉湖畔》曾获金穗奖最佳剧情短片及NYU的奖学金。我受到肯定，再接再厉，用尽手边一切资源，筹拍了《分界线》(Fine Line)。叙述纽约运河街南北分别住了不同种族的人，一边是华人，一边是意大利人，因某事引起两种人在纽约四处流窜，以故事搭配我在纽约各处拍摄的街景。为了这部毕业作，我自己打工、父母资助、女友惠嘉赞助，共花了一百多万台币。

记得拍摄《分界线》的头四天，我兴奋得睡不着觉。到了最后阶段，还差八千多美金，我就从惠嘉的账户里直接提了来用。那时她在伊利诺伊大学当助教，因为要交税，所以存折放在我这里。奇怪的是，我一点愧疚感都没有，事后我跟她说起这件事，她也仅只哦地应了一声，表示知道了。

从“缺席”到荣誉博士

1984 年的毕业典礼，我没出席，和 NYU 的同学罗曼菲、刘静敏、平珩一起到刘静敏所住的大楼屋顶水塔旁，照了些硕士照，硕士袍还是平珩租来的，大家轮流穿，照大头照寄回家交差。

十七年后，2001 年 5 月 10 日，母校 NYU 在第一百六十九届毕业典礼上，颁给我荣誉博士学位，弥补了当年缺席的滋味。我想父亲心里也会很高兴，因为他向来希望我多念书。

典礼是在纽约华盛顿广场举行，在场观礼的有穿着紫色长袍的五千名应届毕业生及一万多位家长，NYU 董事格利彻（Mr. Gleacher）引导我们五位荣誉博士上台，艺术学院电影、电视系主任科尔曼（Julie Corman）在致辞介绍前，也用中文向我道了“恭喜”，随后由校长奥利弗（L. Jay Oliver）颁发证书，格利彻为我佩戴象征荣誉学位的披带，教务长斯特德曼（Harvey Stedman）为我戴帽子。我挥手致意，谢谢大家的抬爱。

返回母校，看到学弟妹，心里很高兴。代表致辞时，我开玩笑地说，在学校学了很多，但我大部分都忘了，只有一样难忘，就是不断学习、勇于尝试及面对失败。

NYU 的环境是孕育我成为电影人的开始，在这之前，我没有碰过电影，都是弄戏剧，拍片也只是玩票。没想到碰对了路，就一直走下来，也没想过要转行。

对我来说，学校毕业后才碰到真枪实弹，还没有被打死的话就学些经验，继续往前走。

NYU 的教育方式很务实，我学了不少实务，都是吃饭的家伙。我觉得新的台湾电影常常瞧不起技术，但在 NYU 时没有这种心态，就是一种求生训练，大家机会均等，一起出去拍片，各部门的技术都摸得到，但不专精。同时还要学着当领袖，让人听令办事，那时是领导三五个人，现在领导三五百人，但原则类似。

我一拍片就会忘我，像变了个人似的。其实导演(director)，

毕业典礼，我跷了，而且还有三位美娇娃陪伴：右起罗曼菲、刘静敏及平珩。这里是刘静敏住所的顶楼。

看，李大侠终于修成正果，拿到NYU的毕业证书了。

就是给方向（direction）的人。从学生时代起，我拍片就有个目的：想练习一样新技巧。学生阶段，我没有特别的想法想表达，职业拍片后就有话要说，而不再只是练习新招了。直到现在，我还保持这个习惯，每拍新片总希望能触摸一些新技术。基本上我拍片的胃口很大，有很多好奇心，学到某个技术，就会有快感；而且我希望做出不同的效果，令人印象深刻，我就有很大的满足感。

窝居的六年

1985 年 2 月，我把所有东西打包成八个纸箱，准备回台发展。就在行李被运往港口的前一晚，我的毕业作《分界线》在纽约大学影展中得了最佳影片与最佳导演两个奖，当晚美国三大经纪公司之一的威廉·莫里斯（William Morries Agency）的经纪人当场要与我签约，说我在美国极有发展，要我留下来试试。

当时太太惠嘉还在伊利诺伊念博士，带着一岁不到的阿猫（李涵），学位还差半年就拿到。

我想：孩子还小，太太学位还没拿到，也好，在美国再待一阵子陪陪他们，也试试运气。经纪人当时极力捧我："你将来在美国没问题的，若有人认为你是中国人有问题，那是他们的问题。"捧到我没有抵抗力，觉得好像是真的，当然后来成真，但当时谁晓得。

1986年1月惠嘉毕业，我们一家三口自此定居纽约。

抱着年幼的大儿子阿猫，初为人父的我，还在埋头写剧本、找出路。

1986年1月，惠嘉毕业后找到工作，从伊利诺伊搬来纽约郊区同住，刚开始的半年，她真的很难过，都不想活了。不过后来她好像也想开了，家里只要过得去就好。

同一年我与乔尔·罗斯（Joel Rose）合写了个剧本《不是迷信》（Is not Superstition），也开始到好莱坞去试试，两个礼拜跑了三十多家公司。他们都是看了我的《分界线》，然后一直吹捧，令我觉得充满了希望。有人建议剧本的某部分得加以修改，两个月后再去，又要再改，就这样来来回回，都没有付费。

在美国攻读电影的人都尝过写英文剧本的苦头，那几年，我主要做的就是发展剧本的工作：自己写的，找美国编剧润饰、合作的剧本就有好几个；别人的剧本，请我以导演身份改写的，也有几个；自己的构想，找美国作家写的，也有几个。

这些剧本的初稿，若有人喜欢，就叫你改写，三番五次地修稿，这样一两年耗下去，不是无疾而终，就是继续发展，预算从美金六十万到七百万不等，这是美国所谓的企划炼狱（development hell）。据说平均一个本子从初稿到开拍要缠斗五年，那还是指千万分之一顺利拍成的剧本。

那时期每隔一阵子，就有人说，看到我的学生片，很棒，我们来谈谈怎么合作吧！因为经纪人会把学生片拷贝一大堆，送到各公司去推销。

就这样，一个计划不成，另一个计划又来了，总有几个在进行，所以老不死心，人像是悬在半空中。

直到1990年暑假完全绝望，计划全部死光，锐气磨尽，我也不知道该怎么办。要不要回台湾？老是举棋不定，台湾电影那时也不景气。

1980年初，台湾新电影崛起，但后来受到商业考验，开始消沉。这段期间我跟“中影”*洽谈过，企划小野、吴念真虽然好意热心，但讲话都很低调：“没什么希望！”当时真是一筹莫展。有时惠嘉看到我精神上有点吃不下来，就会带我出去吃个饭，那时我们最奢侈的就是去吃肯德基，老大阿猫就说：“我们去吃老公公炸鸡。”

平常我在家负责煮饭、接送小孩，分担家事，惠嘉也不太干涉我，我们经济不够宽裕，所以我也不太愿意进城。

我天天待在家里很无聊，有时间就看报纸练练英文，也没什么进步。我这个人是有片拍就来劲，没片拍就没劲，所以惠嘉说过：“他不拍片像个死人，我不需要一个死人丈夫！”如果有案子做，我就会很高兴，到城里找人写剧本，自己做研究，很来劲。如果我看起来很忙，她就不来管我；如果看我从早到晚呆坐在那儿，她就会问：“你到底在干吗？无聊的话找个事做，不一定要是赚钱的事。”

就这样耗了六年，心碎无数，却一直怀着希望，久久过一阵子，你会看见某位同学时来运转，当然大多数都是虚度青春、自怨自艾地过日子。

这么多年看下来，我觉得电影这一行真是形势比人强。我那时发现，身边当上导演、又做出点成绩来的，都是持续写剧本的人，

---

*台湾“中央电影事业股份有限公司”的简称。

而不是打工的人。许多人一出校门就有工作，如剧务、剪接或制作，到后来就继续那份工作，很难再往导演方面发展。

我曾在纽约街头碰到一个NYU的学弟，比我晚几届，当年他也因学生片红极一时，人又高又帅、口才又好，片子艺术性强，比我的《分界线》受注目。但他至今仍无机会拍片，最多执导HBO（Home Box Office电视台）的片子，不过他还在埋头笔耕创造新的契机。

NYU毕业的校友，在我之前那几届最杰出的就是斯派克·李(Spike Lee)，他也不是上班族，而是持续写作及申请基金会的补助。那时拍电影的老中很多也走这条路，但我对这个没兴趣，因为拿补助拍的都是社会片、实验片，和我的路数不合，加上我又没入美国籍，不是市民。申请基金补助好像还得靠行，混入圈内大家轮流当评审，相互给补助。我资格不够，又不会弄，所以没朝这方面发展。

当年我就很怕自己像台语歌《烧肉粽》歌词里所唱的："自悲自叹歹命人，父母本来真疼惜，让我读过几年书，毕业之后头路无，暂时来卖烧肉粽……"自怨自艾，久而久之竟不知不觉地就叫卖了一辈子的"来呷烧肉粽"。所以我就赖在家中，不肯去做赚钱的工作。我若是有日本丈夫志节的话，早该切腹了。

毕业快六年，一事无成，刚开始还能谈理想，三四年后，人往四十岁走，依旧如此，也不好意思再说什么理想，于是开始有些自闭。

这期间，我偶尔去帮人家拍片，看看器材，帮剪接师做点事，当剧务等等，但都不灵光。还有一次到纽约东村一栋大空屋去帮人守夜看器材，好恐怖，真怕会遇上宵小或抢匪闯入抢劫。为了身份，还曾干过两天的剧务打杂，做得很笨拙，大家一看我去挡围观的人就觉得好笑，有个非裔女人见我来挡就凶我："敢挡？我找人揍你！"我连忙走开，闹了很多笑话。后来我只好去做些出苦力的事，拿沙袋、扛东西，其他机灵的事由别人去做。

我真的只会当导演，做其他事都不灵光。

谷底翻红

1990年暑假，老二石头（李淳）出生时是我最消沉的时候，丈母娘与岳父来美帮忙，一下飞机，惠嘉就叮嘱他们千万别提拍片的事，怕我会受不了。我每天做好菜饭给他们吃，他们就直说："好吃，好吃。"我就是为了封他们的嘴。有一天，丈母娘忍不住很正经地提议："李安，你这么会烧菜，我来投资给你开馆子好不好？"我说："开餐馆跟家里烧饭不一样。"饭后，我躲到房里给台湾《中国时报》写影评与报道，当时在美洲《时报周刊》工作的好友冯光远邀我写稿并提供资料，等于是接济我。写了两个月，差点要疯掉，只得停笔。

当时我有个想法："要不然就是老天爷在开我玩笑，我就是来传宗接代的，说不定我的儿子是个天才，或者机运未到，就连叫花子都还有三年好运！每个人都有他的时运，份大份小，要是时机来了，我抓不到的话，这辈子就很窝囊。"当时老觉得自己像是京

我真的只会当导演，做其他事都不灵光。

剧中潦倒时困在小客栈里被迫卖马的秦琼，有志不得伸，“店东主带过了黄骠马，不由得秦叔宝两泪如麻，提起了此马来头大……”就这样一路熬着苦等时机，当机会快来时，我已经濒临谷底，快要不行了。

就在计划全部泡汤的几个月后，《推手》、《喜宴》的剧本在台湾得奖了，整个运势从谷底翻扬上来。

当时我真不敢相信，因为过去六年都是走霉运。1988 年，有一次再三个月我就要开始前期作业的新片《霓虹》（Neon），我当导演，请了一个编剧改写剧本，男主角是文森特 · 多诺弗里奥（Vincent D'Onofrio）与迪伦 · 麦克德莫特（Dylan McDermott），还选了朱莉娅 · 罗伯茨（Julia Roberts）演女配角。当时请她来面谈，她才十九岁。我们在 2001 年奥斯卡典礼前的洛杉矶影评人奖颁奖典礼上碰面，我问她还记不记得那件事，她说：“当然记得啊！”在《霓虹》里，她要演个落跑小妓女。就快要拍了，结果发行公司跟制片公司谈不拢而作罢，那时候净碰到这种事。

所以“中影”的事情一来，又是华语片老头子的戏，我也不想拍。因为《推手》的剧本是为了拿奖金，原本不是为了拍片而写的，《喜宴》却是，但我对《喜宴》已经不抱希望。因为当时在海内外都筹不到资金，这个题材对那时的台湾来说比较敏感，对海外来说又太中国。就因为钱没有着落，《喜宴》被卡在那儿动弹不得。当时绝大部分的台湾电影只限于本地市场，海外市场及资金根本没个影儿，台湾电影在海外的上映渠道除了中国城的戏院，就是“新闻局”印制十六毫米拷贝“宣慰”海外华人。不像现在，华语片能卖世界版权，就算本地不拍，海外也能筹集到资金。

许多人好奇我怎么熬过那一段心情郁闷时期。当年我没办法跟命运抗衡，但我死皮赖脸地待在电影圈，继续从事这一行，当时机来了，就迎上前去，如此而已。

太太的支持

惠嘉对我最大的支持，就是她自己独立生活。她没有要求我一定要出去上班。当然她赚的还不够用，因为研究员只是微薄的基本薪水，有时双方家里也会变相接济一下。我一直不想让父母操心，我们家从来不谈钱的，但爸妈也会寄钱来给我们救急。

我拍片后，许多人都很好奇我太太是个什么样的贤内助。有一次，北一女北美校友会因为她是“李太太”颁发杰出校友奖给她。她对“妻以夫贵”的事情很不以为然，在致辞时就很不上道地一语道破：“我只是不管他，leave him alone。”其实这正是我最需要的，她给了我时间与空间，让我去发挥、去创作。要不是碰到我太太，我可能没有机会追求我的电影生涯。

我和林惠嘉是在伊利诺伊大学时，前去世界青少棒冠军赛为台湾荣工队当啦啦队加油时认识的。1978 年 8 月 3 日，我至香槟城伊大报到，不久就和一群留学生开车到芝加哥附近的盖瑞城去看青少棒冠军赛，那年荣工队获胜，我们同车比邻而坐，因而认识。

牵手走一生

1983 年 8 月 19 日，我们于相识五周年纪念日结婚。在纽约市政府公证。婚礼派对还蛮特别的，很多《喜宴》里的情景都是我结婚实况的翻版。

林惠嘉是她家最杰出的孩子，先后就读再兴、北一女、台湾大学，是伊利诺伊大学博士。我们结婚时，岳父和她二姐来，她二姐从圣荷西自家花园里摘了两朵巨大的新鲜玫瑰，还绑上松枝及别针，好让我们这对新人当胸花。没想到这个妹子一看那么大朵花："要我戴树啊！"当场发飙不肯戴。还是伴娘罗曼菲机灵，正当大家乱成一团时，她跑到楼下花店去找了一束秀气的小花，才平息了新娘子的怒火。

好友王献篪穿条短裤，开我们的车子送我们去纽约市政厅注册结婚，因为路不远，其他宾客则步行前往。没想到王献篪走错车道，一下就弯上了布鲁克林大桥，当时正逢交通堵塞，结果我们绕了一大圈，等我们到达时，他们早在半小时前就到达会场了。王献篪去停车，久等不来，负责照相的冯光远外出打电话询问，来回不到两分钟，他回来时，我和惠嘉已经彼此互道"I do"行礼完毕，结婚照也没照到，就这样乱七八糟地结过了。有一年，精于看相的好友余季无意中拿起我的手掌一看，顿时惊呼："啊！那年你居然敢结婚，也不翻翻皇历跟八字对一下，你那年结婚一定搞得乱七八糟！"

不过晚上的婚礼派对倒是十分的浪漫别致，我们在好友郑淑丽租来的旧仓库工作室开派对，十分热闹。大家尽心地布置场地，罗曼菲和王献篪从高速公路边摘了大束野花来，电影道具、布景都成了现成的装饰，因为没冷气，便自众家友人处搜刮了一堆电风扇来，摆在房屋的四周送风。大家在客厅里跳舞，背面大片墙面成了银幕，放映我的毕业作《分界线》，还蛮特别的。

远从台南赶来的爸妈，坐在一张大红被单铺成的床前，接受我和惠嘉的磕头跪拜，正跪拜完，妈妈突然掉下眼泪拉着惠嘉的手说："惠嘉，我们李家对不起你，让你结婚结得这么寒碜，我们老远从台湾到美国一点用也没有。"这一幕，后来成了《喜宴》里的情景。而那张红床单，收藏多年，在《喜宴》里也派上用场，成了赵文瑄和金素梅新婚夜的床单。此外，《喜宴》中大闹新郎新娘啃吊鸡脖子等戏码，我们也领教过。

不过一想起拍《喜宴》时，我给戏里的新娘挑礼服、化妆打扮，我太太都没有经历过这些，我心里就有着罪恶感。

我一直觉得喜宴很荒谬、很假，它是一种社会表态的仪式，其实跟婚姻没什么关系。惠嘉是个不爱俗套的人，我在婚礼前两个礼拜还在忙着拍毕业作《分界线》，所以这个婚礼被我们搞得一团糟，其实也是下意识对喜宴仪式的一种反抗。但父母千里迢迢地从台南飞至纽约，没想到我这个李家长子的婚礼居然如此的不庄重，让父母很伤心。我才发觉，喜宴的形式虽然荒谬，但人投入的感情却是真的，这也引发我之后拍摄《喜宴》的灵感。

婚后我和惠嘉人隔两地，她继续念书，我在纽约剪辑毕业制作。1984 年 5 月，我还在等毕业作冲印出来，大儿子阿猫诞生时，我

结婚那晚，我喝香槟喝醉了！

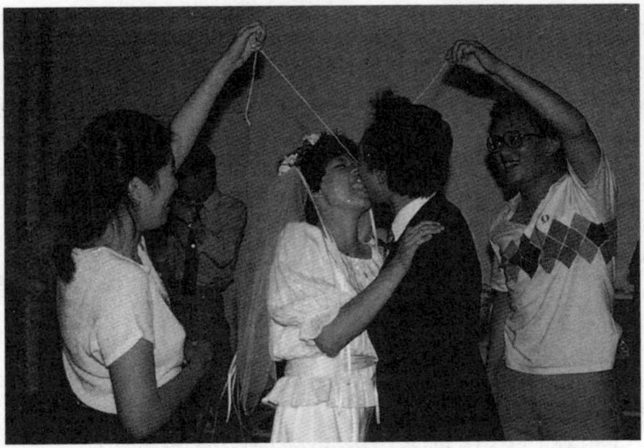

我们结婚的情景，后来出现在《喜宴》中。

这个爸爸还不知情地在纽约公园里玩棒球、丢飞盘。直到晚上回家，才知太太已经生产，第二天赶忙搭机飞去伊利诺伊看妻儿，当我傻傻地冲进医院时，大家一见我来都高兴地鼓掌。原来头天半夜惠嘉独自进医院时，医生问她要不要通知丈夫，她说："不必。"问要不要通知友人，她也说："不必。"她感到羊水破了，自己开着快没汽油的车子来到医院，院方还以为她是弃妇。她的个性就是很独立，自己能做的事就不愿麻烦人。本来我们说好，腹中胎儿的头部开始移位往下转时，大约是预产的前一周，我回伊利诺伊来照顾她，结果她也没告诉我。所以老二石头出生时早产，我就特别盯在一旁，她还是频频赶我走："杵在这儿干吗，你又不能帮忙，你又不能生！"挤孩子出生时，我去拉她的手，她还把我挡开，让我一点参与感都没有。

我和太太是典型的互补性格，我委婉柔和又心不在焉，不太懂得照顾自己和别人；太太性情刚直专注、独立聪明，和她所学的微生物科学理性中带细腻的性质很像。

在生活里，不论我的事业处于低潮或高峰，我们的感情一直差不多，相处上也没太大差别。当我低潮时，太太比较主动，是我迁就她的行程；在我高峰时，有时她要迁就我的行程。

在精神上，她以前比较痛快，从前她工作忙，我依赖她；我出名后，现在她有时候要出来做李太太，打搅了她的工作。

我觉得，夫妻间相处如一切事体，不是一成不变的，都需要做适度调整，甚至以变化来保持不变。以前我在外面谦卑，回家一样谦卑。现在我在外面比较神气活现，回家再谦卑，就觉得是在调整，其实只是保持不变。

而每经历一次成功，又要做些调整。像现在，不论坐地铁或上街，老是被人认出来。去中国馆子，都没法子坐下来安静地吃顿饭。

前些日子我和太太到纽约法拉盛的华人区去买菜，我把菜装上车，太太到停车场对面的路边买西瓜，有位台湾来的太太对她说："你真好命，你先生现在还有空陪你来买菜！"

"你有没有搞错啊，是我今天特别抽空陪他来买菜的！"那位太太听到我太太这么说，一时气结，半天接不上话。其实以前她就很少陪我买菜，现在也一样。不过她管家有她的一套，儿子们服服帖帖，我也很服气。

中国人造词很有意思，"恩爱"，恩与爱是扯不开的。

推手

PUSHING HANDS

《推手》是很通俗温暖的，它奠定了我的人缘、片缘，但也成为我的一个限制。（台湾「中影」提供）

拍《推手》前，我简直到了山穷水尽的地步，当时银行存折里只剩下四十三块美金。这时候小儿子石头出生。没过几个月，传来好消息，台湾“新闻局”第一届扩大优良剧本甄选，我得了两项奖，首奖《推手》，二奖《喜宴》，是我和冯光远合写的。人家说，生小孩会改运，我真的是出运了。那是 1990 年 11 月。

哪儿来的大陆老作家

对“推手”的概念，我是从平江不肖生的武侠小说《江湖奇侠传》的序言里看到的，里面大论太极拳中的推手，其实和故事完全无关，却引发了我的兴趣。

太极拳里的推手是一种双人模拟对练的运动。拳经里提示的要诀，如“圆化直发”、“舍己从人”、“左重则左虚，右重则右渺”、“不丢不顶”等，这些和我们中国传统待人接物的道理是相通的。

中国传统思想的儒、释、道，都讲究练气。气的意涵十分广泛，大至天地间的气象，小至个人的气色，不一而足。而练气，则以天人合一为最高境界。

因此，悉心静气，存神养性，体验并顺应自然法则的客观变化，节制自身的情欲好恶，遂成为人生修养的课题。将这种思想印证到人际关系或天人关系，就产生了像“推手”的要诀：圆柔应对，不硬顶硬丢，调和、穷磨至"我顺人背"时方发劲，注重平衡协调。

我觉得中国人的武术与人生哲学有关，和西方以冲突来解决问题是很不同的。西方是"丁是丁，卯是卯"，不乱套的；中国人则是什么都"通"。

当时就有个想法：一个老头子、一个老太婆，发展出一段暮年之爱，在儿女面前"为老不尊"，这个脸怎么拉得下来？到底两人要怎么相处？……越想越有意思，因为两老的态度就能引发出许多趣味。我一直对练太极的老头儿很有兴趣，有好几个点子，都跟这种老头不同的处境有关，《推手》只是其中之一。大概是因为不知何时起，我常坐在家里练闷气，像个老头子。

不过脑中虽有这个构想，却始终没写成剧本。直到两年后，台湾《中国时报》的记者萧嘉庆从法国寄来一个小广告给冯光远看，是台湾"新闻局"在世界各地甄选优良剧本，首奖四十万台币，这是"新闻局"首度到海外甄选。光远问我："我们要不要来赚钱！"

我也蠢蠢欲动，心想《推手》这个构想有文化性，"新闻局"大概会喜欢，这是1989年夏天，我去乔尔·罗斯度假别墅时所构思的一个三段式剧本大纲的最后一段，于是拿出来重新发展。我想把一个致虚极、守静笃的太极拳大师放到一个戏剧结构的故事里，与命运过招，看他沉不沉得住气。片子结尾是，老头儿通不过考验，因为他放不下。在人生的道场修行，外在的苦难折磨他都顶得住，可内心的牵挂却卸不了力。他有颗温暖的心会被伤害，有个对爱的渴望需要被满足，要达到虚无清静的至高境界，实属不易。

撰写之前，1989年的秋天，我随朋友赴波士顿拜访太极拳师父，请教相关问题。那时候很穷，做研究都自己来。除了访问、看书外，还想亲身体验一番，于是跑到家附近的一所社区大学报名学太极拳，一周一次，学费很便宜，学了一个多月，练了一套郑曼青的杨氏太极拳短式。1990年2月动笔，那一两个月，我一边学拳，一边把《推手》写出来，3月底完稿后与旧作《喜宴》一起寄回台湾参赛。

结果，1990年11月传来喜讯，《推手》拿第一，《喜宴》得第二。《推手》奖金四十万，《喜宴》二十万。

那年的评审有吴念真、陈坤厚等人。因为台湾“新闻局”扩大至海外甄选，他们看剧本的笔调、味道，都以为《推手》大概是大陆的某位老作家写的，没想到拆封一看，那个“大陆老作家”是我，大伙都觉得好笑。

怎么回来领奖？

得了奖，要不要回来领？回去得花上一千美金机票钱，对当时已经山穷水尽的我来说，负担实在太重。

那时台湾“新闻局”负责承办的人是谢慧鹃，她也是纽约大学毕业的，很清楚我们这些穷光蛋舍不得买机票回台领奖，于是申请专案帮我们。就这样，我与冯光远回来了。这是我离台十年后第一次回来，上次是1980年暑假刚拿伊大戏剧系学士，正在犹豫是要留在伊大还是转去NYU。

离家十年，这十年却是台湾变化甚大的十年。

我住在弟弟李岗家。领奖那天，还是他借给我西装、领带，因为那时我连套像样的西装都没有。因为我拿首奖，所以代表上台致辞。当时很紧张，讲得乱七八糟。典礼过后，“中影”总经理江奉琪对我说：“到我们公司来看看吧！”

第二天，在“中影”见到徐立功，当时他担任副总兼制片部经理，他说：“我们来拍《推手》吧，这个有文化使命感，又是剧本甄选第一名。”

我当时也不知道该不该拍，心想：“不要十年练剑，下山第一仗就被砍死了！”因为《推手》既不艺术，又不商业，虽然他那种憋着、有志不得伸的心情与我相近，但是老头儿的戏，谁会想看？

徐立功就说：“我们一年想要拍三部片子，其中一部给新人机会。你去拍，只要女主角不太丑就好。《推手》我们大概可以拿到四百万辅导金*，录影带也可以有四百万收入，我们就算赔，也很有限，只要不超支就好！”“中影”给的预算是一千二百万，我在纽约包拍，也就是，他给钱，我交成品。徐立功喜欢拍片，他上任后，培养新锐导演，第一年是我的《推手》，第二年则是蔡明亮的《青少年哪吒》。

我当时心想：不是你赔不赔的问题，而是我的事业啊！毕业

---

*台湾“新闻局”设有华语片辅导金制度，以振兴电影，由其提供部分拍片资金，电影工作者须提出申请，审核通过之后，可获辅导金。每年均可申请，但有名额及金额的限制。2012年5月20日“政府”改制后，“新闻局”走入历史，这项业务现由“文化部影视及流行音乐产业局”继续管理。

六年没导戏，要是不成功，我后面的路不就断了吗？于是说："请你给我两天时间考虑考虑！"

当晚，詹宏志 * 为我和冯光远开了一个派对，侯孝贤、小野、吴念真、朱天文等人都来了，听到徐立功开的条件，小野还开玩笑说："来，我教你！"

我傻傻地问："该怎么办？"

他们说："新官上任三把火，等到徐立功位子坐热以后，就不会干这种事了，你赶快拿了钱跑路！"大伙七嘴八舌开玩笑，教我怎么把这笔钱搞掉，例如去买房子，等等。

不过，侯孝贤的话点醒了我："我以前只有八百万，我们也拍啦，有机会能拍就拍！"

我这才下定决心，隔天去"中影"跟徐立功说："好，我拍！"

整个案子十天内谈成，创"中影"纪录。我得在 1991 年 9 月 30 日交片，弟弟李岗是保证人。

我在台北找到一群 NYU 的学弟妹，由林良忠担任摄影，我请他为器材及硬件估价。又在台北碰到刘怡明，是以前在大专公演舞台上演我太太的老搭档，她愿意担任制片，负责协调中国人部分的场景、人员。接着又找来 NYU 的学妹周旭微担任副导。

和"中影"签约后，我马上飞回纽约，开始筹备。

---

* 台湾著名出版人，PChome Online 网络家庭出版集团董事长。

在台湾「新闻局」甄选优良剧本的比赛中，《推手》拿第一，《喜宴》得第二。我回台湾领奖。

我与好机器的特德·霍普在《推手》拍片现场。

找到好机器

说实在的，我也不晓得如何运用那笔钱。一回纽约我就去找介于制片人与制片经理之间的 line producer（现场制片），我觉得靠中国同学，在组织策划上不够专业，学生效率也不好。一位朋友就介绍我找特德·霍普（Ted Hope）。朋友说："我做制片助理时，特德是场务头，听说他现在要做制片了，你可以找他谈谈！"就给我个电话找到好机器（Good Machine）的詹姆斯·沙姆斯（James Schamus）和特德，就这样开张了。

其实也是缘分，正好他们在那段期间前看到我的学生片《分界线》，就找我的经纪人，问可不可以找我谈谈。因为他们的合作对象，锁定在有才气、有原创性的年轻人。他们相中我，可是我的经纪人说："李安很忙！"便找个理由推掉了。因为经纪人把我定位在首部片子拍两百万美金以上剧情片的等级，而好机器制作的电影成本低于六十万美金，他觉得太小儿科。

所以当我们联系上时，詹姆斯和特德还问我："怎么你改变主意了？"

我说："我从台湾带来这么多钱，不晓得在美国能不能拍一部戏。"便把《推手》的故事讲给他们听。

两人听了后表示："我们是纽约独立制片，不是低成本制片之王（king of low budget filmmaking），而是无成本制片之王（king of no budget filmmaking）。两万美元都能拍片，你的预算对我们而言很奢侈了。"他们估算之后，提出拍摄期是三个礼拜。

我则认为:“三个礼拜我没法拍好一个片子。”

他们说:“好,再苦一点,那四个礼拜。”

我也不知道他们是谁,除了那个半生不熟的朋友,没人认识他们。不过他们说了一个观点让我很动心:“我们是以导演为中心的制片,我们要教导演拍他们拍得起的电影,而不是浪费时间在发展剧本,虚耗光阴。”我前六年的虚耗,就是个活生生的例子。1991 年 1 月才成立的好机器从寄居在别人公司、只分两张桌子,发展到现今的规模,制作大预算的片子,他们还是信守这个理念。

好机器训练我的方法是,想用最少的钱做最多的事就是要计划,因为计划不花钱。他们要求我,前一天晚上一定要分镜,第二天早上把当天要做什么告诉工作人员。那个班底比台湾电影还小,人也经验不足,独立制片预算低,所以只好用职称的升迁来吸引年轻人。现在回头看,如果以工作素质的成熟度来论,独立制片,都还是小孩子的素质。

《推手》是我的第一部剧情长片,也是好机器的创业片。好机器也需要好成品推销到影展去。詹姆斯是个行销人才,人面很广,他是学英国文学及电影美学理论出身,在纽约哥伦比亚大学电影系授课,又办杂志,接触面很广,他能够了解观众的品味,对市场的嗅觉很敏锐;特德则是纽约大学电影系大学部毕业,从基层做起,对独立制片的业务很熟悉。他们拥有自己的班底,从《推手》起,就和我拿着“中影”的资金一同闯天下。

《推手》是一部中、美班底混合的电影,主要演员有来自台湾的郎雄、香港的王莱，还有在美国选角的王伯昭、德布·斯奈德（Deb Snyder）及情商*演出的大儿子李涵，工作人员名单由美国制片提供人选，面谈后由我决定雇用。好机器负责花钱，我则负责控管，两千五百美元以上的支票都得经过我签字。每天工作完毕回家后，还得写报告传真给徐立功。

当时筹备期间很辛苦，因为经费不足，要什么没什么。而我太太刚生老二，得了甲状腺功能亢进症，脾气非常不好，身体以一个礼拜减十磅的速度消瘦。为了做放射性检查，还得先断奶。公私两头煎熬，日子真的很难过。后来还是妈妈来美帮忙照顾，妻子也开始吃药控制病情，压力才稍稍舒缓一些。

说来也是老天帮忙。要是平常，爸妈身兼教职，不可能长期滞留美国帮我照顾家庭。那年，妈妈刚好和失散多年的外祖父联系上，就提前从台南启聪学校退休，赴大陆探亲之后，就来美国看我。妈妈看到我筹备时期的辛苦，便决定留下来帮忙。

导演生涯不是梦

1991年4月10日，《推手》开拍。二十四天的拍摄期，一晃眼就过去了。以前拍学生片，单纯地只想把手上的剧本给拍出来。拍《推手》时，第一次感觉到："拍电影是我生活的一部分，

* 意为"经商量、好言相劝，因而参加、协助"。

以后我就这样过日子了。”

那时第一次有人叫我导演，拿个木盒给我坐，飘飘然蛮过瘾的。

拍《推手》我是一毛钱都没赚到。“中影”给我的一整笔钱都用到影片里了。主景是纽约北 Riverdale（河谷）区一栋灰木两层洋房，我要求它必须有个很大的窗子，以便能从室外拍摄室内戏。而客厅、餐厅、厨房、书房几个主景要互通声气，可轻易窥览其他房间内人物的动静，剧中老朱和洋媳妇因隐私全无而造成的紧张关系，才能凸显出来。这是栋法拍屋 *，家徒四壁。美术设计远从曼哈顿的救世军 ** 搬来家具，布置之后，我看了觉得实在不像样，除了情商画家好友贡献两三幅作品充充场面外，再和制片商量补救，追加预算仍不够，只得从自个儿家里搬来大半的家具——结婚时的对联、锅碗瓢盆什么的，结果都在男主角砸厨房的那场戏里给毁了。后制时徐立功来纽约看毛片，到我家吃饭时，还奇怪我家怎么穷得连张餐桌都没有，我这才告诉他：“你没看到《推手》里那张被砸烂的餐桌？”

---

* 当债务人无法清偿债务时，债权人可通过法院强制讨债，将对方的房子拍卖取得债务，即为法拍屋。

** 类似红十字会的慈善机构，有很多分支。

原来演员是可以要求的

拍《推手》时，我第一次领会到，职业演员原来是这么回事，是王莱阿姨让我开窍的。

刚开始拍时，我不太敢要求郎叔、王莱阿姨，因为他们是老前辈，就随他们发挥。结果拍了几天，发现王莱好像不太高兴。

有一天，我终于鼓足了勇气跟王莱阿姨说我想要怎么样的感觉和表情，发现她反而高兴，觉得我有管她。我这才恍然大悟，演员是这样的，以后就懂得多跟她要求一些。郎叔为了饰演这个角色，赴美前在台湾跟着太极拳行家李丰章先生练了两个月的太极拳。而他也是这十年来，我拍的前四部华语片里唯一都出现的演员。

王莱和郎雄都是徐立功推荐的。一开始我很头痛谁来演老朱，因为台湾“新闻局”警告我，不能用大陆演员。我知道郎叔的戏好，可是我有十年没回台湾了，不知他现在的模样。在“中影”见了郎叔一面后，觉得他的架势和身段都行，就这样敲定了。王莱阿姨则只是在电话里谈了谈，到拍摄时才来纽约，其实她是女主角。

戏里的洋媳妇玛莎是透过试镜，从八十多人中挑出来的。“中影”鉴于两个老人，怕没卖点，所以希望洋媳妇找漂亮一点的。我则坚持别太漂亮，因为不太写实。结果《推手》美国市场卖不出去，听说就跟女主角有关，台湾看了倒很顺眼，但美国片商不认同，因为这是白人唯一可认同的角色，可是在片中又窝窝囊囊的，没什么作为，美国片商看了不爽。其实为了这个

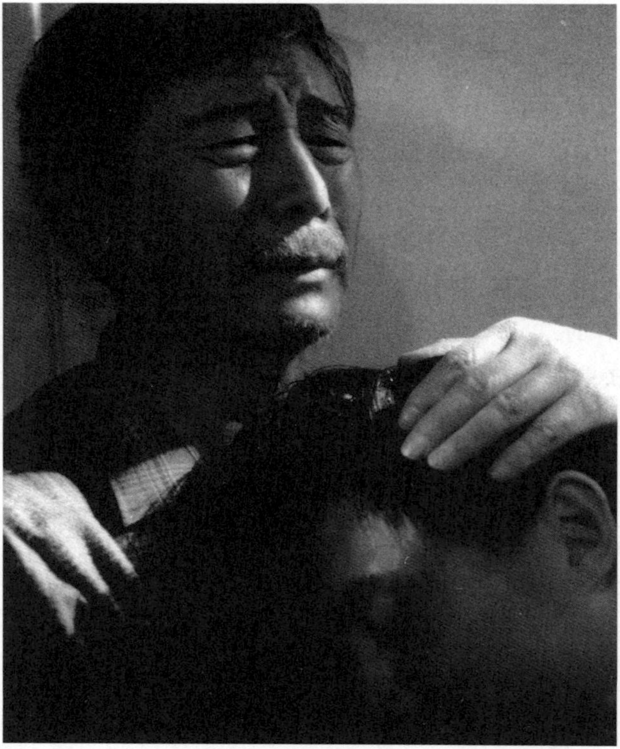

温馨、贴心的《推手》，中国人感受最深，因为它很根本。要不是遇上郎叔这张「五族共和」的父亲脸、遇上他这样气质的演员，我心目中的父亲形象也许表达不出来。（台湾「中影」提供）

《推手》中的一家三口，父母由王伯昭及德布·斯奈德饰演，其中杰米一角是央求大儿子李涵上场。

角色，詹姆斯还特别小修剧本，重写一场英文戏，也是着眼在打开国际市场。原来玛莎的戏还要弱，既无社交圈，也没有朋友，其实就是我窝在家里六年的写照，不过这次的实验没有成功。

王伯昭是我从美洲《时报周刊》上一篇报道里看到，通过该周刊联络上的。我很担心他的英文，所以花了很多精神盯他。

剧中杰米一角很难找，既要长得像混血儿，又要能讲中、英文，拍片时又得妈妈跟班，还得花一个月来演。没办法，只好央求大儿子李涵（阿猫）上场。那时候阿猫才六岁，眼睛很大，皮肤白，头发化妆上发油后黄黄的，可以冒充混血儿。

儿子煞有介事地说："我考虑一下！"

我跟儿子说："你帮帮爸爸的忙，要不然爸爸垮了，我们就得住到街上去！"他就怕了，说："好啦，我帮你。"结果省了一个童星的麻烦。

头一天，李涵很紧张，老拍不顺，禁不住落泪，之后入戏和敬业的情况越来越好。在拍片现场，他还帮忙盯场。有一天，飞机飞过上空，突然传来一声"cut"，全场愕然，原来是躲在摄影机后面的李涵。他说："拍同步录音，不是每有杂音就要喊 cut？"我走过去笑着拍拍他的头，要大家重来一遍。妻儿都是义务帮忙，不过这一演，倒把儿子给演伤了。因为他喜欢规律化的作息，演戏打破他的规律，到今天，他还跟电影保持绝缘状态。

《推手》筹备期很辛苦，拍摄时倒还顺利。到了剪接时，就是最快乐的一段日子，虽然每天得花上十一个钟头剪片，再加上来回两个小时车程，一天得工作十三个小时。那时在好机器剪，两台剪接机，我一台，剪接师蒂姆·斯奎雅斯（Tim Squyres）一台，蒂姆不懂中文，我告诉他剪哪里，一切都在控制中。天天想着要怎么剪，看看结果，每天都有点进展、多点希望，看着电影一天天成形，真的很快乐。

那时太太的病情也控制住了，有妈妈帮忙，家里无后顾之忧。剪接时，正值暑假，爸爸也来了。每天我开车去剪片，晚上回家，他们就在家门口看着我进门。六年多来，我第一次有工作，虽然还没有开始赚钱，但有电影拍，又能与家人共聚，当时觉得，人生如此，夫复何求！

什么兆头？

拍《推手》时，我心里老想着，第一部片子就拍老人，不晓得是什么兆头。也不是迷信，可是人总有个感应。这部电影讲两个老人，老气横秋的，暮气沉沉。可是蒂姆把片子接起来第一次给我看时，这片子还算有尾劲，我觉得底气还行，兆头应该还可以吧！

记得开拍前一天晚上，我在家做晚饭。当时住在纽约北部白原镇的公寓里，厨房很小。我烧菜时从冰箱拿了瓶越南蒜茸辣酱，大概上次用过后盖子没盖好，一拿出来就咣地摔在地上。因为瓶子是便宜的塑胶做的，软软的，像个炸弹一样，砰一下，辣椒酱溅得整个厨房都是，地上、天花板、墙上、墙角、灯上及洗衣机后面，一片花红。当时我就心里发毛，不晓得是个什么兆头，第二天就要开镜，整个电影生涯就看这一把了，憋了那么久，真不知自己能不能拍得成。后来花了一个多钟头，才把厨房清干净，旮旮角角，全是猩红点点，一个人在厨房里闷头忙了好一阵子。

《推手》一晃眼就拍完了，接着忙剪接。初剪版本出来时，徐立功来纽约看片，当时还没配乐，但徐立功还是看得很高兴。我找了瞿小松来做配乐，整个片子在预算内完成。一开始"中影"就把百分之十五的弹性预算都拨给我，只说："不要超支就好。"所以《推手》成本是一千三百五十万台币，这还是我第一次跟人家订合约。

安打上垒

《推手》在金马奖获九项提名，12 月 7 日颁奖当天上片，票房平平。金马奖获最佳男主角、女配角及特别奖后，隔天票房立即大涨，下雨天都还大排长龙。台北上片一周后，两条院线并为一条，某些下档的戏院第二天又再次上片，最后台北票房冲到一千八百万。要不是有线电视台同步一天演四次，票房还要好。《推手》算是安全上垒，"中影"打平一笔。

上演时，我和徐立功都到戏院去观察观众反应，我跟他说："看到观众来看我的电影，很开心。"《推手》的感染力让我意外，我没想到在台湾会引起这么大的回响。

后来詹宏志对我说："《推手》是个成就。"就这么少的资金，做到成立一部片子的品质，就是项成就。记得我谈定《推

第一次参加金马奖就得了好彩头。《推手》的男女主角郎雄、王莱分别拿下最佳男主角与最佳女配角，我则拿评审特别奖。

手》前一晚在他家的派对上，他问我1990年的一部新片《Blood Symbol》在美国花了多少钱拍的，我说要一百五十万美金。当时他说："那也要一百五十万啊！"言下之意，我五十万美金不到，很难拍出些什么来。没想到《推手》的品质不但不输该片，同时场景还大、还多，还有好几场群戏。

初进大观园！

《推手》参加了三十几个影展，但我自己去过的只有五个地方，除香港电影节外，还参加了金马奖、柏林、亚太及休斯敦四个影展，虽是阳春*五展，不同于之后的片子跑遍各地参展，但起步的经验难忘。

苦了六年，我第一次回台湾参加金马奖。久别台北，有些地方我还搞不太清楚。金马奖颁奖前三天的活动，我就傻里傻气地从头到尾每个都去，坐辆大巴士跟着"中影"代表团吃流水席，心里还奇怪怎么没见别的导演来，就我一个人。那年入围最佳导演的还有《阿飞正传》的王家卫、《牯岭街少年杀人事件》的杨德昌及《阮玲玉》的关锦鹏。

金马奖在台北市贸中心举行一场演唱晚会，我这才知道台湾

---

* 台湾惯用语，意为"寻常、一般"。

还有这么宏伟的会堂，当时只觉得那些歌支支动听。有一天徐枫*请吃饭，陈凯歌、王家卫、张国荣等人都在座，那些菜真好吃，我一想到远在美国的太太不能同享，心里面很难过，就跟身旁的王家卫说了说。真是憋得太久了，气刚顺过来，还不太习惯。

头一次参加金马奖颁奖典礼，我很紧张，一方面不知会不会得奖，另一方面若得了奖上台也不晓得讲什么，心里面五味杂陈。

柏林影展对我来说很特别，我第一次参加国际影展就是去柏林，发迹也自柏林开始。1992年我随《推手》参加“电影大观”观摩展，初开眼界，到了那里才知道还有竞赛部。那年关锦鹏的《阮玲玉》参加“竞赛”，杨德昌去参加“青年导演论坛”。我第一次去，什么都不知道。天好冷，我穿了件灰绿色的雪衣，就只有托尼·雷恩(Tony Rayns，著名影评人）的一个访问。我们在“中影”海外卖片代表王晓蓉的餐馆里边吃边谈，托尼连纸笔都没拿，就这样访问完了。

1992年4月，我第一次参加香港电影节，《推手》在香港文化中心的大会堂放映，观众反应蛮好的，映演后我还上台跟观众交流，该片的女主角王莱阿姨也到场观赏，那次接待我的是电影节负责人之一的黄爱玲。记得会后我还遇到一位NYU的同学，说是边看边掉泪。

---

*知名制片人及影星。监制及出资拍摄《霸王别姬》、《风月》等片，获金棕榈奖；1998年曾获戛纳电影节最佳制片人奖，纽约林肯中心曾特别为她举办“徐枫作品回顾展”。早年考入联邦电影公司，是胡金铨导演电影里的重要女主角之一，曾主演《侠女》、《迎春阁风波》、《忠烈图》、《空山灵雨》等片，造型冷艳，最能表达胡导演镜头下的侠女风采。1975年随胡金铨导演首度赴戛纳参展，其主演的《侠女》拿下高等技术大奖。

而第一次带《推手》参加亚太影展，我本来没打算去，后来“中影”急电来催，临时要我与郎叔赶赴汉城（今首尔）参展。当时刚拍完《喜宴》，我们直接从纽约飞往韩国，9月3日抵达，已是颁奖的前一晚。晚上车队开往影展会场时，主办方特别礼遇，安排车队的头一辆巴士给我们。我坐在司机身旁，前面有警车开道，浩浩荡荡地前去会场。

不过，这个跟《喜宴》没得比，《喜宴》是豁然开朗地闯出新局。

打动人心的感觉

1993年我带《喜宴》到柏林参展前，受耶鲁大学中国同学会之邀，又放映了一遍《推手》，颇有恍如隔世之感。结束一部电影进入下一个拍片过程，就好像进入另一个世界。我坐在后排，第一次觉得自己能比较客观地欣赏《推手》，看到过去的我，感觉蛮好的。

我很久没和观众一块看自己的电影了，这些都是些教授、博士、硕士等高级知识分子，有很多是大陆留学生。反应很好，他们比较内敛理性，浅而持久的笑发自内心。看完片观众出来，头都低垂着。

很多时候，我不太满意自己，但那次的感觉很好，我觉得能搅动人心，很有满足感。

Take Home Messages*

《推手》是很通俗温暖的，它奠定了我的人缘、片缘，但也成为我的一个限制。

处女作最纯真，最实。很多人看了第一部后，觉得这是我的本性，结果命定论，给我设了一个基调、一个原型，永不得翻身。直到现在还是有人拿《推手》的眼光看我，而我自己也不免顺从这个基调，对观众有着一种类似面对父亲般的义务感，有所不敢为。所以我当初不敢接拍《推手》的顾虑也不是没道理，直到《冰风暴》才稍有扭转。所以那罐辣椒酱炸得满天花板猩红点点的，到底是个什么兆头，至今我也还说不准。

有时我也很挣扎，虽然心里跟自己说，别管这些，但到现在我还常听到这种话——最温馨、最贴心的是《推手》。中国人感受很深，因为它很根本。你不能孝顺算什么人，百行孝为先，老父亲博得许多人的同情，结尾也能从“没事、没事”这种人生本无事的态度，自通俗剧里有些抽离，算是安全上垒。

对于翻不出《推手》的模式，我是有些不服气。拍片十年，若没点长进那还成？不过这些话对我还是有着警惕作用。当初写这个剧本就没打算拍，犹豫中也拍出来了。每次人们一提《推手》，总有一种奇怪的心情，我就一直纳闷，为什么会有这种反应？是因为处女作很纯、无法取代？还是因为我拍了一次以后，就无法

*“反思”之意。

再重回原先的状态？或许有一天，我能想出个所以然来。

如今重看《推手》，发现不乏粗糙之处，有些地方我几乎看不下去。但也有几个段落还蛮顺的，如从老朱打工、打架，父子监狱相会，到结尾两老在夕阳余晖中喃喃地说："没事，没事！"好像没有败笔。我觉得电影能有一段没疙瘩，还蛮欣慰的，因为很难得。《推手》开头、结尾的戏我很喜欢，中间有几个段落不太好。

《推手》里的老朱一角，是我至今电影里角色发展得最完整的一个，因为全片就盯着这个人。现在来看，完整也没什么，有时一个精彩片段给人的提醒，多过一个完整却啰唆的东西。我以前求取完整性，现在觉得或许不那么重要了。而且完整性有时也不一定靠角色完整，有时人物、事情片段，只要整体有个概括的完整性亦可。凭良心讲，完整，有时是我们强加的，那是一般通俗剧，尤其是西方或美国的看法，其实没有什么东西可以做到完整。

《推手》是个很好的基础，是老天对我的厚爱，我觉得它很善意，回馈也很善意。至于艺术绝对值有多少，顺其自然吧！

注：在台湾，“推手”已衍生出一个新定义，成为社会上约定俗成的新名词。目前台湾惯用“推手”作为推动、促成之意，与太极拳里推手的含义不尽相同。在太极拳里，推手还有“推卸”之意，是一种训练“诈炮”的运动，你骗他一下，然后把他推倒。特此正本清源。

喜宴

THE WEDDING BANQUET

《喜宴》是我至今唯一幕前露脸的电影，只有一句台词：“那是中国人五千年来的性压抑！”对着老外，我解释中国人喜宴的直接露骨。

剧本的缘起

《喜宴》讨不讨喜，都和同性恋议题脱不了关系。

1985年冯光远跟我提出拍同性恋议题的构想，他因为对中学时代好友的出柜*经验太过震撼，从此对同性恋议题深感兴趣。这个人当兵时正好与我同一连，是他们那群老友中最出类拔萃的。1981年3月的某一天，朋友急电要他去华盛顿D.C.，那天正逢春假，刮风下雨又打雷的，他开了五小时的车程，却听到朋友的这番告白，因此印象深刻。不过当时我倒没多大的兴趣，一来事件本身不够一个剧本的内容，二来我对同性恋的议题也并不了解。他虽有些了解，但从拍电影的角度来看，也落伍了很多。当时我们中国人有个儿子是同性恋是件天大的事；但在海外，尤其是纽约，同性恋出柜早已不是什么新鲜话题。

*come out of the closet直译，指暴露同性恋身份。

当年在纽约时，有观众问我《喜宴》是个什么电影，我说：「《喜宴》是部李安的电影！」我的教养、背景都自然地反映在作品里。
（台湾「中影」提供）

自从 1969 年纽约石墙事件 * 以来，美国的电影、舞台剧里不乏佳作。这个构想因此搁置。

1987 年夏日的某一天，我正在洗澡，突然灵光一闪，《喜宴》的点子出现。我当时想，要是来个同性恋假结婚，爸妈都出席，天下大乱，大概会很有意思。记得在伊大念书时，参加朋友的婚礼及大闹洞房，大伙临走前逼着新郎、新娘钻进被窝里，然后把衣服一件件地丢到被子外。我想，如果两个人光溜溜地在被子里擦枪走火，这个假结婚就有意思了。这是我写的第一本长篇中文剧本，《推手》还是两年后才写的。

1986 年 1 月惠嘉毕业，我俩一路从伊利诺伊开车来到纽约，自此一家人定居在纽约近郊。为了撰写《喜宴》，1988 年年初，我迁至冯光远处住了两个月，周末回家一次。因为在家挺无聊的，惠嘉看我窝在家里不做事，也烦，所以小别尚能改善我们之间的关系。

本来是我和冯光远一起写。动笔后，两人开始分工，他搜集资料，我来写，于是自家经验就成了现成的素材，《喜宴》里的许多情节都是我现实生活的翻版。那段时间，我每晚灯下埋头编剧，或与冯光远聊 idea。

记得剧本还未动笔前，我先写了一个每页五百字、长达十三页的故事大纲，好友王献篪看了很热心："我回去一定帮你讲定！"1988 年春天，他以制片人的身份回台与"中影"洽谈时，

---

* 石墙，stonewall，即石墙酒吧，最早建于 1843 年，后来成为纽约格林威治村的同性恋酒吧。1969 年，美国警察搜查了石墙酒吧，引发了两天的骚乱，这次事件成为美国同性恋解放与权利运动的萌芽。

我才开始下笔。其实《喜宴》的剧本写过两稿，同年暑假，我和乔尔·罗斯一起编写《邮购新娘》(Mail Order Bride)的英文剧本，至他位于长岛的度假屋去一块工作，上午两人讨论构想，下午他动笔撰写时，我则改写《喜宴》。我们也曾自费前往加州，找陈冲、卢燕等人商量演出之事。“中影”热了一阵子，又冷下来，后来不了了之。因为“中影”提出和我对半投资，各出资四百万，希望我能在海外筹到资金，那时候我怎么筹得出这笔钱！

王献篪倒是还不死心，拿着剧本遍寻机会，最后找到“中影”的子公司，还是没谈成。王献篪很不爽，后来我接着发展其他的case，就不管《喜宴》了，这事也就告一段落，为此王献篪气得有几年不理我。

当初编写《喜宴》，就打算给“中影”拍。那时林登飞担任总经理，小野和吴念真负责制片企划，他们联络过我：“我们要培植第二波新导演，你是其中之一。”只记得他们跟我谈的案子，都偏重商业电影，并不是我印象中的台湾新电影。我心中虽觉得奇怪，也只是猜测，可能他们觉得我的路数比较适合商业片吧。我那时正在申请绿卡，不好回来。他们说：“你就在纽约拍。”于是吴念真写了一个《长发为君剪》的故事大纲，我不太有兴趣。我提出《喜宴》，“中影”也有顾忌，因为当时的台湾对同性恋的话题尚不如现在开放。

《喜宴》因而受挫，我也不敢再抱希望。事隔三年，我第一次去“中影”见徐立功谈案子时，虽然觉得《喜宴》比《推手》更适合拍电影，但因为先前受过挫折就没提，徐立功也说：“哪有人不拍第一名的剧本，要拍第二名的！”于是顺理成章地先拍了《推手》，《推手》因此走到《喜宴》前头。

不过，每部电影都有一条命，《喜宴》命不该绝，翻身之后，还是"中影"拍，没想到居然是一路发。

徐立功催生成功

《推手》成功，徐立功打铁趁热催我拍新片，当时我最想拍的是白羽的《偷拳》。长久以来我对清朝的武术文化兴趣浓厚，一直梦想拍武侠片。那时要是"中影"答应，我就带着人马直奔大陆陈家沟了，想想也挺过瘾的。一个老师父"太极陈"和一个小徒弟两人间的师徒情分，郎叔演"太极陈"不做第二人想；那个到处想学功夫、又老是被人糊弄的小徒弟，其实就像我，中间有许多突梯逗趣又感人的情节。要是当初"中影"答应让我拍，说不定后来的"父亲三部曲"就变成"功夫三部曲"了。说起来，《推手》也是部功夫片，中国人练功夫讲究的是修炼，干架还是小事。

世事常常就在一念之间，说起来也是命。

那时也亏得徐立功拿定主意，频频催我拍《喜宴》，他说："《偷拳》又打不起来，不会好看，还是来拍《喜宴》比较好看啦！"

当初他看剧本就觉得《喜宴》好看，这时他想拍，我则是犹豫不决。我以前的顾虑是，因为题材敏感，被打回票，我受过挫折。现在的顾虑则是，真要拍的话，我仔细一想，自己对同性恋还真是不很了解，怕拍不对，会得罪人。后来碰到詹姆斯，心里才比较有点底。

回纽约修剧本的那段时间，我也参加了一些同性恋族群的活动，进行了解。

临门一脚

1992年2月，我带《推手》至柏林影展参加观摩展“电影大观”时，詹姆斯也在柏林。

我问他：“《喜宴》在纽约拍，好机器会不会再参与？”

詹姆斯说：“会啊！你拍应该不错，正好可以发挥所长。”

《推手》在柏林影展卖不出去，给片商看，没人理。詹姆斯就说：“那好，我们再来干一票，再卖不掉，就不再做中文片了！”于是他开始帮忙修改剧本，这是我的电影有国际检验的开始。

詹姆斯说：“《喜宴》原剧本前面有些戏不通，鉴于上次《推手》的经验，唯一的老美主角西蒙的戏得加重，某些同性恋的素材也过时了。”有关同性恋的情节，就需要詹姆斯这种人来补充最新资料。詹姆斯够前卫，很多同性恋团体的领袖都是他的好友，所以交给他我很放心。他写了，我再写，就这样来回综合修改，成了现在的《喜宴》。其实剧本从四分之一起，伟同的双亲来美，到婚礼结束、威威怀孕的部分都保留。如果全片分成四个段落，第二、三部分都没动，只有头、尾变更，最后的结局也依旧。

第一次和詹姆斯合写剧本时我就发现，有些地方不晓得该怎么从英文转换成中文，于是从头写，英文台词当然不需要。

自此我开始尝到中西合作的好处，同时也面临中西合作的尴尬。不过《喜宴》时詹姆斯改动的地方并不多，加上西蒙是美国人演美国人，因此凡与他对答也都用西式的语法与口气，又是个背景在纽约的现代故事，所以尴尬不适的状况只停留在工作过程中，还没有显现到剧本内容上来。

选角费周折

说起《喜宴》的选角过程，也是一番周折。先前看过一些女星，后来徐立功建议金素梅，他说："她很有希望，还没有电视剧太油的味道。"但我得看看，当时她正在台南新营拍摄电视连续剧《爱》，我就借了徐立功的车南下，到她住的旅馆去看她。旅馆黑黑小小的，在车站附近。当时只见一个黑影从里面走出来，还没见着脸，就觉得体形不错，很直、很冲，有股气，感觉蛮好的。谈过之后，就选定了她。但我觉得她还有待琢磨，演出前到纽约来，我曾在她脚上绑了铅块训练她走路的分量。记得金素梅正在屋内练习时，郎叔到纽约，进门只看了一眼就说："飘啊？！"老经验就是不同。以前我常会想些笨方法来训练折腾演员，那时我的想法是：量变造成质变。

金素梅学得很认真，片中她得讲英语、普通话及上海话。她用注音拼音苦练，除了一场口白较长的英文戏由白灵配音外，其他都由她自己讲。

郎雄顺理成章再演父亲。归亚蕾则是徐立功推荐的，她的戏是没话说。至于伟同的角色，在台湾没找着合适的人选，本来找过汤志伟，但他的档期有问题。

我先回纽约开始前置作业，同时选角，也没什么中意的人选。那时赵文瑄从报上看到“中影”招考演员，上门毛遂自荐，徐立功刚巧不在办公室，他放下张照片就走了。徐立功回来一看觉得不错，还好他留了电话，于是联络他来拍了卷录影带寄来。我也没有把握，就把录影带给好机器的人看了看，他们觉得：“好啊，很 cute，英文说得可以。”

但只凭录影带我还是没法做决定，就希望赵文瑄来纽约面谈看看。那时他刚从华航退休，在华航工作了七年，坐飞机免费。他也很有冲劲，拎个皮箱就直奔纽约。还有两个月就要开拍了，已经迫在眉梢，我宁可训练新人。因为当时跟略有名气的演员洽谈，他们对演同性恋都心存顾虑。我心想，那就训练新人吧！借了朋友的住处，约莫一个床垫大小的地方，筹备训练期间，他就住在纽约皇后区的那间地下室里。

除了赵文瑄之外，到了拍摄时，其他演员也都从台湾来到纽约。亚蕾姐与金素梅住女生宿舍，赵文瑄搬出皇后区，与郎叔等人一起住进男生宿舍。女生宿舍有间大客厅，我们经常就在那里排戏。两个月相处下来，大家就像一家人。戏里戏外赵文瑄都管郎叔叫爸爸，喊亚蕾姐是妈。亚蕾姐真的就像他妈一样，直到现在都是如此。譬如有人搞不定赵文瑄，请亚蕾姐帮忙，只要她出面，一定让这个儿子服服帖帖，这种情分也只有《喜宴》有。

摸索潜能的时刻

每次拍片前期我最喜欢的两样工作，一是研究工作，一是训练我认为需要训练的演员。我会要求演员们做功课，自己先去设想角色。以前我觉得这样做有帮助，后来发现并不见得。因为有些人写得好但演起来不是那么回事，有的是白做功课。我所下的功夫不见得有用，但我可以利用做功夫的机会对演员进行观察，然后看准时机切入，摸清演员的可能性；同时这也是一个演员认识我的机会。演员偶尔就是得折腾一下，平常大家客客气气的，你看不出一个人的真正个性。有时就是要打破成规，搅和一下，常常戏剧性的情绪才出得来。

不过到了拍片前，排戏时我讲过的一切要全丢开、忘掉，全部重新来过。因为拍电影是生活的东西，是“当下”的表现。道理讲得再通，没那个样子或那个样子不中看，都不行。

《喜宴》开拍

《喜宴》的第一个镜头是在纽约市政府前拍摄的，市政府也是我注册结婚的地方。那场戏是赵文瑄打电话：“西蒙，对不起，我又忘了……”正好也是他在电影里的第一个镜头。赵文瑄以前没演过电影，不管排戏时表现如何，一个人能不能演，要拍才晓得灵不

《喜宴》开拍，传统的开镜仪式。（台湾「中影」提供）

灵光。他虽是新人，一上场讲得还蛮好的，不怯场，我就放心了些。

赵文瑄是我见过的演员里有内涵的一个，很能沟通观念和感情。由于这是他第一次演戏，协调性还常有点力不从心。

在我带过的新人演员里，他大概是被我磨得最多的一个，我想他可能伤到，直到现在也许还有点怕我。拍《喜宴》时，我曾发过一顿脾气，就是他听到西蒙留言说是老爸中风住院，当他赶到医院时，只见妈妈枯坐在病房门外，后来他憋不住终于向妈妈表白自己是同性恋的那场戏。这是一个很长的镜头。其实也是我自找麻烦，用推车拍摄这么长的镜头。赵文瑄跑进来，我们将长镜头快速推进去（dolly in），只要稍差一丁点，大头就会出镜。加上器材又不好，摇摇晃晃的，老是抓不准。独立制片的工作人员又年轻，经验嫩。我们从远处开始往近拍，但他的准头就差那么一点，老是到了镜头前就偏了些，这跟演技无关。至于和妈妈告白的那场戏，必须一镜到底，他演了六七次。一个新人得讲一大串对白，然后镜头要拉出来，带到西蒙和威威两个人在旁边偷听。偏偏赵文瑄演得最好的一次，从头到尾我都很喜欢，可是镜头一退出去带到一旁两人偷听的戏时，拿麦克风的工作人员又出状况，麦克风入镜。都拍到结尾了，气得我直踢垃圾桶！因为我知道，再拍三十次，也不见得会碰上一个这么精彩的。

虽然有些小麻烦，《喜宴》还算是一路拍得很顺、结果也很好的一部电影，一如《理性与感性》*。我的其他电影，如《冰风暴》、

---

*又译《理智与情感》，改编自（英）简·奥斯汀同名小说。

《与魔鬼共骑》拍摄时感觉都很好，得心应手，但到了剪接时却都不顺利。《冰风暴》经过再三的努力，最后得到不错的回响；但《与魔鬼共骑》的结果就不如预期；拍摄《饮食男女》及《卧虎藏龙》的过程则是事事不顺，尤其是《卧虎藏龙》。不过这两部电影的结果都有如倒吃甘蔗，尤其在海外市场，让我初尝小甜的滋味与大甜的甘美。

老中撑腰、老美吃苦的“喜宴”

我的头两部电影《推手》、《喜宴》，得到很多华侨的热心帮忙，才能拍得出那些场面。詹宏志当初也奇怪，我这么点预算，怎么可能做到？其实除了纽约的独立制片，靠的就是华侨。

《喜宴》里的喜宴场面连拍四天。不但纽约法拉盛的喜来登旅馆（Sheraton Hotel）大厅从晚上七点直到第二天清晨六点都空出来提供我们拍片，同时朋友拉朋友，各方支援，大家都身着华服、自行打扮妥当地前来充当喜宴的宾客。一天一人十块钱的演出费实在不算什么，人人都找我们在钞票上签名留念。头两部戏真的是很有人情味，老美吃苦，老中撑腰，气氛十分热络，根本没什么人跟你谈条件啊什么的，就是很单纯地来帮忙，才会做出这些东西来，以后就没这种事了。现在花多少钱都请不到这么好的临时演员。那些宾客都是真的，都是朋友帮忙，硕士、博士、老板……身份、气质都对，每个人都是一身光鲜地来。我太太连女生厕所都进不去，大家都在里面补妆打扮，挤得满满的，各种年纪都有，心情也都像是吃喜酒、闹洞房的，当然不一样。喜宴的场面要拍到气氛那么对味，真的很难。现在拍片请的临时演员，气质与真实感哪能比。

《喜宴》里，我是父子、夫妻都粉墨登场。小儿子石头亮相，先是跳床，接着由太太抱着他亲新娘，大家笑得东倒西歪的。剧本里本来就有这些情节，我家有个现成的，很自然地就石头上场。不过我写剧本时，还没他呢！

我自己唯一一次的幕前亮相，也给了《喜宴》里的喜宴，就一个镜头、一句台词："那是中国五千年来的性压抑！"这句话，我憋在心里面很久了，不吐不快。之后，我也不想再露面了，因为拍摄时，我发觉会很分神。

当时就是很单纯、很快乐，《喜宴》就这么回事。一如影片中结尾时上飞机前大家翻看喜宴的照片时，不管前因后果如何，当时的笑闹都是很值得的回忆。儿子给父母的，也就是这样的一个快乐，假结婚，真孝心，感觉上真假难辨。

现在再看《喜宴》，常让我想起当时在纽约拍片的情景，大家单纯诚挚的笑闹，感触很多。我觉得《喜宴》很传神，虽然镜头简单，可能它的感染力也发自这里，因为很真。包括冯光远演的来宾吃错酒席时说："高伟同？不是陈府喜事吗？"然后继续吃。这个场面中外观众看了都笑，真的就有这种事。不知道的人会觉得好笑，知道的更觉得好笑。

头两部片子我拍了很多人情之常，也没特别强调什么自然、写

《喜宴》里的喜宴场面连拍四天。纽约法拉盛的喜来登旅馆大厅从晚上七点直到第二天清晨六点都空出来提供我们拍片。（台湾「中影」提供）

拍《喜宴》时的笑闹都是很值得的回忆。儿子给父母的，也就是这样一个快乐，假结婚，真孝心，感觉上真假难辨。（台湾「中影」提供）

实，就用一般拍戏的方法把它拍出来，因为都是蛮共通性的情感，所以很多人有所共鸣。

自家经验入戏

《喜宴》里糅杂了许多我自己的经验。

如纽约市政府的公证结婚、婚礼上的闹酒花招、父亲的训话、母亲的悲喜交加，几乎就是我的自述。片中伴郎当场被其他新人抓公差权充介绍人的情景，也是我真实婚礼中的小插曲。

而其中一幕是爸爸晨运回来，坐在椅子上不知不觉地睡着了，儿子上楼叫父亲吃早餐，以为父亲怎么了，把手伸到父亲鼻下试探呼吸的那一幕，我也很喜欢，这是我的亲身经验。那年爸爸退休来美，见他这样睡着了，我禁不住哭了，以前他是家里的一棵大树，可是现在就这样，老了，只是大家还在维护那个尊严、面子。

我自己最感动的一幕，则是饭店老板老陈在帮老长官办完儿子的喜宴后，站在电梯口恭送老长官时，将军要跟老陈握手，老陈不敢，将军默默地拉起老部属的手，放不下身段道谢，只有拍拍老陈的手，一切的感谢尽在不言中。这也正是爸爸和一些部属的写照，这种长官与部属间的忠诚情谊，不只是主仆、上下关系那么简单。一个“忠”字，一个“孝”字（片中儿子办的假结婚，不就是为了这一个字！），管了我们中国人好几千年哪！

《喜宴》里很多东西都是从我的系统里出来的，本以为日子都

《推手》、《喜宴》拍完后，我都经过大约两个礼拜的杀青忧郁期。对拍电影的人来说，这是很正常的。（台湾「中影」提供）

过了也就算了，其实都累积在心里。事后想想，可能是因为我书没念好，爱搞戏剧，又是父亲最不喜欢的行业，无法克绍箕裘，潜意识里始终有种罪恶感，当时我虽没犯大错，但一些无奈、委屈、抱歉的心情始终闷在内心深处，积压很多，所以拍出这种片子来。

“父亲三部曲”都讲老爸，有些对白就是他说过的话，许多都是我家的事。《喜宴》里包括评字、做菜，甚至婚礼前新郎新娘跪在父母前听训的情景、对白，都是。以前爸爸对我电影中的这些情景好像没什么反应，我本以为这都是我一厢情愿的抒发，直到2001年9月，他才在一次访问里直言：“我就像《喜宴》里最后一幕双手高举的老父！”我则是事后看了影带才知情。

他们那一代人就是这样，许多事常是睁只眼闭只眼就过去了。看似糊涂，其实心知肚明。

杀青忧郁期

《推手》、《喜宴》拍完后，我都经过大约两个礼拜的杀青忧郁期。现在一拍完片就进剪接室，心里还挂记着后面的工作，就不再有这种感觉了。加上以后的片子，除了《冰风暴》外，都是离家远赴各地拍摄，每次拍完片能回家，心里都很高兴。不像前两部，演员到纽约来，每次拍完片他们回台湾，我都很难过。因为整个精神都投注在演员身上，都是很真挚的情感。其他工作人员也都有这种忧郁期，对拍电影的人来说，这是很正常的。

主要是因为拍片太好玩了，人活在想象的世界里，工作时带来的兴奋感、冒险性，包括克服困难的过程等，你不需理会现实生活的种种，拍完片后则要开始应付一些积压在生活里的世事人情，两者之间落差太大，所以需要调整。

导演更不一样，在现场是大家的重心，予取予求；拍完片后，回到家里，做回老百姓。在纽约时，我刚拍完片走在路上或是去搭地下铁，都要特别留神别撞到人招打。因为在片场，我走路可以是横着走的，大家都会自动让开。

是《饮食男女》治了我的杀青忧郁症，它是分界线。

赴台四个月拍摄《饮食男女》，是我第一次长期离家拍片。记得我提着口大皮箱走出家门时，大儿子阿猫趴在窗前目送我离去，他不解地直问："为什么会这样？"我心里面好难过，可是又不能不走。那四个月，阿猫有时不肯做功课，太太生气，曾有两星期不接我电话，加上拍片时一堆烦心的事，又碰到要参加金马奖，我的心情十分郁闷。片子杀青后我直奔纽约，并嘱咐助理李良山帮我查询有无夜班火车到华盛顿 D.C.，因为妻儿正在 D.C. 姐姐家，我担心太太一人连开五小时的车回纽约太累，急着想去与家人相聚。后来又怕自己半夜到，太太还得半夜开车来接我，才打消夜奔 D.C. 的念头，盘算着第二天再去。当晚七点多飞抵纽约，没想到车还没到家门口，远远就看见家里灯光通亮，原来太太带着儿子已经在家等我回来了。家的温暖，治好了我的杀青忧郁症；家，也是我做收心操的地方。

我自己唯一一次的幕前亮相，也给了《喜宴》。之后，我也不想再露面了，因为拍摄时，我发觉会很分神。（台湾「中影」提供）

文化传承

当年在纽约时，有观众问我《喜宴》是个什么电影，我说："《喜宴》是部李安的电影！"我的教养、背景都自然地反映在作品里。

中原文化、台湾文化及美国文化，都对我有影响。

我对台湾的感情很深，在台湾出生成长，直到二十三岁当完兵才离开台湾。我人住纽约，但看《世界日报》，关心台湾事，父母亲友都还定居台湾。

对我来说，中国是一个春秋大梦，这个梦是真是假，我也说不上来。因为国民党的关系，我在台湾受的是中原文化的教育，又是外省第二代，所以成长中的认同感跟中原文化有着密切关系。这是我的教养，由不得我选择。

现在本土意识抬头，当然有些人会比较尴尬，会有飘零、无根的感觉，尤其是第一代的外省人。而离台定居美国，也使得我在身份认同上有着飘零的迷惑感。因为到大陆看看老家，你会发觉，那儿也不再是你魂萦梦系的样子了。经过历史的洗礼，以往萦绕在父母脑海、经由双亲的经验传承给我们的故乡，也已经消失了。我之所以习于处理中原文化而不是台湾文化，是因为这是一种情怀，和我的教养有关。我之所以怀念过去的伦理，是因为旧秩序曾经提供我们安全感，也因为过去的教养形成我人格的一部分。当我受到挫折和考验时，自然就会流露出来。我必须去面对、去处理，不管是用讽刺喜剧或悲剧感伤的方式，总是要面对它。

因此在《推手》、《喜宴》，甚至《饮食男女》里，我自然会流露出自己的感怀，一种随风而逝的感伤，这只是我切身的感受。政治力得以穿透生活影响我们，人们多半处在身不由己的大环境中挣扎。我想，很多外省第二代都有这种掺杂的感觉吧！

我称它是情结，因为它纠结在我心里，是一种文化的东西。就像《喜宴》的男主角是同性恋，在美国寻获挚友，找到自我认同，想自由地做自己，但他的文化和父母马上就来把他往回拉，喜宴就像一只“金红色的怪兽”，把他搞迷糊了。

对我们来说，近百年来，何去何从的身份认同问题一直是个纠结与迷惑。身为外省第二代，我不由自主地会注意到传承的问题（台湾电影则比较注意民族意识的觉醒），不只是文化的传承，还包括生活习惯的传承、伦理的传承。这些传承面对遽变的时代，已经走味了，就像《饮食男女》里的菜肴，徒具外貌，里面已经少了些什么滋味。

对同性恋议题，我不像冯光远那么有兴趣。

我成长在一个很保守的士大夫家庭，个性也不是很叛逆，所以最能牵动我内心的还是“伦理”。面对不能尽孝，以及传统与现实间的种种矛盾，我有话想说。当然，其中也有许多是上一代给我们的谎话（每一代都有其白色谎话），造成我们的错觉，是一种误导的认同，这些均与实情有所差异。

在伊利诺伊求学的那两年里所受到的文化冲击对我影响很大。我发现，隔了个太平洋，到了异邦，以往的认知却来了个大反转，不论是我本行的戏剧，还是从小所认同的对错是非，因而让我对以往所有的教养开始产生不信任感。

《喜宴》里我尝试以同性恋的题材来做认同上的模拟，伟同既想拥有自我（做自己），又想尽孝道（为人子），身陷无法两全的左右为难，也正似我受到文化冲击后的心情反映。

同性恋议题

对同性恋，我不歧视，但也没有特别的兴趣，这是一种正常的现象。我从来都不觉得《喜宴》是要替同性恋讲话。某些同性恋者不喜欢，有的则很喜欢，认为我把他们当普通人，也考虑他们父母的感受。相较之下，倒是在海外同性恋族群内获得的认同多。

《喜宴》刚在柏林上演时，我很紧张，虽然获得满堂彩，但第一个访问我的是香港同性恋团体中的兰博（Rambo）同志林奕华 *，他把我海削了一顿。我当时想："第一个访问就这样，以后的日子还怎么过啊！"

他骂一顿还不过瘾，后来又写了一大篇来数落。反而是海外很多发行量最大的同性恋杂志主编来访，谈得很尽兴。他们为文指出，为什么同性恋非得憋在角落里，觉得这是一部正常的同性恋电影。我巡回世界做宣传时，在英国伦敦接受英国发行量最大的同性恋杂志主编访问，他一见面就说："You have a very dry sense of humour!"

---

* 形容林是同志版史泰龙。

这是我听到过的最大的赞美，此后也才有点自信能拍英国题材。

总之，《喜宴》是各方意见都有。

但我觉得，如果这是部同性恋电影，就不会吸引这么多观众，尤其是在台湾，它还是个家庭伦理剧。

圆满结局？

很多人说《喜宴》是个圆满结局（happy ending）。我第一次听到还一愣，心想，什么叫 happy ending，我脑海里压根就没有过这个念头。之后拍片，我开始尽量回避。

我觉得，《喜宴》应该不算是个圆满结局，因为结尾时每个人都在哭。当然，问题都解决了，是个不满意但可以接受的结果。为了这个结果，每个人都要付出"退一步"的代价，所以《喜宴》里人人各退一步，这是很写实的。我想，如果发生在我家或大部分的人家，若是走到（威威怀孕）这一步，可能也是这样解决。不然要怎么办？威威去堕胎，老爸气死，大家撕破脸，斗个你死我活？绝大部分的人不是这样的。生活还是得过下去，大家也都留个面子。

中国人讲厚道，就是装糊涂，各取所需，当然没法完全拿到他想要的东西，是各退一步。这种中庸之道为多数人奉行，原来古典教养下的人在生活里就是如此行事，只要过得去，大家就睁只眼闭只眼。不过这对拍电影不见得是好现象，因为我们已经习惯西方思维里的强烈冲突，会觉得这种方式太温吞。

一回学，二回用，《喜宴》研发成功

没有《推手》的学习，也不会有《喜宴》的成功，两部片子都是美国独立制片的模式。

现在回想起来，《推手》很简单。当然之前我拍过不少学生片，所以对那种游击式制作方式（guerrilla filmmaking）也蛮熟悉的。拍《推手》时，除了同学帮忙外，又加入好机器的制作方式，提升品质，因而跳出学生片的范畴。

《推手》二十四天，《喜宴》二十六天就拍完了，一星期拍六天，天数都没超时，甚至有几天提早收工。拍《喜宴》时，我是快手，《推手》里学到的就用到《喜宴》上。

我学到的原则是：镜头不要太多，太多，花时间；镜头不能太大，大，花时间。在美国独立制片要拍剧情长片，就不要啰唆，有几个别出心裁的镜头、几场戏，你坚持，其他的就是啪啪地拍过去。镜头简单，演员入镜就演，演完，就闪。把镜头缩小，你才能以极有限的条件做出比较有品质的东西。这两部片子的形式是很像的。如今回想，七部片子里，《喜宴》我拍得最顺利。

这也是当时独一无二的合作模式，“中影”出钱到海外包拍，从信用额度到翻译，所有信件及交易来往，都是我一人经手，真累死人了。

中西方规矩不同，又无前例可循，譬如片头字幕打法，中方重要的职位打在前面，西方则放在后面，照谁的规矩，兹事体大，很费了一番脑筋。

带着《喜宴》赴柏林影展的飞机上，左起詹姆斯、特德、我、演西蒙的米切尔·利希滕斯坦，在机尾聊天。

因为拍《推手》、《喜宴》，好机器没钱可赚，图的就是一个名。若照中方格式来，好机器工作一年求的只有这个，但却放在一个不重要的位置，有点说不过去；要照西方规格，其他人的位置就得跟着调整。光是这个很小的次序问题，在细节沟通上就花了好些功夫。我白天做后制工作，晚上写传真，长文陈情，来回有五六趟，“中影”和好机器之间，就靠我一个人居中沟通。因为这是新做法，无法照章行事。结果是中、英文各做了一个版本。

头两部电影经费拮据，我是包山包海一肩挑，直到拍《饮食男女》，我才有钱请李良山来担任助理。

第四十三届柏林影展

手提拷贝，赶赴影展

《推手》根本没想到在海外上演，直接拿回台湾放映，拍《喜宴》时，还是照样。而且《喜宴》没有毛片，底片冲出来直接做电脑剪接，我们大概是全世界第一个用电脑做全部后制的片子，只因为省钱，做人家的实验品。那时电脑荧屏只有十八时，又切割成四格，每一格画面的解像度（resolution，分辨率）是电视荧屏解像度的四分之一，根本看不到什么东西，就只见到个人影。调光拷贝冲出来后，我才知道有些画面选得不对，焦距有问题。有的表情，如半身的，都看不到了。没看过毛片，剪接师蒂姆只知道个剧情大概，也不晓得详细的对白内容，又是个喜剧，就这样跟着我剪。

最后德文字幕的拷贝冲出来，好像还是湿的，我们就自个儿提着赶赴柏林影展。那班飞机上人不多，我、特德、詹姆斯，还有演西蒙的米切尔·利希滕斯坦（Micheal Lichtenstein）四个人坐在机尾聊天。去年柏林影展时，詹姆斯不是说我们再做一票吗，今年就是揭宝时刻。詹姆斯说："要是这部片子今年再没买主，回纽约，我们就得关门了。"因为好机器的房租已从一个月四百涨到八百美金，再付不出来就得解散公司。那时也没人帮忙卖片，我们曾找过英国代理商，但没人理睬，后来好机器会成为我的代理商，就因为当时没人代理卖片，只好自己来。

1993年2月，徐立功初到柏林影展时，并无十足把握，他觉得大陆的《香魂女》气势很强，张艺谋又担任评审，且大陆文化部副部长亲自督阵，举办各种活动造势，他揣测的是《香魂女》得奖有望。我的了解则是斯派克·李的《黑潮——麦尔坎X》（Malcolm X）呼声最高。

不过《喜宴》记者会放映后反应极佳，第二天，各国媒体报道都是："《喜宴》一演，整个柏林影展开始发光了！"当天索票的人就大排长龙。

一放之下，大热门，其实得不得金熊奖都无所谓了。《喜宴》从未露面，第一次公开放映，就在两千个德国观众面前，全场笑得前俯后仰，当下成了影展的大热门。因为是德文字幕，詹姆斯和特德也不知道在演什么，只知道反应很好，两人就站在戏院入口的中间走道上看观众反应。当晚，台湾"新闻局"为我们办了个庆祝酒会，天正下着大雪，我进到会场一个钟头了，还没见着詹姆斯和特德，正奇怪他们哪去了，原来他们还站在门外雪中，门都没进就跟人家谈起生意来了。过去他们也没有影片交易的经验，卖片，这也是头一回；可发展到现在，一个公司那么大！

《喜宴》卖埠成功，走入海外市场

徐立功说："当时詹姆斯也没碰过这种阵仗，就找来瑞士的克丽斯塔（Christa Seradi）帮忙。克丽斯塔向来都是从拍片开始就参与的片子，她才肯接手卖片事宜，吉姆·贾姆什（Jim Jarmusch）的片子就由她负责卖片。因为她很喜欢《喜宴》，所以破例。"

她要徐立功每天穿起西装、打上领带，陪片商在试片间看片，还跟他说："你看我的眼色行事！"徐立功就依她的暗号何时点头，何时要不动声色。

他觉得很好玩，就每天西装笔挺地坐在那边喝咖啡，片商看片出来，他就上前握手拥抱。每次片商出价，他就看看克丽斯塔，可每次都是摇头，不卖。

憋了几天，徐立功实在忍不住了，就问她："为什么都摇头，现在很少华语片能卖埠海外的。"

她跟徐立功说："你不要急，要有信心，这部片子一定会得金熊奖！"

另一边，詹姆斯、特德也忙着谈交易。接连三天，我忙着接受访问及游览柏林，每次进出旅馆，都看到詹姆斯和特德坐在大厅谈生意，讲完价后半夜就打电话回纽约，白天黑夜地就没停过。结果，《喜宴》在世界各地的版权都卖出好价钱，美国版权从最初开价的二十五万，最后卖出七十五万美金，由塞缪尔—戈尔德温电影公司（Samuel Goldwyn）取得发行权，缔造了当时华语片的新纪录。该公司还保证再出七十五万美金的宣传费，使得《喜宴》能够在海外的艺术院线打下根基，而没有遭遇到某些影片不做宣传草草上映而被牺牲的情形。到了《饮食男女》开拍前，该公司在1994年5月剧本初稿阶段，就以五十五万美金取得美国版权。10月《饮食男女》开拍前，世界各地版权已经卖出一百五十万美金，片子还未开拍，成本已经回收，这都是《喜宴》起打下的好基础。

得奖了？！

《喜宴》的气势一直很强，颁奖前有人跟徐立功说：“你们很可能会得奖！”

当时各方消息来源混乱，有人指点徐立功得奖指标，得奖的前一天，会有人塞封信到他屋里。结果那天晚上，所有台湾记者都在他房间里等好消息。

徐立功说：“你们这样我不能睡觉，我答应你们，一有消息马上告诉大家！”记者们这才答应离开。

结果，果真有一封信从门缝塞进来。

徐立功打开信一看到“恭喜”时，“心真的是怦怦直跳”。事后他说，原来那是詹姆斯的信，因为他第二天要赶回美国处理版权事宜，詹姆斯在信中第一句话是：“恭喜你，反应很好，相信我们会得奖。”

当晚又有位德国朋友打电话来恭喜徐立功：“你们的片子得奖了。”

徐立功于是向台湾“新闻局”副局长吴中立报告:“我们的片子好像得奖了！”

吴中立说:“这个消息是否正确？要是搞错,笑话可闹大了！”要徐立功再去查证。

后来赖声川也听到消息,从机场打电话给徐立功:“恭喜啊,你们的《喜宴》得奖了。”

于是徐立功做了个大胆的判断,打电话给所有记者:“你们现在来我旅馆！”

记者们问:“是不是银熊奖？”

徐立功说:“是金熊奖！我得到的消息是这样,为了你们截稿时间,我先曝光,你们可以把稿子先写好,等进一步的确认,如果抢先发稿,错了我可不负责。”

后来果然得到金熊。

徐立功说:“当时传闻的评审过程是,《喜宴》、《香魂女》各有支持者,僵持不下,但《喜宴》人气旺。后来评审们问张艺谋,如果两片并列会如何？张艺谋说:‘我相信所有中国人都会很高兴！’”

入围前的曲折

其实《喜宴》在1993年入围柏林影展,是王为杰(Norman Wang)*帮的忙。因为我前一年去参加柏林影展的“电影大观”,所以他们知道我,都会追踪,我拍《喜宴》时就来探过班。我们

---

*王为杰当时担任影片发行公司的公关人员,与柏林影展相熟。

1993年《喜宴》、《香魂女》同获柏林金熊奖，当晚两岸影人齐聚一堂同贺。导演张艺谋（后左三）、谢飞（后左二）、我（后左一）、制片人徐立功（前左一），及演员郎雄（前右一）、归亚蕾（后左四）、斯琴高娃（前右二）、巩俐（前右三）等人举杯同庆。

做完字幕，开始冲拷贝，冲到第二稿就找王为杰来看，他说柏林影展对同性恋题材很有兴趣，就推荐给影展单位看片。

台湾方面，徐立功为《喜宴》入围柏林影展也做了一番的部署，才顺利入围。

事情经过是这样的。徐立功看片后觉得不错，那时台湾“新闻局”正要办个活动，希望拿《喜宴》作为首映。

徐立功赶紧打电话给我：“片子先不要寄回来。”

徐立功一直有个观念，外国人会受到华人评论界的影响。因为那时华语片的风潮都跟随着艺术片的风格走，徐立功很怕人家用这个标准来评断我的电影，他觉得这会影响到选片。徐立功跟我说：“去请柏林影展的人在纽约看片后决定要不要。”结果柏林影展的选片人到纽约来看片后，《喜宴》顺利入围竞赛。

这时徐立功才让片子回台，请影评人看。

记得去柏林前我还回过台湾一趟，那时候就有人怀疑，为什么我的片子会进入竞赛，很有点不以为然。我不明白，就问台湾《中国时报》的记者好友陈宝旭，她说：“你以为你的片子多艺术，电影语言多新鲜啊！”

我才恍然大悟：“哦，是这样啊！”

其实柏林影展是一个商业与艺术并重的影展，比较多元化，不像戛纳那么着重艺术性，至于威尼斯影展则强调个人化。

入围，我当然很高兴，只是觉得有点对不起蔡明亮，因为他的《青少年哪吒》比较特殊，应该进强调纯艺术创意的“青年导演论坛”单元，但他进了“电影大观”。

因为柏林影展“电影大观”与“青年导演论坛”两个主办单位是死对头，“竞赛”和“电影大观”又是同一个主办单位，前一年《推手》参加了“电影大观”，接下来再晋一级，就是“竞赛”。“青年导演论坛”则找比较前卫、电影语言比较特殊的片子跟它打对台。

因为都是“中影”的片子，柏林影展“竞赛”项目的单位希望把强片都囊括到它的旗下，《喜宴》入围竞赛，《青少年哪吒》最好也放在“电影大观”，他们也没说非要怎么样，就是给你点压力，也要那部片子，有点配套交易的意思。对“中影”来讲，当然“竞赛”重要。

其实1993年的柏林影展，台湾电影大出风头，在三个单元都拔得头筹。《喜宴》得金熊奖，《青少年哪吒》是“电影大观”的最佳，“青年导演论坛”是赖声川的《暗恋桃花源》得，都是投票选出来的。那年台湾新人辈出，而且风格和侯孝贤、杨德昌完全不一样。

我一直觉得，电影天地那么大，能做出不一样的东西来，不也很好吗？

初拿金熊，既兴奋又茫然

两次夺得金熊奖，都是半夜在睡梦中被电话叫醒，都不是那种欢呼的场面，也都是评审会议一揭晓就打电话来。

第一次参加竞赛，虽然想得奖，但因为之前在台湾受到批评，我根本没去想，就是他们忙卖片，我接受访问，顺便玩，而且那时呼声最高的是斯派克·李的《黑潮——麦尔坎X》。

那天我正在旅馆睡觉，电话响了，当然没有心理准备，只听见那头徐立功粗重的喘气声："我们得金熊奖了，不过跟大陆的《香魂女》一起得！"

我说："这样啊！"就把电话挂上了。放下电话，心想要跟太太打个电话，她支持我这么多年，就拨电话回家，刚好美国时间是清晨五点多，太太被吵醒很不爽。

我说："我们拿金熊奖了！"

她说："哦！"

我说："跟大陆一起拿！"

她问："没有别国参加吗？"

我说："有，有。"就挂上了。

她就是这么酷，这么多年来，这些外在的东西对她好像没有一点影响。我挂上电话，又回去睡觉，也没多想什么。因为和台南家里一直联系不上，这个好消息，后来我就托太太打电话回家向爸妈报喜。

第一次我没有经验，大家都觉得是件大事，想着要怎么应付，该干哪些事。记者来访问，问我有什么感觉，还没什么感觉，就要讲。一想到要回台湾，我心里就有点紧张。那天早上，知道得奖，当大伙都在雀跃时，台湾《民生报》记者褚明仁看到我"发着呆，一根接一根地抽着烟，一脸茫然"。他觉得我很像《毕业生》的片尾，当压抑已久的达斯汀·霍夫曼轰轰烈烈地抢回新娘后，却一脸茫然地坐在车尾发呆。说实在，真有那种感觉，当时我心里想，往后的人生都要因此而改变了，真担心接踵而至的掌声、曝光与更大的压力，不知该如何面对。

当下我有些空白，真正有感觉是到颁奖时。

颁奖那天晚上，天仍下着雪。我来到会场，一下车，中外媒体，电视、平面，一拥而上，镁光灯、麦克风，全冲着我来。有位台湾“新闻局”驻外人员见到如此阵仗，一上来就把我身上的灰绿色破雪衣刷地一扒，然后把他自己身上的呢子大衣往我身上一披。之后我走红地毯、接着在会场门口的台子上接受德国国家电视台专访时，就多亏他这件大衣撑门面了。一个晚上，我都穿着他的大衣，我的雪衣他拿在手上也没穿。那晚天上下着大雪，好冻，他没件外衣，只穿着单薄的西装，我心里就一直记挂着这事。

说起来那件灰绿色雪衣还算有点历史。1992 年第一次带着《推手》参加柏林影展时，我就穿着它。

1993 年因《喜宴》再度来到柏林，我虽然准备了参加宴会的西装，不过外套还是这件已被我穿得走了样的雪衣。那晚下雪，我又不能穿着西装在雪里走，当然就罩上我这一百零一 * 件的外套。后来还被詹姆斯取笑说，那件走样的灰绿色雪衣简直是个“耻辱”。

那年柏林影展，大陆的《香魂女》和台湾的《喜宴》同拿金熊。典礼结束后，当晚大家一起办庆功宴，两岸的电影人与官员们欢聚一堂，共庆得奖。

接着回台湾，好像真是件大事。我不晓得侯孝贤那年拿金狮奖 ** 怎么样，那是第一次，我想更是大事。当然大家很兴奋，很光荣，

---

* 台湾惯用的表达，意指“唯一的”。

** 1989 年，侯孝贤导演以《悲情城市》获威尼斯影展金狮奖，此乃华语片导演首次获得此奖项，之后陆续有张艺谋导演、蔡明亮导演、李安导演、贾樟柯导演获此奖项。

这件灰绿色雪衣，1992、1993年都陪我去了柏林影展，曾经被詹姆斯称为「耻辱」。

1993年的柏林影展，台湾电影大出风头，在许多奖项都拔得头筹，我的那件破雪衣当场被剥了下来，换上呢子大衣接受访问。

是件好事。不过也有些评头论足的，让人觉得不是很舒服。电影人会想，这样会不会带起台湾电影新风潮，因为艺术片就是那个局面，《喜宴》有商业性，是不是可以做点什么。结果《喜宴》在台湾上映八周，票房冲上一亿两千万台币。全球票房达三千二百万美金，成本仅七十五万美金，成为1993年全世界投资报酬率第一的电影。

这些都是我拍片时完全没有预期到的，也没那种经验。当时我就觉得，得奖是可争的事实，卖座则是不争的事实。卖座，心里就踏实了。现在来看，其实也不尽然。卖座就好像你获得了比较多的选票，但也并不表示你就对。它的真正价值如何，还有待观察，不是卖座就一定是好事，虽然很多人都这么说，包括那时候的我。现在，我对影展有所保留，我对票房也有所保留。

再擒金熊，心中五味杂陈

第二次《理性与感性》拿金熊，也是半夜知道消息的。

《理性与感性》偏主流口味，拿金熊，可能更有人会不以为然，我就很不愿意去沾那种东西。片子拍成怎么样就怎么样了，其实那时我很怕参加竞赛，能躲就躲。我在家也没想，连开奖是哪天根本都忘了。那晚，我正在睡觉，半夜被电话吵醒，是哥伦比亚电影公司管国际卖片的主管邓肯·克拉克（Donken Clark）打来的。我拿起电话，也是先听到一个粗重的喘气声，跟徐立功一样，克拉克说："We got the Golden Bear。"我说我不去柏林，他就说找人去领奖。电话挂上，我又去睡了。

因为《理性与感性》是开幕片，开幕时我去做了两天宣传就走了。那时我说不要去竞赛，可是主办单位要这个片子，而且是开幕片，通常很少开幕片拿大奖的，又是隔了两个礼拜之后。从开幕到闭幕，要我待在柏林两周，或两周后再回去，我就不干。公司就临时请艾伦·里克曼（Alan Richman）帮忙去领奖。

经验告诉我，得奖不见得是好事。参赛很好，那是一种荣誉；不参赛也好，没有负担。我知道，除了第一座金熊奖改变我的电影生涯，其他的不管参不参赛，基本上去影展就是去做宣传，因为所有媒体都在那边，会很热闹，你就一竿子打尽，做一大票访问宣传，长痛不如短痛。

《理性与感性》再擒金熊，我因为不晓得是好是坏，就有一种掺杂的心情。知道得奖后，我想着该如何应对才得体，不像第一次，基本上是兴奋的。

如果是一个纯艺术片导演，除非是公认的名家出手，得奖与否常有决定性影响，对票房也有相当作用，所以他比较不会有忧喜参半的掺杂感。因为艺术片本来就不好卖，不得奖更不好卖。得奖，在台湾虽没多大的帮助，至少没有坏处。这是个名誉上的肯定，是个鼓励，下部片子筹资也会比较容易。久病床前无孝子，你再艺术，再喜欢，老不得奖，又一部部地赔，久了谁都会受不了。

得奖与卖座跟权力有关。做导演，没有权和钱，很难玩得起来。

不幸的是，电影跟其他艺术不一样，权力、钱跟社会资源，就是你的颜料、画布，是你的音符。

《喜宴》对我的开创性

《喜宴》对我的电影发展有决定性的影响，走出这条路，许多是因事制宜的结果。

最大的转折是《喜宴》开发出我的国际市场，这是以往没有的经验。因为卖埠全世界，所以我也开始跑各地，地毯式地做宣传。1993 年从柏林得奖后一路做到 1994 年奥斯卡入围外语片、参赛，整整跑了七个多月，行程均由各地发行公司安排。我也因此跟各地发行商及媒体开始建立起交情，之后持续经营，这些日后都成为我的人脉和钱脉。

刚出道时，我一听到要做宣传，就觉得头疼。旁边有经验的人就跟我说："这是投资，将来你会从这里拿回'利息'的。"果然，长年累月下来，就这样一点一滴地建立起我的各地关系。

从《喜宴》起，我摸出市场定位，在台湾及其他亚洲地区，我的电影走大众主流院线，到了欧美，就是艺术院线。

这个市场不但是我的财源，也让我能够保有创作上相当的自主性。因为片商知道还有其他的投资者，一来风险分散，二来没有一个大老板管，于是我得以保有创作上的自由。

也是从《喜宴》起，我开始和各地媒体建立起交情。

由于华语片少有明星，不是大发行网，所以宣传重点多放在导演。凡是对导演本身及电影、电影语言、文化背景有兴趣的媒体，才会来采访，而不是从电影明星和所谓的卖点（high concept）出发。

所以刚开始，我是以一种走透透的方式跑宣传。记得最后一次欧洲宣传的两周内，一个地方接一个地方，平均每天十五六个访问，从早到晚，都是硬邦邦的一对一，记者们轮番上阵，每半小时到一小时就换个人进来，中间只能趁便喝口水，午、晚两餐一个多小时，则和大媒体边吃边谈。就这样，一点一滴地透过媒体，我逐渐把自己、电影及想法介绍给观众。而观众对我有兴趣后会产生回馈，反过来再影响媒体对我产生兴趣。就这样滚几次，每有新片就重回当地宣传，广结善缘，逐步建立起观众和我之间的熟悉感及观众对我的期待性，形成草根性的群众基础。

除了拍片能力外，各地片商、媒体对我的支持，观众对我的熟悉与期待，这些因素共同形成了一个市场潜能，它虽然不像好莱坞那么大，但它是一种市场，是我的“腰杆子”。有了这个群众基础，我不会是光溜溜地去面对一个不可知的市场，或得听从老板的卖点去拍片。因为我自己已有基础，本身就是一个市场，所以比较能够照自己的模式拍片。这些，都源自于《喜宴》。

当华语片导演里几个人合起来，就会形成一个中国电影市场，我们都做同样的事，就可能造成中国热。

在这个过程里，我是渐进式的，规模自小而大。前四部电影来访问我的记者，都是因为喜欢电影，对我有兴趣，才来登记访问。当时我没名，人家没需要访问我，不像《卧虎藏龙》，不管喜不喜欢，都得来访问。所以当初结交的都是一些善缘，在我出苦力打局面

1994年纽约影展期间，由台湾「新闻局」做东，在纽约59街某高级中国餐馆设宴，请导演杨德昌（右一）、我（右二）、陈凯歌（右四）及影评人、媒体餐叙，席开三四桌。（张靓蓓摄）

时，一路走来所结下的情谊。

不过这些有时也会形成一种负担及钳制。因为观众对你产生了兴趣，也会形成既定的印象，你要不负所望。若循老路再深入延伸，所做的就是一种螺旋式的发展。当个人想做线性往前的发展，或做一种跳跃式的突变，而非渐进式的转变时，观众会觉得你背叛、抛弃了他们，你会遭遇到一些后坐力。当然有些观众会乐于跟着你一起转变，有些会觉得这种转变反而比较对味；但也有的认定你不管怎么变，还是一样，换汤不换药，你已是永世不得翻身。总之，各种情况都有。

但不管观众反应如何，每当转变时，你是正在解构一个你以往所建构成形的市场；当你在创作上进行冒险时，市场同时也在进行冒险；你得承受转变前的双重心理负担——创作是否成功，观众能否接受。

拍摄《饮食男女》、《冰风暴》、《与魔鬼共骑》及《卧虎藏龙》时，我都面临这样的状态。

而在做法及流程的实际操作上，每拍华语片，我都会碰到不同的新问题，如《喜宴》时出现的版权问题即是。以前台湾“新闻局”会将台湾电影印制成十六毫米的拷贝，巡回美国各地放映，宣慰海外华人。《喜宴》时台湾电影首度碰到版权的问题，因为该片在美国由塞缪尔—戈尔德温公司发行，该公司提出抗议，认为这是侵权行为。

此外，和好机器合作，合约该怎么签，片头、片尾、后期怎么个做法，将来片子到台湾要如何印片、套片，账要怎么收、怎么算等等，很多技术上及作业程序的问题，几乎一个片子创一套做法。中西双方开始沟通要如何实际作业。从《喜宴》到现在，我一直面对这类问题，都是第一个做，没有前例可循，只得新打模子。

Take Home Messages

我觉得《喜宴》是个好兆头，不论从它的名字或它的突破来看，都是。

在华语片里，《喜宴》可算是一个古典喜剧（classical comedy）、家庭剧，是结构非常完整的一出情境喜剧，也多少反映我们的政治生活状况，同时对同性恋普及的认同及家庭剧的形式，都有一个全面的接纳。我想，《喜宴》引发开始了许多东西。

不管喜不喜欢，就像《卧虎藏龙》已成为一个文化现象，《喜宴》也是。其实我是参与了一个文化现象，挑起了一个头，搅动出一个文化现象，但我并没有创造这个现象。

如今沉淀过后再看，唯一让我耿耿于怀的，就是我第一次听到“圆满结局”的说法，让我反省最多的也是这件事。

其实我当初并没这个意思。执导《理性与感性》时，我知道是受雇做出一个圆满的结局，至于要怎样做得让自己不太难为情，那是我的事。但天地良心，《喜宴》我真的不晓得是在做 happy ending，被人一讲，我才开始思考这个问题。其实这跟我的个性有关，它的结局不是“快乐”，而是一个对完整、完全的渴望，里面有着委曲求全的意味。你要“求全”，就一定要受些“委屈”，这也是我个性里的一部分。

现在我能够比较坦然，不再那么求全，只有在作品结构上要求有些完整性，要是没有也没什么，有时不需要那么委屈。

《喜宴》合理的结尾并非捏造出来的，如果我不这么做，对我来讲，反而是一种捏造。因为我真的觉得很多中国家庭就是这样过、这样解决问题。腐败到了头才会去革命，日子还能过，大部分的人也就这么安生地过下去了。这是我情愿发展的一个结果，不是为了要有个圆满结局，而去刻意安排把问题解决的结局。但受到教训后，我会比较警惕。

其实这也是个纯真丧失的过程。你被教训，怕了，然后做些修改，出来的结果看来好似更纯真，其实未必，这是靠技术及品味做成的，远不似当初的一厢情愿，认定了就是那个结局，那是天然的纯真。

但纯真丧失之后，再想回头，那也假气。曾经沧海难为水，只有诚实地面对自己的自然发展。所期待的，是观众也能陪伴你的成长；能盼望的，是繁华落尽见真淳的一刻！

饮食男女

EAT DRINK MAN WOMAN

《饮食男女》中无法沟通的父女，终于在一家人各奔东西后的再次重聚里，心灵相通，一切尽在不言中。（台湾「中影」提供）

恐惧鞭策我不断地求改进，因为没有比恐惧更强烈的感受了。能够持续不断地尝试，动力就在于不安全感。一旦有安全感，做成了惯性，我就会心生恐惧，怕被定型，怕江郎才尽，怕东西陈腐，怕被人摸清路数而遭淘汰。

而我更惶惑的是，在这样的挣扎过程里，不经意中流露出心底最隐私的秘密！对拍电影的人来说，这似乎是跳脱不了的宿命，越怕，越在乎，意识中不愿碰触的禁忌、黑暗、不安，在影像的流动里，静静地、自然地展现出潜意识里翻涌不息的无限心思。拍电影，你又如何能把自己收回，每天做那么多决定，拼命想法子把镜头做成呈现出来，无非是把自己当成"全燔祭"*的牺牲，呈现最赤裸的自我。

我平时很懒，不太进修，但一拍片精神就来了。我不是天纵英明的人，经常困而后学。我的创作方式也是属于反应式的，接触新题材，我会兴奋，也会有所恐惧，继而刺激想象。

就像被一股旋风吸入一个巨大黝黑的深洞里，在牵拉挤压、挣扎摸索中，一路寻找着黑暗尽头隐约闪烁的那一丝光明。只有在扩展改变到自己心里都没数的时候，主题、滋味又需要落叶归根地回到自来熟悉的世界中，很矛盾！

---

*来自《圣经》，专有名词，意指"给出全部所有而纯洁的献祭"。

推陈出新

《饮食男女》是我第一次拍不是自己写的剧本，也是我开始转变的第一步。因为《喜宴》回响热烈，我不敢重复，思变之心更强，家庭剧拍了两部“父子关系”，于是想拍“父女关系”。那时徐立功来纽约看我剪接《喜宴》，聊起他的电视连续剧《四千金》，因而兴起旧饭新炒的念头，以台北为背景，拍一个爸爸及四个女儿的恋爱故事，四个女儿从老处女到情窦初开的都有，鳏夫老爸束手无策十分尴尬。因为“性”是家庭的根源，家庭营造了合法的性关系，有了孩子，代代才能相传。但在中国家庭里，“性”是个禁忌，父母从来不和孩子讨论，鳏夫老爸更加难以启齿。

徐立功听了暗记在心，后来辅导金申请的截止期限将至，他看我没动静，就先找来王蕙玲写剧本。她下笔很快，十五天就完成初稿。拍电影，王蕙玲觉得三姊妹就够了。本来她构思父亲是个旗袍师傅，长年在女人身材上打转，后来考虑到电影感，改为“国厨”，这就是初稿的源起。

我在纽约看了初稿，觉得很有趣，1992 年底趁返台之便，约王蕙玲在台北紫藤庐谈剧本，一谈就是十二个小时。读剧本时，我马上演给她看，两人当场笑倒。我和王蕙玲极聊得来，两人的幽默感、品味相似，对戏剧的看法也相通。

长谈后，我们取得共识：这部电影是讲谎言和牺牲意识架构出来的一个食不知味的空虚人生。照王蕙玲的讲法是：“吃、饮食是台面上的东西，欲望、男女则是台面下的东西，台面下的东西永远不能拿到台面上来讨论，这也是主角荒谬行径的来源。”

王蕙玲的剧本很活泼，戏感丰富，但须做些调整，于是我和她一起重写，大幅修改。大女儿家珍不变；二女儿家倩从广告企划、服装设计师，到了定稿时，职业是航空公司经理；小女儿家宁则成了横刀夺爱的机灵女孩。至于老爸的恋爱，初稿时已经定案，是在台面下进行，同时用梁伯母来对比老爸“憋”的心情。

第二稿完成时，辅导金的一千万也拿到了。但剧本仍有问题，詹姆斯看到翻译剧本，从监制的角度提出看法。他点出两个关键，一是：“故事的重点在哪？”是他逼使我重新面对想逃却逃不掉的主题——孝顺与家，至此我才真正朝“父亲三部曲”的方向发展。再来是：“前两部电影都是小孩让父母失望，这部可以逆向发展，让父母令孩子失望。”因此，把重心放在二女儿与父亲之间爱恨交织的关系上，凸显二女儿的戏，有起伏，脉络才紧凑，一改前两稿三姊妹戏份平均的毛病。

此外，詹姆斯还贡献了一个绝佳的点子——让老爸的味觉从丧失到恢复，比喻父亲在情感上自压抑到解放的转折，从而紧扣住《饮食男女》的主题——食色，性也。

身为西方人及犹太人，詹姆斯具有转换时空坐标的功效，提出西方对台北的想象，令我们跳脱现实的束缚，如展现家倩身为航空公司经理的女强人本色时，以国际航线争夺战的攻防策略为对白，就比写实的华航报表来得亮眼。

当时我和詹姆斯去卢卡诺影展，两人常在湖边讨论，把剧情写在卡片上，像洗牌般地加以排列组合，理出情节。返美时，在机上再重新理出条理。詹姆斯加入时，剧本已译成英文，我把他的意见整理加入，再写回中文剧本。不久我回台展开前置作业，他想到点子就传真过来。

中国人是嘴上不讲但心里计较，犹太人则是心里计较的事情直接吵出来，其实人性都差不多。詹姆斯先用犹太人的方式写出来，我再转换成中国人的逻辑，这种合作很有趣。同时王蕙玲也写，由我居中协调。如台北当时流行的米兰·昆德拉（Milan Kundera），到了詹姆斯手里，就改成了陀思妥耶夫斯基（Fyodor Mikihailovich Dostoesky），这种文化上的品味习惯，没什么道理可讲，也无伤大雅。

1993 年 6 月，我带回第三稿，由王蕙玲再写一遍，但又不能太顺溜，要留下点坑洞才有真实感。

跨界的双重压力

《饮食男女》是我首次面临卖座与艺术的双重压力，拍《推手》、《喜宴》时没考虑那么多，《喜宴》之后才感觉到压力迫近。《喜宴》是影展及票房双赢，但正反声音都有，令我忧喜参半。在这种矛盾下去拍《饮食男女》，不但艺术上比较自觉，同时得兼顾东西方市场的压力。

《喜宴》开出红盘，各地高价收购我的片子，自此开拓出我的国际市场模式：在台湾及其他亚洲地区是大众主流市场，到了欧美就是艺术院线。尤其在亚洲地区的台湾、香港、日本、新加坡等地，女性中产阶级是我的主力观众群，一眼望去，大概占了百分之七十以上。但到了欧美，就男女观众各半。拍《饮食男女》时我开始顾虑这个市场，当时非英语片除了本地市场，要打入欧美只有进入艺术院线，所以我多加琢磨的就是世界艺术院线的口味。这个市场不同于北美主流市场，要是拍成好莱坞口味，你就没搞头了。

市场不是就一定得通俗，也不是好莱坞拍片才计算精准，我记得八十年代初费里尼在美国接受访问时曾说过："美国人以为我拍片可以不受管制，不需算计，以为我们艺术导演就像个美女，爱干什么就干什么。美国人相信欧洲人做这种事情，就让他们去相信好了……拍电影的算计，就得跟发射火箭一样的精准。"华语片有华语片的算法，只是跟好莱坞的算法不一样。那时华语片在海外刚好相反，一通俗就没市场，艺术片才有出路。虽然它的市场比较小，可还是条活路，所以就有身段放不下的问题。

打入西方艺术院线，片子一定要拿得出手。如果詹姆斯觉得这样做会闹笑话，我怕没面子，很难儿不嫌母丑，就有可能打肿脸充胖子，将弱点调整，尽量做到跟西片一样整齐。但是一调整，问题就可能暴露出来，多是以往没遇过的情况，没有人能教我怎么解决，我要去无中生有或借用西方的东西来补自己之不足。在中西混合的过程里，有提升的时候，也有水土不服的现象。从《饮食男女》起我开始面对这样的挣扎，有时做得也很痛苦，也不愿意，但没办法。

这是我第一次打破自己的惯性，也是我和王蕙玲、詹姆斯三人首度建立起合作模式，他俩一中一西、一女一男，我居间协调，虽然是在写一个我要创作的剧本。创作之初，我跟詹姆斯讨论过出手问题，都是两人的直觉反应。我们没做过市调，考虑的重点也不在票房，他也没说，这样拍，美国中南部观众可能会不喜欢或德国人可能吃不消。我开始考虑中西观众，什么东西现代人来看比较合理？电影怎么拍才比较醒目？对比于华语片过去的习惯，甚而陋习，要做到西方水准时，有哪些惯性得改？当我更改惯性时，就会出现一些问题。对我来说，导演、制片，我们这些电影工作者，不仅想拍好电影，追求电影的艺术绝对值或满足个人的想象；事实上，电影是有机的媒体，我们也在经营观众，在经营电影与社会之间的反应。

自从《喜宴》不自觉地被推入中西跨界的地带后，我就陷入前冲、后扯的激荡中，在两股拉力中挣扎浮沉。虽然在外抢码头、攻地盘，但家乡始终萦绕心头、割舍不下，自己家乡的反应对我有着极大的冲击，是一种后顾之忧。拍《饮食男女》时，我开始对西方艺术院线的口味产生兴趣，首度改变自己的惯性，在此同时也冲撞了本地观众的观赏习性。在台湾，虽然还是有很多人很喜欢这部片子，但我也第一次尝到被修理的滋味，这是以往没有的经验。《饮食男女》承续《喜宴》，在欧美艺术院线立稳脚步，但在台湾却首度出现热度消退、批评声起的状况，加上卖座不十分理想、金马奖全军覆没，让我开始思索：到底原因为何，问题出在哪里？

这条跨界中西、两面为难，艺术、票房都沾上边的电影路，成为我的挣扎，也成了我的活路，一切都是应势而生，机运加上我的性格、拍片路数，使我不得不然。

因为八九十年代起，台湾电影的本地市场逐渐萎缩，艺术片崛起，也兴起以艺术定高下之风。参加影展、拍艺术片成了华语片导演成名的必经之路，不管你的路数合不合适，都要去跑影展，参加竞赛，要有别于好莱坞的主流心性，这成了你天性中的一部分，你必须采取敌对的意识形态，在好莱坞之外另创一格。刚开始时我倒不懂那么多，反正不是美国人，就必须靠边站、跟人家同仇敌忾，只要到戛纳等影展都有这种味道，我不是那种路数，也跟人家在那边混。

好莱坞具有美国性，有着美国习惯，这是一个独特又统概世界的习惯。但好莱坞还有一种普遍化的通俗性，这是人性共通的习惯，不只是美国，只要是人，大致都有这种习惯。通俗性并不只是美国拥有，但如今好莱坞却取得了它的制作权与放映权。一来因为好莱坞拥有世界最大的发行网，所以它得以拍、也必须拍通俗性电影，以获取最大公约数的观众及回收其昂贵的成本；二来因为大家的放弃，因为要跟好莱坞有别，要和它敌对，于是放弃了通俗性，也自动放弃了通俗性电影的制作权，其实好莱坞原本只拥有通俗性电影的放映权。对我来讲，美国性和通俗性是混淆不清的。我在美国学电影，自美国拍独立制片起家，路数比较倾向通俗性电影，但又跟好莱坞保持距离。

《喜宴》在不自觉的情况下把我推入这条道上，从《饮食男女》起我开始跑出第一棒，现在回头看才明白，像我的跨界路数，就是要遭受这种困扰，但这也可以说是一种救赎，警惕我不致落入俗不可耐的地步。

做美国导演就比较没有这种摆荡于跨界间的困扰，但也就被定型在拍通俗片。我们还能有一点不输，华语片养成的抗好莱坞心性，是个提醒作用。我觉得自己还算幸运，不管在东、西方，路线大概是中间稍偏左，居然也有活路。《饮食男女》所浮现的中西冲突，到《卧虎藏龙》时翻上台面，它是延迟发作，因为《饮食男女》我正要面对后续问题时，刚好去拍西片，我开始去面对另一个问题：中国人拍西方文艺片。

多线性的结构

《饮食男女》是我首次尝试多线结构的片型，许多还欠学，所以最难堪。拍完《喜宴》从美国回来，当众表演导演是怎么一回事，跟台湾的制片体系合作，他们看我，我也看他们，经常搞得灰头土脸。

回想起来，拍摄《饮食男女》时，我是一头雾水，不知道片子出来会是个什么样，我抓不住它的滋味（taste）。每场戏拍什么都清楚，也知道有的戏还不错，但要怎么穿插、口味是什么，我闻不到。每部电影都有一种口味、一种味觉，寻找的就是那种感觉，靠的是这个来打动观众。

在“未知”的状况下，只有硬着头皮坚持下去。总觉得手上做的，好像又不是心里想的，总是不对味。《推手》、《喜宴》是小辈令长辈失望，这次是长辈令晚辈失望，这一点编剧时就知道，但怎么个失望、失望的滋味是什么，直到剪第二稿时方才慢慢体会过来，原来是“尴尬”和“位置互换”，这是我第一次注意到“位置互换”的作用。

片中母亲过世了，一个爸爸三个女儿都想取代妈妈的空位，但都不成功，就是这么个概念。结果是情理之中，意料之外。最讽刺的就是二女儿，她是扛起这部电影的人，二女儿其实是她妈妈的化身。刚开始时，只有她有性经验；到最后，她是唯一没有归宿及性伴侣的，最传统的反而是她，连老爸都跑掉了。我觉得，经常是家中最聪慧而叛逆的孩子，一眼看透家里的虚伪，却又在家庭面临解体时承担起一切，二女儿就是这样的角色。

我当时想拍“父女关系”，就是想拍父女无法沟通、彼此憋在心里的尴尬，其实父女关系也是一种男女关系，只不过是一种很尴尬的男女关系。在中国家庭里，爸爸就是要板张脸，摆出父亲的谱。这个家没了妈妈，父女之间也没话说，老爸每天早上叫女儿起床，得先探探头，就怕看到不该看的事，很多有趣又尴尬的情境。王蕙玲在这方面提供了很多素材。

头两部电影我拍父子关系，接着两部拍父女关系。《理性与感性》里，父亲过世，只剩下母亲带着三个女儿度日。十九世纪的英国，是个父权主导的时代，唯独儿子拥有财产继承权，几个女儿只能透过婚姻或罗曼史来争取社会地位，片中的成年女子从母亲到女儿，纷纷企图取代“父亲”的角色。这方面一如《饮食男女》，都是“位置互换”。《饮食男女》则是一父三女企图取代“母亲”的地位。有趣的是，三个女儿的罗曼史，也成为她们离家自立、找到自我的关键。父亲郎雄，在《饮食男女》里是位外强中干没用的父亲，面对女儿和乱糟糟的家，束手无策，当他离家出走、离开传统的定位后，方再度找回自我。

我一直对人间的聚散很有兴趣，片中的食物和饭桌只是个比喻，象征家庭的解构，天下无不散的筵席，但解构的目的是为了再结构。

《饮食男女》主要是女人戏，我学到，女人化妆需要比较多的时间；女人来看女性电影，很多是为了看女主角妆怎么化、衣服的款式及行为举止等。对女人的琐碎我其实很不耐烦，但为了做好工作，只好耐着性子弄。其实我的成长背景很大男人，《饮食男女》是我头一次以女性为主拍电影，我没有刻意把她们拍得很女儿气，而是把她们当成独立的人。我也不是对所有女性都感兴趣，我偏好强悍独立聪慧坚贞的女子，但会注意她们内心细致的变化及转折。

《饮食男女》和《理性与感性》两部片子拍下来，我才有机会琢磨拍女人电影的重点。

父亲形象

在我的“父亲三部曲”里，父亲一直由郎叔饰演，跟他合作很自然。以前我没有为谁设想过一个角色，都是剧本出来，看谁合适演，只有在《饮食男女》里我照着郎叔的型去设计戏。郎叔听我提第一句时脱口而出:“啊,父亲三部曲。”隔了一秒钟想到,不对,那这不就是最后一部了？脸就垮了下来:“都三部了！”

每年过年我都会打电话向他拜年问好,虽没黏在一起,但两人心里有数。

拍完《饮食男女》,我才意识到不知不觉中以“父亲形象”贯穿了这三部电影。

父亲影响我很大,直到今天,我们逢年过节回家,都还行磕头仪式。

我老家在江西德安,是个大户人家,德安最大的商行“李恒裕”就是祖父一手建立的。先祖——高祖及高祖父这两代曾是大财主,那时盖了栋五进的大宅院,清咸丰年间,石达开带部队路经德安,还在先祖家住过。

到了祖父李宾雁出生时,家道中落,所有产业几乎都卖光了。祖父十几岁就到九江去当学徒,老板很赏识他,说这孩子将来有出息,辛亥年他跟着姑曾祖父学做生意。

江西赣北一带湿度高,适宜种苎麻,乡下老百姓收成的苎麻、粮食,都由我们李家收购,运至九江,再转运到上海贩卖,回程时祖父就把省城的货品运回家乡来贩售。凡是老百姓所需的日用品,“李恒裕”一应俱全,包括青果、布匹、南北货等,老百姓到店里来买东西都是记账,等到苎麻、稻米收成时,再拿来还,这个生意稳赚。父亲出生那年爷爷发了大财,所以爷爷非常喜欢父亲,常说:“这个长子旺家！”

当年爷爷曾被地方县官绑起来罚一千三百块现大洋,所以他老人家下定决心送父亲进洋学堂，希望家中有人在朝为官，家族得以蔽荫。于是父亲进了江西一中，之后考上大厦大学，两年后抗战爆发，转至大后方进入南京干校就读。抗战胜利后返乡，二十八岁就当上江西崇仁县县长，后来调至教育部任主任秘书，内战时辗转来台，在基隆上岸当天，正是1950年6月25日朝鲜战争爆发日。

来台后，父亲先后在嘉义、屏东、台东、花莲出任教职，后来调到台南，担任台南二中、台南一中的校长。

在嘉义教书时，有人从大陆来台湾，带来家乡的消息，说是爷爷临终前托人带话给父亲："你在海外另起炉灶。"乍听消息，父亲伤心欲绝，起念想至台湾嘉义关仔岭的灵泉寺出家，后来被朋友劝阻。直到遇见老妈，结婚生子，才又有了希望。

可以想见，在这种情况下，身为长子的父亲，背负了多大的传统家族责任，而他对我这个长子，又寄予了多大的期望。在家里，他最钟爱的是我，打得最多的也是我。但我就不是那块料，看电影，精神就来了；一做功课，就精神萎靡。在南一中，他是校长，我却不成材，大学落第。我学戏剧、电影，他勉强接受，但心中老觉得闷气。那时候一有朋友与父亲谈起到美国念电影的我，气氛立刻变僵，只好赶快更换话题。虽然今非昔比，但在以前他始终希望我走比较正常的路，就是到大学教书或学而优则仕。当我以《喜宴》拿下金熊奖时，他还希望我改行，就像杨德昌得了奖，他妈妈还说："你今年几岁啦，拍了几部电影，可以找些正经事做啦！"

我爸爸那时也这样想，直到《理性与感性》拍完时，他还说：

对我来说，中国父亲是压力、责任感及自尊、荣誉的来源。《推手》中的儿子，对传承不知所措。《喜宴》的儿子是同性恋，冲淡传承意味。《饮食男女》里根本没儿子，都是女儿，传承已经走味了。（台湾「中影」提供）

“小安，等你拍到五十岁，应该可以得奥斯卡，到时候就退休去教书吧！”

所以我的电影里自然流露出父亲的影响。

对我来说，中国父亲是压力、责任感及自尊、荣誉的来源，是过去封建父系社会的一个文化代表，随同国民党来到台湾后，逐渐失去他的统御能力及原汁原味。从父执辈身上，我看到中原文化的传承在台湾、在我身上所产生的变化。一方面我以自我实现与之抗逆，另一方面我又因未能传承而深觉愧疚。这种矛盾的心情不仅是我对父亲的感受，也是我对国民党和中原文化在台湾产生质变的感受。

隔了一个海洋，文化传承发酵、质变。

所以《推手》中的儿子，对传承不知所措。

《喜宴》的儿子是同性恋，冲淡传承意味。

《饮食男女》里根本没儿子，都是女儿，传承已经走味了。

郎叔的父亲形象

我不会拍政治片，只有在家居人气里以性别关系做文章。父亲对我来讲，就是中原传统文化的一个代表。我的母亲比较依附父亲，母性是养育，你怎么快乐她怎么养育你，比较没有文化上的纠结，即使有，也是因为父亲的需要，至少我家如此。父亲是文化交流的一个支柱，是社会里的一个形象，在郎叔身上，我找到了这个形象的所有需求。我常说，郎叔的脸是五族共和，不论中国大江南北、两岸三地，哪个族群，甚至日韩新马，亚洲人、西方人看到郎叔的脸，都觉得他像中国父亲，很难分析，无论我挖掘表现他哪一个面向，都很中国，他就是中国父亲。他也不要做什么，但是中国五千年来的压力好像都扛在他身上，同时他的内在又自然流露出一种幽默感，很契合，就是形象与气质对味，又是极佳的演员。其实私下里，郎叔的话挺多的，打诨插科、天南地北、荤素不拘，和银幕上的父亲形象并不一样。

因为父母与教养的关系，间接的耳濡目染，使得我对中原文化产生了一份深浓的情愫。在“父亲三部曲”里，我将自己的经验与情愫，加上编剧，再通过郎叔，大家一起合作，把“父亲形象”给做出来。我将这股情怀总结在郎叔的父亲角色里。虽然这些情怀在快速变动的现代社会里，似乎已经随风而逝，但在我们的经验和记忆里，它还是一个很珍贵、很亲切的东西，它始终存在于我们的想象里。当我看到长辈们对现实不满的批评，本以为贴近现实的生活，已经磨光了他们的这份情愫。但其实不然，他们的情愫或许不同于我们，磨人的生活琐碎，使得他们在生活现实里难以彰显那份原味，但我想在他们心底，那份感情始终存在、生根。

也就是这份情，使得我和郎叔一起走过了这十年，我们的相知不在私谊，而在于对电影、对文化的共同情怀与执着。在这个共同的大爱里，我们一起分享、欣赏许多体验，它不仅联系起我和郎叔，也联系起许多人。

如今郎叔已逝，回想起我和郎叔的相遇，好像是一种宿命，也好像是一个使命。

我想，要不是遇到郎叔这张“五族共和”的父亲脸、遇上他这样气质的演员，我心目中的父亲形象也许表达不出来；郎叔要不是碰上我的电影，或许也演不出那股子味道来；同时若是没有观众的呼应，这一切也成不了事体。这是我跟他的一种缘分，也是他跟观众的一种缘分，而且这种缘分扩散到世界各地，有回响，有反应，它是一个超越地域的东西。

这十年来，在海内外常常有人来告诉我，经由前四部华语片*，提醒他们与已疏远的父母或儿女联络，甚或与辞世前已痴呆多日的父亲有了唯一的沟通，而这种联结起上下两代的感情，也正是我心头的源泉之一。我们面对的外在情势比较复杂，但人情其实是很单纯、很共通的，戏假情真，我想，透过做戏所触发的真情，方是联系起大家的主因吧！虽然这是我们与中原文化的联系，但在世界各地也同样地得到认同，它并不只是台湾外省人关起门来的一份感情寄托！

我觉得，不论是哪里人，每个地方的人都有各自的情怀。虽然族群相异，但人性、人情却有共通之处，只要触及人性的共通处，电影拍得好、故事说得动人、讲到心里去，都会感动人；只要表达的是真情，够具体，它就能超越种族、地域、国界，它就不是一种关起门来的感情。但要是拍不好，不论是谁，都无法令人感动。我们从事文艺工作的人所努力、要执着之处即在于情真，它不同于政治，两者均有着理想与热情，但艺文可能不像政治情况那样的

*指《推手》、《喜宴》、《饮食男女》、《卧虎藏龙》。联系起上下两代沟通的是古典中国的文化情怀，《卧》片里的文化情怀也正是。

分化与激化。

人情是很真实的，它是我们感情生活的一部分。人情也是流动的，事过境迁，人事全非，它就会随风而逝。郎叔的父亲形象具现了我对父执辈所感知的气味与情怀。我们现在做的话，后人还能看到一点东西；如果我们不做，下一代无从知晓，这份情愫可能就此消逝于风声尘埃之中！

拍片，给了我发言权。你不拍，大家就以为是现成的样子；你拍的话，人们在现成之上又多了一种选择。我觉得，人人都要珍惜自己的发言权，不要不吭气，让它随着大家的成事习惯或成见，就这样地过去。在影片里，我把自己所承袭的东西忠实地反映出来，一方面这是义务，一份传承的责任，对后代有所交代；另一方面这也是一种权利，是我的表达权，若我不争取、不表达、不发言，径自让它过去，将来的历史、大家脑海中的文化印象就又是另一回事了。我觉得，艺文工作者就是要把它反映出来，让世人看到人们真正的心声。

最后的祝福

处理“父亲形象”十分有助于我的创作与生活，随着一部部电影的完成，父亲压力的阴影从我的体系内逐渐涤除，对我来说，有着净化与救赎的功能。越往后拍，父亲的形象越弱。《推手》里的父亲最强势；《喜宴》里的父亲是位退休将军，最典型的父权象征，但他经常打瞌睡，甚而送医急救；到了《饮食男女》，家中无子，甚至安排把老爸给嫁出去，借由年轻貌美的妻子，老爸得以过正常人的生活，也恢复了味觉，找到生命中的第二春，这也算是我对中国“父亲形象”的最后祝福吧！

我生长在安定和乐的家庭，之后自己也成了家，看到双亲老去、孩子成长，使我心生许多人生无常的感触。

我认为，家庭是观察社会变迁的最佳缩影。几千年来，中国农业封建社会即以家庭为基本单元，而凝聚家族的力量则是孝道与社会阶级。百行孝为先，孝是最高也是最基本的道德标准，身为某人之子要比“你是谁”来得重要，家族大于个人。中国传统社会是以父权姓氏定于一尊为基础的伦理体系，无论君臣或父子关系，都是非常男性的。而今当“男性伦理”遇上“多元社会”的挑战时，该何以自处？

在我想象的《饮食男女》里，台湾社会正面临新旧交替的转型期，社会从封建、农业、一元化，开始迈入现代、民主、多元化，事事打破成规，个人、家庭、社会及政治价值进入一个脱序的状态，人们在改变的过程里，会出现罪恶感及不适应，这些都是我的切身经验。透过郎叔在“父亲三部曲”里的角色发展，隔着太平洋，我从另一个角度来审视这份深入我血液里、仍不时魂萦梦系、牵动我心的乡愁！

移植独立制片

我到英国拍片，用英国班底；在美国拍就用美国班底；拍《卧虎藏龙》时，用的是香港班底和两岸三地的工作人员，再不够，就从美国调。总之，我混用适合当地及我的方法，拍我想拍的电影。

这种制片方式，也是慢慢摸索出来的，自《饮食男女》后定型，我可以到任何地方去拍片，之后回纽约做后制剪接，詹姆斯负责监督剧本，以便通过国际检验。这种中西合作的模式，使我无形中受到美国想法的影响。

拍《饮食男女》时，我企图将纽约独立制片的模式引进台湾，由于独立制片某些方面尚不及台湾电影成熟，所以想截长补短，加以融合。结果是各退一步，彼此迁就，真是一次痛苦的经验。

做华语片，就得有那份磨功，得有毅力，能熬，眼看没办法了，死磨活磨的，它又活过来了，也没人搞得清楚是怎么弄活的。事后想想，要是老美来做，同样的办法还真行不通。拍《饮食男女》时我不知是怎么熬过来的，一天起码工作十六到十八个钟头。工作完就睡，睡起来又拍，没日没夜地做。那时“中影”帮我租了间公寓，在台北市和平东路和新生南路附近，跟负责录音及场记的两个老美同住。两人每天收工后还跟我抱怨两个钟头，他们不会中文，其他工作人员也不肯讲英文，彼此不沟通，仅靠我居中翻译。两个老美一横一竖，恰似一座十字架，要我扛着走，好痛苦。

我那趟经历的是，台湾的拍片习惯比起老美来是不组织，工作人员听导演的指令办事，不会越权自行预做准备，没有纸上作业这一套，大抵是“兵来将挡，水来土掩”，属于应付式的。做到一半，遭遇困难，我们来应付；在解决的过程中，碰上新的麻烦，再去应付。或许在应付的过程中，又产生更佳的灵感。并非事先计划妥当，执行这个时，同时计划下一个。全是做一样看一样，很被动，靠人情办事，整个大环境充满着不可预测性。美国独立制片则着重事前的规划、组织，重视效率。因为纸上计划是不花钱的，而且美国社会可以让你计划，照计划做，八九不离十。

在美国，制片的主控权较大。导演做艺术创作，在做法上，制片会给予许多建议，独立制片如此，大制作更是如此。你最好服从制度，拍片要按进度来，不然难成事。要成大事，小处就得做些牺牲，不能靠情绪任意行事。台湾的制片是剧务，监制就是老板，只管投资，制片不敢告知导演如何规划，也没这个能力，所以就任由导演拍。

另一方面，在磨戏时，台湾制片很尊重导演，因为好戏是要磨出来的。美国独立制片拍的片子比较粗糙，他讲求效率，但没给你足够的时间磨戏。这个镜头若只给你十五分钟，时间一到，他会问你，你要继续磨蹭这场戏，还是要删掉下面几个镜头。若延长拍摄时间，得增加人员、工资、器材的花费，得考虑现实状况，时间上压迫感很大。拍片时，时间就是金钱。所以独立制片很难做出精致度，整体来讲，导演梦想的几个精致画面让你拍到，一般镜头都是赶拍的。但在台湾拍《饮食男女》，“中影”的器材、人员，不会时间一到就走人，他给你充裕的时间磨戏，磨到导演满意为止，比较有人情味。所以这部戏我磨得比前两部满意，镜头也比较讲究，这也是台湾制片及工作人员给我的机会。

踢门风波

在现场，我胆子小，不喜欢骂人；对人发脾气，我自己伤得更深，当然还是有受不了爆发的时候。

平常不发飙，当你稍稍坚持时就有效果。我觉得导演最重要的是把话讲清楚，跟人吼不是我的个性。

一般我生气，不是为维护面子，也不是因为事情没做好，由于有时我要求高、找麻烦，可能真的没法做到。我发火，大都是因为有人不用心，当大伙都付出很多，如果因为一个人的被动、不用心而影响到整体成绩时，这时候你不说他，会对不起别人的。

《饮食男女》最后那场戏，我终于忍不住发飙。拍摄最后那句台词时，吴倩莲愈紧张愈吃螺丝。那场戏林慧懿设计的三丝汤还不错，把三丝扣在杯子里，然后把汤浇上去，杯子再拿起来，一个汤匙下去，散了。这时吴倩莲要说话。桌上有七八道菜同时在冒烟，大概花四十五分钟才能使七八道菜同时冒烟。结果吴倩莲连吃了三次螺丝，拍第四次时，林慧懿说："三丝我只准备了六份，我想六杯应该够了。"没想到拍到第六遍，还是不行。

我大吼一声，冲出去踢门，就为这个。

我一发脾气，全场气氛丕变。

林慧懿忙说："你不要生气，我马上做。"她连忙又做了三份，半夜三更，店都打烊了，材料也不够。

场务黑龙忙问："导演，要不要我去买烟给你消气？"

我说："不要，我要槟榔。"

"好，马上给你买。"他很来劲地跑出去。

发过脾气后，突然之间，全场气都顺了。台湾片场有时好似台风将至，弥漫着一股郁结溽躁之气，非刮阵台风气才顺得过来，真是一种很奇怪的拍摄文化，我是这次才知道的。

这和《饮食男女》片中三个女儿离家、老爸宣布婚事的突然，异曲同工。有人说突兀，其实我要找的就是中国人的节奏——压抑到一个程度，然后突然间爆发，之后，大家再重新找寻新的平衡点。

对标准国语的反抗

《饮食男女》里最令人难忘的还是归亚蕾的演出，她那口湖南话可真传神。归亚蕾的母亲是湖南人，但家里讲的是湖北话，为了练好湖南话，她特别请姨父从苗栗北上，连同邻居的湖南乡亲，一共四个人帮她录下湖南腔的台词，她再照着苦练了两个月。“开动”念成“开邓”，“这是”说成“割是”，“孩子”成了“细伢子”……令人印象深刻。

我喜欢在电影里使用乡音，这跟我的成长环境有关，也和片子的需要有关。从小我就住在外省人的圈子里，生活里就是各地方言、各省口音组成的混声大合唱，当然包括闽南语。方言是日积月累的语言精华，有时候比国语还精彩传神，充满了趣味性，华人世界本如此，语言混杂是我们生活现实的反映，加入各地语言，对我来说是件很自然的事。《饮食男女》里，有湖南话、国语、闽南语、英文。《喜宴》里有英文、上海话、普通话、台湾腔。《推手》里有北京腔（王莱、郎雄），也有年轻一代的华语（儿子），有英文（洋媳妇），还有混血小孙子吉米（李涵）的中英文双语。既写实，又好玩，为什么不做？

归亚蕾勤练湖南话在片中更彰显了她的个性，恰与郎雄的憨成为强烈对比。（台湾「中影」提供）

人人一口标准国语，在现实生活里根本少之又少，写实地表达出语言的真实状况，也是我对标准国语的一种反抗。

语言的重要功能之一，即传情达意。当演员舍弃夸张性的演出时，戏很多依附在对白、声音及腔调上，除了对白达意外，声音及腔调则负载了演员很多的本质及个性，成了传达多层意义及心态的主要媒介。所以要我舍弃原音，换上旁人的声音，讲标准国语，那是假上加假——声音的假，加上腔调的假。配了音的标准国语，是声音、腔调都走味，对我来说，比听有口音的、变腔调的华语还要难过。腔调、口音不标准，至少还能直接感觉到人的声音及腔调的本质，为此我难以割舍杨紫琼，我知道她发音及腔调都有问题，但我还是要，连北京的配音老师傅都说，拜托你不要换，听她本人说，真的比较感动。拍《饮食男女》时，我也花了许多功夫盯演员的咬字及发音，整天和他们琢磨注音符号。我这才发现，年轻一辈演员普遍有着口齿不清的毛病，说话时好像嘴里含着颗卤蛋，不过在腔调上还算清顺，所以《饮食男女》的语言问题不如《卧虎藏龙》来得严重。

《饮食男女》是我第一次碰到对白的语言问题，《推手》、《喜宴》都是照过去的习惯做，没问题。拍摄《饮食男女》时，为了拿得出手，詹姆斯改动了许多对白，用词、遣字及语法上有所不同，语言问题随之浮现。以往我们的电影对白多承袭话剧传统，但用在塑造现代中产阶级的电影角色时就出现问题，有时太八股，有时不够用，有时又太肉麻，比起西方戏剧语言的成熟传统，更显得我们戏剧语言的缺乏。所以我开始借用西方对白来补我们的不足，结果又出现中西混血后的尴尬，西方人接受，有的地方有些台湾观众却不适应，我也不知道该怎么办。

现在很多台湾电影基本上对语言问题予以回避，但回避语言就不易成为主流，多成为导演主观地从单方面观察点去看事物，电影虽也可以呈现多视角，但每个视角均为导演的视角，而不是从角色出发的视角，除非观众自愿进入导演的世界。但要接触更大层面的观众群，电影就得跟着角色走。

我觉得语言是一种很值得去表现的电影工具，虽自错误跌撞中走过，但我始终不愿回避，至今仍在摸索中，也许有点傻气吧！

Take Home Messages

经过几年的沉淀，我的电影里最常被提到的就是《饮食男女》与《冰风暴》，说是印象最深刻。

有人说喜欢《冰风暴》，我比较知道原因，可是《饮食男女》我不很清楚，为什么对很多人来说，它是那么动人！

这两部片子都是我比较不熟悉的，摸索着做，拍的时候没什么把握，剪接时最为困难。《与魔鬼共骑》的困难是在于怎么剪短，但没有转换的问题，可是这两部都是拼凑式、立体式的。

比起《冰风暴》，《饮食男女》在制作上的缺点比较多，以我个人来看，有些我喜欢，有些我觉得别扭。拍的时候，有时我真的不晓得自己在干什么，我知道哪场戏好，但整个片子的味道是什么，以及它后来会有那股劲道，事隔多年，还有人来跟我说喜欢，这些都是我未曾料到的。记得 1997 年因《冰风暴》到夏威夷影展时，有个人来跟我说："就是想来跟你说一声，我爸爸去世前，病得有一年多没跟家人讲话，可是临走前，我们陪他看《饮食男女》录影带，他唯一跟我们开口沟通，就是讲这部片子。"那人只是告诉我有这事，我也很迷惑。

因为父女关系对我是很陌生的，我爸爸甚少跟我姐姐交流，我太太很强壮，我也没有女儿，"父女关系"是我最不了解的。而且我离开台湾十几年，返台去拍一个我想象中的家，那栋日式房子的格局还是我自创的，日本房子也没那种格局，是打通了做出我要的格局。后劲这么强，我也不清楚原因，而且是海外的回响很多，包括大陆、香港及世界其他地区，我也不晓得为什么，对我来说，这始终是个谜。

许多人喜欢最后一幕，当初还被詹姆斯说是失败的一场戏，他问我："你可不可以飞回去再重拍？"我说："那要多少钱！"最后一幕是很准确地照我想要的去拍的，我整个电影就是为了最后一幕——从家里的破败感伤到亲情流露。

《饮食男女》曾在台湾被修理，这是我第一次在台湾受到如此严厉的批评，金马奖不但全军覆没，连观众票选奖都没有。我在想，这个讯息是什么？心里很有些不安。

当时有些批评说我不懂现代台北，片中呈现的是七十年代、我去美国前的台北。也许当时台北有更酷的流行我不晓得，但前卫的东西是大多数中产市民所认同的品味吗？我要做的并不是边缘人的品味啊!

台湾的票房也不出色，当然与上片时第一个周末刮台风多少有关；加上片子较长、调性比较忧郁，我宣传时也没有回避调性忧郁的话题，心想《饮食男女》总是在《喜宴》之后，戛纳也很轰动，“中影”就安心地选在暑假上片，或许档期不该选在暑假，我也不知道真正的原因。总之我在台湾宣传做完，上飞机去东南亚巡回宣传，一听票房头三天起不来，就冷掉了。我离开亚洲时还不到四千万，最后台北票房五千万台币，跟《喜宴》的一亿两千万有着一大段的差距。

金马奖时我回来，先是去“中时晚报电影奖”领特别奖，我还带着全部演员一起去，也没多想。后来是朋友给我看评审过程，我才知道被修理得那么惨。虽然知道该奖的评审品味很固定，可是被这样修理，心里总是会难过，金马奖又全部杠龟，都是一两天之内发生的事，所以我印象深刻。

经过沉淀后，现在回头再看，我想，很多看过的观众还是接受，是善意的喜欢。通常我对赞美不太怎么想，但一百人里有一个反对意见，就会上心，这是我需要调整的地方。批评是一种进步的驱策动力，尽了力，其他的，就尽量持平、以平常心来对应吧，下次再努力!

理性与感性

SENSE AND SENSIBILITY

头一次拍大联盟的电影

我第一次和大联盟（Major League，美国好莱坞片厂）合作，是拍《理性与感性》，由哥伦比亚电影公司发行。说起来也是命运安排，那时候我正想着："拍了三部华语片，拍一部西片来试试！"一心想拍的是《冰风暴》。

我做《喜宴》后期时，看到《冰风暴》的小说；去台湾为《饮食男女》做宣传时，看到《卧虎藏龙》的小说。当时心想，《饮食男女》大概花了一百五十万美金，如果拍《冰风暴》，预算在四百万至八百万美金，就是介于好莱坞与小独立制片之间的预算。

《冰风暴》比较艺术，我对好莱坞生产线上的制作模式还是没办法认同，虽然我喜欢拍大众化的电影，但太俗的东西我还是不想拍。同时也不知道我们小规模的制片，能否掌握好莱坞的制作，所以有些计划也不敢接。

当时只打算自己筹款来拍《冰风暴》。但《冰风暴》的剧本尚未动笔，《理性与感性》就找上门来，我也不晓得该不该接，搁了两个礼拜。

刚接到剧本时，我一看见简·奥斯汀（Jane Austen）的名字，心想："这些人的脑袋是不是短路了？"奇怪怎么会找上我？现在当然不足为奇了，如今什么片子都敢接。

这类英国片充满了敬礼、握手、谁介绍谁的礼貌仪态，大概不是什么热门片，所以找外国人试试。剧本看到一半，随即进入状况，其实我前面拍的几部片子就是有关理性与感性之间的挣扎，这两个元素正是生活底层的暗流，就像“阴阳”与“饮食男女”，只是过去没法如简·奥斯汀一般，一针扎得那么透彻，这种笔触我很熟悉了，至此才比较了解为什么找上我。

我以为监制林赛·多兰（Lindsay Doran）是看了《饮食男女》才找我，当时该片正在上映，我至各国宣传。因为《饮食男女》里有句对白和《理性与感性》一模一样，即两姊妹争吵时说的：“What do you know about my heart？”在《饮食男女》里，二姐对大姐也说过：“那你对我的心又了解多少？”两部片子都讲姊妹，又都是女人戏，结果她是找了我之后才看的《饮食男女》。

之前监制林赛也曾找过英国导演，但大家没多大兴趣，从小看到大，其实蛮烦的。于是动脑筋找外国导演，我之外，还找了德国导演等。

据说，我是唯一跟她讲简·奥斯汀幽默感的导演，大概很中听，我又开了一张空头支票：“我要让这部电影重重地击碎人心，他们得花上两个月才能痊愈！”她居然信了我的话。其实面谈后我还拿不定主意要不要接，因为我还是希望《冰风暴》是我拍的第一部西片，当时觉得《冰风暴》应该是我踏入大制作前的中间步骤，现在来看，那时的想法是比较拘谨了点。

决定接拍《理性与感性》似乎是命运的安排，也是好玩。有一天，我和詹姆斯去看一部好莱坞电影，觉得实在是部大烂片，片名我都忘了，心想：“干！那些人都能拍大制作，我们为什么不能？！”走在纽约街头，当下决定：“好好好，接了！”

于是我和哥伦比亚电影公司主管该片的加雷思·威根（Gareth Wigan）见面，谈过之后很高兴，就接了。下一步则是和埃玛·汤普森（Emma Thompson）见个面，公司还是会尊重她的意见，她是明星，又是编剧，跟她谈过后都还顺利。

虽然《理性与感性》由哥伦比亚投资，但全片在英国拍摄，不在好莱坞，这也是我接拍的重要因素之一，因为我对好莱坞生产线式的拍片方式仍有抗拒。《理性与感性》预算为一千五百五十万美金，成本并不高，但它的思路及运作方式属大联盟系统。其实我当时的定位是介于好莱坞与艺术电影的中间路线，这是生态衍生出的心态，此乃我的电影属性使然。就像我住家选择纽约郊区，不像詹姆斯平常住城里，还有栋乡村小屋，人两头跑。我和城市及好莱坞的关系是，有关系但又保持距离。套句台湾的流行语就是，有点黏又不太黏的程度，属中庸之道吧！

在英国拍片，整个环境蛮舒服的。当然，第一次拍大联盟的片子，第一次跟明星合作，又是简·奥斯汀的文学作品，自然有些挑战需要克服，心情是既兴奋又沉重。

也就因为是简·奥斯汀的作品，大家都想拍好片，为艺术品质而来，不是纯粹来赚钱的，所以向心力很强。

埃玛经验

埃玛，是大明星，又是编剧，无形的影响力很大，最易成为导演的梦魇，但她还蛮支持的，只要构思好都讲得通。她是很典型的英国人，很世故，又很完美，包括她的不完美、叛逆、不拘、调皮、率真、骂人，都是完美得无懈可击。上至英国王储，下至打杂小工，她无不应对得得体周全。人品、学识、见解，好到你无话可说。我碰到其他人，演员就是演员，从无一人给过我这么大的压力，好累啊！当时真会恨得我牙痒痒的。

拍片时，我们虽交情甚笃，可是彼此仍处于一种潜伏的紧绷状态中。我是导演，她是英国的女王蜂，当令得时的好演员，剧本又出自她手，态势自然不同。拍电影，我当然用电影的做法，但电影还是讲内容，内容又是英国戏剧与文学，英国文学语言方面我当然比不过她，而且我接手时，她下笔琢磨这个剧本已有四年的工夫了。这是我第一次受雇做佣兵导演（也是唯一的一次），又是另一种文化的代表作品，开始时觉得凡事落后众人三十年，于是许多有关英国的东西都从埃玛那里学起，或察言观色，或直接学习，但她讲的事情我会过滤。语言则完全仰仗她，譬如发音的准确度。

刚开始时，在做法、细节上彼此意见有时相左，我对英国的东西不熟，很容易被唬住，于是开始学习。詹姆斯帮我收集那个时期的文学、艺术、思想等相关资料，使我开始对那个时代有所认识，从而对 sense 及 sensibility 的词意也有了更多的体悟，当时浪漫主义刚刚抬头，sensibility 这个字还是从 sense 衍化而来的。

中文译名为《理性与感性》非我本意，因为太过表面。我觉得严格来讲，应该翻成《知性与感性》，知性包括感性，它并非只限于一个理性、一个感性的截然二分，而是知性里面感性的讨论。所以戏自然落到埃玛身上，理性的姐姐得到一个最浪漫的结局，妹妹则对感性有了理性的认知，它之所以动人原因在此，并非姐姐理性、妹妹感性的比较，或谁是谁非。人是一个有机的整体，十分的复杂微妙，这与中国的“阴阳”相通，每样东西都有个双面性，其实许多西方人还不见得容易体会到简·奥斯汀的两面性，反倒是中国人较易一点就通。这个观念与中国的“阴阳”结合，对我之后拍摄《卧虎藏龙》及构思《绿巨人浩克》都有影响。

此外，艺术指导（production designer）卢恰娜·阿里吉（Luciana Arrighi）是位英国女士，她带我到美术馆去观赏那个时期的绘画，了解当时人的体态模样与时兴的东西，看风景画，了解当时的文学派别等等，就这样一点一滴地从实务上学习。我只是学个大概，知道那个味道，慢慢地在工作上可以上道了。

对态度的掌握亦然。他们虽学自剧场，但不见得都对，我便逐渐逐项地去找各种专家学习。还好当时《饮食男女》在英国上演，影评很好，作为一个电影导演，大家还蛮肯定的。

后来我就从演戏和编剧两方面跟埃玛过招并沟通学习。她熟门熟路，英国是她的地盘，《理性与感性》又是英国文学，我则是单枪匹马地到英国团队里去当领导，只有林赛是美国人，詹姆斯偶尔也会来一阵子。

片子拍完办杀青酒时，我投下美金一万二，在中国城席开几十桌宴请所有工作人员。很感动的是，席间所有演员上台，唱了一首李安歌，讲我拍片的种种，很好玩，原来他们事先秘密排练好，歌词是由休·劳里（Hugh Laurie）编写。

跟埃玛合作是个很特别的经验，在我第一次执导西片时，碰到这样一个既聪明又有才气的患难之交，直到现在我们交情仍不断增进，一来我之后拍的片子她都很欣赏，二来她经历结婚生子，我觉得她对人生的看法也舒坦柔和了许多。她的话里我印象最深刻的一句是："人面对痛苦要深怀敬意，并向其学习。"在此我想说，I love her dearly。之后我们再见面，拍片期间的潜在张力已然消失，而亲切的知己感油然发自内心。

一步一脚印

拍这部片子时，我是一直在"挣"我的权威，从头开始，一步一脚印地建立起我拍西片的本钱。

开拍第一天就是凯特·温斯莱特（Kate Winslet）面对母亲的一大段独白，大家都拿着耳机在隔壁房间听我怎么导戏，压力好大。第一天毛片送回来，一看，都说很漂亮，情况才逐渐好转，可是还在观望，一个台湾导演来导简·奥斯汀。刚拍时，一切静悄悄的，充满悬疑的气氛。

后来詹姆斯在现场搞气氛，帮我吹嘘，看我不讲话，他就跟演

这是艺术指导卢恰娜·阿里吉所绘现场气氛图，送给我当礼物。她也带我到美术馆去观赏那个时期的绘画，了解当时人们的体态模样及时兴的事物。

员说："他是莫测高深，就像禅师，虽不讲话，可是无所不在。"然后又跟片厂说："这些问题他都可以解决。"

这样折腾了一个月，才逐渐上轨道。

我拍片时胃口很大，什么都想尝试。监制林赛是企划出身，这是她艺术上的 baby，我一说好话，她就心软。加上制片经理以前做独立小片，没有大制作的经验，要什么都给我，到后来无法控制，真要拿主意时，就成了詹姆斯出面。英国人不喜欢美国人管，但又怕他，所以真给他搞定了不少事。这之前詹姆斯在制片上也是半瓶醋，与特德组成好机器，特德搞实务，他则是在外吹嘘做公关，帮我改剧本，现在假制片要搞真制片，他也很心虚。但他很聪明，半混半学半唬地做完这部片子，也落实了制片经验。本来他跟我去英国时，没名没分地打混，好像是我的跟班兼代言人，片子完成后，他赚到一个执行制片的名衔。

这期间，西德尼·波拉克（Sydney Pollack）也力挺我，他是《走出非洲》（Out of Africa）等片的导演，海市蜃楼电影公司（Mirage Enterprises）的老板，这个小组的教父，权力很大，一切争论到他那里决议。这个案子是他发展出来的，他不导，我再导，他一直很支持我。

如埃玛和休·格兰特（Hugh Grant）在书房里的道别戏，我原先只拍了远景，摄影师及演员都有意见，因为以往用远景处理这场戏在片厂是通不过的。摄影师说："该拍特写，这是规矩，我要做好我的工作。"所以特写也拍了，到剪接时我没用，片厂有意见。这时西德尼讲话了："你看这个多好啊，画面静止不动，整个压抑的气氛就出来了。有多少美国演员有这等功力能够镇住整个画面？这是两个很好的英国演员，为什么不让他们来展现这份功力？！”争论才就此打住。

拍《理性与感性》时，因为语言不是强项，我开始注意画面。某些段落，我会把自己抽离到剧本之外，使用大远景来表现当代《理性与感性》的元素及精神，如凯特走上山坡的那场戏，就是运用中国艺术里寓情于景的原则，把人放到画面里，和大自然之间产生呼应。

执导西片后，反而让我第一次自觉到自己是东方导演。虽然在细节血肉上，我要尽量模仿学习西方，做到标准，但在眼光与情感表达时，我开始比较自觉。如果又和西方一样，不但拼不过，也无新意，要能够取胜，就得发挥我们的长处。所以我开始注意如何运用影像、情景，去反映角色的内心风景。

第一天拍休·格兰特与埃玛的定情戏，我取远景而舍惯例的特写镜头，就是要以景寓情。但休则急了，当他对爱人初次表白，表演大段幽默独白的定情戏，我不拍他脸，却照后面的羊和夕阳，剥夺了他的表现机会。我们是出发点不同，我觉得他的对白应该与风景对应。除了中国的寓情于景外，我从学习过程中知道，简·奥斯汀时代的理性与感性和景观（landscape）设计有着密切的关联，景观即是人类以人工手法将自然带入人生的具象呈现。那个时代大都会刚刚兴起，工业革命正启动巨轮，浪漫主义萌芽，所以出现理性与感性的辩证。这类辩证对人们的影响是从内而外，不只在于精神层面，也呈现在生活环境当中。对我来讲，这些当然比演员讲个笑话重要得多。

其实以前我拍华语片也不是这样拍，就因为要拿自己的长处跟人家拼，才如此跟他过不去。当时我虽直觉地这样拍，但却说不出一套英文的道理来解释为何这么做，人家不知我在干吗，所以会担心。

不过摄影师说的也有道理，我之前拍独立制片及华语片，他们一方面要保护我，一方面也是他们的信誉。要照好的成规做，包括镜头要拍得漂亮，不要乱动，涵盖面要够，正面的脸要拍到，光源、角度要达到一定的水准等等，他才肯拍。他比你懂电影规则，道行比你高，真的输他。他们天天搞这些规则，导演都没这样，他说："用不用在你，但我得提点到。"对我来说，这样比较死板。不过后来发现，有些独立制片的拍法也真的跟这种片子格格不入，相较之下，显得不够稳重，当然导演要故意玩帅又是另一回事。

先瓜分再蚕食

这也是我第一次和明星合作，首度面对好莱坞片厂。

一开始，演员们频频提问题，真不知哪来那么多问题！他们的舞台经验都十分丰富，意见一大堆，有时问题很尖锐，答不出来很糗。我那时候经验还没这么多，而他们又不像中国演员，我怎么说他们就怎么做。

除了演员意见多外，摄影组的意见也不少，所以不仅跟演员斗，还要跟摄影斗。譬如在现场，演员提出意见，经过反复仔细的讨论，排出区位来后，还要再去搞定摄影组。因为演员的位置一动，整个戏的走位、镜头都乱了，根本不是原先所设想的，得伤脑筋去改。于是和摄影组商量：这样做不做得通，光够不够漂亮，区位有没有问题，基本的涵盖面够不够；演员一走位，每跑一个位置，眼线两边都要照顾到；演员又站又坐，得考虑不同的尺寸与高度……就很费事。一两个演员也就罢了，英国戏有时一间屋里挤了五、六、七、八个演员，叽叽喳喳，左顾右盼，忽站忽坐，一乱跑起来，头都给想炸了。后来在英国的首映典礼上，查理王子问我如何让英国演员守规矩："How did you keep English actors in order？"我还很假仙*地客气："他们很好，没问题……哈哈……"

至此我深刻地体验到，拍电影，一定要把它归纳到可以处理的（manageable）范围内，才有机会拍好。拍电影，不光是拍完，而是要拍好。当你东想西想时，就没时间去做好它。想得再好做不好，也是白想。至于怎样才可能拍好，就是要将素材加以处理。先将之瓜分，才能蚕食。即先区隔到你能够处理的尺度，再加以细致经营。

对我个人来说，是学得一个极宝贵的经验。

因为他们挑战到我无话可说，他们也没讲错，只是当下我拿不出更好的办法，于是方寸大乱。导演一乱就很糟糕，你冷汗直流，但拿不出主意，很难看的，纪律会乱，时间如金钱，一分一秒地过

*闽南语发音，意为"假装"或"假惺惺"。

去。当时就很像我大学联考考数学时的感受，脑筋一片空白。

经过那次痛苦的经历后，我比较知道要事先预防，避免陷入绝境。临到那一步之前，先想好解决之道，要怎么避开，或前三四步时，就先有所警觉开始动脑筋，免得积重难返。

我觉得当导演面对拍摄，第一件要想的事，就是先归纳，别乱掉，然后各个击破。不管演员有多少，四五人或一两百人的舞会场面；摄影机有几台，是否动用轨道或升降台；你先分做两半，两半再分为四半，只要你想得转，有时分成三块也行。先在脑中理出各个元素及变化的因素，将之归类，你才能逐项处理及透视各元素间互相呼应时如何运作。熟能生巧，摸透彻后才能运用自如，再自由发挥。

这是我这次受罪后学到的功课。当然这不是导演的唯一方法，但对导演基本功的这层体验，是在学校里拍小制作无法学到的，因为在学校里你没承受过如此巨大的压力。

皇帝与总统

刚开始时真的很难受，因为导演的权威还得去挣，以前拍的三部片子还不太算数。不过我是以一个专业导演的身份，而不是以文学专家的身份去拍片。我很快地理出架构及人物间的关系。两百年前的事谁也没亲眼见过，所以当我走进那个世界后，我的看法不见得比他们逊色，可能还客观点，没有一些坏习惯。

这是我第一次拍明星，学到很多。

明星也是因人而异，像《理性与感性》的明星们，个个不是牛津、剑桥毕业，就是莎士比亚剧团的皇家资深演员，都是学富五车、阅历过人、伶牙俐齿的，我英文及西方知识涉猎有限，和他们争论时就很吃力。

有的明星呆呆的，光会耍大牌，不过埃玛等人则不然。当她讲的比导演有道理时，真的很难做，你不能不讲理，只有咽下那口气，想通了，把事情做得更好。我当时真有那种“茶壶里煮汤圆——有货倒不出来”的苦。唉，不光是英文，中国人真的是不太会表达。这次对我个人来说，是个极大的挑战。

这次经验也让我回想到，我们受的教养一直都是：你听命令到某个程度后，开始给命令。多年的媳妇熬成婆，很少中间过程，在成长中也缺乏交流、探讨的学习。至少到我们这一代，是不鼓励你表达自己，而是以服从为主。小时候在花师附小念书时还好一点，五年级转学到台南，受的是日式教育，非常压抑，不准讲话，整个教育及大环境都是要你乖乖地服从，只要把书读好、考试考好。

英国这趟拍戏，让我学到很多。回来后，表达力好了些，英文也进步些，人好像也聪明了点，也练了一点英国人擅长的干幽默（dry sense of humour）的准头。直到现在，拍片都比较罩得住。以前真有罩不住的时候，就是技术与知识不到位，所以也不能够怪别人。因为在民主社会，这种尊重，你还是得自己去“赚”。不能说你是老爸你就最大，儿子对你的尊敬，还是要去挣来的。不像华语片，你是导演就最大，中国导演是爱干什么就干什么，不习惯跟人家商量沟通。我们的沟通方式是：要不就完全自信，要不就屈就他人，觉得很委屈。我们不太爱花时间跟人家解释自己的想法及转变的过程，这次是个很好的学习经验。

后来人家问我执导华语片和西片有何不同，我的看法是：一个是皇帝，一个是总统。拍华语片就像是做皇帝，大家听令于我；拍西片就像当总统，总统是要出去取悦每个人的。大家乍听觉得好笑，但也不无道理。

当我跟埃玛她们形容我在台湾拍片的情形，她们都笑弯了腰，故意站在一旁不动地调侃我："你现在不是当皇帝，你是总统！"

其实我并不在乎这些虚套，我宁愿他们专心做事，不必对我表面上吹捧伺候。相形之下，我比较习惯西方对事不对人的工作方式，心理负担不那么大，事情做好我心里面最踏实；二来工作也比较有效率。你尊重的是导演，和导演的这个职位与自己职位之间的关系，而不是凭着效忠个人与彼此的交情做事。中国人则常常习惯对人不对事，是仰赖个人对导演的情感，好的时候，可以做到西方人做不到的东西。因此华语片导演的压力很重，事事都得用力管，人人都得用心带。华语片很难做大，就是这个道理。因为一旦个人化，就规模小。有容乃大，局面规模一大，就需要制度操作与管理，需要分门别类，相互沟通，再加以统合。

我有一份职业了

《理性与感性》拍到一半时，我第一次感觉到，我可以把拍电影当成一种职业，也第一次感到可以面对父亲："我有一份职业了，I've got a job。"

在这之前，我觉得无论是自己或拍的片子，都还带着学生气息。虽然我已晋不惑之年，但从《推手》到《饮食男女》，拍片的感觉和学生时代差别不大，基本上还是纽约的独立制片模式，包括到台湾拍《饮食男女》都是企图引进独立制片模式。虽然比学生时专业，但就是独立制片的规模，现在回头来看，都不够成熟，还是小孩，当然也有其真诚可贵之处。

虽然到台湾拍《饮食男女》算是台湾电影中的年度大制作，可是当时台湾电影已经很不景气，照老一辈的说法，做法上比起以前的台湾片又差了一大截。譬如说以前拍戏有多少东西、怎么做，现在只有这些。光是听听，都觉得差好多。加上工作人员的水准参差不齐，除了几个摄影组的、灯光师、美术师是老资格外，其他很多是徒子徒孙、助理辈的现在来挑大梁，这些还算是有经验的；有的什么经验都没有就来做，中间断层严重。班底如此，所以没感觉能靠这个吃饭。当然酬劳也有关系，它并没有付给你足以要你去负起什么责任的酬劳。我们只是凭着对电影的喜好，拼命去做。

但拍《理性与感性》时我第一次有这种感觉，觉得自己是从小孩跳入成人阶段，要负起成人该有的责任。别人雇用我，我得做出一个水准以上的东西。而他们付的薪水，也让我觉得真的是可以养家活口、能置产。换言之，我肩膀上负有足以扛起这份薪水的责任，算很礼遇了。拍完《理性与感性》后我才第一次在美国缴税，记得第一张支票是十八万美金，我手软得都签不下去。

薪水之外，班底的专业成熟，也让我觉得是成人层次。

《理性与感性》是我第一次跟全部专业的工作人员合作，个个都能独当一面。

每个工作部门，如服装、美术、摄影，都是几十年的老手，不光是拿过奥斯卡，还有许多剧场老手。剧本则是名著改编，很成熟优美的英文台词，不是自己七拼八凑的。

当时也是我第一次做年代剧（period piece），学年代剧要讲究什么。比如衣服就和我们想象的不同，它是一层层搭配起来的，很像作曲，是有层次的结构，从内衣、外衣到饰物，都有规则，蛮有意思的。

对待明星有窍门

拍了《理性与感性》后，我比较知道怎么对待明星，怎么跟他们讲话。刚开始我也不懂，把明星当演员用，当然会有问题，不过我很快就觉察到了。明星跟一般演员真的不一样，明星有一些习惯、一些心态，而且每个人的特质不一样。

譬如休·格兰特，我就奇怪，一开始他为什么那么爱搞怪、不听话，到处跑来跑去，不站在一个地方演。后来我发觉，他就是不喜欢跟别人并排演戏。你只要把其他演员摆在他对面，你要他干什么，他就干什么，乖得很，就那么简单。

明星，就是要被别人看的。他是一个形象（image）的产物。这不光是他吃饭的家伙，观众也惯于接受这个形象，他本身就是电影和观众之间的一个契约（contract），和观众间有种默契在。把明星当成一般演员来对待，本身就不够专业。你要不顺着那个形象拍，要不就逆着那个形象拍，去扭曲、去变形。如《卧虎藏龙》里的周润发，我就把他既有的形象扭转，我也把杨紫琼做了相当程度的调整。但你要清楚是你在扭转这个形象，不要搞不清楚地在那里蛮干，那就是不上道，功夫不到家。因为明星本身在银幕上有一种魅力，观众接受他，而且他的这种魅力已被建构出来，他本身已具备这种特质，你不能不理，这是当导演应该具备的专业。

上镜头的脸（凝视的焦点）

上相（photogenic）是很重要的元素。我是从拍摄《理性与感性》时，才开始正视所谓“上相”的重要。电影就是一个着于色相的东西，就是形、声，没有声音、没个影像，你连着力点、想象的空间都没有。所有的想象都是从色相而来，一定是具体的，不管你想得多高深，一定要着痕迹。在这之前，我没有用过大明星，包括郎叔、王莱阿姨、亚蕾姐是最大牌的，但都属于硬里子演员。自《理性与感性》起，我开始用明星，也感受到明星的魅力。

你去看埃玛演戏，观众看她，尤其是女性观众看她，不见得像我想象的。埃玛，聪明干练的女人就认同她那样的形象，她自己可能都没想要这种东西，可是别人会把这种认同依附在她身上，有些人看到她就会仰慕。像杨紫琼，就是隐藏感受、外表坚强的形象。她本人可能不是这样，可是在银幕上就有这种效果。像我太太看到她，就认同到无法自制。

你如果倒行逆施，是会挨骂的，就算被骂，也不晓得为什么被骂得满头包。

拍《理性与感性》时，我悟出这层道理后就很紧张。所有聪明、有知识的女性或自以为聪明的女性，都认同埃玛，我要是把她拍丑了怎么办，可是要把她拍得年轻漂亮还真是个大工程。

一般拍片日子到最后，若只剩一个近景，要是学生片或独立制片，通常都是很快就打发了，都是大景拍掉，然后补几个近景，补完就收工。

可是要拍埃玛的近景工程浩大，那时她三十六岁，演十九岁的角色，聪明过人的她，看起来又比实际年龄更世故，要演十九岁，而且是跟十九岁的凯特演姊妹，灯光就得很讲究。希望呈现出理性与感性的区别，不在年纪，而是个性。

跟埃玛合作，因为她太聪明，又是编剧，有时她想的比我想的还周全，所以有些东西不需直说，一点就透。演戏对埃玛最困难的地方是，因为她太成熟，一个表情有四五层意义，一讲，她马上就能演出来，清清楚楚，有条不紊。很多很成熟的演员，像梅丽尔·斯特里普（Meryl Streep）等人均是如此。好处是，复杂的、许多意涵在内里搅动的戏，她们轻易地就能掌握诠释。可是单纯的、要让人动容的戏，就很困难。因为能够驾驭复杂，你已经不再是那么单纯了。

像凯特随便演都会让人感动，她的状况正好相反，她是演了这层就忘了那层，当时的她，尚未具备诠释复杂情感的素质。当然她演的也是比较单纯的东西，脑筋比较直，不是智慧型的，才会是感性，所以也没什么困难，教一教，提醒分析给她听，帮她注意一下灯光、角度及一些小节，也就可以了。她的协调性、支配感都蛮好的。新人，她只要尽力做到，或者快要做到导演的要求，本身就会散发一种努力的纯真，观众很吃这一套。

资深演员的问题就是太成熟，容易流于匠气。当然还有一种像归亚蕾、琼·艾伦（Joan Allen），就没有这种问题。一演戏，完全进入另外一个世界，这是很少见的。而且当她们表演时，观众也吃这一套。我觉得埃玛有时也做到，可是观众不见得吃，所以我常要她分神去演别的情绪。譬如在《理性与感性》里她有三场情绪爆发的戏，我分别给她与一般演法不同的想头去感受与表达。其中一场是她妹妹快死的戏，如果要她去演感动、感动……就不感动了，就算用尽力气，观众也很难被她打动。我对她说："你去演'恐惧'，害怕将要失去那个灵魂。"她妹妹就是她心中隐藏的那一份感性，若那份灵性死去，她也将堕入最空虚的无底黑洞之中。我告诉埃玛："就体会那种堕入空虚黑洞中的恐惧感。”

我也是自己琢磨出来的。当时想，该怎么演？后来想通了，其实我的眼睛就等于是观众的眼睛。我看埃玛，她演得再好，你都知道那还是“演”，不会感动，真性情才最感人。

还有最后一场她得知爱德华尚未结婚的戏，也要真情流露才动人。她如果一直哭，不管怎么演，还能怎么感动？而且一般来说，一张大脸对着镜头哭，也不好看。埃玛和休的这幕戏，我知道一定很精彩。当时我跟她说：“你要演出难为情的感觉。因为你一直都很自制，乍听消息，你失去控制，无法面对爱德华，你觉得很羞赧，演那个就好。基于这个原则，我不希望看到你的正面，你不要让我看到半侧面以上的脸。你的感情要往前冲，但面子要往回扯，就演这个。”

她一分神去演羞赧的心情，就真的很动人了。有些方面自己很难觉察，我给她一个新观点来诠释这幕戏，埃玛一点就透，我还没讲到那一点，只说到脸不要超过半面，她就明白了，聪明得很。像这种演员你不必讲太多，讲多她就烦；她的长处也不需要提，如果顺着她讲，不是拍马屁，就是啰唆，讲的也没她精彩；就是要跟她不同，她才会加深印象。

这也是长期观察的结果，其实每个人都有他重视的方面，我也不是故意要看，一看到，就是一种突破。不过还是有做不通的时候，就得再琢磨，可能又会有一些新的启发。

一招半式闯江湖

后来我领悟到，电影其实就是心情的投射。

作为拍电影的人，我不太从观众的角度去看电影。一般观众觉得很自然的事，我就看不到，因为我一直从银幕的反面去看。对观众来说很简单的道理，对我来说，可能要经过一些磨难，才有所体悟。我以前也是个观众，那时候就应该懂这个道理，可是拍电影时没有把它用进去。

有些电影工作者不需要特别体悟就知道这些道理。但对我这种人，是得经过一个过程，才会知道，原来如此。

我觉得年轻人学电影，就应该去实习一些很基本的做工、很实在的拍片道理及技术。其实包括很多名导，也就是用熟的那几招，翻来覆去，招式也不复杂。就像会打架的人，就两三招，能用、用得好，就行。

道理很简单，就看你是不是真能实用。

像我 NYU 毕业还拿过奖，算是优秀生，又拍电影，又搞戏剧。但毕业后大概又磨了三年，我才想到，原来电影和戏剧不尽相同，通常戏剧是比较浓缩的。短片、长片也不一样，结构不一样，长片不只是比短片多几倍的长度，根本就是不一样的游戏规则。讲起来很蠢，为什么花那么多时间才明白。从戏剧到电影，我花了多少年，念完书，写剧本又经过多少年，才弄清这个道理。想通了，回头再看，其实就是很简单的事，当我抓到窍门后，又能变出很多花样来。所以我一直觉得，基本功必须练好。所谓练好，就是你可以开始应用时，其实也就那几招。

拍片实务，有时不是那么知识性的事，它是属于“街头智慧”，很多是应用常识（common sense）。当然在拍片的骨子里，必须有动人的东西要表达，所谓拍片，只是手段与过程。

以前我问我太太：“你们读科学的做些什么？”她说：“你以为我们科学家是做什么的？经常就做些很笨的事。像食品科学的研究员，每天走段路去烤片面包，再回来，如此重复。”研究室的事多半也是些基本琐事，没什么玄妙，当然当你钻研到高深时，就不得了了。

我们拍电影，很多时候也是做些很无聊、没意义的事。不过，要呈现电影艺术得靠技术来完成。

着于色相

电影是依附色相而存在的，如果你是个新进的电影工作者，我劝你不要把它想得多高深，不要被那些理论束缚住。

有很多人想法很了得，也能言之有物，可就做不下手，一做，着痕迹了，便觉得不够高妙，久而久之，就不能做了。反而像我们这种笨笨的、脸皮厚的、像小孩一样的，比较容易入门。

我觉得感情无法再造，只有透过具体行动或形象，去刺激观众自己的感觉，希望观众产生同感甚或不同的感受。抽象的情感思想，要靠具象的情境来刺激，所以把它做出来的技术是很重要的。

有些事其实没什么道理。你做个动作，观众会有一种反应，你会觉得，为什么观众会这么想？我当初没那个意思，但也无妨，因为你已激发了他的想象。演员得靠肢体、动作及声音来反映心情，因而外在肢体和内心情感之间的调适与张力是很重要的，两者或相合或冲突，由此展现种种情绪。

排戏时，埃玛觉得我这种内外合一的做法很累人，但也很特别。不过，她也是我至今合作过的演员或明星里，绝无仅有的一个，内涵、外在皆一流，她写的角色心得，简直可以当成教材！

对大多数的演员来讲，通常抽象的意念没太大帮助，反倒是具体的动作最有效，这才是他可以去工作、加以艺术化的东西。有的导演根本不和演员沟通抽象意念，他觉得演员知道这些反而是一种障碍。我是因人而异，我比较礼貌，通常会跟演员先沟通，如果这样效果比较好，我就这样做。像中国演员大多会问导演，你要什么表情，然后照做，不再发问。有的演员知道后自己胡乱设计一些奇怪的动作、表情，我就提醒他。我觉得，演员有时也蛮勇敢的，任凭人摆布评论。其实大部分的演员，你不必把他剥光折磨死，不必那么残忍，把人家的隐私都挖出来，又暴露在观众眼前。我觉得，一部电影里有几个时刻让演员在完全不自觉的状况下去做些事情，然后捕捉下来就够了，也不必每场都用。要我每天将演员搞得神经兮兮，一点面子也不给，我会觉得难受。对我来讲，切中关键是很重要的。过去我做戏剧性的东西，演员一定要达到某些标准，如果你完全不去控制，很难做出比较复杂的东西。

我觉得，讲解一个动作、帮他设计动作，或刺激他去做某些动作，要比坐在那边空想有效。之后再透过规范那个动作，去达到所期求的演出效果。例如我会跟演员说，你做那个动作时，那个样子代表你掺杂了另外一种心情，而不纯是我们要的这种情绪。

像《冰风暴》里凯文·克莱恩（Kevin Kline）在饭桌上讲述他参加的集体治疗，这是件很私人的事情，可是七十年代初的美国，你又需要很开放、很酷地谈论，就必须演出表面上好像很开放、很自然，但实际上内心又很不自在的感觉，这种自相矛盾的情绪是人的自然反应。如果我跟凯文解释“自相矛盾”的意义，如何“表现”自相矛盾，会很抽象，很难表达。刚演这幕戏时，他讲起话来两手比划着加强语气，我对他说：“这样看起来不太对，你该保护自己。虽然你很有时代精神，表面上很开放，但你的身体语言要相反。”我建议他试试看双手在胸前交叉，示范个姿势给他看，告诉他：“你的动作是一种保护自己的姿势。”我一跟他修改这个动作，他分神去做动作，而不是去想怎么演。

有时演员的技巧太娴熟了，可以迷惑他一下，趁他不知所措时开机，打破固定形式。这种方法有些导演很喜欢用，我偶尔被逼得使点小坏，也用一下。一般我只需提醒演员，你做作了，他都会自我修正。像周润发在《卧虎藏龙》山洞的诀别戏，我刚起了个头说：“你还有……一点点……”他就会收敛。

其实要求演员表演全都得自然，这已经是不真实、不自然、有问题的，扪心自问，连导演自己都不是这样子的。因为生活当中绝大多数的时刻，我们面对旁人也都是在自我控制的状况下演戏，就算自己一人独处时，都不见得完全坦然地面对自己。人的自然里也包括着不自然，要做到不着痕迹，很不容易。我觉得戏剧和人生还是有些差别。当然在生活中我们反应事体时，未知状况很多，不能如详读剧本后般地预知后事，演戏时要避免这种预知的不自然。

这个道理我也是慢慢体会出来的。从学生时代起，我就在表演理论上下功夫，想知道哪个理论门道可以放诸四海皆准，其实根本没这回事，碰到不同的人、事、情况，要会应变。

走位的可能性

拍电影我喜欢走位（blocking）。我看现代中国导演也有走位多的，只是在人数上少了点。走位多麻烦，画面美感经营不易，但有时候是必要的。

走位最初来自于舞台剧。传统舞台划分为六或九个区位，根据剧情及展示重点的需要，安排演员的走位，但导演及观众基本上面对的都是前方的舞台镜框（proscenium perspective），虽非思想单一，但却是单一视角，灯光可以打得很漂亮。

但在电影里，走位有更多的可能性。由于摄影机得以移动，不像舞台镜框多为固定方向及空间，所以电影走位既可呈现单一视角，也能呈现多元视角交错出现的情境。摄影机可以移动，它可以跟着角色的眼光走，或随着情状，或依观众期望了解的方式去看(即一般的看法),不再仅由导演的眼光出发。譬如《理性与感性》中舞会那场戏,随着摄影机的移动,我们正透过不同人的眼光在打量她们姊妹俩。在舞会这种社交场合上,镜头的流动是很有表达展现力的。

走位在西方电影里用得比较多。走位一多,电影规则就很复杂,灯光、剪接很难连贯。因为随着摄影机的移动,出现的是多个移动的空间,不再只是单一空间,要考虑每个空间里的元素该如何安排,涵盖的广度有多大,元素有多少,各空间彼此的呼应关系与方向感又如何。因为人物不固定于一处,随着他的移动会产生各种需求,你要根据他的对白、情绪、观众需要观看的内容来加以调适。人物一动,需要的镜头就比较多;镜头移动一多,你就没地方打灯,画面就不易漂亮,我想因此很多艺术片导演不喜欢走位。

要拍好走位戏,我的经验是运用前面提及的化繁为简。因为各部门只管他负责的工作,但导演得同时去思考许多互相关联的事宜,所以最好化繁为简、提纲挈领后,再逐一解决问题。

譬如拍舞会戏时,除了要顾演员走位、摄影机移动、分镜、灯光等外,还要记舞步、音乐节拍。到了这个节拍时,谁该做什么表情,那边是谁,用什么样的镜头及什么舞步,适合表达什么样的心情。我们用两架摄影机拍摄,有几个角度,多线进行,时间要怎么分配,都得考虑。一幕搞定后,还要和整个片子去排列组合,思考上下的关联性,如拍摄这样的画面,观众可能会有什么感觉,跟后面那场戏会产生什么作用。舞会的主景是在“威尔顿别府”拍摄,该地为著名的古迹，许多元首包括英国女王均曾在此举办舞会，我们须遵循古迹维护的规则，晚间方能拍摄，又不能有灯架，不能靠古物古墙边站等等，时间上非常紧迫。

就地取材，发挥所长

走位既复杂又难拍得漂亮，现在台湾电影中较少见，也较不适合台湾电影的工业体系（武打片另议）。因为台湾片的体系无法提供较好的机制，就不容易拍好，若把精力用在做不好的部分上，台湾电影的强项就显露不出来。所以现在的台湾电影多是从导演的视角，或传统的镜框视角去观察，把电影拍漂亮，这种做法形成了我所知道的所谓第三世界美学，视角单一，但思想并不单一。其实也无所谓好坏，每个导演都是就地取材发挥个人所长。我过去还会怀疑，为什么那么简单的东西会被讲得那么不得了，西方电影其实有更复杂的手法可用。人家拍得不如我们漂亮，那是因为他们动了起来。

现在我的观念也变了。每一种拍摄形式并不都是导演自己坐在家里想出来的，而是跟他的工业体系、跟他的环境有着极为密切的结合，均非偶然产生的。例如侯孝贤就是个很典型的例子，他有些事做不通，就换一种简易的方法，做漂亮了，做出一种味道来，也做出本地文化的精神与生态，这是很可贵可敬的。

我的拍片手法对目前的华语片体系来说不是很自然的，所以会碰到一些问题，其实也是自找的，可是以前我并不晓得。我老觉得我立足之处便是第一世界，没有什么第三世界的感觉，我就是第一世界。所以我并不因为拍华语片，就觉得该是第三世界，也不服气被归类为第三世界美学。我想做出那个大气来，所以在拍华语片的工作过程里，就会碰到一些困难或不得已的苦衷，批评也随之而来。我的手笔确实不是从华语片培养起来的，虽然我的成长里很多养分是来自华语片，我的思路很多与华语片有关；但在拍片的做法上，我用西片的手笔硬去掰华语片的做法，我觉得这也没什么不好，但也没有什么特别可取的，都是个人的经历及习性使然。

该是求变的时候了！

我不喜欢跟片厂打交道，均由詹姆斯担任中间人，居间协调，彼此有意见都通过他辗转传达。现在跟以前做独立制片时不同了，以前是小孩，现在是大人，应对的场面也不同，该上道时要上道，脾气又臭又硬的话，将来会吃大亏。小地方圆润一点，大方向、大东西才要得到。

我和片厂在合作上还没问题，没有敌对现象。他们会介入，譬如剧本上帮忙提意见，拍戏探班。若要看毛片，就挑些好的，让他们看了放心。这样一来，人家的面子也松了。我不做这些事，但詹姆斯很适合，他很圆熟，这方面我很依赖他。

他也兑现了当初我们一起合作《推手》时讲的话："教导演拍一些他拍得起的电影，以导演为中心。"你有五十万时，他教你拍五十万的电影；你有三千五百万时，他教你拍三千五百万的电影。他自己也在琢磨研究，彼此一起成长。拍片至今，我和詹姆斯及剪接师蒂姆是一路合作的伙伴，他们也不断地进步。

拍完《理性与感性》，回响非常好，拿下金熊奖、金像奖、金球奖、英国影艺学院奖（BAFTA，British Academy of Film & TV Awards），全球票房逾两亿美金。我当时有两种心情，一是松了口气，因为拍之前，不晓得行不行得通，结果被肯定了，从亚洲跳级到国际，有个成就感。

另外一方面，同样的路走久了，也腻味了。我觉得《理性与感性》是我开始拍片后的第一个高潮，它是把我前三部做熟的东西用英文古装戏在大联盟再做一遍，是在做一个我很熟悉、很讨好的工作。从此以后，我没法再拍同样类型的电影，我必须求变。

Take Home Messages

这是我第一次觉得拍片是份职业，我要负责。同时跨越心理障碍，证明我们也可以拍西方文艺片。

长久以来，都是西方文化强势输出一切，如今反过来，中国导演拍西片，文化回流有了可能，我觉得这是个很大的突破。当西方人处理东方题材时，一般来说并不是十分尊重，多是按着他们的想法去拍，呈现的是西方人对东方的憧憬与想象。如今我去拍西片，则抱着一种低角度谦虚学习的心情去拍，但我也尽量保有自己的思路及视角。不管电影成绩如何，我觉得能做成一件克服心理障碍的事，是很过瘾、很值得的经验。

可能因为个性，从学生时代起，我就自认是个困而知之的人，拍片上有些天分，加上个性随缘，能与人合作，应该顶多就是拍《推手》之类温吞感人的电影，如果运气好，我或能拍出中上之作。我能稳当地做好一个工作，赢得人缘及认可，但我不觉得自己是个创纪录、开新局面的人。因为我一向不是天纵英明，也不走偏锋，所以压根儿就没想过会走出今天这个局面，得扛起什么重责大任或期许。同时自小备受保护，创新或突破集体心理障碍的事，好像跟我也沾不上边。再加上失败的经验也不少，虽与某些人相比只能算是小挫，但也没发生过什么值得自豪的事。我只觉得自己拍电影、做戏剧时比较容易上手，想想也就做出一些东西来，如此而已。

《喜宴》是碰巧，但拍《理性与感性》时，却明白这次真的是个挑战。能把片子拍出来，对我来讲，在信心及各方面都是个正面的鼓励。

拍了《理性与感性》之后，我就爱上年代剧。这是我的第一部年代剧，之后连续四部都拍年代剧，几乎不想再拍时装剧了。以前我也没想到拍年代剧，上手之后，觉得它其实是个很好的媒体。有人说，年代剧要考究、经费高，很难搞活。但对我来讲，拍年代剧比时装剧容易，因为我个人比较保守，最前卫的新流行很难抓住。时装剧是进行式，事情尚无定论；但年代剧与现代时空相隔已远，比较容易进入一个感情与想象的世界，同时它的影响及结果已有定论，形貌精神较易掌握。

这次拍片的另一个收获，就是学到许多电影规则，有如补练学校电影基本语法。这之后，我不管跟谁合作，都少有吃瘪或被人唬得无法运作的情况，没办法时我还晓得找退路，不会六神无主。感觉上比较站得稳，是吃定了这行饭。

在职业电影生涯里，电影基本语法能保你不受气，但不能保证拍出好电影来。以前在校时学的是一般的电影制作，加上NYU的教育方式多以诱发为主，个人风格浓厚，不会特别注意电影规则。我虽然常强调电影基本语法，可是真正做艺术创作，不能只靠这个。它对大众电影有帮助，但先学电影基本语法对创意上可能会设限。当然中国古典式的教法能在基本语法重复熟练到某个程度后，熟能生巧，巧以后再开始变化，自成一家寻求突破，这也是一条路子。

冰风暴

THE ICE STORM

夜来临了，一个青春的生命被大自然吞噬，男孩把呼吸交予死亡。

缘起

摸着肠胃，我曾说："除非我这里有感觉，否则我不拍这部电影。"里克·穆迪（Rick Moody）的《冰风暴》（The Ice Storm），让我感动，很合我的胃口。

《冰风暴》是我的第二部英语片，也是让我从通俗喜剧跨入悲剧电影的尝试。这次经验不同于《理性与感性》，这是一部导演主导的电影，原著是我挑的，改编前经过多次充分的讨论，开拍前我又花了三个月做功课，而《理性与感性》在我接手前，埃玛的剧本都写了四年了。

里克在书中有段话是这样写的："空气中弥漫着背叛的氛围，正当人们开始熟悉白宫的录音系统时，社会上也开始弥漫一股不良的风气。"

我过去拍的东西都比较温和，在《冰风暴》里第一次尝试挑衅，因为我实在拍腻了相同的调性。这也是我第一次做纯粹美国题材的电影，挑的又是尖锐尴尬的转变关键年代，许多人不愉快的记忆犹新，而我二十三岁才赴美国留学，对我而言，真的比《理性与感性》的挑战更大。原著里有我认同的部分，也有我不解的地方，我必须闯入未知的境地。

詹姆斯推荐我看里克的小说，他们夫妇都是里克的书迷，觉得美国新一代的小说家里，里克很有潜力。当时里克虽得过美国普西卡编辑书卷奖（Puschcart Press Editors'Book Award）及美国优秀青年作家奖，但尚未受到瞩目。我看了他的第一本书，接着又看了1994年4月出版的《冰风暴》，非常感动。故事的背景康涅狄格州新康能镇就是作者的家乡，里克写的正是自身的成长经验。原著并不具备一般电影的故事性结构，但文学性甚强，且素材丰富。我读到大概第二百页，觉得其中有一段情节视觉性很强，很吸引人，小孩在冰风暴里过电的情景触动我很多联想，尤其是结尾，很让我感动，也让我看到了电影及从另一个角度来看“家”的本质。本·胡德（Ben Hood）在冰风暴的震撼中卸下面具，重新面对自我及家人，这家人在风暴过后的清晨情感凝聚的一刻，令人动容。这本书讲的也是我一直在电影中经营的主题之一——“家”。家有缺点，但家人间相濡以沫的凝聚力，常让人有着温暖莫名的感动。

《冰风暴》和《理性与感性》正相反，我觉得后者是社会制约要你成为好人，但片中的主角都想越轨，追求自我。而《冰风暴》里则是社会开放，你被鼓励叛逆、任性而为，但主角们又出于本性中的保守良善，重新思辨常轨。

对我来说，《冰风暴》是我导演生涯的再出发。

与詹姆斯的合作

全书前半段描述八个角色的背景，但没有故事性。所以出书以后，电影界乏人问津，版权很便宜，正好符合低成本的制片策略，就是剧本得重新编写。当时《理性与感性》的剧本已经送来了，所以先拍，如此一来，倒让我累积了更多的西片拍摄经验。

其实拍完《喜宴》后，我就很想拍个多视角、立体结构的片子。在英国拍摄《理性与感性》时，我不擅与英国人社交，就经常和詹姆斯泡泡小酒吧，喝点小酒，抽着雪茄，畅谈《冰风暴》。记得当时曾说过："现今在做个喜欢的工作，dream 是《冰风暴》。"

虽然从《喜宴》起，詹姆斯就参与剧本改编，但独挑大梁由他一人担纲，是从《冰风暴》开始，接下来是《与魔鬼共骑》，两部片子都是好莱坞眼中的最怕——那种昂贵的艺术电影。

我的电影里詹姆斯参与很多，他对我的创作帮助很大，要不是碰到他，我今天不知在拍什么呢。詹姆斯也说，要不是替我编剧，他也可能只是个为人捉刀混饭吃的小作家。

我俩的组合很奇怪，他打前锋，我担任后卫，我们一起激发出来的构想，常由我去完成、做后半段的坚持，他则又去忙别的事了。可是他所忙的一切，往往有助我在完成坚持时预作准备，如制片、卖片等。

詹姆斯学识丰富，跳跃式的思考，反应快，口才便给，对流行敏感，在纽约哥伦比亚大学教授非主流电影及美学理论，是个很前卫的人。我则保守老实，不太懂得谋略，而谋略正是他的强项。奇怪的是我俩正好互补。他走在时代尖端，而我出手就很容易卖座。但拍片时我俩又常易位，我会做艺术坚持，他则提醒我卖点为何。

多年来，他和我一起拍片，在相同的环境里打拼，筹钱兼做军师，又帮我卖片多年，我所面对的问题、我的定位、我与观众之间的沟通、观众群的流动，及跟世界各地的联系，他都清楚。我俩是工作伙伴，虽有文化差异，但细想，做电影同文同种的老中里，还找不出一个人像他这么清楚我的。

自《喜宴》之后，詹姆斯的意见我即使常常心中存疑不服，也会在脑中过一下，不敢掉以轻心。因为从票房及许多细节的处理上都获得验证，他的直觉常常有效，他觉得有问题时，我就会视情况修改以缩短差距。虽然有时我会故意跟他背着来或坚持我的做法，但他的看法始终会在我脑中打转。意见相左时，我会征询他人意见加以印证后再做决定，他也常出错。我经常把他的意见放在心上，并非因为他是美国人而迁就他，而是因为他是个很优秀的电影工作者及卖片人。

至于对品味的选择、观影心态的反应及卖片的直觉，他也高人一等。如《卧虎藏龙》里原先李慕白的话太多，观众可能会不耐烦；或《饮食男女》里米兰·昆德拉换成陀思妥耶夫斯基的品味考虑，都因他的意见而做了修改。

和詹姆斯写剧本最大的好处是，他不自视为作家，他是为了我的制作需要而写，剧本完全为电影服务，修改是家常便饭。平常我会收到许多剧本，尤其是好莱坞片厂的剧本，扎实完整得像艘打不沉的战舰，导演没什么创作的空间，那样的剧本好像谁导都可以，我不喜欢这么格式化饱满的东西。我和詹姆斯编剧时，先是一起讨论，我把想法告诉他，他再编写出来。他写得比较疏松，只有必要的台词，其他的让我发挥，我可以拍我想拍的东西，我很喜欢这个模式。他的剧本不是写给片厂主管看的，是写给我用的，我们的搭配已成了一种独特的模式。我有时也烦得迫切地想跳脱，找寻其他合作伙伴，詹姆斯一心在制作上，也频频拜托找别人与我编剧，但好像至今还逃不出来。

像我拍《绿巨人浩克》时，也试过找其他名编剧，上百万的剧本就丢到一边，都不好用。改写期间因詹姆斯生病六周，我们另找了一位颇被看好的编剧新手帮忙，结果和我们工作一周后，沮丧得好似武功被废，信心都没了，最后还是等詹姆斯病好了再说。不过我俩的关系也在不断地调整，如为《绿巨人浩克》编剧时，意见不同的地方就不少。

我觉得电影最终是导演的东西。但导演并非全能，在工作过程中，不只编剧，连演员、工作人员都会给我刺激，电影是个团队工作（team work），但最后应以导演的决定为依归。拍《绿巨人浩克》时，我才意识到自己其实是个蛮啰唆的人，对各方面都很挑剔，这和以前我所认为“蛮合群”的自我印象有些出入，可是在生活上我又不是这般模样。仔细想想，我也只有在拍电影、编剧、写作或搞园艺等几件在乎的事情上挺龟毛的。

局外人的透视

拍《冰风暴》，我是以一个局外人来看美国的转折年代。在美国，许多人从那个年代走过来，也熟悉那个年代。1973 年我人还在台湾，刚考进艺专，巧的是，那一年也正是我的解放年代。刚开始我并没有意识到拍 1973 年及《冰风暴》有什么值得特别担心的，直到福克斯片厂（Fox Searchlight）* 通过企划案，我开始着手研究，才发现问题不像我想的那么简单，我发现自己仿佛走进一个地雷区，但已无退路。不过，我喜欢新的挑战，我想要冒险。

《冰风暴》是以 1973 年美国康涅狄格州两个中产家庭为骨干，透过父母、孩子平行发展的架构，来看道德崩解的力量渗入一般家庭后对人们产生的影响。

当大人们进行性解放、玩"换妻派对（key party）"的游戏时，他们十几岁的孩子也正做着同样的试探，孩子们正值青春期，大人们也一样。我觉得当时的美国成年人，亦即四十岁左右的人，也正面临新的中年尴尬期。之前美国所拍的七十年代电影，多是社会讽刺剧，几乎少见有什么影片严肃探讨过这个年代，我喜欢《冰风暴》的原因也在此，题材上的挑战性很高。拍摄时，我采取不同以往的手法，在叙事结构上做了新的尝试，和我以往的电影比较，是"内容、结构"的双重叛逆。

以前我的电影讲的大都是社会、家庭对个人的约束，同时扩及

---

*Fox Searchlight，福克斯探照灯公司，是福克斯电影公司的子公司。

家庭的解构及改变。这次我想反其道而行，当社会的维系崩解、个人得以彻底解放时，人们会有什么样的反应？觉得缺乏安全感，浑身不舒服，觉得好像没穿衣服似的？拍《冰风暴》，我是抓着“家”这个过去一直做、但还没尽兴的主题，试着从反面角度切入。

这次我比较自觉，一直以来我对人情里的各种尴尬状况就很感兴趣。从《饮食男女》开始，海外的评论界，至少在英美常以态度喜剧（comedy of manner）来标签我的电影，尤其是《理性与感性》之后，更是如此。华语片中还没有这么特定的类型，所以仍统称为通俗剧。我前面五部电影里，或多或少都涉及“尴尬”的主题，只是各地版本不同，如《推手》里老爸为老不尊的尴尬，《喜宴》整个就是个尴尬的状况，《饮食男女》是父女的尴尬，《理性与感性》是罗曼史的尴尬。拍到美国版本的《冰风暴》时，我更是比较明目张胆地做“尴尬戏”。

一九七三

其实美国在九十年代出现这样一部描写七十年代初的小说，是有原因的。因为1973年是个断代的开始，基本上人们对那个年代在概念上开始定型，我们可以开始回忆了，它刚变成古装剧（custom drama）。更有意思的是，七十年代的流行服饰，如喇叭裤、民族风等，在二十世纪末又开始风行。

历史就是这样，不断重复上演！

我一方面可以把它当成年代剧来拍，另一方面，1973 酝酿了现代的开始，又离我们还近，《冰风暴》应是头一两部认真回顾美国这个年代的电影。我觉得 1973 年比 1972、1974 年都有意思，那是美国转型的年代，以往美国在自由世界都是很正面的形象，胜利、年轻、正义、强势，比较单纯的一个国家，充满创意、活力。1973 年时，原有的价值观开始颠覆。

一切的近因见于六十年代末期、一个充满热情的巨变时代。人们开始性革命、种族抗争、反越战、石油危机，大学里迷毛泽东语录、竹林七贤……为了追求心目中的乌托邦，人们努力改变这个世界。这场革命有些时髦的味道，主力是走在时代尖端的知识分子及年轻人。根据研究报告指出，1968 年时，只有八分之一的大学生及十分之一的青年，认为自己是革命分子及激进派，一般家庭尚未被波及；到了七十年代，革命浪潮的后坐力开始发酵。我觉得七十年代的美国郊区就像宿醉将醒，不再有浪漫精神，不再有革命热情，代之而起的只有性与毒品，是对某种旧文化秩序的基本破坏。

1973，又是个纯真丧失的年代，也是个成长的年代。尼克松的水门案听证会、越战停战协定，造成极端父权形象（ultimate father figure）的破碎。那一年，正是国家、元首这些“父亲形象”逐渐幻灭的时刻：美国总统第一次承认说谎；美国第一次战败，世界第一大国仓皇自中南半岛撤军的画面，经由电视直接播送到每个家庭。美国的理想主义破碎，面临建国以来最大的挑战。一向充满活力、不虞匮乏的美国人，也首次经历石油危机。高尚艺术与波普艺术的界限模糊不清，毫无区别地并置在纽约苏活（Soho）区的画廊里。而六十年代末，嬉皮带来性解放的力量跨出校园，慢慢地扩散到一般家庭中。

美国这个国家的创造力及家庭的凝聚力正在逐渐瓦解，新秩序要如何建立？大家都在尝试新的可能、新的界限。

家庭的解体

拍《冰风暴》之前，我先做了点功课，对当时的社会背景有了些了解。

《冰风暴》的家庭是个典型的核心家庭（nuclear family）例子。本·胡德（Ben Hood）及吉姆·卡弗（Jim Carver）两家人面临社会冲击，人们的欲望先行，已经走向多元化的新天地，开始吸收新知；但他们的心理状态、思维及社会机制还停留在四五十年代他们生长的传统规范中，还跟不上来，两相挤对下，产生了冲突。研究资料显示，当时社会上的男女就业状况和知识水平都有相当大的差距，妇女想挣脱家庭，但她们还没有自立的能力。

《冰风暴》中的两个太太都是全职家庭主妇。当时社会上一般女性的处境是：十八到二十四岁的女孩，不结婚就无法规划她们的未来。因为那时的美国女孩多是高中毕业后，做几年事就嫁人了，婚龄平均二十一。婚后是个全职的家庭主妇，直到最小的孩子上学后，她们大概三十五岁左右，重回就业市场，多半做个办事员或房地产中介之类的事。当时美国人平均的离婚年龄男性三十岁，女性二十八岁，大约正逢“七年之痒”。女性主义也在此时成为主流运动之一。《冰风暴》中的埃琳娜（Elena Hood）和珍妮（Janey Carver）结婚及生养孩子时，正值五十年代末。到了七十年代，两人都步入中年，孩子长大了，她们才想要找寻不同的人生风景。

我开始设想剧中人物的处境。

埃琳娜及珍妮，既是母亲，也是太太，又是女人，她们的面貌是什么？当时因为社会风气开放，埃琳娜可以参加前卫的神学教派、阅读通俗心理学及存在主义，她想走出家庭，却没有勇气，那个时代的妇女，经济上还无法独立。邻居太太珍妮是本的情妇，她是个聪明女子，但正在直接摧毁她的婚姻，她隐藏起自己的不快乐，当年轻女孩正在寻求解放时，她被困在妻子、母亲的角色里，无法挣脱。就算有外遇，情夫也像是另一个丈夫。直到电影尾声，她的悲哀才穿透到表面。

本和埃琳娜的女儿温迪（Wendy Hood），年方十四，就对左派批判理论琅琅上口，对美国屠杀印第安人的霸权也与长辈唱反调。对自我身体的日渐变化觉得尴尬之余，也意识到她不再是个小女孩了，她知道男生看着她时会想要什么。当一起长大的玩伴迈克（Mikey Carver）及他弟弟桑迪（Sandy Carver）盯着她看时，突然间，所有的感觉都变得很奇怪，温迪试图让自己自在一点。这个少女认为，也许透过“性”可以建立起她和这个世界的关系，证明自己存在的价值，她开始运用她的性魅力周旋在卡弗两兄弟之间。

迈克（Elijah Wood 饰）不喜欢父母的两性关系，但自己不知不觉又走入同样的模式里。这也是他为什么要和温迪进行性实验，虽然连他自己都不知该怎么做。

胡德家念高中的儿子保罗（Paul Hood），在同学家经历了另一场性革命的挣扎，他想做，大人都不在家，只有几个年轻人，环境允许他做，但良知把他拉了回来。托比 · 马圭尔（Tobey Maguire）饰演保罗，这是他第一部剧情长片，当 1975 年出生的他跟长辈说正在拍《冰风暴》时，最常听到的一句话就是："啊，你正在演我的童年往事！"

六十年代对资本主义社会价值观的质疑，则成了男主人本·胡德产生中年危机的原因之一。生活在五六十年代，家就是安全和保障，他所熟悉的规则都还管用，但到了天翻地覆的七十年代，则是状况频出。

这部片子的题材比较沉重，但很真实。当时因为开放，暴露出许多问题，出现价值混乱的情况。我觉得这是工业革命以后，人类历史里都会面临的问题，各地各有版本，但基本的冲突类似。这是农业社会进入工业社会一个发展的必然，也是人和机器一起生活后可能会发生的一些现象。当人们面对资本主义、民主政治及个人化自我中心（me generation）的新世界时，新旧交替间该何以自处？新平衡点又是什么？

其实我一直在拍不同的版本，《冰风暴》是美国康涅狄格州 1973 年的版本。《饮食男女》则是我看台北中产阶级转变的版本。台湾九十年代面临的问题，西方早在七十年代已获得验证。现在再回头看七十年代，很有趣。六十年代是个嬉皮、反战的年代，一迈入七十年代，所有的政治性都过去了，热情已冷，道德解构的力量却开始渗入家庭当中，那才是引发整个社会结构转变的关键。它是默默地进行，低调又极具破坏性，蔓延到世界各地，至今依旧。

如1997年，我在《世界日报》上看到一则新闻，警察抓到台湾有人利用网络开“换妻派对”。2002年3月，电视新闻更进一步报道台湾的“换妻派对”居然已有十年历史。而报上报道泰国也是如此。其实东、西方走的方向都差不多，只是早晚而已，而且情况十分类似，就像《冰风暴》中的柏登，都是先生死拖活拖地拉太太去，去了以后，反倒是先生受不了，要走人，结果太太不肯走。

我对家庭的改变和解体一直很有兴趣，从《推手》到《冰风暴》，五部电影都是家庭剧。我觉得家庭是社会的基本单位，它有一个共通的现象是，人一方面想往外跑、想要自由，但家庭的人伦关系却把你紧紧锁住，人在外面好像比在家里快乐；另一方面，人是群居动物，很需要家庭的温暖、亲密关系和安全感。狭义地说，我觉得家庭关系是两股力量在拔河，一个是凝聚、保守的力量，另一个就是解脱的力量。《冰风暴》面对的是这个关键年代，整个社会的家庭价值正在瓦解，人们以为新时代已经来临，可以从过去解放出来，但结果呢？其实那股保守的力量是与生俱来的，是自然的一部分。

冰风暴是个自然现象，它不是雪，它是雨水自天而降时，遇上大气下层气温骤降，而变成冰，结成厚厚的冰层，形成一个玻璃世界，脆弱，沉重，到无法负荷时，突然分崩瓦解，造成灾难性的冰风暴，是大自然给人类的一个示威。

中国人对大自然的力量一向怀抱敬畏之心，和西方人的挑战自然是很不同的。用冰风暴的变幻来比喻家庭结构的破碎是我的想法，家就像冰一样，看似坚固，实际脆弱。在冰风暴的那天晚上，这两个家庭历经分崩离析，次日清晨，大家都觉醒了，重新面对一切。我希望能在片子的结尾追求一些希腊悲剧的味道：恐惧与怜悯。

片中最后那场父亲哭泣的戏，我挣扎了很久要不要剪，后来还是决定放进去。周围的人希望在月台团聚后就温馨结束，但我和剪接师蒂姆认为，一家人坐在冰封的车内，相互凝视，心中怀着对亲人无条件的信任与包容，这种感觉是很重要的，这是全片中他们第一次能正视对方。我觉得本的哭泣是一种精神上的提升与解放，他终于卸下武装的面具，向家人承认自己的脆弱及羞愧。没有什么比看到父亲在家人面前落泪更令人如释重负，我们反而可以真诚地去关怀这位一家之主。

尝试撞击式的结构

《冰风暴》采用的结构属于撞击式的，以撞击令观众产生刺激，经由刺激及其所延伸出来的想法，引发观众产生拼凑式的情绪呼应。这与我过去所习惯的线性理序结构——以发展来产生的相互对应——很不同。如果用绘画来说，它像立体派，在结构上以不同的视点做多面性的呈现。电影的长度有限，当事件、人物增加，呈多线多面进行时，就无法如单一角色或事件进行线性式的发展。它是将不同的元素相互撞击与对照，产生感觉上的拼凑呼应，出现的是相乘效应，而非相加效果。这是我第一次演练这种结构，故事性不强，须以概念及美学形式来凝结片中的元素，所以导演的眼光在这里是“显学”，而非“隐学”。

我拍片时以为想得很清楚，剪接时才发现有很多的问题。刚剪时，有两部分我剪不通，粘不起来。一个是角色关系的发展和影片的节奏感无法两全，很难取得平衡。发展够了，节奏太慢；节奏对了，发展又不够；剪得太短，力道会出不来。另一个就是调性难以取决，前段是谑喜，笑得太多，结尾要处理小孩触电身亡、家人间的悲情与温馨，转不过去。

但也因为这些疑难反而刺激出我对《冰风暴》在结构上的新想法，就是不要被“形”局限。有时形状虽不合理，但在力学上它又是合理、可以成立。如倒三角形会倾斜倒塌，可是只要着力点正确、支撑点够强，或处于真空状态时，倒三角形是成立的。

它不是一般观众所熟悉的线性发展。要怎么说得通、站得起来，就要保证每场都是好戏，每个连结点都扎紧，全片是一整块磁球，有如飞机轮胎里全是橡胶实心，才站得起来。站不起来的地方，我就拿音乐把它拉紧或疏导改向，凝结起来。（对于结构问题，目前我开始有一些新的认识。我们一般习惯的结构原理，其力学主要还是用来应付地心引力的重力，如怎么盖房子才不会垮下来。然而自然界生物元素的结构法则却不只这么简单，它是各种张力与压力的有效衔接与力道传送，而且质量的变化与彼此间的交流呼应神奇莫名，值得我们敬服与学习！）

同时这其中还有圆形结构发展，从结尾回到开头的那一点力道。故事往前走，走到底正是开头，首尾相连，其他的一切都与之相呼应。片子一开始以一个全知的观点叙述，到最后才揭晓，都是那个男孩的自述。

除了这点和书中相同外，其他的部分就由我们自己编，尤其是小孩的戏多是新编。由于托比的声音听起来很舒服，柔和又带着迷惘的磁性，有如尽职的信使，正好能激荡出那种临界点的朦胧之感，因此以他的独白与手中漫画来贯穿。在片中，漫画《超能四人组》与剧情有过三次呼应，结尾时重回原点，音乐亦然。之前先布局，最后才整个冒出来，形成一股循环的力量。这是我第一次尝试这种圆形结构，因此其中不免有些许个事与愿违的弱点。

《冰风暴》与《饮食男女》我都尝试多线结构，但两者又很不同，《冰风暴》要难得多，老实说，我觉得自己当时程度还不够，但不知怎么的就做出来了。两片的主题虽都是家庭剧，但《饮食男女》比较温和，主题清晰，挑衅的意味不那么强，其实我“父亲三部曲”的父系传统比较单纯。《冰风暴》比较复杂、比较难以表达出个所以然来，同时片中孩子的死亡带有悲怆的成分，《饮食男女》时还没有试图撞击出这种东西，它是悠着来的。

剪了十八版

我剪了三个月，才觉得《冰风暴》可以定稿。后制总共做了七个月，一共剪了十八版。

第一版剪出来后，我们选了加州柏克莱大学附近的一家戏院举办试映会，观众大多聪明又知性，柏克莱又是 1968 年革命的大本营，结果“绝对推荐”仅有百分之十七，和《理性与感性》的百分之八十七差了百分之七十。《理性与感性》创下哥伦比亚公司有史以来观众试映满意度的最高纪录，当时老板还说：“你别以为每次结果都如此。”《冰风暴》时马上学到教训，电影公司的人还安慰我，这比《钢琴课》（The Piano）还高出几个百分点。

试映那天观众没有心理准备，看是我的片子，又是凯文·克莱恩主演，以为会很有趣。没想到笑闹中尽是挑衅，到后来产生弹性疲乏，到末了又来上那么个结局，就算少数喜欢的观众都没反应。对我来讲，这是个很新的经验。

于是再重剪。剪到第十四五版时，加入发展好的音乐，针对这些矛盾，引导观众的感情，我才觉得好像可以交货了。音乐使得影片的节奏加快，观众不仅观看画面，当他听到音乐时，有个主题在那边回荡，给点暗示。

譬如琼·艾伦（Joan Allen）饰演的埃琳娜在小店偷窃的戏，若没音乐，真的看不下去。所以前一幕她骑着脚踏车从小镇飞驰而过时，我配上轻快的异国音乐，希望能让人感觉到她正开始冒险之旅，也为下一幕留个伏笔。她的偷窃行为其实是冒险及自我解放，用来呼应母女行为相同，因为温迪之前也如此——骑脚踏车及至杂货店顺手牵羊。这些人表面行为不当，其实另有文章。不然，她当场被逮的难堪，加上女店员的鄙夷神情：“你这个白人富家太太居然偷东西！”阶级议题立即尖刻呈现，一时间，情绪很难转得过来。没有音乐陪衬，真看不下去。就算看得下去，经过一连串的刺激，到后来就连感兴趣的观众也疲了。但加了音乐后，那一关就容易过；过了之后，再逐渐调至相和的调性。

其实后制时有段时间蛮难熬的，有些片商都想退出，可是戛纳影展一亮相，一切才变得比较顺利。影评有四分之三都非常好，比我过去受到的瞩目大很多。当然也有极端的反应，过去我的片子少有极端反应。对我来讲，是个很过瘾的经验。

不过片厂却不看好，发行很少，在美国票房只与《饮食男女》相当。但今日回头检视，包括录影带、影碟，看过的人还不少。

赢得的“偶然”

《冰风暴》是个特例，在美国这个系统里，七十年代可能还有机会拍，到了八九十年代则不太可能。这是个偶然，误打误撞，包括演员、工作人员都晓得机会难得，就给你玩一次，所以大家都很珍惜。

我因为开张以来前四部片子都很成功，至少在票房上没砸过锅，那是个很大的保证，所以片厂让我拍我想拍的东西。一方面福克斯电影公司支持，一方面片厂也要这个关系，就像与明星建立交情一样，它需要跟我这个导演建立关系。一般来讲，这样的题材基本预算应是一千万美金以下，最多不超过一千二百万。低于此，片厂知道是艺术电影，比较放手让你拍；超出预算时，基于市场考量，会对影片的内容斤斤计较。可是《冰风暴》拍了一千八百万美金，这个数字不上不下的很尴尬，片厂不晓得怎么办，我就用这个空当取得影片的掌控权，多花了六百万，福克斯的老板也只是咬着牙不讲，那时刚好《独立日》（Independence Day）赚了大钱。

连拍两部好莱坞大片厂出资的电影，我是好莱坞主流中的一员吗？还不是。

我一直没有融入好莱坞的主流，自己也蛮警惕的。什么是主流？片子卖座算不算主流？如果片子卖座就算主流，但我拍片的心态又和一般好莱坞不太一样。

《理性与感性》是我第一次和好莱坞片厂合作，基本上我还是在英国拍，回纽约剪，太好莱坞式的想法，我会保持距离，所以还不算太好莱坞的东西。到拍《冰风暴》时，不但题材与好莱坞主流大相径庭，在拍摄时我也非常留意，如果好莱坞一般这样拍，我就另换方式拍，但分寸要拿捏得当，不要太过疏离。《冰风暴》在好莱坞的标准里，是属于昂贵的艺术电影，就是电影公司老板最怕的那种。

拍这部片子对我是个蛮新的经验，从某种程度上来说，比导简·奥斯汀的东西还难。简·奥斯汀的小说已有二百多年，距离现实生活很远，剧中抽象的感情较易于表达。《冰风暴》的背景为

1973 年的美国，许多人还记忆犹新，而我真的是个局外人。有趣的是，跟我一起拍片的工作人员，大半是我这个年纪或年轻一点，他们多是那个时代长大的，很多个人经验，一方面贡献良多，同时也造成我不少困扰。我是从一个局外人的观点来拍这个题材，属于抽象的情感，我抓得比他们快。因为外来，不会拘泥于自身的经验，有个总体性概念，直接掌握纯粹的共通性、人性的情感，抓重点时不易分神；但在片子的血肉方面，就需要向他们学习了。

建构七十年代氛围

如何从细节上去建构出七十年代、生活在郊区的美国中产阶级家庭？

我需要下一些研究功夫。

原著、剧本、监制、工作人员、演员都提供了材料及意见，小孩演员除外，1973 年他们都还没出生，当然对共产党、左派、毛泽东语录等也一无所知。

因为是做一个时代，包含的东西很广，举凡新闻、社会状况、政治情势、广告、书籍、杂志、唱片、用品，还有各阶层的流行的音乐，从古典乐到流行音乐的改变是什么，电台里播哪些曲子，以及当时的精致艺术及大众艺术是什么等等，都是建构七十年代的资源。如当时流行的照相写实画作里，人与人的视线不接触，所以戏中的演员很少对看，两个人讲了半天话，视线却没有交集，正是有对话无沟通的写照。此外，了解时装、发型、化妆流行的款式是什么，我也会听录音带、看电影做参考。我们是在做一个 custom drama，最大的挑战是，要怎么做才不过火。

除了工作人员的帮助外，我自己也花上三个月做了一些研究。

从《理性与感性》开始，我就会在合约中注明，得雇用私人研究员，这次雇用的是吉恩 · 卡斯泰利（Jean Castelli），他父亲是七十年代纽约著名的利奥 · 卡斯泰利画廊（Leo Castelli Gallery）的老板。吉恩帮我找书、做摘要，我口述意见，由他打字整理，发给工作人员或演员。此外，他还搜集当时的唱片、剪报资料、相关论述、广告等，同时带我去他家画廊看他父亲收藏的六七十年代画作，按年代排序，由吉恩一张张地讲解给我听。研究之后，我找出《冰风暴》的主要元素：一个"玻璃和镜子"的世界。设定这部电影的视觉风格是，前半段是"照相写实"，后半段则是"印象派"。

观景窗里看世界

《冰风暴》的摄影是艾尔姆斯（Frederick Elmes），我非常喜欢。我要求的，只要给他时间，基本上他都会想办法做到，实验性很强。

我见了多位摄影师，经过仔细考虑，最后决定找艾尔姆斯。他曾长期和大卫·林奇（David Lynch）合作，作品有《蓝丝绒》（Blue Velvet）、《我心狂野》（Wild at Heart）及吉姆 · 贾姆什的《地

《冰风暴》的主要元素：一个「玻璃和镜子」的世界。

Ice Storm
Kevin Kline
Sigourney Weaver
The
Ice Storm

球之夜》（Night on Earth）等片，当时他年近五十，但勇于尝试，尤其对低档的曝光与色调控制，胆子很大，方法很有创意。

在视觉上我想走照相写实风格，因为照相写实呈现出一种移转的、绝对客观的角度来审视人和事物，需要许多高反差、反射的物质，如镜子、玻璃、金属、冰等反光材质，以造成空泛与反射的效果，来呈现一个逐渐失焦的环境。构图重点常在画面的边缘，而非画的正中，有如中国画的留白。前半段人们对这些外界的转变还很天真，但他们已经置身在这样的一个环境里。基本上就是从"镜子和玻璃"的世界、一个最科技又造作的写实风格，走到一个冰封结晶的纯净世界，当大自然的力量在黑夜扫过大地时，以印象派的风格呈现。

我们看了七十年代许多照相写实的作品，譬如美国照相写实主义画家拉尔夫·戈英斯（Ralph Goings）有关"晚餐"的作品里所呈现的古怪细节、色调、光线，但我们并没有在演员外表做文章，或以特殊灯光制造怪异效果，而是透过摄影与美术设计的合作，以他们的家来反映人的转变。此外，片中人物眼光不交集，则是从当代的一些绘画里得到的灵感。其中美术指导马克·佛里德伯格（Mark Friedberg）也贡献良多。

譬如胡德家的房子是五十年代末的当代式样，温暖舒适，但墙上的壁纸又是不顺眼的配色。因为这家人之间仍有着某种程度的温馨在，因此房内栽种着绿色松科植物，尽管室外严寒，屋内仍绿意盎然，或许这正是这家人得以抵挡冰风暴的力量。相反的，卡弗家则是七十年代的现代建筑，房内充满大型落地窗及无遮的墙面，屋外枯林，尽收眼底。在视线上，屋内屋外毫无阻隔，我们使用窗子、镜子及玻璃表面的透视及折射来呈现“照相写实”的效果，也预报了屋外的冰风暴将长驱直入，卡弗家毫无抵挡之力。

我想从两个家庭的小环境来反映七十年代大环境的变迁。人没变，环境变了，这些人该怎么办？

其中我和艾尔姆斯都最喜欢的一个镜头是：在珍妮家的午后，本久等珍妮不来，在珍妮家闲逛时，我们看到本置身在一个多层次的透明空间里，他前面的巨大透明玻璃窗，上面既布满着临风摇晃的光秃秃林木及乌云的反射倒影，又能透视珍妮家的屋内全貌；而经由本身后的大片玻璃窗，珍妮家的屋外全景也一览无余。夹身在两层大玻璃窗内的本，他面前的玻璃既反射又透明，透过这一层，他身后的玻璃则呈现透视效果。这幕景的光源很妙，是从屋顶一个半圆形的透明玻璃天窗照射下来，呈现出一个失序感的景深，十分抽象。珍妮的家就像一个玻璃屋，是我最喜欢的临界点。在此，我们的男主角只穿件内裤，半裸地游走在这个透明的反射空间里，无聊地比划着高尔夫球杆。

我知道摄影师最痛恨这样的场景，到处都是镜子、玻璃，摄影机组、人员及灯光无处可藏。这次不单要照景，还要让主体既能反射又能透视，如此一来就没地方摆摄影机及灯光设备了。记得拍《理性与感性》时，有次为了躲面镜子，摄影师重摆镜位就多花了两个小时。

艾尔姆斯也承认，这样的布景确实制造了不少问题，但他说：“放一面大镜子或反射性强的玻璃，出来的效果绝佳，呈现了十分开放的感觉。镜头里除了演员外，因为反射，还能同时呈现多重讯息，使每个画面的力道更强。”

他喜欢我透过镜头的观景窗来看排演过程，这样我才能确知他拍出来的画面是不是我要的。当然，我也乐此不疲，结果上片时接受访问，美国媒体最爱用的照片就是我拿着观景窗的镜头、眯着眼睛往前看的那张，好像正在透视美国。

动人的“手”

有幕戏我坚持拍琼·艾伦的手，艾尔姆斯想拍脸部，最后他同意我的想法。那是在“换妻派对”之后，酒醉的本颓坐在浴室马桶边，埃琳娜进来和他说话。艾尔姆斯用推轨从走廊起紧跟着埃琳娜，直到看到她的手推开浴室的门黯然离去。一开始她从屋外回来，进门放下伞、皮包，经过长廊，敲门，走进浴室，坐下来跟本谈话，然后起身，推开门，手扶在门上停了一下，背对着穿过摄影机前，回到走廊，以上的动作以一个镜头完成。而在这个镜头最后的背景里，我们仍看到失焦的本醉醺醺地坐在地板上，前景是埃琳娜的手，略显迟疑。

琼“手”的表演，是我多年来看过最精彩的演出，所以当摄影师希望最后将镜头焦点再拉回到凯文的脸部时，我对他说：“通常我们都拍脸部，为什么不让身体的其他部位来表演？”琼是全身有反应，我见她的手都有戏，才想给她特写。这个镜头也没照她的脸，她在哭，看不到流泪没关系，她整个人的感觉是对的。我照她的背部，衣服、头发都切掉一半，气氛还是对的，这是好演员。

拍上面这场戏时，我落过一次泪。那天是夜班戏，拍到第二天凌晨还有这一个镜头就拍完了。拍之前，我只跟琼讲了一句话："你还爱不爱这个人？" 她突然间哭得直喘，可是镜头对着她拍时，她又不哭了，就憋着那口气，发抖地把戏演完。一演完我们开始准备下一个 take，中间我开始跟她说一些要注意的细节，如表情要怎么做、你的手要摸到这边、脚要站那边、头要到哪里、光要对准、声音要如何等等，她一面点头，一面哭得喘不过气来，抽搐着掉眼泪，拍时又不哭了。我也不晓得是什么勾引出她的伤心，也没问她，就觉得很不忍心。因而拍摄超时，大家也不晓得怎么办，当时我们两个好像是杠上了似的，于是就默默地拍，差不多拍了一个钟头，一共拍了十三个 take。她在中间时段一直哭，到拍完收工时已是清晨七点多，我大概抱着她有五分钟之久，她才慢慢平静下来。收工后，我坐车回家在路上想起来，觉得很感动，不自觉地也掉下泪来。

中西合璧的曲风

《冰风暴》的音乐是由极简风格（minimalist style）与大自然的呼唤，两种方式交相出现。使用极简音乐风格，是依从它的时代背景。七十年代是个新世代，我希望找出一种机械化的感觉，就像片中那些人在生产线上，穿着制服般的风衣走上火车，咯哒咯哒……火车往前开动，有点催眠又浪漫的感觉。

另外我希望有一种声音非常原始，属于大自然的呼唤，有追逐、被猎捕的惊恐感觉。大自然有时会让你知道它的威力，包括气候上的自然，也包括你心里自然的感情，就是这种呼唤，冰风暴时会告诉你，我就找这两个元素。

迈克尔·丹纳（Mychael Danna）以前都是为阿托姆·伊高安（Atom Egoyan）的片子作曲，他的特长就是把东南亚的民族音乐和西方的交响乐搭配，所以我雇用他。

他看完片子粗剪，又听了我的想法，就想到用印尼的打击乐器甘美兰（gamelan）。迈克作完曲后，请人来演奏。甘美兰发出咚咚咚节奏性的轻快声音，我们就从凯文·克莱恩上火车及琼·艾伦骑脚踏车这两幕开始，逐渐发展出全片的配乐。

极简音乐风是七十年代的流行产物，可能就是从甘美兰得来的灵感，它的乐声是很单纯、重复的敲击，但把乐符节奏一错开，扩张、延展，感情就自其间流露出来了。甘美兰正巧是机械化的敲击节奏，音质中又带有原始的风味，但自然的乐器都不是那么精准，乐师也不是西方的训练。而西方交响乐器则是很特殊的乐型，它很机械化，是用对位法做成的乐曲，跟其他民族乐混合，得花一番功夫。为了要抓出准确的音阶，甘美兰的每一个打击音符都要用电子琴再弹一遍，混合起来，才能对得准交响乐的演奏。

除了甘美兰外，我们在感恩节聚餐的戏里，用了美国印第安原住民的即兴木笛音，希望产生一种时间无限延伸的、猎杀的神秘感。感恩节是美国人一家团圆的节日，感谢当初友好的印第安人送火鸡给他们，结果，他们却把印第安人都杀光了。使用印第安音乐，好像他们的魂魄在大地上呼唤。

片中有两段印第安人的木笛独奏，除了感恩节外，本·胡德发现小孩死了，将他抱起来的那段戏，我也配上印第安木笛声。这两段音乐的做法是，由我先放映画面，让印第安木笛吹奏者边看边即兴吹奏了一天，然后从录下的音乐中，我挑出喜欢的小节，再由迈克尔将这些小节组合发展，成为旋律，接着再和交响乐去搭配。

至今我每部片子的配乐大都采用东西合璧的方式：民族乐加交响乐，只有《理性与感性》除外，包括《与魔鬼共骑》都使用美国的五弦琴、竹笛和交响乐搭配，《推手》是瞿小松，《喜宴》、《饮食男女》是法国人马德尔（Mader）作曲，民族乐配西乐，东西合璧好像最能配合我的需要。

顺风顺水，和睦相处

我本来就想找一位喜剧演员来演本·胡德，凯文·克莱恩不论是外形及演技都很适合。西格妮·韦弗（Sigourney Weaver）的加入，还是因为凯文的关系。在西格妮先生四十岁的生日宴会上，她听凯文不断谈起这部戏，就主动打电话给她的经纪人，询问演出的机会。我本以为她想演女主角，没想到第一次见面，她说想演珍妮。珍妮是个配角，但个性很突出。当时她的片酬已高达一千一百万美金，但她只拿不到二十分之一。拍摄时不知她是否会吃味，戏份很多在琼·艾伦身上。直到参加戛纳影展，我才知道她有多大牌。

琼是我至今见过最神奇的演员，她和归亚蕾一样，都是天分、技术兼备。本来我没考虑她，因为她以前在电影里经常演怨妇，这又是个怨妇角色，她本身的既定形象加上角色的形象，双重怨，怕口味太重。但选角指导对我说："这个演员太好了，你就试一次吧！"结果一试戏，就是她，不做第二人想。我们在化妆上下功夫，给她订制了一顶特别贵的金色及肩假发，改变她的脸型。

这次拍《冰风暴》比上次导《理性与感性》占了一些优势，因为在面对演员前，我已经做了部分的准备工作。

拍《理性与感性》是我第一次导英文戏与受雇导一个既成的剧本，又是第一次跟世界级的大明星合作，整个电影系统就是为他们量身定做的，他们很习惯那种对应方式，可是我还不习惯，所以刚开始会有一些难受。另一方面，我也慢慢学会怎么跟明星相处，有时不能光讲道理，也要给彼此预留一些空间，不要把事情弄僵。

《冰风暴》中不乏国际大明星，而且是人数最多的一次。他们事先都看过剧本，知道这部戏由导演主导，可能也觉得我能够拍简·奥斯汀的作品，大概是有几招管用，拍片时都很合作，没人摆出大牌架子，夏天穿冬衣拍戏很苦，却没人喊累，大家一团和气。

重头戏开场

1996 年 4 月 10 日,《冰风暴》开拍,共拍了五十五天。

片子一开始就拍重头戏,第二天就拍本把死去的迈克抱回珍妮家。我不是很喜欢,因为大家还在摸索片子的调性,可是受场地限制,没办法。这部片中的每场戏都有些道德挑战的尴尬,所以我有许多惯用手法必须调整。一般艺术指导及摄影指导都得烘托演员的戏,这次我试着反过来做,要求艺术指导给演员制造障碍,让他们有种不舒服的感觉。

我非常欣赏凯文和西格妮的表演,尤其是西格妮,她本人有种别人所没有的尖锐特质。片中最后的两场戏也因她的提醒而加添。因为初稿中"换妻派对"之后珍妮就没戏了,她觉得这个角色好像还没完,于是詹姆斯又加了两场。她先是在水床上缩成婴儿状,有如在母胎之中。因为已经在床上,我就想到第二天她在丈夫哭子声里醒过来的镜头,用了特写,照她的眼神,清晨睁开双眼,她今后要面对的世界就这样展开。这也是我自己最喜欢的镜头之一,惨不忍睹,拍时我都快拍不下去了。要不是她提点,后面那两个镜头就不会去想,这是演员的贡献。

凯文经验

《冰风暴》的第一个镜头是在康涅狄格附近的森林里，拍摄本抱着十四岁的女儿回家的戏。

试戏时凯文就问：“要怎么抱？往上一点还是往下一点？”他不晓得该怎么抱一个十四岁的女孩，怎么抱都尴尬，老觉得姿势位置不对。他拍这部片子时很紧张，怎么做都不对，我就是要这种尴尬。凯文饰演的本，是个没自信的父亲，一个反英雄的角色。排戏时，我们就是磨炼他到没信心，他一有信心，我就介入，搞得他神经兮兮的，很没安全感。

拍“换妻派对”那场戏前，詹姆斯跑过来跟我说：“凯文希望你跟他说说话，指导一下！”我走过去跟他说：“记住，你是个混账！”我的直截了当，令他印象深刻。我想只有特好的演员，才会享受这种被折腾的乐趣，很有意思。

凯文和西格妮饰演的邻居太太珍妮偷情的那场戏，也很尴尬，连他的情妇都懒得听他讲话。里面有几点颇违常情。

通常男人中年危机都是找年轻女孩采阴补阳，证明你还有活力，他却找了个比他还大的女人。他不是要证明他的性能力，而是把她当成心理医生。

那个年代的家庭主妇与前些年的台湾女性颇为相似，社会上已不再尊重家庭主妇，小孩日渐长大，即将离巢而去，她们没有事业，经济上依赖丈夫，物质上也许充裕，但精神上很空虚，不知何去何从。珍妮的个性和琼·艾伦演的埃琳娜很不一样，珍妮很尖锐，不跟你废话，单刀直入。通常人与人对话都有个节奏，有来有往，能搭腔，才构成谈话，犹如过招。本经常是废话讲到一半，珍妮冷不防插进一句厉害的，把他的思路打断，让本十分尴尬。

凯文说，这是他从影以来最困难的一次演出，就因为在片中他演个老是不知所措的失败者，像他这样的大明星演一个连情妇都不屑和他在一起的角色，也是他演艺生涯的一大挑战，因为和他以往建立的形象很不一样。但要不是他演这位父亲，在最后大概也得不到观众的同情。凯文演的角色好比是我的恐惧，也是我面对孩子手足无措的经验。我生长在一个传统保守的年代与地方，现在到现代化开放的美国当了爸爸，我也不知该怎么面对孩子。

《冰风暴》里的父母和孩子一样，一起面对这个开放的新世界，他也是一样的慌乱，有时他扮演一个严厉的父亲，多半时间他是一个滥好人，至于如何当个称职老爸，他和我都不知道。

譬如把家里规矩搞乱的就是本这个心软的老爸。女儿不守规矩，还戴着尼克松面具，他先是严词骂一顿，接下来又觉得对不起小孩，滥好一下，回家路上又跟女儿说好话，搞得小孩也不知该如何是好。是管是哄，要坚持一样到底，像本的举棋不定，力量完全抵消。小孩需要榜样、角色典范（role model），父母要以身作则，坚持规矩，孩子才能规矩。想起我自己在家时就常干这种事，太太立的规矩都被我破坏了，有时比孩子还皮。

仔细想想，对别的演员，我好像也没把人搞得这么神经兮兮的，只有对凯文·克莱恩如此，全因为他演的这个角色。老实说这次我有点自相矛盾，因为我一直认为不必把演员搞得那么惨，但这次为了戏，只有不断地打击凯文的信心，弄得他不知所措。一来因为这个角色需要，同时这里面也有着我自己的认同，与我自己尴尬、不安的处境有关，所以我跟他耗上了。不过他明白我搞什么名堂，也知道他需要浸润在这种迷迷糊糊的状态中，这是跟其他演员不一样的地方。

其实那时候我也在改变中，拍头三部华语片时，我从儿子的角度拍父亲；拍西片后，我自己就是父亲了。

小演员抢眼

这部片子的小演员表现得很抢眼，尤其是演温迪的克里斯蒂娜·里奇（Christina Ricci），天生一张叛逆的脸，baby face，woman's body，对比强烈，往那儿一站，也不必演什么，戏就出来了。反而是大人比较吃力，因为中年人的烦恼大家都看着腻味，要跟小孩抢戏比较困难。这本书的作者和编剧都是那个年代长大的，基本上就是从小孩的眼光去看那个时代。我没经历过 1973 年的美国遽变，这些小演员也没有，我怎么指导他们？！

拍小孩的吻戏及性探索的戏时，我比他们还紧张。迈克和温迪的吻戏，是他们的银幕初吻。我把握一个原则：他们不是在谈恋爱，他们接吻，不为快乐、享受，而是做科学实验。大家都在做，他也得做，因为有同侪的压力。人一方面要自由，另一方面又不想被孤立，常会盲从地做些事。拍桑迪（Adam Hann-Byrd 饰）

和温迪在被单下进行性探索的戏时，我表面很笃定，其实心跳得很厉害。桑迪是四个孩子里年纪最小的，拍这场戏时他有点紧张。我不晓得现在台湾小孩做不做这种事，我大概是到了艺专以后才开始跟女孩子讲话。

Take Home Messages

我回纽约拍摄《冰风暴》时，感觉又回家了。制作上很舒服，大家相处都很愉快，经过《理性与感性》后有个成绩在那里，大家对我也比较放心，拍摄时比较顺利。

没尝过那种滋味，没活过那个年代，可是我却拍了《冰风暴》。它不是一个类型片，虽然看过剧本，但究竟拍出来会是个什么面貌，事前没人能勾勒。上路后，大家都在摸索，只有我能假装知道，可是我也在追求。在我的带领下，大家逐渐进入那个世界。

我想，如果完全未知，我也拍不出来。我是透过想象力、观察他人的反应，加上自己的感受，开拍之前反复验证，拍摄时更留心观察。从研发阶段起，我频频与他人交流、讲故事，这时候就可以探知人们的初步反应。之所以会找上《冰风暴》，是因为心有所感，虽然题材不是我所熟悉的，但有一本经在肚子里，就在来回验证的过程中，又会滋长出新东西来。这是一个很奇特的经验，绝非巧合或偶然，它是个生命体，在艺术表达与掌握的工作过程中，在观看别人的感受里，我经验到一种奇妙的触碰，这次经验以后，我对电影本体更为尊敬。

我体会到，电影是一种有机的活动、有机的媒体，它不见得完全是电影人的表现，电影是一种刺激或挑逗。拍《冰风暴》之前，我拍片时的心态大致是有话要说，就怕讲不清楚，而不是我拍个电影来刺激观众的想象。拍《冰风暴》时我很害怕，因为许多美国观众活过那个年代，而我没有，他们会很敏感，所以不能是我讲什么全算数，毕竟我是个局外人。所以我把认为该做的东西做出来，然后再退一步，让出一点空间来，让观众去思索，怎么想都行，就像看抽象画一样。

退这一步，给了我很大的启发。就是东西不要做足，也不要做死，留一部分工给观众去做，这是我拍《冰风暴》时学到最大的功课。从这次经验里，我对艺术品的本质有了更多的体会。虽然我并不觉得自己在拍部艺术片，但就因为心虚，退一步，多了虚的那一层，让我的想法有所转折。当然其他片子多少也有这种成分，包括我不是同性恋或女人，甚而对小姐气的女子很不耐烦，可是有些题材就是比较适合我来做表达，譬如女人戏，它是我的艺术品。另外在《冰风暴》里，我也有机会接触并印证对悲剧的想法——怜悯与恐惧，它具有对人类精神提升的作用。这次的经验也让我对电影各个部门，包括美术、摄影、剪辑甚至电影明星的认知，较以往更为崇敬，这是我个人的体验。

《冰风暴》对我很重要，虽然它也让我第一次尝到票房上的不热络。这么多年下来，我经常碰到一个情况，当人们介绍我执导

1996年《冰风暴》后制期间，在纽约录音室接受张靓蓓专访。（张靓蓓摄）

过《理性与感性》、《卧虎藏龙》时，大家会说好，但一提到《冰风暴》，多半就会眼睛一亮。这不单是我的经验，连詹姆斯、摄影、作曲及其他工作人员等都有相同的经验。虽然当初片子发行不理想，评论也没有定论，但它很值得。

《冰风暴》捕捉当代的气氛，据说准到吓人，事实上我却不是很知情，为什么我的思路会走到这上面，一个在台湾长大的人来拍一个美国人都不拍的1973年，我也不晓得。像巧合也像是命定，混杂着很难说清楚。这次经验之后，我觉得一个好的艺术品，应该是超越时间跟地域的限制，它具有这样的本质，除了做到特定性，一定也拥有一种持续性、全面性及概括性，才能触碰到很多人的内心，这也是我努力的目标。

不管是拍华语片还是西片，我经常会被地域性困扰。华语片面临的是两岸、中西的争议，拍西片时则碰到我是外国人的问题。如今我也渐渐比较想开了点，至于别人怎么看，我也没办法。

可是《冰风暴》的经验很奇特，在美国，喜欢这部片子的人不会说，为什么你这个外国人来拍我们的事。片子刚出来时影评曾有过质疑，那阵子过去后就没人再提了。我觉得这是时间性的问题，电影刚出来时，一定会受时间、地域的限制，之后再沉淀下来的部分就是它的价值，得奖、卖座都是另一回事。

我觉得如果有所谓的最终价值，经过时空筛选，一路下来所有纷扰的评断，不管好话坏话，都得经过过滤，逐渐会有一些价值沉淀出来。这你没办法避免，也没办法强辩，你会服气，也会不服气，但不服气也没有用，事实就是如此。从电影诞生的一刻起，它就开始历经不断检验的过程，如今经由网络，东西讯息的交换更为便捷，锻炼的火也烧得更加炙旺；至于有多少真金，就看火灭之后的灰烬中留下的是什么了！

与魔鬼共骑

RIDE WITH THE DEVIL

在电影的想象世界里，中年的我可与年少的我相遇，西方的我与东方的我共融。人与人的灵魂能在同样的知觉里交会，让亘古与现在合而为一，让岁月、种族、地域的差距在我们面前消失，让心灵挣脱现实的禁锢，上穷碧落下黄泉地翱翔于古今天地……

我没有经历过父母亲所经历的内战，但内战的阴影始终在生活意识里影响着我，父母逃避内战来到台湾，我则为了寻求新知前往新大陆。父亲经历的是内外惨烈的生死存亡，我面对的则是心中一场东、西价值无止歇的交战。东方的一切，我逃不掉；西方的一切，也非全部接纳。旧爱新欢，手心手背，我又能舍了哪个？

这种东西冲击的矛盾，不只我有，也是世界的共通现象。

记得台湾长辈们经常抱怨说：“现在的小孩美国化，我们的文化正在逐渐消失。”这十几年来，我至世界各地参加影展到处跑，频频听到相同的抱怨，不论法国、英国、日本……尤其是年轻人、小孩子，都想做美国人。

全世界都在美国化，我们生活在一个美国主导的世界里，不只因为我现今定居美国，也包括来美前在台湾二十三年的居住成长经验，均笼罩在美国化的氛围中。西化引领着整个世界，不论你是否愿意，这是一个全球现象。

我十分好奇，究竟美国化的内在动力为何？为什么它能够征服世界？

洋基精神

当我阅读丹尼尔·伍德瑞尔（Daniel Woodrell）的《与魔鬼共骑》（Woe to Live on）时有感，原来美国内战期间，南方人抗拒北佬的心态，和我们现在西化过程中所产生的抗拒感很相似。

南北战争前，密苏里与堪萨斯两州均为西部边疆地带，密苏里河（大泥河）分隔了两岸的两个世界。就在这条河上，马克·吐温（Mark Twain）驾着汽船来回工作，创造了一个纯粹的美国文学类型。但在现今美国版图上，昔日的边陲已成为内陆正中央。1861 年南北战争就从密苏里与堪萨斯开打，两州相互对立，是个界限最混淆的模糊地带。《与魔鬼共骑》就是以这处灰色地带为背景，书中透过一个男孩的观点，来检视"美国化"的内在动力——洋基精神（yankees，亦即拓荒精神）及其影响。当剧情慢慢变焦至两个外来者（德裔移民及黑奴）及弱势者（女人）身上时，透过这些边缘人的转变及解放，我们看到南北战争所挣扎的人权问题及对人们所产生的意义。

我以为美国的内战奠基了现今民主与资本主义的步调，也就是洋基精神全面实践的开始，就从这里，美国逐渐开始对全世界展现影响力。南方的失败是必然的，也是时势所趋，洋基精神强迫南方转变，也肇始了世界的转变。

从古至今，人类征服他者的方式多使用野蛮的暴力，从刀矛到枪炮，美国亦然。一般人无法想象，美国其实是个非常暴力的国家，自建国到如今，美国与暴力的关系仍牵扯不清，如美国人对枪支的爱好，迄今无法立法管制。可是在世人的印象里，美国却是个迪斯尼乐园、世界警察，是个欢乐向上的形象，这与粉饰有关，在电影里尤其如此，残暴的西部拓荒者成了西部英雄，残杀印第安人的黄毛将军卡斯达化身为民族英雄。但除了暴力外，洋基精神也带来另一项新元素，“人权”（civil right）——人人均应有相同的权利追求他的梦想，这才是美国征服世界的最大利器。这种对人权的看法，是从内心改造文明的一大步，一个新的社会秩序奠基于此。人们在寻求自我实现的同时，也学习如何尊重他人，及承认人人拥有同等的机会追求自我实现。

美国人不仅自己实行，他们还有使命感与习性去改变别人。我觉得“美国化”的风行全球，不只是趋势、政经与军事强权的介入，它所主张的人权、自由平等、资本主义，也成就了现代社会的面貌。但随之而来的代价是文化、流行习性、生活方式及价值观的全面强势侵入，被改造的人们对美国洋基佬的价值观与文化欲迎还拒的心情，该如何自处？

美国梦

我以为美国梦有两个。一个是富兰克林（Benjamin Franklin）所主张的self-evident，自明的真理，主张追求生命、自由与幸福的权利是神圣且不可否定的，人人有权实现梦想，自我实现（self-fulfillment）。

另一个则是 being left alone，孤独、疏离。人有独处的权利，我不想理你时，可以不理，你不要缠着我，这是彼此尊重的基础。

这种精神随着欧洲移民传入美国，在此成立了美国圣公会（The Protestant Episcopal Church），教规与英国国教圣公会相同，其主要信徒就是北方的洋基佬。这批先民原是欧洲新教徒，在欧洲备受管束，来到新大陆后，脱离英国文化的包袱及礼教的牵绊，凭着信念开始了新生。原先在英国诞生的两种精神，在此得以纯粹化、全面性地蓬勃发展；之后，再回头影响欧洲，进而影响全世界，造成今天全球的美国化。

基本上美国的资本主义，与欧洲中世纪庄园制度至殖民时期所发展出来的资本主义已经大不相同，统一南方则是美国资本主义精神发酵后所造成的结果。

我想《冰风暴》与《与魔鬼共骑》分别触摸了两个美国梦，1973 年与南北战争，都是美国时代变迁的转折点，美国人避谈，但我觉得必须面对。

南北战争片

当初美国内战，即是工业民主自由的新世界和封建农业的旧世代之争。北方虽然获胜，但并不表示只有北方看到新世代的到来。但印象里的南北战争电影，却多未曾从这个角度出发。我一向不敢苟同一些美国的南北战争电影的观点。那是南北战争之后，北方的一种幻想，大多呈现出“兄弟阋墙，最后讲和，仍是一家人”的局面。南方人抵抗的理由不是保家卫国，就是为保有他们的利益及生活方式而战。最著名的例子就是格里菲斯（D. W. Griffith）执导的《国家的诞生》（The Birth of a Nation），完全从白种男人顺眼的角度出发，充满了种族歧视，可是格里菲斯却被尊为“美国电影之父”。事实上，《国家的诞生》是最不具政治正当性的一部电影。

美国人拍过许多南北战争片，在我的印象中，除了《乱世佳人》外，大多从北方角度出发，黑白分明，白的是北边、胜利者、穿蓝制服；黑的是南边、战败者、穿灰制服。北方就是进步、前卫的象征，南方乃是顽固、保守的代表。我虽然不是南方人，但总觉得，难道南方就无人具有前瞻性，预见这个新世界正在到来吗？美国人拍片有时也很主观，好莱坞也常是一厢情愿。所以片中我请詹姆斯加一场戏，安排一位忧郁的南方父亲角色，就在他遭逢丧子的巨变中，道出新世界来临的讯息。

内心的交战

美国史上称南北战争是内战，对我来说，它就是“内心的战争”，透过男主角杰克·罗德尔（Jack Roedel）及黑奴丹尼尔·霍尔特（Daniel Holt）两个外来者的遭遇，从解放黑奴、解放人内心桎梏的角度，来抒发我对自由的观察。

这也是一个男孩成长的故事，男孩要如何证明他是男人，被群体接受，呈现社会性的一面。托比·马圭尔就是这个男孩，《冰风暴》是他的第一部剧情长片，《与魔鬼共骑》则是他初挑大梁饰演男主角的第一部电影，从配角到主角，从试探人生的青少年到撑起一个家的男人，托比的成长，犹如璀璨耀眼的一颗星，燃亮了黝黯的夜幕。

《与魔鬼共骑》里托比饰演的杰克，个性很像我，所以我会对这本小说认同。他的侵略性不强，个性不突出，但慢慢融入，他是我剧本中很常见的男主角。我当初有六年没拍戏，这是一大原因，因为这种个性的男主角在美国片里通常是没有票房的。我的男主角经常挣扎于尴尬的两难中，他并非徘徊于利弊当中，而是经常在两利或两弊之间难下抉择，就像离了水的鱼，不知该往哪边站。平常的我，也经常举棋不定。

《与魔鬼共骑》里的杰克，就常面临“选边站”的尴尬处境。他是德国后裔，当时德裔多为德国的自由革命分子，不见容于本国，因而逃到新大陆，所以德裔多支持北方。但杰克并没有和生父站在一边，住在南方的他，反倒去替被北军杀害的主人报仇，与朋友加入南军，以致连累生父惨遭北军杀害，即使生父始终支持北军也救不了自己的命，这层心理上的尴尬很吸引我。杰克的父子关系和我在华语片里呈现的父子关系十分不同，杰克认同的父权是他的主人，这个孩子选择靠拢的是他后天的生活环境，而不是先天的血缘关系。在这里，人为的主仆关系（master-slave）取代了血缘上的父子关系(father-son)。他与杰弗里·赖特(Jeffrey Wright）饰演的黑奴丹尼尔处境一样，黑奴应该帮助北边，却为了朋友而加入南军，两个人都是“站错边”。

我觉得，有时人加入战争跟理念并无太大的关系，只因为要在群体中证明自我价值，一如为球队加油，你一定是站在本乡本土这边，未必是理性的判断。

人性的枷锁

原著描写黑奴的部分很突出，我们不但保留，我还要求加了两场戏，引申我对书中议题的看法。根据史实记载，其实南军中不乏黑人，但以往的电影里几乎漠视这项史实，这对我深具吸引力。我觉得黑奴很适合诠释这个转折，尤其最后黑奴觉醒的戏是关键，因而特别加重这个部分。

看完书后，杰克和丹尼尔的关系引发我许多联想。

美国人对黑奴似乎有一种原罪感，因而在电影或文艺作品里，经常出现一个身形伟岸、怀抱宽容的黑人角色，这类的表达屡见不鲜，原著里也有这个现象。除此之外，原著里还呈现出另一个现象，即事与愿违的情思拉扯。因为作者是南方人，他的文化根源在南方，虽然他脑中的思想已然认同北方，但内心的情感依然向着南方。当文明的发展、历史的脚步已经走到这一步时，人们唯有皈依过来，可是过来得又心不甘情不愿，这种尴尬、矛盾的处境，我深有同感，也很认同。

我对“白人、黑人与原罪”感并无太多感受，因为书里有，我只是交代这个现象。真正令我心动的是杰克与丹尼尔之间的同侪情谊，而不是杰克要从丹尼尔那里得到什么救赎。

电影中黑奴丹尼尔原本为主人（朋友）而参战，直到主人为他战死，他方才获得心灵上真正的自由。丹尼尔有感而发：“主人事事善待我，视我为友，欠下的这份人情，才是让我为奴的症结所在。”一席话触动了杰克，使得他得以认清自己的处境、身份。一如丹尼尔，杰克也是一个“人际关系”里的奴隶。一是德裔，一是黑奴，均是主从关系中的“仆从”，两人都在主仆关系中挣扎，两人也都“站错边”。这些共通点是他们彼此认同的最大原因，同病相怜因而建立起友谊，成为患难与共的知交好友。

其实内战打到后来都是在斗气，为什么打，要怎样去理出道理来，我觉得这个才是要想清楚的，人权的议题不是那么简单，不是打上一场南北战争、解放黑奴，他就真的解放了。这其中还有许多细微的人性、人心的纠葛，有待厘清、努力。

我把这些看法告诉詹姆斯，由他编入剧本，添加了上面的那场戏。因为原著里虽谈到黑奴问题，但并无特别着墨于杰克的奴性及两人的共通性，我希望特别加强这个部分。

同时我也参看了一点黑奴心理的资料。这些黑奴在被人口贩子捕捉之前，有人在非洲是贵族，本身就蓄养奴隶，当时蓄奴制度很普遍，不只美国，非洲亦然。他们被捉卖至美国成为奴隶，情何以堪；被人羞辱至此，没有尊严，没有名字，没有一切人之为人的条件，为了活下去，只能戴上面具。不然，他无法拥有自尊。人的自尊和名字与自我认同有关，人唯有在自由的世界里方能追求自尊。南北战争之前，白人主人不允许黑奴拥有原姓氏，只能使用主人所给予的名字如汤姆、比利等，主人还时常地随性乱叫，因为在主人的观念里，奴隶不仅不应自我认同，且毫无道德可言，十分压抑。

《与魔鬼共骑》终场时，戏里安排杰克·罗德尔和丹尼尔·霍尔特两人互喊对方姓名，平等地对待彼此之举，我觉得对黑奴丹尼尔来讲，又是另一个重要的解放。拍片时，我和饰演黑奴的杰弗里讨论戴面具的心理，后来他去非洲时，买了个木制面具带回来送给我，我很感动。

回头细想，其实不只奴隶制度有主仆之分，就算现今社会上人与人之间，还是有主仆、阶级之分，只是不再那么明显。探讨奴隶制度，对我们还是有所启发。片中我不愿将南北战争解放奴隶的制度变化视为最终目标，其实再往深处追究，人在人际关系、在社会群体里，不就是有一种不自由？我们每个人都是人际关系的奴隶：家庭、朋友、国家、族群等的奴隶，黑奴只是个最极端的例子。这是人性的枷锁，我是对主仆关系、人性枷锁、关系的枷锁、人终究有没有“绝对的自由”及一个文化与文明的演变过程这类的课题有兴趣。尤其是在一种无可奈何的情况下被迫接受洋基文化的复杂心境，感触很多。

年纪未满二十的杰克，投身南方盟军“堪萨斯第一非正规军”*昆特里尔（William Clarke Quantrill）旗下，在堪、密两州交界处，打了三年的边界游击战。战争之初，士气很旺，但越打越散漫，到了末期，战争成为士兵们打家劫舍的借口。在混乱状态下，许多人因而牺牲了。人在成长的过程里，有时会碰上这些不幸，当然杰克和丹尼尔都从挣扎中跳了出来。三年参战，杰克从战友的背弃、恩将仇报的对待中，对战争的荒谬性及毁灭性有了新的体认，在颠沛流离烽火漫天的乱世里，最后是一个温暖的小家庭和一名肝胆相照的黑人朋友，成为他前进新家园的救赎力量。

经过战争的洗礼，他们对自我价值、生命及文明有所体悟，这场战争最重要的教训在此，而不是谁输谁赢。

人们打了一场那么荒谬的战争，最后几个人在一间小屋内冷静地把这个道理给理出来。杰克与丹尼尔，黑人与白人，彼此间可以沟通，平等地互动，不再是上对下的主仆，更不是谁来原谅谁；而苏李（Jewel Kilcher 饰）对待黑人态度的前后转变；白人老夫妇与黑人同桌吃饭、老太太来收黑人的碟子等，从这些日常行为对应态度的变化中，也都反映出种族关系已经起了变化。

而杰克、丹尼尔、苏李及那对老夫妇这五个人的多边关系及对待态度的变化，呈现出战后南方社会变迁的一个例子。不只是主仆及种族的关系有了改变，男女关系有些新调整；上下两代的关

---

*堪萨斯第一非正规军为南军游击队，由昆特里尔率领，虽名中有“堪萨斯”字样，但并非代表堪萨斯州。实际上基地在密苏里州，出没于密苏里与堪萨斯两州，打击北军。

系也有了新的发展，如老夫妇接纳异姓儿女的自由；就连“敌对关系”都可以有不同的选择，如杰克放弃惯性的复仇之举，选择带着家小往西而去，创造自我的新天地。人们在每个层面都获得了某种程度的自由，但在自由中仍保有某些老规矩。

要不是这场战争，这种调整可能不晓得要花上多少年，但战争强制人们快速地进入一个新情境。战后，南方开始接受北方的观念，一切在冷静中默默地进行，在潜移默化中，慢慢地摸索尝试，找出彼此接纳的平衡点，在平静中达到一种默契。

我觉得，“人权”是个永恒的议题，有人之处就有人权问题，世界上每个地方、每个种族、每个族群、每个时代都面临不同的处境，状况不断地变动，我们也不断地调整。光是坐标该怎么放，就不是件简单的事情，这是一个理性与感性不断衡量与协调的过程，其中有争取，也有忍让；有了解，也有抗衡……它不是民族或种族主义的一句口号就能成就的。人性、人情与文化，不是政治、战争可以阻断或解决的，人的智力无法解决时，才动拳头。

其实文化、地域及观念的纠纷，归结到最后，总和自由、平等有关。现今奴隶制度已废，但种族的不平等、阶级之分，依旧在缠斗当中。在新世界里，人与人要如何相处，人的权利、义务是什么？这才是需要长期思考与挣扎适应的，我们至今还在寻找中沉浮。

前置研究

研究工作及演员训练，已成为我前置作业依赖的一环。做研究，缘由是缺乏知识体制性，急于自保。

因为拍西片，我不能从习惯来弄，我必须从材料上来了解。外国人来拍我们时，他是强势，所以他会照着他们的习惯拍；我又不能依照我们的习惯去拍，所以只能从要求准确度起步，我会先从材料上用功，再运用各种方法不断求证。当然我这点学问仅只是皮毛，只要事体能分出个好歹，够拍片，就打住了。

除了我自己找资料外，其他各部门如美术、服装、摄影等，也各自研究且提供参考。但开拍前一个月，这些都会丢到一边，除非想不起来才去翻翻。因为研究不等于电影，到了某个地步，它会成为一种负担，制片人詹姆斯就会出面制止，不准各部门再给我东西，尤其是美术部门。因为我看了就想用，但花费得有节制，有些电影里又未必用得上。如拍摄《与魔鬼共骑》时，我下了些功夫研究劳伦斯城大屠杀事件（The Lawrence Massacre Sequence），做了些历史考据，拍了许多场面，结果电影里只出现几分钟，觉得很可惜。

拍《与魔鬼共骑》时，《魔鬼骑士》（Devil knows How to Ride，by Edward E．Leslie）这本书提供了许多相关知识，帮助我从细节上了解当年游击队的生活环境，因为杰克参加的不是正规军。游击队组织类似帮会，书中详述他们如何招募新丁，怎么斗嘴消遣，行话暗号为何，衣服该怎么穿，色彩为何，当时食物缺乏，吃得很差，人都很瘦小等等。帮会研究则提供如何跟敌对的帮会争斗，为女人打架等相关参考。

对黑奴心理的研究则让我初步了解黑奴的心理，德裔来历的相关研究则与杰克的背景有关。

此外，也对南北战争时期的音乐、语言、宗教、苏格兰骑士小说等加以了解，如斯科特爵士（Sir Walter Scott）的著作《韦佛利》（Waverley）就是当时年轻男孩间的热门读物，我给托比看这本书，让他体会当时青年所受到的影响，尤其是苏格兰。同时也参考了内战期间的女性研究。内战对南方女性的影响极大，男人在前方吃败仗，留下来的多是女人及黑奴，女人从此开始当家，女权运动也自内战之后兴起。南方游击队屠城时，不动女人，只杀男人，这和一般战争中女人被追着跑的情形正相反。当时是女人出面救人，男人被追杀。我们就拍了全城仅剩下女人救火的奇特景象。

现代武器的战争

南北战争其实是很有意思、也很有意义的一场战争。它不仅内涵上是为人权而战，就战争形式来说，它也是人类史上第一次有效使用机械化的现代战争武器，从事大规模的战斗。当时的人们对此还没啥经验，双方持枪直接对放，比勇斗狠，全无伏击、卧倒等躲避枪炮子弹的概念，因应的战术运用更是原始，因此死伤人数特别惨重，一仗下来，成千上万的死伤屡见不鲜，加特林堡

(Gatlinburg）一役，伤亡人数更达五万，当时的美国人口才不过三千多万。据估算，南北战争造成的伤亡人数，比美国历来战争死亡的人数总和还多。

美国人饱尝枪坚炮利的滋味，枪子儿正中人骨，无法医治，溃烂、切除，截肢十分普遍，烂胳膊、烂腿，经常是成车地运走；因伤口溃烂而亡的更是比比皆是。所以我拍下那个子弹打入骨头截肢的典型枪伤镜头。

因为南北战争是招兵打仗，许多人为理念而来，所以这也是史上第一次参战成员受过教育之人为数最多、平均教育程度最高的。当时来自欧洲的移民，很多都是一下船就上前线，要不是心里有着一股信念，很难如此。同时这大概也是史上最后一次没有信件检查制度的战争，当时的书信多是很好的文艺作品，人们不晓得明天是否还能活着，在那种状况下给心爱的人写信，自然真情流露，所以片中我们安排了读信的镜头。这些都是相当独特的战争状况。

选角及演员训练

《与魔鬼共骑》里的角色多是十几二十岁，所以得找新人。原来我选角时，就觉得托比是最佳人选，但最后定案之前，中间也有过挣扎。

当时在那个年龄层，只有莱昂纳多 · 迪卡普里奥（Leonado

DiCaprio）是明星，马特·达蒙（Matt Damon）勉强算半个，托比则还没冒出头。所以最初接触过莱昂纳多，那时他刚演完《泰坦尼克号》（Titanic），正在法国拍《铁面人》（The Man in the Iron Mask），来试镜时和朱尔（Jewel Kilcher）对戏，一副很累的模样，因为已连演了两三部年代剧，有点顾忌，后来不了了之。于是我找定托比，其实我心中最理想的人选是他，托比是匹"黑马"，刚开始不起眼，躲藏在后面，慢慢地才崭露头角，成为支柱的角色，与电影中的杰克很像。

我选角时一向会先考虑戏好不好，不过拍多了，发觉上相很重要，形象本身能传达给观众一种讯息，而这个讯息又与角色的内涵很有关系。像托比就具有一股天真无邪又带点迷惘的气质，很惹人怜爱。电影配乐时，他一想心事，就很自然地想给他配上黑管吹奏的音乐。

选角色，我先看适合与否，有名最好，如果没有，就会尽力去把他做出来。这部戏里的演员当时虽然名气不够，不过如今托比已成为一线男星，其他几个也小有名气，包括杰弗里、詹姆斯（James Caviezel）、西蒙（Simon Danny）等。

这次训练的方式就是排戏，我先和每个人谈一个钟头，就角色提出我的看法，也听听他们的意见。这些美国小孩认真、聪明、纯真，又有演戏的天分，我从他们身上学到很多。我也陪着他们上了一个月的课，包括骑马、开枪、体能及生活训练课程。我们还以高压气枪及油漆弹，在一座山洞里真枪实弹地对打过一场，全员分成两组人马，我也加入战斗，大家都只戴个面罩以防伤到眼睛，子弹打在身上很痛，不过蛮刺激的。由于生死之间最能显露出人的个性以及互相照应的重要，我就从拔枪、开枪去抓他们的个性，开始排戏，之后才排演对白。

我看了《杀人心理学》后才知道，其实面对人开枪并不容易，大多数的人在本性上都做不到。人类中大概只有百分之十到十五的人可以自然地杀人。这种保护人种的天性是与生俱来的，如南北战争或拿破仑时代的战争，两军对阵，近距离开枪，按说至少应该有八成以上的命中率，但都只有少数人倒地，因为大部分的人都没有正对人开枪，不是往天上打，就是往旁边射，要不就是装子弹、救伤兵，假装很忙地打混。二次大战中，英美军方发现这个现象，正视这个问题，于是开始研究杀人心理学。

因为拍战争片，我也参考了这方面的资料。

此外，骑马课也是重要训练之一，《魔鬼骑士》一书中详载当时游击队领袖的种种轶事，他们是美国历史上最著名的骑士，马术一流，但也是最残暴的一群，素有“魔鬼”之称。身为魔鬼队队员的杰克等人，马术当然不能太差。所以托比等人不光是操练跑马，还要演练队形，几个人骑马走到镜头前要走出个队形来，同时还请来军事教练，教授他们枪战技巧。

至于朱尔，我则陪着她上了三个月的表演课。除了请老师来教导表演、语言课程外，排戏时我也教她。她上课的进度本来还行，但排戏时一碰到那群男孩就乱了套了。第一次演戏她很紧张，讲话的节奏不由自主地去跟其他人，这一来表情就顾不上了。托比、斯基特（Skeet Ulrich）等人从十岁起就开始演戏，均是年轻一辈的佼佼者。朱尔是当时名气最大的，男孩们有点不服气。

后来我发现不行，就陪着她，一点一点地从练口音开始，给她安神。我说："你先不要被他们影响，先盯着你自己的韵律上，有点信心后，再插进去。"方法很笨，但当时也就这么干了。

然后一开始拍片，又不行了。她根本没拍过片，对作业完全没概念。第一天我拍主镜头，拍完两个钟头要拍近景时，发现她整个人散掉似的。这才有人想到，两个钟头刚好是一场演唱会的时间，她已耗尽了全部的精力。于是教她如何调整，拍片一天要十二个钟头。就这样一点一滴地细教、硬做，大概三个星期后就上路了。我是没办法才这样做，这种方式并不一定适用于其他人，带新人得因人而异。

不过刚开始时很难拍，得绕着她来。这一来，男孩们心里又别扭了。因为不知朱尔演的哪段可用，他们即使当背景，每次都得保持最佳状态，等了八个钟头才拍到他，男孩们早已疲乏了，心里自然不舒服。不过到最后朱尔有几场戏还蛮有看头的，辛苦总算有了代价。

第一场动作戏——夜袭

我正式拍的第一场动作戏，就是《与魔鬼共骑》的夜袭。为了拍这场戏，我们先搭起一座大灯架，装上许多灯，再以荧光幕包裹，然后将灯架吊在山谷中。夜间从远处看，就像个巨大的飞碟，感觉很荒谬。

开镜两个礼拜后拍夜袭，这也是我第一次用压缩宽银幕镜头（anamorphic lens）拍片，艾尔姆斯也没有经验，结果动作部分的毛片看起来有些怪，无法展现动作的速度感。我发觉带有景深的场面很难动得起来，只有靠左右摇动才显现出速度感来，所以也在适应。刚开始拍时，打灯也不习惯，拍不好，因为镜头左右摇动时灯光很难打，大范围的跑马跑不起来。我们从做当中学习，逐渐改进，第二场时就好了些。加上我拍的大景也太多，有野心但拍起来不好看，跟角色也疏远，很多都剪掉了。不过从中我学到一些技法，如骑马、放枪要考虑的一些基本技术，马头得怎么放入镜头中，两三个人骑马高高低低的该怎么拍等等。此外，马的体力够跑几次，习性如何，站得稳不稳；枪战一开打，有哪些顾忌等等。

我们是在帕坦斯堡（Pattonsburg）拍摄当年劳伦斯城大屠杀的场面，当游击队队长昆特里尔率领部下冲入城中进行烧杀掳掠时，我们使用六架机器齐拍，和以前一两部摄影机的拍法很不同。这次是先把人操练得差不多了，再衡量放置机器的位置，然后拍摄。地上的土都是新铺的，怕马滑倒，也怕人员被马踩到、摔伤。所以等到人马、机器都操练熟了，然后全力冲刺，尽情冲个三次，顶多拍四次。所有环节均事前计划好，拍摄时视现场情况再做调整，安全顾虑很重要。

不过我拍动作戏，不管宽镜头怎么拍，到后来还是剪掉很多，在我的这种电影路数里，基本上还是看戏。我的经验是，电影中只要主角一离开几个镜头或只有动作，观众会不耐烦，所以镜头要盯着人走，要与戏中人感同身受，才能在我的片子里生存，不然都要剪掉，有时也很有挫折感。

对我而言，这个经验成了拍摄《卧虎藏龙》的最佳暖身。

天兵天将来相助

拍摄《与魔鬼共骑》时，最奇特的经验就是找到一批特殊的临时演员，有如天兵天将来相助。他们不是武行，也不是军队，而是一个民间团体。这群人对某个历史时代深感兴趣，组织起来，熟读历史，自备当时的服装、装备、扮相，连讲话都操着当时的腔调。每到周末假期，他们到各地当众表演一段战争史实，这是他们的嗜好。我们找的就是南北战争史社团，成员来自美国各地，各行各业都有，组织上网的当时就有九千多人。片酬每人每天一百五十块美金，服装、马匹、粮草、枪支都自备，剧组只要准备临时厕所跟洗澡的地方就成了。有人还特地不洗澡，以保持当时的味道。现场一切军事化管理，但大伙却都甘之如饴，他们只求在原野上呼啸、追逐或打斗，体验当年南北战争的情境。

在现场，他们完全听令于领导，演土匪、扮北军、饰南军，立刻易装变脸，马上卖命地冲锋陷阵。现在很难找到这样一批身负骑术、枪火，又肯卖命投入的人了。一般的临时演员得给他们准备配备，就算有行头，也不能做大动作，特技演员又贵，不可能拍大场面。比较起来，这些人还真是好用。

他们唯一的问题是大多过胖，而内战时期的人，粮食少、劳动多，体形多数瘦小。于是我重做安排，瘦小的、年轻的，往镜头前面站，富态的到后面充场面。不过没人愿意一开场就阵亡，因为他们带着马匹、家伙，千里迢迢来到堪萨斯的拍片现场，每个人都想开枪、玩骑马打仗，在战场上冲个过瘾，出师未捷身先死，谁都不甘愿。所以刚拍时，一堆人挤着抢开枪，没法子，我只好就画面构图的需要，指定谁倒地装死、谁受伤。就算如此，演出时也不像，都是七扭八摔地表现够了才死掉。我一看这样不成，于是再指定，何时倒地怎么死。

拍完屠城戏时，首领一声令下，全员几百人骑在马上向我举手三呼万岁致敬，把我感动得起了一身鸡皮疙瘩。一个台湾导演到这边来过这个洋瘾，也算是奇遇一桩。但心情也有点复杂奇特，回想起来，初时乍见这些军事怪胎时，我还真心里发毛，有点怕呢！

我们买下了一座城

拍片，经常得达成不可能的任务。这次我们买下一座城，平地起新楼再一手毁掉，是个很奇特的经验。

帕坦斯堡位于密西西比河畔淹水区，由于淹水之故，全城正迁移到相隔两英里外的地方。我们去拍片，当地居民反应热烈，都说："以前没有人述说我们的故事，这才是最纯粹的美国故事，竟然是由一个台湾来的人来拍。"这是他们的肺腑之言，几代相传的先祖事迹。

因此居民们十分合作，不论是花上三四个月盖房子重建当年的城镇，或充当临时演员，都尽心尽力。

屠城戏一共拍了八天。

1863 年 8 月 21 日，昆特里尔率游击队攻进堪萨斯州的劳伦斯城大屠城，几个钟头内就烧死及枪杀约一百八十多人，城内男人没跑掉的几乎全死光了，最后只剩下女人。

在拍片现场只听男人们彼此问："你死了几次？""九次了！"

女人们也忙着分配角色："你演太太，她演妓女……这么大的城，总会有妓女吧！""好，我演。"

最后一场全城被焚毁的戏，居民们不但全员到齐，同时三代以内的亲友全部回乡，就在现场，目睹当年家乡被焚烧的惨状。这是他们的家乡，几代后因为拍片，他们亲手重建一座栩栩如生的城镇，再现当年风貌，将之当成布景，然后置身其中扮演当年的祖先；演完被洗劫烧杀的戏后，再站在一旁，看着大军呼啸而去，整座城镇被大火吞噬。

我想居民们自然也是百感交集吧！

这场戏里放火的场面不少，但如何放火是门学问，不仅要烧得起来，还要烧得好看。放火时，主控者有如作画，得安排烟、雾、火光的位置，哪边真烧，如何控制。还有人为操纵的火，有时会加添柴油以助长火势。烟、火要如何搭配，怎么做才安全，技术上的考虑很多。放火时必须注意风力风向，几十个人通力合作。

这次是好莱坞的手笔，不管是放火，还是管马、管骑兵、管军火的，都是专业人员。

我拍第一场放火戏时，环球片厂专门负责安全保险的人员就到现场盯场，他已看过我的烧城计划，我们做了一整间屋子的模型，要烧的就钉个标志，事先计划妥当。他一到现场就把我拉到一边说："如果任何人因为你的要求受伤或发生什么不幸的事情，你有法律及道德良心上的责任，你要记得这一点。"听得我顿时心头加了块铅似的，压力好大。要顾到人性，戏就不好看；要逼真，就要承受心理压力。要是发生什么事情，别说法律责任，良心上怎么交代。

拍你想拍的

拍摄《与魔鬼共骑》，预算从两千四百万美金追加到两千八百万，拍完时花了三千五百万美金，只因我想拍些大场面及史实的印证。

血洗劳伦斯城大屠杀事件，是美国史上最残酷的一个事件，可是一般少有人知，我一心想拍出来，做一个史实及文化上的印证。场面也还好，就是要拍许多的小事件，以往没人拍，我好不容易人也齐了、城也造了，就把这段经历拍了出来。可惜最后电影里放不下，前几稿还有二十八分钟，到了定稿时只剩下七分半钟，碍于现实，我也做不全，很无奈。我这样拍是有些任性，人家拿我没辙，不过故事就没那么紧凑了。

经常有人问我:“片厂给你什么限制?”

我的经历不太一样。出道至今,不管是“中影”,还是福克斯、哥伦比亚或环球等好莱坞片厂,在拍摄时,大家都会跟我说:“拍你想拍的东西最重要。”至今,我未曾遭遇过别人所说的刁难,譬如“不断地开会”、“改台词得经过多少道手续”或“增加预算得经过层层关卡”等情形。拍《与魔鬼共骑》时,当我有问题问监制罗伯特(Robert F. Colesberry)时,他就说:“你要什么,告诉我就好。”

其实很多事情在我背后进行,我不晓得,压力没到我身上,对我都是说没问题,要追加预算也加,但到了某个程度,片厂已有蚀本的心理准备。剪辑时给意见,你再不依,就在发行上放弃,这是个最明显的例子,其实《冰风暴》也是。可是拍摄时仍是无条件地支持,最重要是你拍得高兴,因为片厂要和导演建立关系,为以后打算。到了拍《绿巨人浩克》,我又再度和环球电影公司(UIP)合作。

能如此自主,上面所说的是原因之一,另一半是因为我有海外片商的投资做后盾,撑腰杆子。《与魔鬼共骑》是UIP与海外片商对半投资,《冰风暴》的海外片商投资达三分之二,约一千二百万美金,所以自己的控制力比较大。同时美国之外的地区由好机器卖片,这都是从《喜宴》起多年来打下的基础。

《与魔鬼共骑》拍摄顺利,剪接时问题就来了,片厂一再要求我剪短,叙事要清楚。所谓清楚,即符合好莱坞说故事的法则。我当时心里虽有所抗拒,但还是做了些调整,比起《冰风暴》来,这次的妥协程度比较大。因为试映时，詹姆斯的朋友来看，都是柏克莱大学历史、人文学科方面的顶尖教授，连他们看完也迷迷糊糊的，我想大概是有些问题，所以才屈就做了些修改。如今回头再看，我和詹姆斯都颇为后悔，还是原先的版本比较好，不过当时没办法，因为人家反映看不太懂。

《与魔鬼共骑》对我一直是一团谜，至今我仍不明白，为什么会这么复杂，观众看不懂，连教授群看完也会有些迷糊。黑人替南方作战，谁打谁等等，我电影里起码讲了两三次，为什么还会迷糊。后来詹姆斯给我举了个例子很有趣。

片中有场两人辩论的戏，我说这和后面有关，要解释，詹姆斯说："人家会听不懂，我不讲南北战争，你先看看这个例子。"他将南北军换成二次大战的德国纳粹与波兰人，说的是相同的对白，然后问我："你看不看得懂？"

我一看一头雾水，这才同意剪掉。他也不明讲，就打个比方讽刺一下。因为人一迷糊就不容易投入，一般观众的思路及心情无法投入，戏就冷掉了，包括喜欢的人都会觉得有点疏离。虽然之后有些电影工作者及意见领袖欣赏，但毕竟是少数，所以我也不敢讲做得对不对。

在我所有的片子里，只有《与魔鬼共骑》里的两场戏我觉得剪得可惜。其中一场就是一开始杰克来到农庄，被围攻前，与妇人断腿的孩子在谷仓里会面的戏。早知片子反正不卖座，我会更坚持。

面对剧场传统

拍年代剧，我必须面对两个传统，一个是历史传统，一个则是剧场传统。我面临的最大困难不在历史传统——如考据及史实，甚至营造出当代的气味，而是在剧场传统，也就是观众观影及文化的习惯。这种困扰不只发生在西片，华语片亦然。

拍片，第一步我要求东西要做得地道，要到位，这还比较简单，只要下功夫、做考据就行。再来就是味道要对，观众能够闻到时代的气息，产生联想与共鸣，这个比较难。对我来讲，再上去更困难的是面对剧场的传统，这方面我比较无能为力去扭转什么，可是我要注意。

刚开始我还不服气，后来发觉那是文化本身的一部分。譬如看电影时，到底是正史的《三国志》准，还是小说的《三国演义》比较准，真的很难说。一般来说，正史较接近史实，准确度较高；但演义则在人们心里早已产生了一种绝对值，而且根深蒂固。如贾宝玉是《红楼梦》里的虚构人物，可是在读者心目中，他比作者曹雪芹还要真。这些文化形象是一种软性的诉求，都要注意。它是日积月累，已成为俗民百姓生活中的一部分，甚而有些是积非成是，一时间极难扭转。

历史传统与剧场传统若相互抵触，人们心里所认同的往往是剧场传统，而非史实。譬如文化里许多惯有的印象，即与正史之所载迥异：如正史上周瑜的年纪比诸葛亮大很多；关公其实是个很小心眼的人，他也没见过椅子，更没坐在椅子上撩起胡子看《春秋》；张飞还喜欢绣花……但你要是这样讲，老百姓一定不依，会说："你在搞什么名堂！"其实《末代皇帝》(The Last Emperor)拍的造型比华人拍的清宫片准确，因为制作组及导演贝纳多·贝托鲁奇（Bernardo Bertolucci）是外国人，他不是凭印象与方便，而是凭考据，但观众则觉得不习惯。大家还是习惯看华语片里李慕白、黄飞鸿盖住半边头的大辫子，而非《末代皇帝》里合乎史实的"猪尾巴"。

剧场传统经由戏文、电影的长久灌输，戏剧工作者所创造出来的自我文化形象，在观众心中早已建立起既定的信任感，当你拍摄的内容与之相违背时，观众会不习惯。不仅在形象塑造上如此，连语言也是如此。不尊重大家的习惯，你就得自食其果。当片子一有影响力时，你就要面对这些麻烦。

拍《与魔鬼共骑》时，在语言方面我就碰到这个问题，当时的英文说得太准，观众反倒不习惯。由于美国观众比较习惯生活化的电影语言，拍《与魔鬼共骑》时，我们找来专家研究语音，因为堪萨斯、密苏里州当时均是边疆地带，大都是移民，口音夹杂。我们先以极淡的南方口音，再依角色加上爱尔兰裔、德裔等语音，了解之后，再根据书本所载，经过多方考虑，还原出当地当时适合各人身份的语言。结果观众反而不习惯，包括有些影评都说，这种语言口音把电影与观众的距离推远了，让观众无法进入我所塑造的世界里；可是很多南方人却爱得不得了。反应呈现两极化，我也不明白为什么会这样。

《与魔鬼共骑》里的英文介于现代语言和莎士比亚语言中间，莎士比亚时期的语言最接近美国南方话，现在演出的莎剧老是模仿英国腔，其实没什么道理。现在的英国腔，定型于简·奥斯汀时代，还是这两百多年的事。之前的英国语言混杂了苏格兰、爱尔兰等地的腔调，其实与美国的南方话类似。如果要演纯正莎剧，应该使用美国南方话来演。

这些，是我在伊大念书时，有一年暑假到英国去进修，念“剧场研究”时知道的。那时晚上看戏，白天莎翁剧场的演员、经理或教授来上课，皇家莎士比亚剧团（Royal Shakespeare Company）的经理为我们讲解语言问题，他说：“其实大家来学英国话是错的，演莎剧，美国腔比英国腔近。”

不过目前观众最习惯的地方口音是带点美国北方腔的英文，若使用南方腔或英国腔，还要调向北方腔，态度、观点得淡化，往美国北方靠拢些，片子才吃得开。此乃全球美国化效应的结果，不仅美国，全世界均已习惯，这是我们身处的一种现实。

在内容观点上也面对着相同的问题，当观众看到黑人替南方作战时，虽是史实，但与既定印象相违背。由于南北战争是北方战胜，北方逐渐将价值归纳到他所认定的说法中，经过多年沉淀早已深植人心，变成一种黑白分明的价值观。当我们将之还原成当年价值观混乱不明、兄弟阋墙、派别杂沓又残暴野蛮的状态时，大家脑中可能一时转不过来。

我们听过，史学教授的反应是很习惯，尤其是黑人历史权威十分喜欢。黑人多能把片子看完，片厂后来在南方及黑人区分别试映了一场，两场的反应都很好，这都是没有好好发行，错失的一些潜在票房。黑人观众觉得片中所言比较接近真实情况，不再是北方白人所捏造的故事。

尤其是片子结尾时，以黑人丹尼尔·霍尔特带枪策马奔向朝阳的画面总结，在美国电影里除了笑片，好像从来没有出现过这样的情景。《与魔鬼共骑》的最后一个镜头是美国西部片第一个镜头的原型，对我来说，这个镜头别具意义，我非常喜欢，南北战争结束，接下来正是西部拓荒的开始。

为了这个镜头，我们开了五个钟头的车到堪萨斯州西部去拍摄，因为旭日东升和夕阳西沉的画面难分轩轾，所以我们用太阳安息的刹那来替代晨曦微露，电影里的最后一个镜头也是我们拍摄时的最后一个镜头。

在堪萨斯的西部原野上，大伙坐等落日余晖的出现，大地与天空同在，每日的结束总是如此。当我们拍下丹尼尔持枪西奔这个最后的画面后，晚上就在当地吃烤肉大餐，然后上车回家，一切都那么美妙。

丹尼尔在马上潇洒挥帽、奔向旭日初升的情景，曾令他的许多黑人同胞感动。但在剧场传统里，它目前还是势单力孤的唯一。

Take Home Messages

对《与魔鬼共骑》，我有着许多疑惑。这是我所拍的电影里我仍搞不清楚的一部片子，尤其是观众的反应。虽有些鼓励，但回应很小，大概还需要时间沉淀。

詹姆斯希望我不要去深究。

有人喜欢我所有的电影，就跌在这一部。我自己又不这样觉得。

有人说这部最好，包括意见领袖（导演们）及美国《时代》周刊、《纽约客》及英国的影评等等。但除了一些英国观众反应很好外，一般观众的反应又那么冷淡。它到底是怎么一回事，我真的不懂。它是我至目前唯一一部没有击出安打的片子，我差不多每部片子都命中目标不远，大多数人喜欢、少数不喜欢，至少都有个相当的回响，有一种兴奋感，这部则是无声无息，感觉有点怪。

说起来《冰风暴》比《与魔鬼共骑》更为冷冽、挑衅，但到后来都引起相当的回响。倒是这部，其实我并没有打算如《冰风暴》的冷门，它的温度却是冷的，包括喜欢的人都觉得有点疏离，我至今还想不通。

《与魔鬼共骑》发行时，我正在大陆拍摄《卧虎藏龙》，所以避掉了，可是当时心里很难受，宣传只做了一次。等我拍完《卧虎藏龙》回到纽约，詹姆斯给我写了一封长达十二页的陈情书，述说推动该片的辛苦。这是一部美国内战片，美国本身则是炒不热的冷局面，外国就更别提了，甚至有些地区出现不收货付钱 * 的状况。我找了詹姆斯到酒吧去喝 scotch，他跟我说："《喜宴》是 1993 年全世界投资报酬率最高的片子，我不敢讲电影史，但这部

---

* 指不收货也不付钱，连订金也不要了。

绝对是1999年赔钱率最高的片子。你最好不要从这部电影的经验里学到太多东西。”

所以做《卧虎藏龙》时我的压力很大，一切从头再来，而《卧虎藏龙》比起前两部来，又是个更大的未知数！

卧虎藏龙

CROUCHING TIGER, HIDDEN DRAGON

我真的没想到，《卧虎藏龙》会这么复杂、难搞！

从开始想拍，到奥斯卡结束，《卧虎藏龙》整整搞了我三年。接下来还会有什么事，也说不准。

当初想拍武侠片，也不过是一点心愿。拍片时很辛苦，很多挣扎，我越想逃避，它却迎面而来，硬生生地摘下层层面具，改变意愿。三年来，我看到自己的心神正随着它的需求，一步步地行走在这条江湖道上。我能够的，也只是拼命去做。

至于上片后引发的《卧虎藏龙》文化效应等等，我更是压根儿没想到自己会制造出这等状况。电影比我大，电影引发的回响又比电影大。作为一个小小的个人，我只有面对，且战且走，见招拆招，一点一滴地学，一件一样地应付。老实说，很多事情我依然很迷惑，还得好好检讨检讨。

不管如何，我还是会继续往前，总不能因为畏惧不去拍电影，没企图吧，那又不像话！

有时也会自我安慰地想，炮打得越远，要承受的后坐力就越大。但想到一炮能打得那么远时，也觉着很过瘾。其他的一切，就甘愿一点吧！

爱恨纠缠的矛盾

我想拍武侠片，除了一偿儿时的梦想外，其实是对“古典中国”的一种向往。武侠世界对我最大的吸引力，在于它是个抽象世界，不存在于现实当中，我可以将内心的许多感情戏加以表象化、具体化，动作场面有如舞蹈设计，是一种很自由奔放的电影表现形式。武侠片，除了武打还有意境，最重要的就是讲情与义。情感来时，要如何处理爱恨，才够义气，这些对“侠”是很重要的。

武侠片我从小就想拍，机会成熟自然跃跃欲试，至今出手，当然已掺杂了不少成人的心理因素，不再只是儿时的梦想了。对武侠世界，我充满了幻想，一心向往的是儒侠、美人的侠义世界，一个中国人曾经寄托情感及梦想的世界。我觉得它是很布尔乔亚品味的。这些从小说里尚能寻获，但在港台的武侠片里，却极少能与真实情感及文化产生关联，长久以来它仍停留在感官刺激的层次，无法提升。可是武侠片、功夫动作片，却成为外国老百姓及海外华人新生代——包括我的儿子——了解中国文化的最佳管道，甚至是唯一途径，然而他们接触的却是中国文化里较粗俗劣质的部分。对此，我始终耿耿于怀，却无能为力。

由于拍摄武侠片需要许多条件配合，现今文戏导演很难插手武戏，武术指导又对文化没多大兴趣。加上市场考量，制作费用比现代文艺片高出许多。俗话说“穷文富武”，武侠片要能打得好看、做出场面，制作费就不能省，经费有限有时文戏也不得不牺牲，可文戏又关乎意境。

我心里一直想拍一部富有人文气息的武侠片。对我来讲，它不只是打，武术招式及出手也是角色个性的延伸，“对打”好比“对待”，它可以表现角色关系的发展，它可以是以戏剧为主的。直到三部西片拍完，各方条件渐趋成熟，我觉得已然储蓄了一些能力、势力，也许可以试试，照自己的想法拍摄。对武侠片的生态来说，我这次是有点霸王硬上弓，硬掰至接近我理想中的模样。

这样逆着它的性子来，我知道是件吃力不讨好的事，也使得我和工作人员经常是双方作难。拍片时，我一直挣扎于意境与武打之间。包括武术指导袁和平（八爷）都常常问：“你到底要打还是要意境？是要跑远路去拍山水，还是要花时间打？钱就这么多，到底你要什么？”之所以这么的不痛不快，就因为我心里对武侠类型的爱恨纠缠。

我也考虑过观众可能会不习惯，但还是想试试看。当然这里面也有面对西方艺术院线时要拿得出手的问题，若一旦被老外认定是 B-Movie*，就很难翻身，我觉得会对不起这个类型，因为它本身不该被局限于此。这是责任和愿望的部分。至于看到儿时梦想的轻功、招式呈现在银幕上，倒也是挺好玩的。

---

*指低成本、制作较不精良的电影，并非成人电影。

就拍这个！

回台湾宣传《饮食男女》时，我读到王度庐的《卧虎藏龙》。以前曾看过王度庐的其他小说，那是好友舒国治从大陆带回的影印本，当时就很喜欢。武侠小说里，我最喜欢白羽的小说，其次是王度庐。因为学长蔡国荣看了《饮食男女》，不知为何，觉得我可以拍武侠片，就写了个企划案给徐立功。我一听是王度庐的小说，想起以前看过，就说，拿来看看，这才起了个头。

拍《理性与感性》时，我一面构思《冰风暴》，同时由徐立功做代表洽购《卧虎藏龙》的版权。就我所知，这本小说以前只有四川电视台在八十年代拍了部电视剧，和一部少有人知的闽南语片《玉娇龙与罗小虎》。

原著大概以清朝中叶为背景，描述一个古典中国社会的文化及人情世故，它有个很有趣的女主角。一般武侠小说总以男人为主角，比较阳刚，女角多为陪衬，易流于样板。《卧虎藏龙》的重心则是女主角玉娇龙，心理层次诡谲复杂，白天是千金大小姐，晚上开打谈情说爱，是个对江湖儿女情有所幻想的难驯少女，也是个中国戏剧少见的角色。打，还不是很离谱；有轻功，但比较写实，这些都是我喜欢的。

通常我选择题材，是看它的元素是否足以构成一部有趣的电影，哪些元素彼此碰撞，在两个钟头里能产生什么酵素。武侠小说不是什么经典文学名著，多是爬格子上报连载的营生。后来我去拜访王家时，王老夫人告诉我，王度庐当年将笔名取为“度庐”，即意指寒庐度日。从这个抑郁的笔名可见一斑，他只是为文抒发心中的无奈辛酸，并不求全，良莠不齐自是不免，经常有一段精彩绝伦，接下来半本拉拉杂杂。我就从中抽取一些有趣的元素，加以发展，拍我想拍的东西。

当初大家并不看好，因为书中的大侠李慕白与俞秀莲戏份不多，篇幅甚多、十分传神有趣的小人物刘泰保无法挑大梁，主角玉娇龙又是个人人避之唯恐不及的凶角色，除了我喜欢外，没人赞成。加上版权接洽过程也不顺利，于是着手找寻其他中文题材。但几年下来，真的也没动心的。我就跟徐立功说："拍了三部西片，我一定要拍华语片了，定下来，就拍这个。"

怎么改编？

从《理性与感性》开始到《卧虎藏龙》，一连四部电影，我都是从小说改编。记得以前在学校上课并没学过改编，所以改编究竟有什么原则，老实讲，我也说不上来。

不过在美国一般行内有个说法倒是蛮合我的想法："两条路，你可以选择毁掉原著拍部好电影，或是忠于原著拍部烂片。"我觉得电影和小说是不同的媒体，改编时常常从里子到面子都得换掉，以片子好看为主。它如果是本烂小说，何必要忠于原著？如果是本好小说，其为文字里行间之妙，岂能以声影代之。反之，最好的电影必是笔墨难以形容。那么忠不忠于原著，也都无所谓了。

改编的好处是，原著作者下了几年功夫，书里可能有很丰富的素材。对我来讲，书中故事甚或角色我可能都不是很有兴趣，选题材时也不是看上其构思，而且我选的这几本小说也都不宜拍电影。

所以开始改编时，我是把我有兴趣的元素挑出来再去编故事，或从里面再找东西去发展戏剧情节和角色。出发点在于我对这个题材有所感受，被它刺激出一些想法，我想做怎么样的表达或调理出什么样的滋味。这种滋味，原著里可能没有或者不一样。那是因为我对这个题材的感受跟作者不同，我想捕捉的东西和作者对题材元素本身的向往可能就不太一样。

如四本书里，最适宜电影结构的是《与魔鬼共骑》。可是对我来讲，片中最重要的两个观点、两场戏，原著里并没有，是后来我请詹姆斯加进去的，那是我对那个时代的看法。原著提供我很多可用的素材，如对白、角色方面，作者下功夫做了很多研究工作，这些现成的东西我据为己有，这是相同的部分。但是如何去拍一部电影，我觉得几乎就是重新来过。这是我对改编的基本态度。

四部改编下来，我的经验和以前读书时的想法迥异。以前以为，改编就是把一个比较长的故事缩短再做些改变，如今看来，好像又不是这么回事。

我想每个人对改编的态度都不同，如有人改编名著时，觉得必须忠于原著。如张爱玲太伟大了，不敢动。拍电影时，我老想着做些出格的尝试，连简·奥斯汀我都没照原著拍，至少目前如此，以后也许会改变。我觉得即使要忠于原著，要做出原著对读者的感染力，同样的元素、同样的滋味，我拍电影时都要重新来过，以达到那种效果；更别说我想表达的和作者想表达的有不一样的。

拍《冰风暴》时，我跟作者见过一面就直接明讲："这是我的电影，不是你的书，It's not your story anymore。电影不只是书的影像化。"和《与魔鬼共骑》的作者也说过。至于《卧虎藏龙》就差得更远了。

人物互动关系的发展

玉娇龙 vs. 俞秀莲（女人戏里的"阴阳两性"）

在书中，看到最后玉娇龙飞身跳崖的一幕，我打定主意拍《卧虎藏龙》。

书中，她与众人上山进香，然后当众跳崖。表面上是舍身为父求寿，其实是借机遁逃，只为给社会一个交代，让家里保留面子，但全北京没人相信她摔死了。跳崖后她去找罗小虎，还是刘泰保帮的忙。见了小虎，一夜缱绻，还掉情债后飘然而去。小虎醒来见她不在身边，追随出去，只见马匹奔驰而去，留下一股尘烟，怅甚。书里的玉娇龙人见人怕，视她为女魔，跳崖前，全北京只有过去怨恨她的刘泰保理她。

如何重塑玉娇龙的个性，成了一大挑战。因为一般武侠片里多有大反派，而《卧》片里的碧眼狐狸只能算个小坏蛋，原著中的坏蛋只有一个绍兴师爷费伯绅，没多大脓水。我就想到让玉娇龙权充反派，一个阳奉阴违的叛逆少女。

一开始，我的着眼点就想放在两个女人身上。尤其是玉娇龙与俞秀莲的“阴阳两性”，很好玩。书里玉娇龙的戏份不够撑起一部电影，就加入俞秀莲。于是有了构想，一个是“外阴内阳”的玉娇龙，一个是“外阳内阴”的俞秀莲，以两者的互换对比来推展剧情。

我对“阴阳”虽无深究，但始终极感兴趣。我觉得这是中国文化里的一部分精髓，足以与西方文化较劲而毫不逊色。阴、阳，只是比喻的元素，一般我们多笼统地一分为二，以男性为阳，女性为阴。其实应非如此绝对，一个人内里的阴阳是很复杂的，男女都混合了这两种成分。像我们夫妻，我天性比较柔和，太太就比较刚烈得多；可是我的教养、习性又有些大男人，而太太虽不肯三从，却也禀顾四德。事实上要达到全然阳刚的大男人标准，也很累，很不自由，有人也许如鱼得水，可我不是。当然，当女人伺候你时，会很享受，也很高兴，但你不见得完全符合那种角色。女人也是，有人完全不适合做饭洗碗，像我太太就最恨。所以我家是我做饭，对我来说，做饭是一种兴致，对她则完全是浪费生命与精神，不过理家她又很能干。我想如果活在古代，她会很痛苦。

探讨两个女角阴阳混杂的灰色地带，我很有兴趣。

玉娇龙的外在很女性化，十分仰慕俞秀莲跑马江湖所享有的自由豪气。但她的内在很阳刚，追求纯粹的技艺，在感情上主控性强。

俞秀莲，一位行走江湖的女侠，外在做的是拳头上站人、胳膊上跑马的男人事业。武艺虽好，但她从未表现出对武功的兴趣，她是实用派，拥有江湖智慧，人事练达，然而内在却十分的女性化，她想成家，稳定性强。李慕白只要肯丢下宝剑（欲望、争雄），与她双宿双飞，她会立刻抛弃一切。我觉得俞秀莲的个性很服从，社会上这种人很多，包括我自己也是。只要有规则，就会遵循。她也会有所怀疑，但她会自行排解，斟酌考量之后，然后照章行事。这种人的群体性较强，理性外显。俞秀莲其实就像埃玛·汤普森在《理性与感性》中的角色。

俞、玉这两个女人之间的对应关系，就成为片子骨架的一部分：阳刚与阴柔，爱与恨，反目成仇与手帕交的姊妹情谊。

奇怪的是，俞秀莲一看到玉娇龙，就想保护她，替她遮掩；但遮掩到一个程度后，又恨死了她。这对姊妹之间有种心理上的推拿，亲密中又带着较量、带着忌妒，小心眼地你来我往，有一种互比的心态。像俞、玉开打前的相互斗嘴，是女人戏中很好看的东西，这是我连拍两部女人电影观察到的。《理性与感性》里的两姊妹及《饮食男女》里的大姐、二姐之间，都存在着这种混杂的互动关系。

这种感觉在男性之间比较少见，如吴宇森的片子里也呈现出男性之间的纠结，但并非这种紧张。男性间的紧张与女人的手帕交是不同的戏剧化。《与魔鬼共骑》我曾尝试表现男性情谊、男子气概，但做不大来。因为我缺乏称兄道弟的热情，自己也不是很阳刚，虽然片中烧杀掳掠，但到后来越讲越文明。

老实说，我平常对女人也不是很有兴趣，她们想什么我也不清楚，只是女人戏或女人形象比较适合我想表达的东西。

从上艺专起，我就发现自己很有女人缘。常常在校园里，我坐在椅子上发呆，不久就有个女同学在我旁边坐下来，和我聊起天来。在课堂上，也经常是女生自动坐到我旁边。女孩子很容易找我说话、谈心事，但都不会有什么逾矩的事发生。我老觉得很糗，也很不耐烦。高中从和尚学校毕业后进艺专，第一年的男女共处，我不太习惯。自己也想豪爽一些，常跟男生一起混，去打撞球什么的，又不太会打，体育也不强，所以男子气概一直无法获得满足。我也曾为此烦恼，找老爸谈过心事，不过也没问出个所以然。

到了拍片时，还是这样。

也许这和我适合拍女人戏有些关联。至于原因为何，对我也是个待解的谜。因为在现实生活里，我实在不了解女人，可是我还是得拍自己最擅长的。拍男性气概，我做着做着就变味了，到目前为止，我只能做“父子关系”。

至今唯一让我觉得男性得很的时刻，就是2000年在法国杜维尔影展做宣传时那五分钟的拍照时间。当时两个女主角一个在拍戏，一个发烧喉咙发炎临时不能来，只有周润发到场。结果记者会之前的集合拍照就只有我和周润发合照，一时间，几十台相机对着我们闪个不停，我顿时感觉自己好像是吴宇森，哇，好满足！

后来我发现，阳刚十足的男性会有耐性、有那份细心去哄女人，这方面我就很粗心。女人不管多漂亮，要我去捧着她、观察她、反应她，我可没那个耐性。至今跟我比较亲近的女性，大概都是比较主动来管我的。但电影是我的工作，只要跟电影有关，虽是女人戏，我还是能鼓起很多兴趣。

经常有女性主义者认同我的电影，好像我是她们的同路人。我只好跟她们说真话：“我只是适合拍女人戏，我是男人，你们搞什么，我真的不是很有兴趣。”我不搞女权运动，也不是女性主义的拥护者。若从《卧虎藏龙》来看，我不是在做女强人，我是在做男人面对女强人时该怎么办。

李慕白 vs. 玉娇龙（人性的挑战与挣扎）

最初我想做三对，还加上刘泰保与蔡湘妹这一对，但找不起明星演刘泰保，就成了两对。其实两对也只是个架构，我最有兴趣的还是这两个女人。当时我没怎么留意男角，因为小说里并没有提供这方面的素材。就连李慕白本来都是个不大的角色，但越拍越深入，不自觉地就陷进李慕白的角色之中了。我想可能是人到中年，胸中有块垒待申，不觉借着李慕白的心境抒情言志罢了！

一般武侠片或武侠小说里，当大侠面对引诱或道德上的挑战时，情节自然会帮他解决。但在这部片子里，恕我有点煞风景，我希望看到大侠真正面临人性的挣扎，面对武艺与武德的冲突。

本来我没想到玉娇龙跟李慕白之间会有任何情愫联想。先是王蕙玲对这个有兴趣，编入剧中，玉娇龙当时还是很帅气的。但碰到章子怡就改了，因为当时章子怡是个很娇滴滴的女孩，做不出我原先想象的“阴阳共生”的玉娇龙。她的特点就是性感，看不到阳刚的一面，顶多演出凶一点，演个被惯坏、任性的女孩，加上现代中产阶级女孩演古典贵族，气质上也确实吃力。山不转路转，于是顺着她的特性发展，结果是一次很有意思的经验。

书中李慕白仅只将玉娇龙绳之以法，押她回北京结婚，其他部分并无着墨。但我觉得，他在教训她的过程里会有看头，于是从这点切入编戏。因为是周润发演，我就改变原先计划，朝感情戏方面发展。如果是李连杰，可能就照我原先的计划，感情戏集中在两个女人身上。至于玉娇龙对李慕白，顶多仰慕他为姐姐的男朋友。同时“武当传承”的主题，包括名门正派、剑诀不得走歪、师承教训等，也不会像如今这般多所着力。

我曾一再地问自己，在李慕白心中，玉娇龙到底是什么？这堆纠结是否就是“藏龙”？是一种自我毁灭的力量在背后驱策着他？！就像赌徒，不是求赢，而是求输的。没有输干净，不到毁灭自我，他是不会停止的。看到这个女孩，他就知道将有不祥的事情发生，就像青冥剑的“冥”字，看着就令人发毛。眼见一个女孩那么有吸引力，就是会心胆发怵；明知没好事，却恶向胆边生；知道毁灭就在后面等着你，但还是忍不住地往她那边走。人就是有一种自我毁灭的倾向，这与浪漫是非常类似的力量，亦即感性，挡不住的。挡得住，你这个人也没啥味道了。对李慕白而言，就如同是一种难舍行走江湖的兴奋感，也牵引着他走向最后的悲剧。

李慕白之死，是全片的高潮，也是我对原著最大的改动。

原著里没有这段，书中的高潮是俞秀莲助罗小虎一族找寻身世及报了杀父之仇。下集有半本描述这段曲折，他的仇人就是那个绍兴师爷费伯绅，没什么看头。

我得另找出路，本来就寻思如何塑造李慕白的悲怆感，于是做此安排，让李慕白死。

书里玉娇龙师父高朗秋的篇幅很多，这个秀才师父着实有些牵强，碧眼狐狸只是师娘。我就删掉高朗秋，让碧眼狐狸成为她师父，然后把碧眼狐狸改成李慕白的杀师仇人，将江南鹤、碧眼狐狸、李慕白、玉娇龙的层层关系给圆起来。四人之间的师徒情仇、男女关系，就自行架构成为一个循环。

同时，李、俞、玉三人间均有双边关系。当其中一人为中心时，两边各是其他两人，彼此间的关系是什么？当主客易位，关系也随之转换。这里的“位置交换”，好比生活当中人与人之间的关系。

李慕白 vs. 俞秀莲（典范人物的困境）

俞秀莲和李慕白是中国社会里常见的两个典范角色，他们为道德、群体而活。人在江湖，不只靠武艺，还要以德服人。两人为此也付出了代价，在青春将逝的当下，渴望抓住青春的尾巴。玉娇龙的现身及挑战，勾引出他们心中的渴望，他俩要如何面对自己心中的“龙虎”？

李慕白武艺超凡且遵循社会规范行事，堪称名副其实的大侠，在最后紧要关头，轻生死、重许诺，展现大侠当有的风范。但对于江湖的刺激感，其实还是放不下。要李慕白交出青冥剑，就好比要我不拍电影，不太可能。暂时压抑一阵子，勉强可以。但使命感及危机感一来，他的精神就来了。俞秀莲明白，他尚在壮年，还不是解甲归田的时候。

这个家伙就是很无聊，做好人就是很无聊。

当年在艺专演戏时，我就有所体悟。演好人，就算演主角也是说大道理。记得有次演出排戏讲话得罪了人，被罚演个反派，结果那是演得最过瘾的一次，我根本不觉得是受罚。演反派跟画鬼一样，没谱的，爱怎么坏就怎么坏。这次设计兵器时，我这方面的欲望得到相当的满足。记得《天才里普利》（Talented Mr. Ripley）的女作家帕特里夏·海史密斯（Patricia Highsmith）曾言："侦探小说的作者，绝对都是坏胚子。唯有了解邪恶本质的人才编得出那些情节，然后让书中英雄去解开坏人作恶之谜。"她笔下的里普利，正是坏人修得正果。

所以我开玩笑，拍武侠片才知道自己有多坏。我对"好人的坏点子"向来都有兴趣，自从《推手》起，我就尝试让儿子把老爸送做堆 *。其实人的好坏并非绝对一分为二，有时显性、有时隐性，有机会方得展现。

玉娇龙 vs. 碧眼狐狸（幽微变奏的人物关系）

《卧虎藏龙》里，碧眼狐狸的戏不多，但很显眼。她是"女性扭曲"的结果，是人性里"恶"的显性表征。但从另一个角度来看，她最独立，为达目的可以用尽一切手段，她不靠男人，男人只是被利用的工具。

戏里，她和玉娇龙是反派，可是玉娇龙还年轻，李慕白说："碧眼狐狸还未泯灭你的良心。"

---

* 意为"凑合凑合，成为一对"。

表面上碧、玉是师徒关系，其实还暗含着一种奇怪的纠结，我将之归结为一种亲密关系，当成“母女关系”。我跟演员说：“玉娇龙白天的母亲是玉夫人，晚上的母亲是碧眼狐狸。”有些文艺界的朋友看完电影后说：“她跟碧眼狐狸间一定有同性恋关系。”尤其俩人之间的依存关系，提供了很多暗示的空间。其实小说里也许暗藏，不过可能作者都不见得这么想，这些是属于潜意识层次、很弗洛伊德的东西，但那是生活情感的一种实情。用现代观点来看，也许有，但并非我们的着力点。

不过在画面里倒是有些边缘游走的领域。有个镜头是碧眼狐狸从玉娇龙的发髻里拔出银簪，我拍了个特写，后来没用，现在用的这个镜头讯息比较丰富。碧眼狐狸拔银簪时表情很怪异，好像那根银簪随时会戳进玉娇龙后脑勺似的感觉，她边拔边讲：“听说你见到俞秀莲了！”脸上带着诡异的表情，玉娇龙则透过镜子瞪她一眼。

我觉得摆荡在正邪之间的玉娇龙，不只是李慕白、俞秀莲的欲望投射，她是所有人的欲望投射。不管银幕上下，主创人员，人人心中都有个玉娇龙的鬼影子，碧眼狐狸当然跑不掉。

选择郑佩佩演反派的碧眼狐狸，是对武侠类型的致意，一如竹林是向胡金铨导演致意。我觉得她演反派会很有意思，因为她是郑佩佩，之前从未演过反派。而且我不希望碧眼狐狸是个横眉竖目，一看就是坏人的反派，她只是被扭曲的一个例子，她的个性和境遇造成她的扭曲。

玉娇龙 vs. 罗小虎（抓不住飞跃的心）

玉娇龙吸引着罗小虎、碧眼狐狸、俞秀莲、李慕白，他们也吸引着玉娇龙，影响着她的生命轨迹。

罗小虎及大漠的浪漫经验，埋下了玉娇龙持续追寻江湖梦的种因。碧眼狐狸的叛逆、不守规矩的江湖自由，她想追求；俞秀莲行走江湖的自在豪气，俞、李并辔行侠的情境，她也想追求；李慕白的超凡武艺，江湖称雄，她更想超越。追求心性自由的玉娇龙，从这些人身上找寻她的江湖梦，可是这些人个个都要教训她，包括李慕白，人人都想把她落实到一个具体的社会规范里。

其中尤以罗小虎为代表，如抢婚之举及"一起回新疆，回新疆你就舒展了"的愿望。

但无论礼教内外的任何形式（如父母、婚姻及有着肌肤之亲的海誓山盟），似乎都无法锁住玉娇龙那颗飞跃的心。在玉娇龙的世界里，罗小虎的从有到无，恰恰反映着她转折的心境及不断超越的心性。

在电影的后半段，罗小虎慢慢消失了。他本就戏份轻，到北京后，死缠着玉娇龙，没什么出息。在原著里，玉娇龙被他搞烦了，当初答应她功成名就后风光迎娶，结果一事无成，但仍厚着脸皮来找她。过去的浪漫只是环境造成，事过境迁，心境已经不一样了。所以电影里的罗小虎北京夜探玉娇龙，房里的重逢戏只是过场，玉娇龙的心已经飞到另一个境界了。

来回激荡的编剧过程

最早是因为学长蔡国荣建议我看《卧虎藏龙》这部小说，于是请他写第一稿。

后来找王蕙玲，但她正在写《人间四月天》，心没法放在这上面。我又见过一些港、台、大陆的编剧，但始终觉得找不着合适的。

因为急着筹集国际资金，只好找詹姆斯写第一稿英文剧本。虽有文化差异，但他很用功，《老子》、《庄子》、《水浒传》等译本，什么都看。要写《卧虎藏龙》，他就得看原著。但武侠小说没有翻译，只好自己来，我找来曾在《冰风暴》担任过研究员的吉恩·卡斯泰利，两人一起合作，将我喜欢的部分及想法，先从小说里整理出一个大纲，用英文写了给詹姆斯看。

因为中国的东西有时对西方人很难讲，现在研究推销了这么久，当然比较会讲一些。当初我讲给詹姆斯听时，支离片段的，鸡同鸭讲，他怎么都听不懂。

譬如说到梅花针，他就奇怪："梅花为什么会有毒？"我得费神解释那是针尾呈梅花状的剧毒暗器。后来我跟王蕙玲谈起这桩事，她说："那就改成九转紫阴针好了！"诸如此类的事不少。

我们中国人以为理所当然的事，但到了老外眼里，不是没兴趣就是觉得奇怪，因为思绪理路不同。

譬如《卧虎藏龙》里玉娇龙的家庭状况：为什么她家要把她嫁给那样的人家？玉大人到底是干什么的？为什么有个秀才师父养在家里，玉大人什么都听他的？这样的社会架构是他们完全陌生的，但我们却想也不想地就接受了。当我和吉恩沟通时，武侠小说中这类既存的不合理部分就被凸显出来，成为理解上的障碍。但在中国，武侠小说的作者及读者多不理会这些不合理的部分，因为这种文化草率现象对我们进入武侠世界时并不构成障碍，但对外国人却不然。面对一个新的文化，能够吸引他们的，一是好奇心，一个就是了解。而彼此能够沟通了解的基础不外乎逻辑、合理性及以其所知所闻构成的参考架构。如果溢出这个范畴，想要跨越文化鸿沟，就成了难事一桩。

人的认知范围里包括已知与未知，也包括合理性与非合理性。许多未知的部分目前我们多归之于非合理性的范畴，在文化底层及生活当中就存在许多，只是该民族及社会的人已经习以为常，不假思索地就接受了。之所以接受不是基于合理性，而是生活的情感、习惯使然。加上人们对这些文化底层及生活上的“理所当然”，又多是知其然不知其所以然，习以为常却不求甚解，很难说个明白。如最普通的“江湖”，连我们自己都说不出个具体的来历含义。但这种疑问太多，不时被打断，谈兴都没了。吉恩与詹姆斯还算是少数能听得懂我讲话的人。

至于文理部分，有时也得透过另一种文化与逻辑的检视，才能过滤出经得起考验的东西，西到东也一样。工作时，吉恩用心听我讲，也告诉我他有兴趣的部分是哪些。同时他在整理撰写时，还补充了西方人对武侠片可塑性的看法，使得我的想法能够和他们沟通。这是个基础，有了这个大纲，大家才能往上加枝添叶。

在这个过程里，我体会到我们的通俗剧虽学自西方，但要回流却困难重重。以前西方人看武侠片，也是只看武打的部分，至于剧情扯什么，他们也听不进去。一开头我跟他们说故事时，就发现文化跨越的问题，为什么我们觉得有意思，他们会觉着奇怪？在这方面我开始做个桥梁，越到后面挣扎越多。

《卧虎藏龙》在西方从开始时的风马牛不相关，到普及大众，真是层层关卡。吉恩帮我通过第一关，我们一起整理出十几页的大纲来。

詹姆斯看过大纲后，我再讲故事给他听，由他撰写第一稿去筹钱。詹姆斯写了两稿，王蕙玲才接手。那时她已忙完了《人间四月天》。

1999 年 3 月我前往大陆勘景，路过温哥华，在王蕙玲那里和她谈了三天三夜。她已看过詹姆斯的英文剧本，开拍前半年，王蕙玲开始写她的第一稿。王蕙玲以前没写过武侠剧本，原本推了几次。但听我说起想在武侠片里以两个女性角色为主，引起她的兴趣，觉得是武侠片里少有的切入点，这里面也许尚有她的相助之处。

王蕙玲的影响

其实真正为这部片子加添血肉、戏味，是从王蕙玲加入开始的。她对我的启发和影响很大，对片子的帮助很大，我也没办法取代她，她的戏感少见的好。

王蕙玲对佛、道研究很多，不少对白都出自她手，我们从《老子》里编出很多东西来。她很喜欢《老子》中所讲的“致虚极，守静笃。万物并作，吾以观其复。夫物芸芸，各归其根。归根曰静，是为复命。复命曰常，知常曰明。不知常，妄作凶。”就像李慕白一开场所讲的，打坐时感觉到一股巨大的悲伤。而跟她谈论幽冥、青冥剑时，也引发出我对绿色的想法，“玄牝剑法”就是她从《老子》的“谷神不死，是为玄牝。玄牝之门，是谓天地根。绵绵若存，用之不勤”里掰出来的。

本来我最想用《庄子·养生主篇》里的“庖丁解牛”原理作为李慕白的用剑之道，以此传授给玉娇龙。杀牛，一般屠夫用刀一个月一换，好手一年一换，庖丁这把刀用了十九年都还完好如新，因为他刃不碰骨，刀锋是在牛的肌腱里游走。后来因为太啰唆，没用。像这类的话题或是道教的练精化气、色字难断等想法，只有老中有兴趣体会个中三昧。詹姆斯不太领这些玄虚的情。中国有些东西老外来看是有些迂腐，他对《庄子》里其他一些说法比较有兴趣。

王蕙玲对李、玉的感情最有兴趣，玉娇龙对李慕白的情愫是一种很奇怪的东西，她对李慕白有着很多的幻想。在所有角色里，王蕙玲最感兴趣、最认同的就是玉娇龙，包括玉娇龙的所作所为、对众人的反感等。她对李慕白的很多看法都是从玉娇龙的眼光去看的，对俞秀莲她十分不耐，简直不要看。不同于我和詹姆斯，比较从俞秀莲的坐标去看，我比较生根 * 的是这两个女人。

王蕙玲和我太太都是水瓶座的，水瓶座的女人多是怪胎，对权

---

*李安导演的惯用语，意为“根植于”。

威很反感，不能忍受。她们俩都觉得好奇怪，玉娇龙最后的跳崖，为什么那么多人议论。对她们来讲，这是完全合理、想都不必想的结局。而玉娇龙却是我最不了解的，是我的幻想。

刚开始，我对玉娇龙虽有幻想，可是觉得她很多作为既凶又蛮，很不合理，太过头了，觉得这个女孩太过骄纵，王蕙玲则不觉得。她的第一、二稿都写得很活泼、很好玩。

再次合作，比起《饮食男女》时，我觉得她也成长了许多。当年她还很年轻、很单纯。这次意见多了，也很有主见，和她辩论、交谈，刺激出我很多的新想法，而且《卧虎藏龙》也比较复杂。我和她的缘分很特别，不光是她替我编剧，就是平常聊天，也很多趣尽兴。有时我丢给别人一个想法，虽有应声，可并不是真正的回响，久而久之我就不知该怎么办了。但跟王蕙玲聊，东西越讲越多，灵感泉涌而来。

就像八爷怪我给他的是演员，没法儿引发灵感。因为平常他找的是打仔演员，个个能打，越排戏灵感越多，越来劲就越想拍。可是一般的演员，当他设计动作时，就先设想演员可能做不到，已经是七折八扣的了。一排戏，又这个不行、那个做不到的，就再简化，再弄，搞得兴致都没了。

但当我们谈到尽兴时，詹姆斯会插进来提供另一个角度。我们都会难受，但那个又确实有用。因为就目前我们合作写出来的东西还有局限之处，不管从电影的角度或市场来看，华语片有华语片的不足。每次要改她的剧本我都有不得已的苦衷，她难受，我也难受，但这在我们合作过程中是无法避免的，因为我要面对的状况不太一样。有时我觉得对她很歉疚，但没办法。其实编剧时都有不顺的情况，英文剧也是这样，我想没有都称心如意的。

中西合璧，反复琢磨

王蕙玲的剧本出来了，光白念跑马表就三小时四十分钟。

詹姆斯不晓得我们搞什么，希望看一下。于是将剧本翻成英文，他一看，就说："俞秀莲怎么讲这种老贼的话。"起先我还不服气地跟他辩："我们中国人就是这样讲话的。"詹姆斯说："要这样做就完了！"气死我了，可是冷静一想，事实确实如此。俞秀莲守本分，老劝玉娇龙结婚，嫁给一个高官的混账儿子，俞、李之间也是规规矩矩的。我们看认为理所当然，但在现代观众或老外眼里，她就像个极右派的顽固分子，要这样做，会死路一条。于是俞秀莲的部分由詹姆斯重写，可是他写来洋腔洋调的，直接翻译也不对，詹姆斯说："就是这个意思这些事。"结果我又抓着意思重写。

同时又写了十页的角色分析给王蕙玲，告诉她我的设想，玉娇龙虽是戏中不停的"马达"，俞秀莲才是戏里的"锚"，是定点、稳定的力量，请她修改。至于李慕白和玉娇龙之间，她写了很多，许多太白的部分，我将之模糊处理。

基本上李慕白与玉娇龙的戏没怎么动，玉娇龙改动的是泼辣得有些过头的部分，俞秀莲的戏重写。当然我拍的时候又有一些

玉娇龙是戏中不停的「马达」。（叶锦添摄）

俞秀莲是戏里的「锚」。（叶锦添摄）

新感受，所以有加有减。俞、李的戏是比较吃力，我加了很多俞秀莲的戏份，所以电影拍出来后，俞秀莲和玉娇龙半斤十两，戏份很重。这中间经过了很多的努力，原先王蕙玲第一稿时，俞秀莲的戏大概只有四分之一。

这是我和王蕙玲、詹姆斯继《饮食男女》后二度合作，上次是王蕙玲先写，这次是詹姆斯先写。剧本反复修改，来回好几趟。王蕙玲写的詹姆斯有意见，就翻过去再写，写好又翻译过来，再改。钟阿城则帮我们在考据、规矩、语言等其他方面做到位。他也改过两稿，对剧情也有些帮助，因他比较理性、准确，有些东西比较不容易炒热，就再修改。

郁闷的原因

这般难为，大概跟我心中对武侠类型的矛盾挣扎有很大的关系。

对武侠片这个片型以及武侠小说之类的俗文学，我始终有着一种爱恨纠缠。我爱它，因为它是我们中国压抑社会的一种幻想、一种潜意识的抒发、一种情绪的逃避。虽然是个虚幻的中国，却是一个真实情感的中国。但我恨它的粗糙、不登大雅之堂。老实讲，真的不算什么好东西。它好，好在它的野；坏，坏在它的俗。对它，我本身就有着挣扎。这次有机会拍武侠片，我既希望它能一登大雅之堂，人们得以享受对它的寄托与情感，又希望保有它野性的狂肆。但在走向大雅、去它的俗味时，就像把野兽关到笼子里，我得面对许多两难的冲突，如雅与俗、武打与意境、中与西、古与今，要怎么取舍？如何融合？又能为大家接受！

当时我大概一天换一个想法，每个人跟我讲的都有些道理。我也不是傻子，也不是洋人说的就对，或中国人说的才算数。但每种说法总难两全，所以就老是摇摆不定，拿不定主意。

《卧虎藏龙》是我拍片至今最辛苦的一次，几乎每一样东西都是很辛苦地换来的。其中最费神的事就这两件，一个是教演员讲国语，一个就是剧本一直搞不定。当然，武打及拍摄也都很辛苦。但我心里面老是闷得慌，就是因为剧本一波三折，始终无法定下来。《饮食男女》里也曾出现过这种状况，在提升品质时，我们现有的东西不够用，就得借助西方手法，但中西混合时会出现不适应状况，我心里就很警惕。本以为拍古装武侠片，因为它野，能够开很多方便，可以有更大的自由。没想到一做之后，才发现要以现代方式来表达古文及对白的内容，问题比《饮食男女》更难解决；除了文字之外，还有文化情境转换的困难。我心里就很烦、很郁结。当詹姆斯说，这样搞会完蛋，我会怎么想？要调整，又不知道该怎么调。中国编剧的抗拒性很大，不知也不愿去调整，可是照老样子做，到了国际上又真的拿不出手。究竟该怎么做，我也真的很伤神。

逆势操作的反讽

编剧时，使用什么结构视创作需要而定。一般武打片的做法，通常是先将几场大打的戏构想出来，然后再编剧情。因为我希望拍部剧情片，所以是先编剧，然后再设计武打戏，程序上是反过来做的。这是一个戏剧性的安排，我一心想实现心里那个令人心醉神驰的武侠世界，将武侠人物的内心世界、情感，能与观众有所联系，既有优雅的意境可悠游，又有狂放的豪气可驰骋。但逆着现有的做法来做，自然会碰上阻力，从编剧起，我一直在各方力量拉扯中勉力前进。

这次在角色、结构乃至于片型上，都是逆向操作。如没有开场打、结尾定场打；主打的是女人，而不是传统的男人动手。如反派死时没有快感；大侠李慕白，却毙命于妖妇一枚小小的毒针之下，就像哈姆雷特之死，是个错误。玉娇龙以一名乔装的小女子，大闹酒楼，剑挑有名有姓有字号的江湖众家好汉，有如孙悟空大闹天宫。碧眼狐狸与李慕白的师父携手入罗帷，名门正派却来这么一腿……

当初我想以反面的手法来呈现武侠世界，从表面看，是对武侠片与社会加以探讨。其次，我也对这个类型产生的背后本质有着疑问。为什么中国社会里会产生武侠片、武侠小说这种类型，而且大家都爱看，又历久不衰？是因为中国社会本身就是一种病态，它是社会压力挤压效果的外显？！因为中国人的压抑在武侠世界里找到了出口？其中卧、藏的，怕就是道教口中的“龙虎”（情欲）。

倒叙与拼贴

这次结构上的最大难题是倒叙（flash back），那是个很大的跳动。几年前我头一回兴起拍武侠片的念头时，曾问过詹姆斯几个问题。第一个问的就是，回忆那一段到底拍不拍。因为想象上就是得去个十分广阔遥远的地方。

我问："用倒叙手法好不好？"他回："中文片，又是武侠片，有何不可？"拍武侠片就有借口玩许多平时没脸做的招式。因为这种倒叙手法，如今已极少用，顶多是意识流穿插一下。这次能用，也是托武侠片之便。曾有一稿剧本里，李、俞也有段倒叙，只是时间较短。

这次经由观众验证，发现倒叙手法没什么问题，只要拍得好看就成。但在"进、出"的刹那，容易分神。所以大漠那段戏一开始就要精彩，得霎时间就吸引住人们的注意力，立即被带入那个广袤无垠的奇异天地，忘掉连接上的不合理。怎么故事发展到最吃紧处，突然转向？我尝试用拼贴（collage）的手法，放到观众面前，但得保证戏要好看。后来发现倒叙的戏很重要，玉娇龙逃婚、离家出走、盗剑行走江湖、追寻武功最高境界的动机，都来自大漠经验。

片子的结构很像绘画里的拼贴，不像《饮食男女》或《冰风暴》是分多线进行、呼应透明。《卧虎藏龙》在架构上不全靠彼此呼应，而是每段均有线性发展，各有故事。在结构上，是以大块面色调呈现，如沙漠一整块红，江南一大片绿，窑洞 * 转为晦暗色调。北

---

*李安导演的说法．系指为拍摄影片，在窑场搭设的封闭式布景。

京白昼多彩似锦，夜晚灰蒙单调。我觉得拼贴结构蛮适合表达廉价小说（pulp fiction），就像武侠小说，虽然不登大雅之堂，但充满了野性，所以一开始我就把基本结构定在“拼贴”。

虽然每种结构都有公式，但编剧时不能直接套公式，因为电影要“活”。编剧不同于学术理论，学术理论只要说得通就行，别人要挑战你，得在同样体系里讨论，所以只要在这个自定的体系里打不死就成立了。但电影是要卖票的，不能套公式。通常一个结构出来，有行得通的，也有行不通时，写不通，就得想尽办法变通，它才可能有活力。至于如何才算活？人的直觉是重要的指标之一。当“架构的设计”、“比例的匀称”掌握之后，接下来的工作就是检视“流畅感”及“细节的缠斗”。大家给意见，我自己也观察思索。创作过程应该是比较活性、有机的。有的地方乍看不合理，可是它说得通，就得服从相信，它一定有个道理，只是当时没看到，但会有所感应。事后分析，原来另有着力点。

语言问题

对白，追求宜古宜今

戏里的对白，有王蕙玲的，有钟阿城的，有詹姆斯的，也有一些我写的。有文艺腔的、地道的、半文半白的、半中半西的，来路很多，是个混合体。

从写剧本起，对白就是个问题。这次我们碰到的问题比《饮食男女》时复杂，除了有相同的“中西”要如何转换外，再加上“古今”要如何表达；到了拍摄及后制阶段，又有发音、腔调的问题有待克服，我真的是没料到。

其实语言问题要考虑的层面非常多，包括腔调、发音、表达的流畅性、情感的传达、对白的遣词用句，语法、内容本身，观众生活的习性与观影的习性，还有对外来语法欢迎或反感的情绪，以及观影当时的外在环境因素等，很多因素掺杂在一起。可是我拍摄时，许多环节还没法解决，当时真是一个头两个大。

拍西片时，语言上虽然也要调整，但总有个路数可循。而拍华语片我经常抓瞎，不知该怎么办，或因为我欠学，或是中国的戏剧语言现在本来就不够用。每次拍华语片，我一想要突破，就在语言上碰到捉襟见肘的窘境，许多问题也不知该去请教谁。如果照过去的做法，一来是成功的例子真的不多，二来过去的讲法和想法，现今又多不适用，语言是活的。这又是个古装片，要是做到地道，现代人会觉得不好看，过时了；要好看，华语片现有的东西就不够用，得借助外力。中西夹杂，就做出这个样子。

情话、侦探推理，借助西方手法

在撰写对白阶段，这次最头疼的就是恋爱戏及侦探戏，都不得不借助西方。

譬如侦探戏，我以为中国古时候的案堂戏、审判戏，就没法跟西方的侦探戏及法庭戏相比，一拿出来便自曝短处，包公、施公案、清代四大奇案、法门寺、三堂会审等，多只是讲故事，很少提供精彩的辩驳、推理、抽丝剥茧的过程。要拉至齐头的水准，我当时能想到的，就只有借用西方手法。

像玉夫人、俞秀莲谈论陕甘捕头被杀事件时的一问一答，即借用西方侦探式的对白。拍摄这场戏的前两个礼拜，我是从詹姆斯稿里硬改的，演员马上背台词。因是从英文改过来的，所以对白半中半西，当时我真不知要用什么中文语词来传达，也没见前人说过，古人怎么讲，我真的不晓得。

又如李慕白问俞秀莲有关碧眼狐狸下落的侦探戏，那句："案发当时，你在场吗？"京剧里的念白"案发你可在场？"或"你可知晓？"都不够白话，不适合现代，要拍了没办法，只好借助英文。

而玉娇龙和罗小虎山洞里互诉心曲的文艺腔："小时候，有一天夜里，我看见天上落下千万颗星星。我想，它们都落到哪儿去了呢？我是个孤儿，我就一个人去找星星，我想，如果我骑马到了沙漠的另一头，我就会找到它的……"也是詹姆斯用英文写的，再经阿城综合，加入一点新疆味。

至于玉娇龙跳崖，书里写她因为父增添阳寿许愿跳崖，要是照着编，不论是老外或现代老中观众看，大概都会一头雾水。这样一心只为巩固自己官位而嫁女的老爸，还值得为他跳崖？！真是天方夜谭。所以得加以改动，换个中西方大概都接受的说法，预作伏笔："我们有个传说，如果谁敢从那个山上跳下去，天神就会满足他一个愿望。很久以前有人父母病了，他就从山上跳下去，结果他没死，一点伤都没有……真心的，就会实现，我问过老人，他们说是，心诚则灵。”

其中最后定稿、最搞不定、让大伙伤透脑筋的一场戏，就是李、俞竹林表白的谈情戏。

这场戏很多人写过，已经混杂到我忘了初稿的来源。詹姆斯看到王蕙玲写的，又再写一遍。都不行，又拿去给阿城写。我不好意思让王蕙玲知道，后来没办法，还是给她再写，我自己又改。

就因为这场戏有它的任务，好久没见到他俩了，情节刚从倒叙回来，必须提醒观众，他俩在恋爱，后面的戏才接得上。但一肚子情话有口难言。若用中国式的间接表达，电影不知要演到哪年哪月，只好让他们坐下来直接表态，至少把该讲的讲清楚。

其实我觉得，这段台词是很有内容的台词，现代人都这么讲的。如直接从英文翻过来的“刚才你握住我的手，你能感觉到它的真实吗？”这类的对白，就辩证逻辑来讲，应是很不错的台词。虽然感觉上中国人以前好像不是这么说话的，细究其实未必。我想，两人都已成年，是老江湖了，单独在竹林亭子里，不见得不会讲这种话。谈恋爱时，两人之间的私密对谈很可能讲的就是这些话，虽然过去文章戏曲中少见，但实际上古人互诉衷曲时谁瞧见过，两人房门一关，难保不这么说。

这句台词是詹姆斯写的，他原先不知从《庄子》哪本翻译本看来“空谷回音”的讲法——在空谷中，人无法用喊叫声阻断回音——所转换出来的，但后来没用。

接下来李、俞谈情说爱的对话，均由王蕙玲捉刀。因为我喜欢做一些“空性”和“实性”的辩证，也曾想过，当年的竹林七贤私下对谈不知口语为何？写到李慕白握着俞秀莲的手时，王蕙玲想起曾听一位师父说过：“我们能触摸的东西没有永远。把手握紧，里面什么也没有。把手松开，你拥有的是一切。”就借了来用，这是佛家的想法。这场戏混杂了古今中外，来路很多，大家都有贡献，又剪掉了很多，真是噩梦一场。中国人大概真是拙于谈情说爱吧！

但这场戏对俞秀莲很重要。没有这场，就难以衔接后面，就因为有这番表白，俞秀莲才死心塌地，方有窑洞的精彩，它是奔回本垒前的牺牲打。这场戏我曾删掉过，剪辑时，有好长的时间不在片中，后来觉得真的不能删。而且自觉古亭竹林拍得也挺雅致的，实在不忍割爱。

从多方尝试，到急中生智

这次的对白除了上述半中半西之外，还包含了地道的、半文半白的及白话的混合体，都是不得已之下，所做的各种尝试。

有对白用语现代感十足的白话，因为连古文里都没这种语词。如“自由”，据钟阿城考证，中国到 1894 年尚无此名词，还是明治维新后日本人从英文译过来，我们再从日文翻过来。“自由”，现在很普遍，因考虑背景时代是清朝，就改成“自由自在”。

有用字、含义及语法应都是十分地道的台词。如铁贝勒看剑、评剑的一段话：“长二尺九，宽一寸一，护手一寸，宽二寸六，厚七分，两耳各长一寸五，剑柄原镶有七星，从剑身的旋纹看，是先秦吴国的揉剑法，汉朝就失传了。……剑，要人用才活。所谓剑法，即人法。”这是出自王蕙玲之手，翻成英文都觉得好玩。还有铁贝勒与江湖人物的对话：“按说京师命案要由九门提督处置，死者又是个官差，你确定杀人者就在玉府？”也是王蕙玲写的，再由钟阿城加以简洁。

而玉娇龙上馆子叫菜的戏是她的拿手，很俏皮，菜单书里就有，但用“大馆子去叫”，一句话就点出玉娇龙大家闺秀的身份。

有些对白出自王蕙玲，我拿掉了，詹姆斯却来追问：“以前不是有那句话吗？怎么没了，很好玩啊！”如“武当山是酒馆娼寮，我不稀罕！”因而起死回生。

其中玉娇龙白话骂李、俞的话，我觉得最动听，好像是骂我自己的。如她对俞秀莲说：“朋友是作假的，只是不知道，作为我的敌人你能撑多久！”又如她在竹林里骂李慕白的话：“你们这些老江湖，哪里见得到本心！”在剧本里“老江湖”还是“老酱油”，那是钟阿城写的，是北京人骂人“老混混”的话。但除了老北京知道，其他人都不知是什么意思。“老酱油”是讽刺北方人什么菜都掺上酱油，已经尝不出原味了。后来配音时，因为怕观众不懂，我看嘴型还对得上，就把“老酱油”改成了“老江湖”，真是什么来路都有。

本来用“老酱油”也蛮好的，李慕白玉树临风一身白袍站在翠竹绿梢，被玉娇龙张口一啐“老酱油”，黑不隆咚，挺有意思的。每次她一出言，就把李慕白逼得没话说，像她骂李慕白：“别到了庙里就说和尚的话。”也出自王蕙玲。

玉娇龙话语尖锐、动作挑衅，都是反映她的个性。她就像孙悟空，踹翻的是儒家的正统大旗及对人性的压抑。我感觉大概稍有现代意识的女人，常常不喜欢儒家。儒家那一套，好像是男人用来统治女人所编出的一种架构。

其中不少台词又是急中生智，当场给逼出来的。如最后一场玉、俞决斗时的对白，是拍摄前一个钟头我才想出来的。两人开打，打到一半停下来，那时俞秀莲已经换了四件兵器。我想，玉娇龙要说些什么，才能把俞秀莲给气疯。脑筋一转就想到，俞秀莲使用各种兵器被削，只因为玉娇龙手持的是李慕白的青冥剑，正是俞秀莲最宝贝的东西。于是我安排玉娇龙以指抚摸剑身，察看有无缺口。俞秀莲一看，急怒攻心又无可奈何，只能说："不准摸！"玉娇龙当然不听，一面摸一面说："有本事来拿！"俞秀莲真是嘴巴上也输，手里又打不赢，于是蹦出一句："有本事就别用宝剑！"

玉娇龙嘴上就挤对她："哼！打不赢怪兵器不好。去选，我等你。"当时我还犹豫要不要用，怕太恶毒了，摄影师鲍德熹在一旁说："你不是就要这种 bitchy 的感觉吗？"那场戏里，有两样东西是我现场想的。一是玉娇龙所说的台词，另一个就是俞秀莲用计得了上着，断刀架在玉娇龙脖子上却下不了手的举动。她明明赢了，到头来还是输给玉娇龙，就因为两人的个性差异，玉娇龙最看不起俞秀莲的迂腐。李、俞两人都厚道，每次想不顾面子耍狠，都拉不下脸，在个性上就赢不了。在这里，真正的英雄、毫无顾忌地追求自我的是玉娇龙。

坚持原音重现

一开始，因影片发行的方便我就打定主意用国语发音。虽然明知周润发、杨紫琼的发音带有广东腔，但我还是一如初衷，虽千万人吾往矣！除了请老师上课练发声外，并在配音时尽量补救，我和演员都尽了力。

拍片前，演员们苦练了五个月，杨紫琼、周润发练到睡梦中都讲台词。现场收音拍。拍完后在北京、香港、纽约从头到尾又配音三次。声带里的每句话、每个字，每次都配上几十遍，有时每一遍都得教口音，还得指导他们的情绪。演员就一遍又一遍一字一句地演，还要注意声量（想想反过来让我讲广东话，大概也是这么痛苦吧！），然后再亲自不厌其烦地从中挑选组合，一个字一个字由美国配音师做进去，有时一个字还分三个音节组合起来。混音时，每个字还要跟其他的字取得平衡，背景都不一样。真是做到我都躺下来了，才做出如今这个样子。当时我曾心生念头，想先杀了演员，再咬舌自尽！

但有时候演员真的改不过来，就算讲一万遍，他还是分不出一声与四声的差别，"江湖"念成了"糨糊"，我也不知该怎么办。《卧虎藏龙》每一样都是痛苦里熬出来的，我现在自己来看，好好坏坏，从来没有一部片子让我这么费力操心的。

做英文字幕时，不是直译，而是照西方模式、以欧美观众所能接受的讲法及语法尽量传达相同的意涵。这又是另一番大工程，得经过多道手续。因为英文字幕跟对白不一样，而是重来一遍。如詹姆斯的英文对白这样写，我觉得中文不是这样讲的，或是没有这样的口气，我就按原意另写一句中文对白，英文翻译再照我新写的翻成英文，而不是参考詹姆斯的原文，翻出来的，才是做英文字幕的原始资料。詹姆斯再加监督，然后再精简，这已是三四道手续以后的事了。

心情告白——台湾引发的广东国语*问题

不过语言问题还是在台湾先行引发，《饮食男女》的老问题我又接着面对。记得2000年7月《卧虎藏龙》在台湾"总督戏院"举行第一场公开试映后，我的助理李良山正好人在台湾，立刻打电话来将观众的反应告诉我，我就又上了心。对白里的文艺腔、半文半白、半中半西，虽然更贴近生活，但大家熟悉的是配了音的标准国语。演员的广东口音被扩大渲染开来，跟我所预期的气氛全然不同。自此片中的广东国语在台湾一直成为话题。对于来自家乡的批评，我始终记挂在心，经常睡不好觉，为的也是这个。

凭良心讲，周润发在片中的国语，我觉得他百分之九十是没问题的。杨紫琼的发音及腔调是有问题，但我觉得声音本质能够传达的情绪比听配音的标准国语要感动人，所以我还是割舍不下，保留原音。但台湾某些观众要批评，我也没办法。不过听到有些来自台湾的批评说，这部片子是拍给西方观众看所以不在乎口音时，我很难过。当初我的想法并非如此。也许公平一点的讲法是，我的片子需要西方眼光检验，尤其我受了很多西方戏剧教育，这是我的本行。所以拍片时，我知道哪些东西通不过西方标准，尤其是西方的艺术院线。我爱面子，想提升主流华语片的品质，为

---

*指广东口音的普通话。

华语片脸上贴金，打肿脸充胖子。

老实说，我觉得以现代眼光来看，中国古典的东西的确有不足之处，必须借助西方的知识及手法来补强。不论是从西方的心理分析、社会学、戏剧性、语法、美学观点，还是西方结构的情节推理等各方面的优势，我都希望能做足，而不是靠个人自我的艺术感做单线性的发挥。因为尚少有前例可循，我常常得单打独斗。在奋斗的过程里，就需要像詹姆斯这样的伙伴来帮我填补剧本里缺乏的东西。在融合时会有些疙瘩，尤其是语言、思维方面，也许我需要修点语言学或比较文学，可是又觉得不只是那么简单。学问好的没有卖片经验；写得称头，戏又不热络也不成，两者间的鸿沟要如何跨越？要既正确又叫好叫座，经常两难，确实是另一门学问，我也不知该请教谁。

同时华语片水准一提升，跳到能与西片力拼的局面时，问题也随之浮现。以往华语片的底子不够，在我们的制作及观赏养分里没有的一些东西，观众也就将就了。如今排除万难做到位，把观众的心境提升到某种品质，他的要求也随之增加，但华语片的整体制作环境尚未跟上这个脚步。当品质提升还未成为常态时，一个特例有如打开的潘多拉之盒，观众眼界一开，但后勤补给却跟不上时，等于是自找麻烦。

但要就此罢手，又不甘心，也做不到，因为已经走到这个地步了。我们这一代的导演面对的要求与企图，和上一代又不同，如今的我们好似过河卒子，只有硬着头皮去做，希望能兼顾艺术与市场、东方与西方。

在这个努力的过程里，我深切地体会到华语片一定得转型。若照过去所谓地道的方式拍，现在连华人观众都不看，更别说外国人了。对白还只是其中的一环。其实片中有些台词我觉得好，有人接受，有人就觉得这不是中国人的讲法，是拍给外国人看的。我听了，当然有着“为谁辛苦为谁忙”的伤心与无奈，难道作品的优劣必须以地域作为依归吗？可能是我的中文不够好，也可能是中文根本就不够用。我知道也有许多华人观众很喜欢。我会继续努力，希望能找出中国人普遍都能接受的方式。得奖、卖座成功，并不表示我都清楚了，我还是打了一场迷糊仗。

记得将中国女排带入国际体坛的袁伟民教练曾说过类似的话：“跟西方比，我们体能各方面都比较差。但运用这两个简单的原则就有希望能赢：他们的强项我加强训练赶上去跟他扯平，我的强项我一定要赢他，这样我就有胜算。”我期望自己也能如此。在电影里，我们有强项，但不足之处大家得诚实面对。现在中国人大多不看也不在乎华语片，可是一有所变动，就会有人有意见。也许是他敝帚自珍不习惯，也可能是你做不好，还可能是各人的品味不同，原因庞杂。

若是要拍给西方人看，我用英文拍就好了，何必费上这番周折，逼老广讲官话，搬石头砸自己的脚，受那么大的罪！

有时想起，心有余悸，想不通，够笨！到底要怎么拍才通？也曾想，再也不要拍中文片了！不过我知道，越是恐惧逃避，我越需要去面对，它就像是我的青冥剑！

千回百折的选角过程

华语片不景气已经很久了，具有国际卖相、挑大梁的演员难寻。而电影，就是要靠上相。一般人的脸就是吸引不了观众，我拍片越多，越是不得不信这个邪。像周润发，他一出现在大陆，整个现场马上沸腾起来，要是换个人，效果就是不同。

每次开拍前，我都会视情况培训演员，这次也不例外。杨紫琼最先到，五月就来北京，开始勤练各种兵器如九节鞭、单双刀等及陈式太极，同时学国语，她下功夫最早。周润发也是开拍前两个月就开始做功课。章子怡开拍前一个多月才定案，所以加紧训练，就在北京大伙住的紫玉饭店，每天从早到晚集中训练，学的东西还不少，有骑马、练剑、练字、学礼仪、走花盆底等等。我要她练字，不是要把字写好，而是训练她能沉得住气，要她站有站样、坐有坐相，别心浮气躁。张震则太瘦了，得加餐饭吃得再壮一些。因为在新疆戈壁沙漠的戏，他要露出胸膛。同时还练骑马，张震体能很好，练了十次就很有个样子，大概家学渊源，双亲都曾是体育老师。

周润发玉树临风

周润发造型出来的感觉我觉得很好，大侠，气魄慑人。他个子高，虽不灵活，可是架势十足，仅一席长袍，就侠气干云，造型简练。厉害之处就在他的眼睛，气度不凡。拍下来，我觉得目前整个华语影坛还没人有这种神气。

拍武侠片，本来想找李连杰，李连杰因为太太要生小孩，不能接，就想到周润发。不过很难想象他剃了头梳起条大辫子的模样，加上人又高大，不知比划起来如何。于是拿他的近照放在电脑里模拟，去掉头发试试看，还不错。王蕙玲就特别爱慕他的眼神，她说：“他的同一个眼神，可以看敌人也可以看情人。”那是个很带戏的角色。演出头两天他自己都说：“林青霞沉寂了很久，演了一部《东方不败》，之后连演十几部男装造型退休。我演了这部戏后，不知是否也演十几部大侠退休！”我说：“不会啦，你还有很多角色可演，你是个很好的演员！”

周润发经验很丰富，比我认识的许多导演还懂镜头。镜头一摆，他就知道你在干什么，好不好看。跟他合作不必多讲，只要把角色和他沟通一下。他跟过多少导演拍电影，结果也都与观众印证了，所以他很懂。不过要他感人比较困难，因为他做戏做得好。他与章子怡的情形，一如《理性与感性》里的埃玛 · 汤普森和凯特 · 温斯莱特，是老手与新人。

现在拍戏时，对演员我大多明讲，越直接越具体他越能掌握。不过一些形象的效果与气氛不必多讲，讲，是为了鼓励演员。

一些资历深的明星，如周润发，我会说出形象与气氛来鼓励他。像拍竹林戏时，就点出他要有玉树临风之姿，还不是直接跟他讲，是说给武术指导听，稍微大声点，他在一旁听到，劲就来了。吊在林梢时他直问：“我有冇玉树临风啊？！”跟他讲有帮助，因为他脑海中能浮现出“形象”的效果。这些话那时候跟章子怡讲也是白讲，当时她是新人，只要按照指示做到需要的动作，她的努力就够纯真动人了。

做亚洲宣传时，周润发对我说："很好玩，在我演艺生涯中至今两部最重要的电影，我都成了导演的代言人。"1986年周润发演《英雄本色》时，正是吴宇森最落魄、感触最多的时刻，他受惠于朋友义气拍了这部片子，为之一抒胸中郁结之气，在世态炎凉中展现江湖情义。而《卧虎藏龙》则碰上我步入中年，心中有所感慨，不吐不快，用他当代言人。其实他的个性与夫妻关系，我蛮能了解的。在影坛他也等于是大侠，但生活上就需要女人帮他搞定许多事。我一提李慕白，他马上了然于胸，所以无须多言，只有几场戏提醒他自然一点即可。譬如最后窑洞的戏最重要，李慕白魂已走远，不是他精神能控制得了，但还得说话。濒死边缘他在挣扎什么？怎么用余力讲话？提醒他一些技术，要感人，而不是演令人崇拜的大侠！

片中我主要就是塑造三个角色。其中对周润发饰演的大侠要求又特别多，希望从气度、身形及眼神来展现大侠应有的风范。长久以来，我心中对中国的"侠"，尤其是宋、明、清技击武术较成熟后的理想人物，一直有着幻想及看法。但在将幻想落实呈现的过程中，确实困难重重。我自觉周润发这次演出的内敛神气与以往的外放神态有了很大的转变。

后来林怀民与我在纽约见面谈起《卧》片第一句话就说："周润发'藏'得真好！"

在我心目中，武当大侠李慕白呈现的应是一股圆活谦虚的气度，神气内敛，莫测高深，让人摸不透，而非抬头挺胸，神气外现。这种体态、神情，其实和练武修道有关。

武书上说："凡练武功时，须饱食而足睡。修道功时，须减食而省眠。功成之后，尤须压抑。是以武功一道，非有坚忍不拔之志者，难得有大成功；非忠义纯笃者，难得有大造就；非谦和恭敬者，难得有好善终。"

练功就得逆着人的惯性、本性。惯性不需学习，天生就会，是一股蛮力。但练功时则是透过压抑或松散本性，摆脱一般反应的牵制，将力量导入正道，成为实力。练成后，在这一层次即能运行自如。使劲时能用对方法，就跟一般人处于不同的层次了。若不能放松，精神力气都用在反应正发生的事物上，只能就眼前的一切做出反应，被现象界所牵引，无法跳开既有的局面，无法看到背后的曲折，无法洞烛机先、掌握优势，先一步、进一步地去反应，即无法进入不同的层次。所以武功修道有成者，应该是"神松意紧"，骨藏棱角，外圆内方。筋藏劲道，力气在筋不在肉，肌肉是放松的。这也是为什么我要求周润发做神气内敛的演出。

但现在看到很多武侠片里的英雄，神态多半是耀武扬威，践得二五八万的样子，我看着就不起眼。动手过招时刚猛毛躁，表现的是一股狠劲。我觉得大侠要狠，气质模样就不帅了。镖师要把式好汉一条，才来那股横劲儿，内家子应该不是这副德行的。练武到了化境，在身形上，讲求的是舒畅自如，不助长蛮劲，即"勿助勿长，必以端正为本"。由内而外，大侠看来应该就像文人。"静如处子，动如矫兔"，动手过招，你看不出他的来路；一搭上手，他把劲道都给化掉了；你摸不到他的劲道，好似无物，什么感觉都没有，但人已经被打飞出去了。即便使的是暗劲，对手都还可以摸出劲道来路。但大侠练至最高层次的化劲，可以把对方劲道化掉，把人吸进来，然后一扯一推，用自家内力把人转回来再往外送。

练武乃循序渐进，经过明劲、暗劲、化劲的锻炼层次后，再自然透出“含胸拔背，虚灵顶劲，塌腰敛臀”的神意，逐渐讲究形、色、神、气、用。有功夫之后才能在神意上讲求。“意”本身就是一种气势。这种气势的强弱大小是逐渐练成练大的，它不是霸气，是一种神气，一种王者之风，令人感觉到如沐春风的和煦。气势所形成的场，又叫“场势”，像大侠李慕白就应有这种场势。

场势要从小场、小功夫开始练，场子越练越大，慢慢形成，是很自然的东西。若拍《卧虎藏龙前传》，我最有兴趣的就是李慕白如何练出场势的过程。先前还得靠打，有着多方面的挣扎；待场势练成后，一现身就是大侠，不只因为武功，还有人品、人望，都得令人服气。

在气度上，大侠的重心是靠自己的意识去品味。意识并不是思想，而是一种人的感觉运动。置身静中，静而生慧，而明白中平之势。片中李慕白有句教训玉娇龙的台词：“你要修武德，才能体会静中之动的道理。”即修炼至“静中之动方为真动，动中之静方为真静”的境界，此与武德的修炼息息相关。武当大侠在意识上的抽象体会乃中平之势，在形体上的具体呈现即松垮之姿。这种重心立正、四平八稳的感觉，无法刻意追求或引留，它是不招而来，不期而至的。有了体会了悟后，人的气度、面貌及身形又不一样了。

为了塑造角色，使李慕白能在行为举止间自然流露出武当大侠的这股神韵，我把这些道理写出来给八爷及周润发看，要求八爷照这样的神气来编排李慕白的动作及姿态。八爷刚一看，就说："哇，这个谁看得懂！要怎么搞？！"

不过后来还是勉力而为。如使出招式"形曲力直"的要诀是，不管如何形曲，但从哪个方向发招都是直力，是八方风雨般地散发式出招，啪，快速有力地正中要害。当然在剧组里，任谁都没这份功力。不过拍电影要的是有那个样子，就算有个样子，已经很不容易了。我觉得周润发古庙里使剑的那几招，是在外形神气上做出了几分"含胸拔背，虚灵顶劲，形曲力直"的模样来。

至于"含胸拔背"的姿势为，胸部放松，别挺得老高，背部脊椎骨挺直，好似有根绳子吊着头。练功时要"沉肩坠肘，含胸拔背，虚灵顶劲，塌腰敛臀，松腰松膝"，这是最佳姿势，中西皆然。如中国的太极拳，西方演戏时的亚历山大技术（alexander technique），两者强调的都是：头吊着力道往上，身体垮下去力道下沉，像个衣架子，既放松又看着有劲，即"松活劲"，这是演戏最好的姿势。就我观察，中国内家练功的诀窍与西方演戏及训练演员的方法是相通相合的。唯一不同的是，西方是舌头垂放，我们舌尖轻顶上颚，任督二脉的气流才能贯通。

片中曾有一幕戏是李慕白指点玉娇龙"含胸拔背，虚灵顶劲"的正确姿势。当他把玉娇龙打飞出去之后，玉娇龙摆出这个架势，头顶起来，准备再打回来。李慕白当场加以点化，顶劲，高明的不是用头顶，在此"顶"是名词不是动词，是"顶的劲"，玉娇龙这才恍然大悟“虚灵顶劲”的真正含意。中国文字十分奥妙，一字之误，谬之千里，非经名师指点或自我磨炼，不得体悟真义。这幕一来因为戏太长，二来李大侠教女生时话讲得太多，看着也不太正经，后来剪掉了。

我觉得周润发演出了几分我心目中武当大侠的内敛场势气度，拿捏上掌握得宜，那种体态、心里的挣扎、讲台词的分寸，还有剑一出手的那个气度，并不简单。剑碰剑，是真的对上，而不是只凭空挥舞。整个人干干净净的，是一个完整的角色。这些，有的观众欣赏，有些只挑剔他的口音，我觉得不是很服气。

杨紫琼真情流露

放眼天下，俞秀莲的角色也只有一个杨紫琼，再没别人。不管从电影工业、商业、年纪、素质来说，就是她。

杨紫琼没看剧本就答应演这部戏了。我们第一次碰面谈得不多，但我告诉她：“我要拍一部武侠版的《理性与感性》，讲两个女人的故事，你演埃玛·汤普森的角色！”

没想到，杨紫琼的戏份才拍了一星期，她就受伤了。袁和平和我坐在那儿呆愣着，都说想不到。听武行说，越简单的动作越容易受伤，危险场面十分谨慎，反倒受伤的少。

受伤时正值凌晨三四点，拍的是她跳起来回旋踢，一落地摔倒。可能是太累了，连着几天都拍晚班武戏。这次的武打动作又不太一样，镜头很长，如一个 take 里有二十几招，转身、踢腿、对打……杨紫琼很久没拍过这么长的镜头了。

受伤之后，她还直说："没事、没事。"就感觉着两块骨头砰地撞在一起。

她头一个反应是向对手说："哇！为什么你踢我？"

对方说："不可能，该是你踢我啊！"

于是倒片来看，发现她一下腿时，两块腿骨相撞就摔倒了。当时还站起来慢慢走，本以为过两天消肿后就没事了，可是隔天起来走路就有困难。杨紫琼以前滑雪时右腿曾受伤开过刀，知道那种感觉，不仅开刀时很痛苦，复健治疗期还长达半年。

她回美国检查，医生说她左腿膝盖的两条大韧带扯断了，伤得不轻，一两个月后才可以继续拍片，但只能慢慢走，不能跑跳。她打电话回来告诉我，我也只能发愁："怎么办！为什么是她，她是唯一会打的！"

医生给她开刀后，第二天马上进行复健，我就等。有次杨紫琼问我，会因为她受伤怕她辛苦我就便宜行事么。我说："你知道我不会，因为电影上映时，我不能打字幕说，很抱歉，因为主角受伤，所以无法做精彩的演出。而且疼痛是短暂的事，电影一显影后是永恒的。"

拍片时，我未曾要求她做一些细腻的小动作，是她自己思索发展出来的。我觉得杨紫琼很想演好戏，可是她过去合作的工作人员多是武行出身，有些坏习惯。她演英文戏时没有，不过一说华语，下巴就会往上扬，用下巴去强调一个字或先笑一下，这些都是因为没信心所造成的下意识动作，是使用第二语言或在不讲究演戏的工作环境里所形成的坏习惯，我必须盯她。演戏时，一说华语

放眼天下，俞秀莲的角色也只有一个杨紫琼，再没别人。（张靓蓓摄）

她就会分神，我还得帮她注意咬音、口气是否准确。有几场特别困难、感情重的戏反倒没问题，因为情感会带着她走。反而是跟玉夫人闲谈江湖事客套话时最困难，我要帮她安排节奏，一点一滴地硬做。

总体来看，杨紫琼的形象与气质十分贴近俞秀莲，戛纳影展时有位外国作家告诉我："她一出场，望着李慕白，那一个眼神、表情，就道尽她为他压抑了多久。"

在演戏方面，她是我见过的一个特例。从影多年，可是没演过什么好戏，所以都已经是大明星了，可是还有那份纯真在。以往拍打戏不讲究演戏，所以这次对她是蛮新鲜的。也因此在演戏上，她有如孩童般的纯真、好奇。我觉得，她一辈子好像就为了等待俞秀莲这个角色。

奇怪的是，抽象的解说对她倒很有效。通常演员越直接越具体越少说越好，想得太多反而表现不出来。她不太一样。如果前一天我跟她讲一些抽象的、感性的东西，第二天，不但入戏，而且很让人感动，她就吃这一套。

这部片子里，她和李慕白的角色都有一种"少年子弟江湖老"的味道。我觉得她呈现出另一种美感，不是漂亮，但很动人。从演 007《明日帝国》（Tomorrow Never Dies）到《卧虎藏龙》，也有段时间了。她为了这个角色付出很多，清装戏的造型头发必须往上梳，但头发一梳上去就显年纪。

演员，尤其是明星，牺牲是为戏好，博取观众同情。她有明星的压力、语言的压力、年纪的压力，演出的第二个礼拜，腿筋又断了，最大的长处没了。赴美就医一回来不久，就拍窑洞里与李慕白的诀别戏，自然百感交集，压抑太久了，好可怜。她坐在木盒上抱着垂死的李慕白，膝不能弯，绑在架子上，直直高高的，又肿，只能拍脸部近景。周润发身后有根柱子撑着，假装让她抱着，伤的脚摆在旁边椅子上，就这样演戏。她那个哭不是假哭，是真的肝肠寸断。我看演员多年，他们干什么，真、假，我都清楚。我晓得她哭的不只是俞秀莲的委屈，而是她自己有多少辛酸！拍摄时我自己拍片的苦水也被搅动，在镜头后面跟着掉泪。因为梦寐以求的动人情景，多番折腾，终于看到了、拍到了，我很感动。这里面也有我的辛酸，好像她帮我哭出来了。我可以体会杨紫琼的感受，她的事业、人生走到什么地步。身为演员，当她忍不住真情流露、坦然地暴露在你面前，完全不设防，这种全然的信赖，十分可贵。

不过拍摄时，我还得注意一些技巧问题，如眼泪的流量、泪眼背后眼神的思量、流泪的时机等等，有时演员在我讲戏时就哭了，等到正式来时却没了眼泪。所以拍摄当天我很小心，早上先拍掉其他的戏，一切准备就绪。吃中饭时还盯着她不要吃太多。那场哭戏我估计顶多可以拍三次，工作人员也受不了了，但都憋着，直到我喊“check the gate”，一切 OK，许多女性工作人员才哭出来，大家拍手。

窑洞是全片最重要的戏，拍了三天。三天中还插入第一次国际媒体记者会，拍到一半，去接受访问，景过一两天就得拆了。那是我最难过的时刻，剧本仍在修改，也不知片子拍出来会是个什么鬼样子。

章子怡渐入佳境

玉娇龙这个角色是人的幻想，不仅是男人的幻想，也是女人的幻想。我相过很多演员，章子怡是很好的代言人。其实我第一次也看走了眼，因为她有舞蹈基础，我想也许可以训练，才要她来再试一次。

后来上妆试拍，发现有很多可能性，她的银幕魅力很值得开发，虽是未知数，但她具有这份潜质。新人都是没谱的，一开始都伤脑筋，是个冒险，你得顺着她，长期地观察、思索，找出她的长处，大家努力，加上她的配合。拍片时，我常告诉她，这场戏是要做什么，定出标准，做给她看，然后尽量逼。

纯真是新人的长处之一，她尚未经历太多社会跟演技的磨炼，做一个表情或动作时，她是真的力不从心，想达到你的要求，有份诚恳，那个纯真感就够吃了。会拍的话，章子怡很上相，脸的特质多样，捉摸不定，有一种禁忌感、神秘感。只要造型到位，再帮她设计出表情，要她尽量做，观众会帮她演绎。新人演员就像张白纸，有的人可以容得下你尽量在上面作画，有的人本身已经很饱满，反而容不下你的做工、你的妆及戏。片中她有十几个造型，每个造型都是一种可能性，可以引发观众心中的想象，让观众自己去狂野、去演绎。

玉娇龙扮黑衣蒙面人的服装及造型设计，是我最喜欢的一个，跟以前武打片的装扮很不同。

尤其是她蒙面的那块三角巾，文章很大，要分寸拿捏得恰到好处，照着她的瓜子脸，修得小小的，将将遮住，味道才对。就很奇怪，那块布巾，太大太小都不对。不能弄得像美国西部片的蒙面贼子，一大就显得笨。要欲盖弥彰，正好包到那一点的时候最好看，她的眼睛最神秘透亮。我觉得叶锦添这次所有造型里属这个最成功，真的是个很神秘的东西。尤其戏里她和俞秀莲对打时有一个镜头，她下腰仰着往上看，没法使劲，俞秀莲的腿把她压在下面，正伸手去抓她的面纱，这层薄纱就是揭不开。不单俞秀莲为了保全玉家的面子，厚道地下不了手揭开，连李慕白也一样。古庙里，李慕白以树枝当剑教训玉娇龙在先，之后就再也无法用木枝挑开她脸上的这层面纱了。

那就是我要的神韵，她就是蒙面人，令人一看就有感觉，下次拍时没见到，就会毛躁，就会生气，一定非要弄出那个样子来，也不是故意的。她一到那个份上，就发人遐想。眉毛差一点，眼线差一点，空间大小差一点，头带不对，那块蒙面黑布的形状不对，或高高低低的，风一吹，就差那么一点点，都不对味。很奇怪，就只是一块黑布，我也说不上来是为什么，每天非要自己弄给他们看，这个样子才对，那样不对。

我觉得拍电影时很神奇的是，演员本身的灵气和电影里的灵气常常是两回事。本身有灵气不如电影里有灵气，得拍出来才算数，她要吃得下那个妆、那个光，吃得下大伙加在她身上的那个戏，那个“艺术份儿”。章子怡的好处是，她能吃得下来，每天压力都那么大，除了大明星跟她搭配外，再加上大导演、大摄影师、大武术指导的种种要求。她第一个打戏镜头，每条一拍完，三个人上去叫住："你怎么可以这样打，跟女孩子一样！"

"我本来就是女孩子啊！"

她头一次吊钢丝时把我们吓坏了。她的反应跟别人不同，一般人快要撞墙时，都会本能地先以手保护自己，她不是，她是拿脸往墙上撞。脸，是她吃饭的家伙，怎么会毫无防卫能力？还好没撞上。人就看开不开窍，有了信心就上路了，一开始可惹得每个人都急。经过一两个月，不管美术、摄影、武打、演戏，她都能慢慢消化下去，个性还能吃苦，长得上相，是祖师爷赏饭吃。这也是机缘，她可以把玉娇龙在公元2000龙年时给吃下来。

大伙努力，章子怡是被塑造出来了，将来红不红就看她的造化了。电影有时是"戏包人"，有时是"人扛戏"，不可能都是戏包人。新人拥有一种可爱、可信的纯真，当有了历练后，会开始世故、油了，观众也习惯她了，她会有压力。纯真感已消失，接下来要靠演技。演技终究是技术，要动人越来越难。如果没有演技，就得有明星魅力，有观众投缘的形象。要是也没有，就很容易被后来的取代，因为更新鲜的出来了。

当初我选角时，选的就是老中青三代的武侠皇后。六十年代的郑佩佩，八九十年代的杨紫琼，当然我心里希望章子怡也成为新一代的武侠皇后，我期望她是第三代。有趣的是，三个人都是学舞蹈出身。

章子怡和书里描述的、我想象的及剧本里的玉娇龙都不一样。我本来想做内心刚烈、外表很小姐的玉娇龙，但章子怡本身的气质和我设想的完全相反，她的长处是性感、轻柔，看到她完全想不

我本来想做内心刚烈、外表很小姐的玉娇龙，但当时章子怡是个很娇滴滴的女孩，看到她完全想不到阳刚的一面。不得已我只得转向，走性感路线。（张靓蓓摄）

纯真是新人的长处之一。（张靓蓓摄）

到阳刚的一面。不得已我只得转向，顺着她的特色发展，走性感路线。因为她给我的困难特别大，所以在调教她的过程中，产生了一种刺激。玉娇龙好比是创作里隐藏的那条龙，代表着心性的不稳定外，同时与中国人的禁忌——性欲有关，因此也落实了竹林的想法。在我原先的设想里，竹林戏只是打。以前大家只在竹林里打，没见过人到竹林上面打，我则对此有所幻想。后来整个竹林的色调——绿色，加上她跟李慕白的迷离情愫，才有了如今的新方向。因为前面两女对决的戏，杀之兴起，已经酣畅淋漓地实打了四分钟，之后的竹林再打下去也怕腻味，因而想到走“意乱情迷”的路线，这都是因章子怡而得到的启发。

章子怡来台湾宣传时，见到她恍如隔世，我感触良多。

我觉得导演和演员间的关系很奇特，带演员很像带小孩，他把自己的形象交到你手里，完全地信任你。尤其是中国演员，当你讲话时，他直直地看着你，眼神就像个孩子，让人觉得对他们有个责任。人经常在小孩与父母的角色之间变换位置。拍片时，导演扮演的是父母或成人，演员扮小孩。其实在片厂和家里，我都是扮演父亲。而面对制片时我便扮演小孩，很好玩。有时候，演员和角色你能分得开，即章子怡是章子怡，玉娇龙是玉娇龙；有时她上了妆，穿好戏服，灯光一打，你就可能会混淆到那个世界里。

演员怎么想，我倒是不晓得。

不过我想演员有时大概也会有一种内在的混淆。但通常她要面对许多技术上的要求，导演告诉她要做什么，摄影师又要她鼻子再靠过来一点，调整光线……她可能顾不到你所看见的形象或意境。演员是个有机的个体，现场有许多突发状况会影响她的表演，可是导演又要求她自然发挥。

有人是画好分镜表后照着执行，对我来讲很不可思议。现场是活的，我觉得现场发生的一切，是拍片生涯里比较真实的，是创作中最可贵的一部分。就像球赛，不可能照着计划打。

对我来说，创作是持续进行的。尤其是玉娇龙这个角色，她是一个谜，不是为让人了解的，而是为让人迷惑而设的一个陷阱。如果有人说她动机不明，这就与好莱坞片厂老板的讲法相同了，因为好莱坞法则就是事事都得说得清楚无误。我觉得拍华语片反倒有算迷糊账的空间，这也是玉娇龙迷人的地方。所以剧本里交代得太清楚时，我就再搞乱一点。她是我对年轻女性不了解的一种幻想，本身就是个疑题，会吸引人投入。不只是我，主创工作人员做章子怡时似乎都在琢磨自己想象的“玉娇龙”——人人内心里那股完全不受管制的欲望。对我来讲，她的跳崖，是解脱升华，而不是偿罪。最初写剧本时，是有赎罪的想法，可是拍摄后不再如此。当然观众各有解读的自由。

身为创作人，对角色自然会有所想象，一旦动手创作，即面临理想跟现实的差距。当现实与理想相契合，或现实与理想发生冲突时，都会激发出新的想象。拍玉娇龙时，我面临的是后者，于是不断协调直到一个“影像的现实”成形，这个影像又激发出观众不同的想象，这是电影最迷人的地方。

以前我对这中间的分际还不太清楚，对演员真的很投入。因为演戏是讲感情，就算跟亲人或知己，都不见得谈得如此深入。

玉娇龙这个角色，我相过很多演员，章子怡是很好的代言人。（张靓蓓摄）

但面对演员倒是直截了当，立即进入情况，你可能不太认识他，可能在乎他，也可能不，但一进入戏剧世界就得全然坦白。

现在我比较能分隔开演员和角色，只有他们上妆时，还是会有些绮想，这也难免。一般来讲都分得开。不像拍头两部戏，分不开，每次他们拍完片回台湾，我都感觉空虚得很难过，都是很真挚的感情。

后来拍多了，我和工作人员还有联系。演员是来了走了，过眼云烟，但凭戏缘，各忙各的，拍完片我们就去忙下一部戏，进入下一个角色与世界。碰到还是很亲热，情分不同，然而来来去去，牵挂不大。也不是说跟他们的感情是假，而是工作和个人的感觉要能分开。你可能很讨厌这个人，却能跟他讲个最亲密的感受，可以一起工作。或者你很喜欢一个人，但他根本不上相，你的想象无法透过他来具现，这些情况都发生过。

这样是好也是不好。人虽比较理智，但感情里掺了水。不过，就因为理性，反而作品较易带有感性。它是一种如何与自身真挚的感情产生关联的技术，完全分开会很冷，完全黏在一起会是非黑白不分，不能成事。

记得美学家朱光潜曾经说过:“美感是一种冷静以后的回味。”热情澎湃的人写出的情书未见得好，好东西是冷静以后再回味，回味时还有真情在内，有经验，也有点距离了。

天山冰川开镜

1999年7月31日，《卧虎藏龙》在新疆天山一号冰川开镜。我带着所有工作人员一起拈香朝西拜，因为天山积雪融化成河，水打西边来，香港制片畲伟森说：“水为财，依香港惯例，应朝财源膜拜！”这次打破我的惯例，以前我都是朝南（阳光、火力）拜。

拜完开镜，结果新疆戈壁沙漠一带连下了七天的雨，当地百姓高兴地跟我说：“你们拜得真好，把雨水给带来了，这一个礼拜把我们一年的雨量都给下了！”

我们拍摄的第一个镜头是拍天山下，罗小虎看着羊群，玉娇龙走出哈萨克帐篷，在帐篷边两人相依，后来这段戏没用。一开始两人既不热情也不自然，我也一头雾水没说什么。当时副导就很担心，这部片子好像演员不会演，导演也没怎么讲话，怎么办？加上我在高山上也不适应，头一直痛。

一般的工作习惯，经常是导演一上来先显显本事，露两把刷子或刁难一下，先慑服众人，才好领导统御。当导演有时也是一种表演，表演给人家看你会导演。但事实上我需要先摸索一番，逐渐才知道该怎么做，在旁人眼中是很笨的。我觉得一开始就凡事清楚，会自我设限。当然，一开拍马上给个清楚的工作方向，大家方便工作，工作人员当然会喜欢。可是这对真正想拍好作品的人来说，并不见得好。因为那是沿用过去的思维习惯及工作人员熟悉的标准在做事，并无超越。

我通常拍到一半时才进入状况，至少也要到三分之一才有个样子，前面都是碰碰撞撞的。做一做，又调整偏差，若是大家信服，就有机会开拓更大的创作空间，可是当我一游走出去时，别人又开始怀疑。不过现在比较没问题，因为作品到了一个数量，大家对你较有信心，不管你怎么拍，最后结果可能是好的，这是累积下来的信用。不过有时也是坏处，因为人家以为你会把它做好，若不好，也不会给你忠实的反应。

第一次经营浪漫戏

大漠并骑的追逐戏

《卧虎藏龙》是我第一次经营浪漫戏，对我来说，比拍武打戏还冒险。因为没拍过，也没什么个人经验，加上我本人又不是一个浪漫的人，所以我以前在电影里没拍过什么明目张胆的浪漫戏，那不是我的本行。我的浪漫戏大多都是骨子里面的挣扎。不论是《推手》里两个老人家若有似无的黄昏之恋，还是《喜宴》里的扑朔迷离，《饮食男女》中的干柴烈火、老少不伦或年轻人的初尝禁果、成年人的办公室恋情，到《理性与感性》里的埃玛与休·格兰特的压抑之恋，《卧虎藏龙》里李慕白和俞秀莲的脉脉含情、玉娇龙和李慕白的迷离情愫等，不是退缩、压抑、变形，就是暗潮汹涌。

如果片中有明着来的恋爱戏，多因题材需要，我靠着想象力或借用类比其他经验，尽力拍好，较少个人经验的投射。如《理性与感性》中玛丽安与威勒比谈情说爱的情境，我是当成过场工作来完成，反倒是两人不对头、玛丽安情伤时的画面，才是我细心经营的重点。

拍《卧虎藏龙》时，心情则复杂许多。玉、罗两人充满着异国情调的热恋，大漠中并辔疾驰，山洞里共浴谈心，一起看星星，哪个人年少时没幻想过？这次，是我第一次经营这样“白”的恋爱场面。

玉娇龙和罗小虎在大漠里追逐奔驰，又射箭又扯斗篷，亦打亦玩，演出一段中国版《驯悍记》，有人说很像唐朝“骑射图”，其实从我十几岁当学生时，脑筋里就有那个画面在转了，时常幻想在草原上射箭、追逐。当时想的是岳飞与岳家军大战金兀术，战场一定是北方，两名悍将在一望无际的北国荒原上骑着马，一路短兵相接，金铁交鸣，幻想了一系列的追打戏。及至有机会拍了《与魔鬼共骑》马上追战戏后，终于在《卧虎藏龙》时实现年少时的梦想，拍出一部分萦绕在脑海多年的骑射追逐场面。

要是没拍过《与魔鬼共骑》，我也不敢尝试拍马上扎枪、弯弓射箭、使刀背拍马屁股等动作。那两匹马个头儿袖珍，如果用美国的大洋马、阿拉伯马，甚至伊犁马，都没有那种感觉，非得小马才成。我们没从内蒙古带马去，因为新疆太热，怕马热死。内蒙古马术队的特技员就地取材，在新疆当地捕捉野马，挑出体型合适的，我挑了颜色，然后训练三周。其实两匹马尚未训练好，骑还可以，有时会有麻烦，马不太肯摔。

离开新疆后拍的第一场戏就是罗、玉在山洞里的床戏，内景主戏是回北京在北影场搭景拍的，章子怡和张震开始演文戏就是演床戏。

我觉得，一开始拍床戏有个好处，可以让演员打开心防，帮他入戏。我就觉得床戏拍完后，过了那一关，章子怡也比较进入情况。

意乱情迷的竹林戏

剧本第一稿里还没有竹林戏，请王蕙玲写剧本时，我灵机一动："你写场竹林戏！"竹林戏是个心愿。我想，以前大家都在竹林里打，我就跑到竹子上面去打。

因为竹林的光影晃动，变化多端，不但提供了前景、背景，眼花缭乱的视觉动感效果，同时又能产生一种浪漫、婆娑的诗意。竹林戏可以玩光影，除了"光"还能玩"影"。加上竹子有弹性，这里本就是一个拍武侠片的好场地，以前也不乏实例。竹林场地无须大，但变化丰富，可以在竹林上做交叉换位、劈叉、倒栽葱等动作，上上下下的，形成视觉变化。砍断的竹子往上戳可以把人戳死，也可以布桩，又可以踩在上面倒挂金钩……能玩出许多花样来。

三十年后，技术、经验、视野等各方面都进步了，总要有些不一样。后来则越想越多。因为竹子很软，其实它是很性感的。

这是我去江南勘景时得到的灵感。当时正值清明，山色苍翠，江水茫茫，人在山腰，却平视白云舒卷，如置身在一片白茫青葱的温柔与缱绻之中，景色时有时无，真是山在虚无缥缈间。而江南徽式建筑的白墙黑瓦也必有它一定的道理。于是就想到，江南这段戏以绿、白为主调。

拍竹林戏时，我给工作人员四字箴言："意乱情迷。"

竹林戏是纯视觉的，没什么打头，又不易显出刺激效果。看武打戏乒乒乓乓的很有冲击力，会很兴奋，但咻咻地飞来飞去，看久了，不会有兴奋感。而且所有软的、有弹性的事物都很难拍，不好控制。所以竹林戏剪得最多，很多镜头都得使用粗长的钢丝做出大动作。但头三天拍摄的画面都没法用，人看起来像是吊着，不像飞的，全剪掉了。

拍摄时我们把握一个原则，即摄影机跟着人的动作及高度移动，尽量呈现水平位置。镜头要求飘逸，却不能晃动。当周润发和章子怡在竹海里打斗时，一上一下、一来一往地纠缠对峙，诗情画意，有若轻抚，这是拍摄时的一大目标。

演员必须学习如何站在竹梢上。通常人一吊起来均成钩状，这不成，得身子及头部都挺直了，还要体会脚下竹子的飘动，周润发及章子怡必须模仿竹子轻盈飞飘的动作。真是烦，人不吊飞不起来，我们活在一个存有地心引力的世界。其实演员并无控制力，控制力都在地面。我们使用的钢丝加起来都有演员几倍重，演员本身只能随着它摆动。当时地面有二十至三十个武行撑着，章子怡得八个人，周润发至少要十二个、多时达二十人，做的就是“举重若轻”的工作。只要一丁点人使轻功飞，就需要许多人拉钢丝，有人拉得累到吐，他们均是袁和平的班底。

一开始，八爷不很愿意拍竹林戏，频频问：“会好看吗？”他对竹林戏的动作有意见。八爷的强项是硬马硬桥的地面打斗，是“力从地起”，讲究的是腿脚、腰马有力，上身才打得好看，套招是他的特色，他不善于也不喜欢吊钢丝。开拍好一阵子了，天天吊钢丝，恼得他说：“力从威亚起。”八爷觉得做得碍手碍脚，我又要跑那么远的地方去拍风景，武术组的人常会给我一个眼神，你到底要不要打？八爷也这么问过我：“你到底是要打还是要意境？”我跟他说：“我们能不能打出一种意境来？”他就常做得长吁短叹：“文人说大话。”许多动作无法做到，他也很沮丧。八爷口中常挂着一句名言：“电影是一种遗憾的艺术。”这是多少血汗与痛苦换来的经验之谈。

我们在浙江安吉县拍了十二天的竹林戏，那里是全世界第二大竹子出口区。结果大家一起研究，想尽办法不断尝试。有时平移，有时吊机，怎么合适怎么用，很花时间。吊钢丝经常一个镜头一搞就去了半天，每天仅只早上九点至下午三点能拍，因为山沟里这时才有阳光。此外我们还搭了一个石灰平台，上面打了许多洞，插上竹子布置成竹林模样，专门用来拍摄人头近景，可是这么一来又要克服竹子的保鲜问题。因为竹子从竹林里一砍下来，十分钟后整个叶子都干了，变成一条细线，更别提从林场运到拍摄现场就得花上半小时的路程。而拍近景时，竹林更要绿得漂亮，所以只有等下雨天方得拍近景，因为雨天砍下的竹子才能绿上半个钟头。

拍摄周、章飞舞于竹尖之上的打斗时，用的全是工程用的大吊机来吊钢丝，人离地近五六层楼高，加上濒临河谷，高度因而加倍。那两个星期周润发及章子怡的戏都没下地，每个镜头都得吊在上面，很痛的。一天拍五六个小时，两人吊在林梢演戏也有一个小时，其他时间都花在绑钢丝、试戏，十分难搞。

我觉得演员亲自上阵比较好看，所以较少用替身，多是自己来。有一次发嫂离开现场，回来后没见着周润发，就问：“我老公呢？”大家往上头一指，发嫂当场惊呼。但她没向我抱怨，只是写了封信给监制，我是过了几天才知道。因为我们把周润发倒吊起来，从五六层楼的高处冲下来。

章子怡的母亲来探班，只看了一场，就吓哭了。如果你不晓得拍电影是怎么一回事，真会觉得可怕。那场戏是她在竹尖上被周润发一脚踹下来，头朝下整个人栽下来。人倒吊着，脚上绑着钢丝，快到地时，工作人员才把她拉住。不仅要穿过多层竹叶，还得尖叫做表情。从远方看不到钢丝，真会以为她突然间从竹尖上摔下来。此情此景，当然把她妈妈给吓坏了。我们使用特粗的钢丝，绑在极重的吊机上，应该没问题。我只有信任袁和平及武术小组，以他们的经验来判断。做动作时，如果八爷说“难！”我就坚持；如果八爷说：“危险！”我就不做。譬如两百里外有个闷雷声，我们就马上收线，不能再吊了。如果他说这个动作章子怡、周润发做，会有什么危险，我们就用替身。

摄影的难度也很高，当演员被大吊机吊至五六十呎*甚或百呎高的竹海之颠时，摄影机也得吊到那么高。因为镜头得和演员平视，甚或至其上方拍摄。摄影组将机器固定在一个自制的平台上，再用吊机吊上去。镜头跟着演员的高度走，随风摇摆。竹林的戏，有百分之九十都是吊钢丝拍的。

这段戏引起许多人注意，连卢卡斯（George Lucas）的光影

---

*即英尺，1 英尺 =0.3048 米，五六十呎约合十六七米，百呎约合三十米。

魔幻工业公司（ILM，Industrial Light and Magic）也问我：“你们是怎么拍的？”他们不晓得这个不是特效，很好奇我们是怎么做出来的。记得拍摄当时我们还曾想过，不知好莱坞的高科技（high tech.）会怎么拍？我们这个是低科技（low tech.），如今做高科技的搞不清楚，倒过头来问我们，我觉得很好玩。

其实有些东西高科技是拍不出来的。他们虽然做得很漂亮，但没有真人的反应，包括演员的恐惧感。我们虽然有缺点，但对观众来讲，甚具渲染力，比较容易入戏。香港人这套国粹是蛮聪明的。

总结一切纠结的窑洞戏

俞、李有两场重头感情戏，一是竹林凉亭对谈，另一个就是窑洞里李慕白对俞秀莲的表白。其实窑洞的表白戏，类似《理性与感性》里休·格兰特向埃玛倾吐的那场戏，只不过收尾是一悲一喜。

一开始我就想，这两个人的恋爱要怎么谈？经过人生历练的两个成年人，谈起恋爱来自然与罗、玉年轻人的打打闹闹不同。尤其是武当大侠李慕白的恋爱，更成了伤脑筋的事。

因为武当大侠的功业在于修道，所以就从这方面着手。为了符合角色的身份个性，因此道教对修炼、生死欲望等看法，就成了李慕白的思想根源及对话内容，他的行为举止本源于此，生死罩门也在此。要是拍少林、峨眉派或丐帮什么的，我就不管修炼这一套了。

所谓修炼，即性命双修，修活也修死。武当大侠修道时如此，谈感情时亦应如是。即将离开人世前，死的部分他不修上去，他把这部分放下来给俞秀莲，这是他谈恋爱的内容。当时我隐隐约约就想用李慕白临终前对俞秀莲的表白，用放弃他的修炼、给出他的所有，来表示他的心意，呈现他的人格风范。

由于我对内家的“练神还虚”很有些幻想，从《推手》起就想讲这个。而“练神还虚”，讲求的就是断情色、欲望的升华。

最早有这个想头，即来自道教的说法：“心之根为性，性之根为神，神即寓于心。故三者实一物。”因此明心见性是修道的第一步。“命即肾也、精也、元气也。吾人练精化气，气化神，神还虚，以后天补先天，即本于此。”故性修死而命修活。性命需双修。

心属火，肾属水，“其练道之理，即以火煮水，水化炁*，炁行动周转而为神，而还虚。”

“练神还虚”有成，方得成为“降龙伏虎者”。龙即性，虎即命。“心定龙归海，情忘虎隐山”，断欲望，如是而已。

自来修道，唯有“色”字难断，所谓“断却淫根即是仙”，“精顺行生子，逆行成仙”。因为男人顺着自己的性情就是后代帮你延续生命，若要求取自身的永恒，就得逆着自己的欲望。“而愈有之不易戒，无之难修道”，此“生我之门，死我之户”。不经此关，还难以修成。“所谓愈拒绝而愈深，一息尚存，此念不易断也。是诚天演圈套，万物皆然。”若无此，“则种族不其灭绝耶！”**

所以道教里讲究“女子练形，男子练气”，体验虚无。古时的

---

*同“气”，道家常用。

**相关引文见万籁声：《武术汇宗》第七章《道术研究》，上海书店，1989年。

“炁”字是上面一个“无”下面一个“火”，以火炼无，再把炁练上去，到达无欲。女人则是练形，将女性特征练到无，即可得道。在这里，“淫字难断”难听，剧本里我把它改成了“情字难断”。若复修道，而心仍不死于淫，则死后不过一灵鬼而已。台词中“孤魂”、“野鬼”的概念即始于此。

我想整个太极拳、内家拳，包括老子、庄子，都可能是从养生学里体验出这层道理，之后衍发出道教。

我就很想以这种养生之道，拍出自己对浪漫的想法。或许别人看来不是那么的浪漫，但对我来讲，最浪漫的就是一个人把自己全然地交付给对方。我想李慕白临死前该怎么表现才够意思，就是他舍了修道、舍了神仙都不做，也要给俞秀莲一个承诺。练气到最后关头只剩下一口气就升华了，但他拼着这口气不上去，将形而上的感情做个形而下的交代，宁愿做几天的野鬼，也不愿做永恒的孤魂。

我当初思及孤魂野鬼的问题，才开始去厘清其中的症结。若是李慕白要追求永恒，他就把那口气提上去，超脱升华而成为一缕孤魂。但超脱后的魂是孤独的、平静的、永恒的，也与俞秀莲再无瓜葛。

鬼则是飘逸不定的、短暂的，不久又要去投胎，跟人间拉拉扯扯地有所牵挂。

因而想到，他跟俞秀莲要做的形而下的交代是：“宁做野鬼，也不做孤魂。”因为做了孤魂就不得她的陪伴，做个野鬼还得以在她身边多个几天的逗留。他跟俞秀莲的关系就是这样阴魂不散地纠缠着，他就是如此折磨俞秀莲。

对我来说，这是很浪漫的，那场戏我想了好久才把那句话想出来。当然，这也只是我一厢情愿的胡思乱想，戏拍出来看官们作何感想，又是另外一回事了！

但即使他如此承诺，我觉得李慕白到死都还在自我控制。他能力所及的最大限度，就是对俞秀莲的承诺，这是很真诚的，他没有打马虎眼。但对玉娇龙的部分，他保留在一个不求甚解的状态中，按下不表。李慕白始终是个闷葫芦，一番表白，是真，是假？也说不上来。他真正面对了自己的欲望吗？拍片时，我常叫他是闷葫芦，大家也都这么叫。因为周润发就是闷葫芦的演法，也是我要求他这么演的。当初我跟周润发讨论角色时，就用闷葫芦这个字眼。他很能体会这个游走边缘的模糊性，什么话不是欲言又止，就是不偏不倚讲在刀口上，整得俞秀莲不上不下不死不活的，只有让玉娇龙那张利口才能骂他个痛快。拍片时，现场的那些女性工作同仁都恨死了李慕白的模棱两可，周润发就很得意。

窑洞是总纠结的所在。在此，闷葫芦李慕白走向死亡之途，也了结了一切的恩怨情仇，所有元素都往这里集中。

原先出了竹林，在潭边大石上，有一部分玉娇龙跟李慕白的戏被剪掉了。原来是李慕白执意要收玉娇龙为徒，但当玉娇龙提出练功心诀的疑惑时，对于个中的来龙去脉，李慕白又拿不出个满意的解释来说明男女练功理路不同时，男师父要如何指点女徒弟。玉娇龙一句反问：“那你凭什么做女人的师父？”不只将了戏里的李慕白一军，也令我们大伤脑筋。后来我掰出的理由是，男女相反相成的道理，可是也是牵强。怎么答都不对，怎么说都是李慕白赖皮！所以才剪掉上面这一段，直接用一指点在她头上，大概象征点化，点活心苗，为伊解惑，两人自此声气相通，心心相印……诸如此类，打混过去。这个徒弟还真不好收。

其实问题就出在男女结构不同，内功练法也不同。武侠小说里很少提及其间的曲折，写的多是拿到秘笈就照练，其实没那么简单。其间经文的解读也应颇费周章，没有良师指导，照文傻练，怕也不成。

中国人非常讲究“师徒相传，理路不能走歪”，就是这个道理。武术的师承，一如儒家的道统。武侠世界是以门派、师承、辈分、规矩为其社会结构的构成要素，多是师父选徒弟。儒家则是以君臣关系、家庭伦理、父系血缘关系为基础。两者都是父权的表征。这与武侠小说里所描述的，得本秘笈练就神功，或经历一番奇遇融合各家所长成就一代大侠，是很不一样的。在武术界，拜师后不得随便改换门派，身在此山看着那山高，就转变心意另行就教的事是不道义的。同时师传徒时，不只是文字传、言传，更讲究的是不落言诠的顿悟（如禅宗的棒喝）或点化（如道家的心证），个中滋味也只有印心的师徒间能够体会。这种技艺与人格合一的传承陶冶，其实是很好、很全面的一种教育方式，它和西方将知识文字化、公开化，把知识以文字书写，或用图片、影片记录下来，放在图书馆里让所有想学习的人去分享是很不同的。

它具有一种神秘性，不外传，因而形成中国人传子、传媳、不传女的惯例。而师父挑选弟子时也特别严格，除了悟性之外，人品、心术端正与否也很重要，因为就怕弟子心术不正，传错了人。所以若没找到适合的人选，宁愿失传也不错传，导致中国有许多好东西也因此失传。不过，中国人的这种私密性的传承方式，在结构上也留下许多空隙，给了戏剧极大的发挥及想象空间。

拍《卧》片时，我们就把男女关系放进去，让大侠的这种伦理特色受到挑战。在中国社会里，性与欲一向是禁忌话题，但生活里就是有这种东西，大家都压抑着不说，可以明讲的就是传承、师承。可是当男师父碰到一个美貌的女徒弟时该怎么办？这种情况绝对有，我就让他面对这种两难，面对人性的矛盾。

当李慕白看到玉娇龙时，一种父权、传承的责任感驱使他不愿见到一块美玉就此被糟蹋，所以他想导正她，这是一个良师的示范。难处则在于玉娇龙年轻漂亮，又是女人，而他师父的丧命，武当派的秘笈被盗，都和女色有关，这是他的心病。男人天性中“贼”的部分，他师父抵挡不住，他自己呢？这是他害怕之处。

再加上中间又有个俞秀莲，既不是他太太，又不能当他情人，但她对他又有束缚，他对她有情义得扛。我就刻意让李慕白陷入这样的困境中，他是头往哪里歪都不对，这个戏该怎么演？其实要保持不动都不容易，到后来就变成一种不偏不倚、没有表情的表情，要是演成另一种情绪，就不对味了。我觉得周润发演得还蛮好的，他的眼神很有戏。

李慕白的难处，即人之大欲。

老子《道德经》言：“阴，是万物滋生之所在，众妙之门。”*

*原文为“玄牝之门，是谓天地根”。

李慕白使的“玄牝剑法”取名于此。牝是雌，玄之又玄，是最母性的东西。男人一辈子追求、又最搞不懂的就是女人。按照阴阳循环的道理，男性的终极追求是女性，反之亦然。其实男人只是外相是男人，内中是女性，是外阳内阴。女人则是外阴内阳，女人外形是阴，内里纯阳。所以道教男人练炁，最纯阳的东西最后能否解脱，关键即在于阴，女人练形则正好相反。

我觉得李慕白一路追寻进去，追求他的命运。青冥剑是宝物，又是不祥之物。青冥、幽冥，隐藏着一种神秘难测的力量，都是归阴，回归至大自然，就是死亡。他打坐时可能就有所感应。因此我觉得在高潮戏时，他应走到一处神秘的所在。第一次大家去窑厂勘景回来，我脑筋一转，就想到把戏里的窑洞做成子宫状的点子，后来没好意思用。其实李慕白追寻至终，就是来到那个孕育万物的所在。生与死，都在这里。阴之极处，最富生气，里面又杵着个被迷倒、手持青冥剑的玉娇龙，显然是个碧眼狐狸的陷阱，所以他很害怕。

常常好东西都是生死交关，让人既兴奋又紧张，既富生气又让人很害怕。青冥、幽冥、碧眼狐狸、玉娇龙，都是阴之至极。人在碰触或进入至极之境的当头，心里总会有种不祥之感。似懂将懂时，一种巨大的悲伤随之浮现。面对这种大悲大喜的情绪，李慕白没有佛般的超脱，毕竟他还只是个江湖人物。

所以照戏的性质来看，必须要有个十分奇特的场景来衬托，于是想到综合阴阳五行金木水火土在内的窑场。窑场是炼土拉胚的地方。兵器是金，主杀气。后景有个小柴房，前面窑炉内燃木取火，烧柴取暖。破窑之顶，细雨纷纷而下，内中一汪积水。水火交战，两不相容，心（火）肾（水）不交。红火的兴奋感，跟之前的沙漠相连。绿水则与竹林同色，好似人欲的流动。拍摄时，蓝光自天顶打下，调色时我再往绿色调，与红色求取平衡。戏里窑洞的色彩类似新疆的洞窟，但太红显得过于热情，味道不对，于是灰红并列。

我每天就这么阴阳五行地颠倒梦想，魂不守舍。

武术

武术是中国文化重要的一部分。它受儒释道的影响，高深莫测，越走越渺茫，很难捉着定论。我是“秀才造反”，非分之想拍武侠片。当然结果不免“君子动口不动手”。

访师求艺

从 1998 年下半年起，我开始涉猎一些武学书籍，看录影带，同时拜访一些武术专家。其中令我受益较多的两位，分别是马贤达先生及吕明鉴先生。

马先生是高西安（饰刘泰保）的老师，也是当今大陆国家鉴定九段、段数最高的四位武术大师之一。马家的武功很著名，尤其是马家拳。他能打，同时认为中国武术是从搏击、技击发展而来，源自于几千年前人类的狩猎时代，人与兽斗，人与人斗，一路下来所累积的经验技巧，连中国广大的版图都是打出来的，所以军事征战、武功韬略跟武术都有着密切的关系。譬如太极拳，据说就是从宋太祖的“太祖长拳”所衍发出来的内家拳，都是有名有姓有来头的。后来经由民间穿凿附会，再加上武侠小说的推波助澜，才被神化成如今各派神功当道的玄虚景象。

在马贤达等武学大师的眼里，武术就是强身、御敌之道，毫无玄虚可言。他最佩服的就是历代爱国名将如岳飞、戚继光等人。而在宋朝抗金名将武圣岳飞及明朝剿倭重臣戚继光等人的武学著作里，记载的也都是御敌的武功韬略及对打实战的教则。

武书的启发

我看武书，就爱它的文字，深具启发性，字里行间就有许多想头。譬如武书中不但论及先人许多交手的要诀、武术招式，甚而载有教人察言观色的诀窍等，光是这些文字，看看都很有意思。

如其中所载之拳法，即为中国武术技击的真义，至今都很实用。

“未曾发手，一气当先。既入其手，灵动为妙。见孔不打见横打，见孔不立见横立……”对打时讲究制敌先机，当对方摆横架子但尚未部署完成、身体不平衡之际，此时横架子是虚的，既易露出破绽又无法防御，此时可打。“见孔”时反而比较危险，因为这个空隙可能是故露破绽的诱敌之招。

同时要灵活调度、见机行事：“精明灵巧全在于活，能去能就，能柔能刚，能进能退。……不动如山岳，难知如阴阳……察来势之机会，揣敌人之短长……心毒称上策，手狠方胜人。进即闪，闪即进，顾即打，打即顾。……心如火药，拳如弹，灵机一动鸟难飞。”

“进人进步，一步一捶，一发动，百肢俱随，发中有绝，一握浑身皆握，一伸浑身皆伸。伸得远，握得狠。……皆要一气相随。”

过招时无论进退，身形与步伐都要一致。当人往前推进时，步伐也得跟进。每进一步就更贴近对方，一近身就是要打，要进攻。所以切记，别没事跑进去挨打，若没打算进攻，就待在外围。两人对立时，最重要的就是步伐，只要找到好位置，前进一步就可发动攻势。但人一动，对方也会有所回应——或闪避，或出招。“身步捶”要一起发动，出拳定要正中要害，所谓“一步一捶”，没什么好啰唆的。但一开始很难做到这点，通常一上场都是“身法步”各自为政的局面，彼此间并不协调，而一混战就打不赢或打不到。要做到百肢俱随，顾盼合一，全身集中在一点上，方能一击而中。伸得远，握得狠，皆要一气相随，如此攻势才难挡。

对敌时要“心小胆大”，欺敌时则“面善心恶，静似书生，动如雷发”，让人猜不透来路。“眼要毒，手要奸，心要狠”抢得先机。“两肘不离肋，两手不离心”，严守门户。同时不能只想着自己要出哪一招，还要估量对手的来势，一如书中所言“人来之势亦当审查”。彼不动，我不动。不动，则瞧不出动静，找不出破绽。一动，则易露出破绽，即可进攻，掌握先机。知己知彼，方能制胜。

武书里还教我们如何观察人未动之前的一些姿态。

如“脚跟头歪，拳打膊作，窄身进步，仗身起发，斜门换步，拦打侧身，抬腿身坐，脚趾东顾，须防西杀，上虚不必着实，诡弊指不胜属，灵机须自揣摸”。当对方头一歪，那是要出脚了；一出脚，身体就会倾斜，即可先照着斜处打。若胳臂肘或肩膀一动，这可是要发拳了。凡出拳前，定要先观察对方肩膀的动静，要是只注意对方拳头的走向，那就慢了，看肩膀能先一步防拳头。若斜着身子，下一步就打算前进。若要起发，身体则会先支起来。若要换步，就会斜门。若一矮身，那是要抬腿进攻。脚趾往东，身体就往西打你西边。要上虚不必着实，一着实就容易被对方打到。

同时要“防人眼笑嘴不笑”，慎防“笑里藏刀”式的松懈心防及耍诈。

古人深知，人被形式所缚，身不由己。习武练功就是在教人如何放松及学得方法，能随己欲优游其间，人在其中而心不为之所限，身在红尘却不为红尘牵绊。有几分功力，就得享几分自在，着几分胜算。

拳，器械之本

武书、拳经记载，追究武术根源，拳为本。刀剑棍棒等器械有如手脚的延伸，不过长短不同尔。要知道“拳中有剑有刀有枪，而刀枪中亦有拳”，因此要练成“刀如猛虎，剑如飞凤，枪似游龙”或“枪扎一点，棍打一片”等身手，首先要对拳术痛下功夫。

拳须练至腰腿灵活，进退猱捷。手有手法，身有身形。手法不外“刁拿锁扣，速小绵软巧，勾挂连环倚碰挤靠”等功夫，身形包括“闪转腾挪，分筋错骨，点穴离位，猫穿狗闪，兔滚鹰翔”等姿势。所谓手眼身法步，肩肘腕胯膝，均要能运用自如。

对打时，讲求“三尖对”，即上对鼻尖、中对手尖、下对脚尖。出手时讲求“顾盼定、准稳狠”，前手打人，后手使劲。出拳时要

“吞胸凹肚，紧裆抿胯”，“腰是轴，手似轮”，“前轻后重，鹿楞蚝行”。要诀为“彼不动，己不动；彼一动，如山动”。“进打中，退打肢”，进攻时打其中间门户如心窝子、头脸等，后退时打其四肢旁门。每趟拳脚套路的构造，均不出以下原则：“左右前后，上下虚实，混元一劲。”

“拳道求自然圆活，才能使架子形不断续；形不断续，才能使劲力不滞；劲力不滞，才能使意向盎然；意向盎然，才能使神态从容。”“形架有际，拳道无边”才是中国拳道的真髓，讲求的是“动可修身，静可养心”。学拳学武，要是看来刚猛毛躁就不高明了，那是拳头师傅的路数。我最痛心的是，不论中外，现在大家看到的中国武术常是最野的东西，最红、最得势的多是最躁的部分，却不是中国拳术的精彩之处。

练好了拳，用起其他兵器来才使得上劲，得心应手。

武书云：“枪为器械之王”，“大凡器械，均以破枪为法式”。

枪法不出“截、进、扎、拦、缠、拿、直”，重要的三个基本动作是“拦、拿、扎”。

练枪，就是练扎滚豆之力，练入妙境，自有“摇身晃臂，鬼头探脑”之身法。出招时“有虚实，有奇正。其进锐，其退速。其势险，其节短。不动如山，动如雷震”。有时枪可当成棒用，长器短用，神出鬼入。枪很难练，很多人要枪要得跟棍一样，乒楞乓啷打上一通，其实枪主要招式就是扎，所谓“枪扎一点，棍打一片”即是。一枪扎出去，往下撇，然后再回来，晃一下转一圈，再把对方往下压，拨开一下，一枪往中间扎上去。

书中又云："剑走轻灵，刀走黑。"刀法计有"展、抹、勾、剁、砍、劈"。

"舞刀时，执刀右手并不为难，最难安顿的是不执刀的左手。"单刀练得好不好，就看左手掌法是否随刀进退，刀能裹身自如，手则捉敌来砍。所谓"单刀看手，双刀看走"，使单刀时要把左手安顿好。要双刀时则看步法，双手持刀不停地挥舞，两脚一直跑个不停，行进间走曲线而非直线，因脚无停歇之时故无震脚之音。舞双刀时若以跺脚来加劲，就不对了，那是单刀。

使剑时亦然，所以拍片时左手的"剑诀"该怎么摆，我们实在很伤脑筋。后来安排周润发（周大侠）左手放在背后，单手让人。至于章子怡，则需要排练。

剑，讲究的是帅

剑，我以为是很布尔乔亚的东西，也是阶级的划分。剑走轻灵，展现的就是气度、智慧及神韵美。舞剑与人的气质熏陶及身体的锻炼有关，启发性很强，讲究的就是帅。据说，李白就擅长舞剑。

目前定居纽约的吕明鉴先生，是第一位开示我剑术概要的长者，他曾在邵氏电影公司时代担任武术指导，1999 年时高龄已有八十四了。京剧出身的他，太极剑东南亚有名，如今高跳的动作虽不能做了，但他的剑还是舞得挺帅的。他说："中国以前的东西就是讲'帅'！"

吕先生拨点我一些持剑的法则，"如剑不能过头，若剑过头得扬眉看着剑划过，拿剑的姿势不得太高……"等基本动作。

我从武书上也看到类似的说法："剑不得过顶。"因为剑有三刃，剑尖及左右两刃，"练剑时须辨明'三尖'，才不至于混如刀式"。剑若过顶挥舞，正好给对手可乘之机，对方若发招打剑一下压，左右利刃岂不正伤了自己？所以剑要过顶，一定视线不离。一般来说，过顶绕身挥舞的是刀，即使下压，大不了刀背磕到头。

书上还说，剑的主要招式为"点、崩、截、挑、刺、扎、撩、劈"，功能均在剑尖上发挥。舞剑时，右手持剑，左手拈剑诀。常见小说里形容"剑诀一拈，骤然出招"。而在武书中更进一步说明剑诀的拈法是"左手食指与中指骈出，一开始放在左眉梢，之后以食指按持剑之右腕腕脉，给腕上加力"，这就是所谓的"剑不离腕"。左手剑诀还有保持平衡的作用。剑术之劲均在腕，所以腕劲要硬，劲始可用至剑尖，不致如刀之下垂。

严格来讲，比剑，不是正面劈砍，而是斗智。上战场时没人拿剑的，剑能不能真打，至今还是个疑问。但在武侠小说及武术表演里，舞剑和耍剑花是很漂亮的。剑花是虚招，耍着好看，对打时全无作用，所以像八爷喜欢硬马硬桥动手过招的人，就不喜欢舞剑。剑软又薄，既麻烦又难舞得好看，不易显出效果，练上好几年才能有点样子。在以前的武侠片里，就很少见到耍剑耍得漂亮、斗得帅的，多是老武行自管自地舞。单人舞剑都难舞得出来，更别说是双人套招对打时，两把剑斗起来的。要两把剑既套得准，力度又碰得上，那是难上加难。而要玩出"点、崩、挑、刺、扎、撩、劈"等名堂，更是一个难字了得。

吕先生还特别提醒我"抬头画眉不值钱"："看人下巴抬起来，

一拳打下去绝对没错。”这和现在武侠片里大侠一得意就抬下巴的表情，正好相反。

中国武术讲究的是圆润、含蓄，力道有放有收。持剑时颔首，凝神内敛。不管从运动及安全来讲，都没有翘下巴的。武书上也说：“持剑时，态度须心气平和，急有如惊鸿，静则有如山岳。不可慌张错乱。”这个道理不但使剑时如此，其他兵器过招时也管用，就连待人处事或书法运笔上也都用得着。中国人不管做什么都归于修身养性，讲究劲道、神气。

劲道内藏

中国武术讲究内外兼修，除了外在的“手眼身法步”，内在的劲道修炼方是底气。外形内神，两者相辅相成，缺一不可。

劲道有明劲、暗劲及化劲等层次。明劲的力道外显；暗劲是表面上看不出力道，但要被拿上一把，可让人吃不了兜着走，受的是内伤；化劲的功力更高，伤敌于无形之中。

不论打拳、用剑、舞刀、使棍等，主要的劲道有刚、柔、虚、实、直、横。运用时讲究的是“人实我虚，乘虚即实；人刚我柔，乘柔即刚”，正所谓“逢强智取，遇弱活拿”。

“柔中之刚，是为真刚；刚中之柔，是为真柔。”打拳时用的应是刚柔相济之道。出手时劲道可随机应变，“无虚无实，即虚即实”，不拘泥于一端。《卧》片中铁贝勒与玉大人论剑，也曾话中有话地劝玉大人，说他这个九门提督掌管京畿安危也得刚柔相济，方为治道。

中国人从养生、处世、治国、书法、文章、剑法、拳式，甚而做菜，不论文道、武道，殊途同归，一理相通。使劲时讲求的必是协调放松（刚柔相济），藏锋（暗藏玄机），互为表里（相互印证）。

武术的招式好比书法的体（如柳体、颜体），劲道有如气、神，彼此暗合。如传统的武功八法：手上“搂打腾封”，脚下“踢弹扫挂”，即似书法中的运笔八画“点横竖钩拐挑撇捺”。练武时招式与劲道合而为一，恰似名家下笔时心意身形力道尽在笔端。剑道、书法的要诀均是“劲道在腕”，使剑、运笔时需腕劲硬实，才能劲透剑尖或力透纸背。气布全身，下笔、使剑方能如行云流水，意向盎然。又如练功口诀：内三合“精气神”，外三合“手眼身”，所谓六合，就是“眼与心合，心与气合，气与身合，身与手合，手与脚合，脚与胯合”，讲究的是协调放松。书法的运笔要诀则为“三折法”：每一笔都是先准备，出手，再回笔；每一画先是往左下，回转往右，自右边再往回收，形如蚕头、鹅脖，笔墨外表圆润但内藏劲道，讲究的是藏锋、刚柔两劲互为表里。

至于中国的文字，更是内藏玄机。

吕明鉴说：“武术最简单的口诀，老师不讲，光看表面文字极可能会错意的。”马贤达也举过一个例子，如使枪时有一招口诀为“指脸打面”。光看字面，会以为脸、面都指脸颊，这一招是枪指着脸往脸上打。其实真正的意思是枪指着脸，打手面，因为手上拿着武器，枪一指脸，对方一定防脸部，啪，趁其不备，把他手上的武器给打掉，这才是“指脸打面”。中国功夫狠招都藏在里面，让人摸不着头绪。

中国人古典的教养里不太讲极限，力道往里收，西方则是外放式的。东、西方对力道的训练不同，使劲的方式各异，双方的理路很不一样，但各有各的道理。

如西方的芭蕾是肢体尽量往外伸展，中国的京剧则是身形弯成圆形往里勾勒，力道的输入感比较强，呈现的是一种劲道的美感。在京剧训练中，不论收臂、收腿、跑圆场，就连踢腿的动作都是腿往外踢、脚往内勾、臀往下坐、胸往内缩，劲道往里收，同时还得脚尖点到额头，且出腿上踢时快速，以练敏捷与形状；收腿时速度缓慢且费力，以练腿劲力道。这是京剧训练里特有的基本动作，是根据中国人的体形特色发展而来，就连武术里都没这套绝活。至于武术里讲求的是“吞胸吐肚”，练芭蕾时则都是“挺胸吸腹”，然后腿脚再松松地伸出去。因此不管是章子怡、杨紫琼，虽有芭蕾舞伸展的基础训练，但要她们做中国的武术动作时，还没那个力道。这不是几个月能调得过来的，即便花上十年也未必训练得出来，武行从小要劈过多少次腿、下过多少腰，才能练就一点劲道。

中国武术是经过几千年，在各地、各行、各派自然发展，慢慢衍化而来的，是中国文化的一个瑰宝。

正本清源的一点努力——武术与武侠片、功夫动作片

我研究之后，对武术有些正本清源的想法。由于现今武术表演的体操化与武侠片的神怪化，早已与武术的真谛背道而驰，代代

以讹传讹的结果，使得武术的本来面目早已模糊不清。拍武侠片，我就希望能一探中国武术的精神原貌，但脑中的幻想还需要求证。

打一开始，我就想拍中国武术。但一做之后才发现，武侠片里的武打，不同于武术上的个人套路演练，也不同于真实的打斗，三者形似而神异。武侠片中的招式动作，用的只是武术的外形神气，但在本质上并不相同。真正的武术动作，和电影里具有视觉美感、电影动感的武打动作是两回事。武术讲求的是实打，招式要有效地击败对手。但电影是要在视觉上呈现动作的动感、美感及电影感，只要看着能打、刺激、帅就成，至于在现实里是不是真的能打，并不重要，重要的是能让观众当真又看着兴奋。

银幕上的“武”，就是“舞”。

一开始，我并不知道武术和舞蹈有啥关系，对此毫无心理准备，但原先设想的路行不通，于是开始做调整。在武侠片里，套招就像编舞，一如京剧的武场。在精神上，武侠片的武打比较接近歌舞片中的歌舞，一如歌剧，叙述到某个程度，以歌咏舞蹈来做一种感情与视觉上的抒发。在武侠片里，则以动手过招作为抒发伸展。武侠片本质上可以极具诗意，表演性质很高。过招有如双人舞、多人舞，类似京剧的武行，即无声不歌，无动不舞，编排招式一如编舞。只是过去武侠片较重阳刚，它的舞蹈性比较隐性。其实武打动作一向挑战人体极限，看武侠片，一如观赏戏台上的武戏表演，观众不会紧张，不会投入，它呈现的是一种距离美感，疏离而超然。

中国武侠片里武打动作的电影化，我以为从张彻、胡金铨等人开始，至吴宇森片中舞蹈式的开枪动作，都跟武术的关系小，而跟地方戏及京剧的关系大。它是一种表演艺术，是中国地方戏曲的延续，是一种“戏”的概念，而不是“武术”的概念。在武侠片里武术多半是个幌子，电影中最精彩的武术动作，经常是京剧武行出身的人编的，包括成龙、袁和平、洪金宝、元奎、程小东等人，都跟戏班子有关。而南派武术黄飞鸿嫡传出身的刘家良（其父刘湛为黄飞鸿徒弟林世荣——“猪肉荣”的门徒），除了融入一些京剧、广东大戏的动作外，同时将真正的武术融入武打动作中。从他的亮相、身段或可看到京剧的影响，要打得好看定要套招，只是他在出拳或收手时表现的美感并非武术，既帅又快速，有自己的一套。而手碰手时展现的劲道，很有戏感，但也不是武术，得要编。我觉得在拳脚方面，他是将武术与京剧动作融合得最好的一位。

例如大家都熟悉的黄飞鸿“无影脚”，从武学原则来看，我觉得刘家良表演的“无影脚”比较有道理。他在电影里露过一记，即将长袍的下摆一撩，啪，脚就往对方下身一踹，根本看不到他的脚如何出招，只看到袍裾一闪。无影脚就是出招快到连影子都不让见。刘家良出招时，腿从未见他过腰，多是上面一拦下面踹。要是脚踢得老高，可能很容易被对方抓到。

现在电影里黄飞鸿使出“佛山无影脚”时，发招前大喊名号，老远飞过去再一连长踹，你想想看，对手一听喊叫早都吓跑了，还怎么“无影”？其实非常荒谬，是不合武学原则的。但这样拍又比较有戏剧性、有电影感。

听说当初拍《黄飞鸿》时刘家班四个兄弟之一担任武术指导，他曾跟导演徐克建议，这招不能这样用，我们洪拳全世界有十万会众，看到了要给笑死。徐克说：“我的片子卖给全世界千万个人看。”后来还是以电影感决定招式的要法。

当初电影武行里虽不乏练家子，但因应需求，电影里的武打招式和武术的武打招式渐行渐远，慢慢成了“武术搁一旁，电影感摆中间的局面。”

加上电影的传播效果较大，久而久之，大众更是误把冯京当马凉，以为电影里的招式是真招，正主儿倒少人过问了。

2001 年海外拍了一部武侠纪录片来访问我，说起少林五祖是为避清朝雍正帝的迫害，将武术传到戏班子，因此戏班子暗中延续着武术的生命。又说，中国武术起源于达摩祖师调教少林寺和尚的体魄，因为达摩讲经时，座下的和尚打瞌睡，达摩觉得和尚们身体虚弱需要强身，于是传授武艺，因而有《易筋经》等武功秘笈，云云。我对他们说：“你们要相信圣诞老公公，你去相信，我是不信这个！”

而一般人认为中国武术分为武当、少林两大源流，一个内家、一个外家，我估计也是以讹传讹的结果。

动静起落，虚实相生

因为拍片，我对武术、京剧这两种艺术均有点涉猎，也觉得在电影中都很重要。但做到后来也是这两个打架、产生冲突，走到这个地步，一切都是自然的发展。我觉得从这一个领域到另一个领域，两者之间要有所转折，但要怎么转，冲突要如何取得协调，颇费周折。

这次跟香港武术班底合作，就想试试从中国武术出发，不走以往京剧表演的路子来拍。这不是他们习惯的做法，最初他们可能没兴趣，也未必愿意突破。而且我想做的突破可能又多是傻事，不好拍也不好看。我不是学武出身，三脚猫的功夫练两下，道听途说一阵子，也成不了什么气候。对武术原理，我想香港电影界一般较不注重，而是能用的就用，为求方便及银幕效果，自行研发出来一套办法。大陆科班出身的倒还讲究一点，但在编招上又不如香港的武术指导灵光。在这方面，我有很多挣扎。

但我还是以自己研究的一点点去要求，他们也要动脑筋想新法子去做出来，也够伤神的。如剑是双刃，不宜过肩挥舞，香港武侠片里用剑多半用不对，刀才过肩。

最初他们觉得："好看就行，何必管那么多！"

我说："剑用得跟棍子一样，剑跟棍又有什么两样，应该是棍打一片、剑点一尖。"

此外，出拳时，我也要求演员尽量遵守一些拳术的要诀，如身法上要"身似弯弓手似箭，眼似流星腿似钻"；出手时得"生擒捉拿，闪躲圆滑，吞吐浮沉，绵软巧脆"，"扣如钢钩刺如刀，撞如铁石粘如胶"；短手能做到"挥劈撩砍，腾搂闪展"的动作；闪躲间须有"闪如清风，躲如抽鞘"之姿。"手眼身法步，肩肘腕胯膝，顶项胸腰背"，动哪有哪。出手即令人感到"硬则如钢，软则如胶。重则如生根，轻则如走冰"。

对于每个角色，我也根据特性列出每个人的劲道。如：刘泰保是“硬劲”；蔡九是“僵柔劲”；俞秀莲是“刚柔劲”，加上智勇的特性；碧眼狐狸是“松软劲”，因为她练的是武当派功夫，故具有“松”劲，又因为她阴，所以是“软”劲；李慕白是“虚灵劲”；玉娇龙先是“松沉劲”，后为“轻灵劲”，跳崖飞天时是“虚无劲”，因为玉娇龙天分高，故天生就是“松沉劲”，经过教导后应化为“轻灵劲”。但章子怡天生不松沉，她肩膀是挺的，人年轻，也没那股沉劲，所以戏里就得帮她注意言行举止，要有个大家小姐的模样。

当然一开拍，所有人能有一股“狠劲”就够美的了。

而“动静起落，进退虚实”这八字箴言，更成了我的座右铭，我甚至把这句话贴在墙上提醒自己。因为过招不只是乒乒乓乓地打，中间要有所变化，我们一定要追求一些动静起落进退虚实的东西。有进也要有退，退时也可以出拳。动时能出招，也要静下来重新摆架子、理气息，节奏感要注意。因为一做下去就忘了，惯性使然，用的又都是实招了，有时候也要用些虚招。

当我把想法说给八爷听时，八爷说：“你要的那种东西，武术队、武行都做不到，更何况你给我的是演员，要我怎么弄？”

我要找长得有型的，但中看就不中打，中打的又不上相、不中演。我看到书中所述，引发出一些对武功的想象，但十之八九又都做不到，感到十分的挫败。我也找过教头来给意见，结果真的印证了武行界的说法，电影归电影；也再次印证香港武行界所归纳出的经验法则，拍武打片时有四样东西最难搞，应避开：小孩与狗，马与教头。

教头，指的就是有武术底子的人。他们是硬碰硬的实拳，打得没戏感，观念很难扭转到电影这方面来。套路演练熟了，一打起来不照他的惯性排演，他转不过来不顺手，又常常一副臭脸看不起搞戏的人，很难合作。而且马步一蹲动作就慢，不好看。京剧武行出身的人都不兴蹲马步。扎马步是讲下盘稳重的训练，一练扎实，人都不灵巧了，台上还怎么翻滚？这不是我去促成的，而是我被迫接受、被迫认清的一个事实。

彼此适应

刚开拍时，我与八爷彼此都不适应。许多在武学上我觉着有道理的打法，在电影里多是些傻功夫，拍出来观众会一头雾水。不过百来八十招里，也有一些让我给蒙上的。我就向八爷学，而他们要达到我的要求，也激发出一些新做法。

我们相互刺激，天天就这样折腾，八爷编得顺的，我就看着不顺。我想，这次他是做得很难受，没法尽情发挥。结果好玩的是，本来该我管电影感、他管编招，当时却正好反过来。我老是出点子想新招，搞东搞西的，他就不断地提醒我，电影是电影感的东西，不是实在功夫。八爷说："你想的这些，我们以前刚开始拍武侠片时也都想过，跟你讲这样做不通，你为什么不听我的？"

近代导文戏导演去导武侠片，通常都是文武分开来拍。文导演到了现场，压力一来不灵光，只好让武术指导掌理一切，就算与内容不搭调也没法子，因为短时间里，你不可能比他精通，连运镜、剪辑他都设计好了，以下打斗五分钟，只有随他打。在这里面，徐克要求比较多，也比较能贯穿，而早期的张彻、胡金铨拍得比较有人文气息。可是到了后期，均是武术指导出身的导演在掌控，一般文戏导演很难涉足插手。我则希望稍尽绵薄之力，使电影整体的风格与内容两相呼应，又希望雅俗兼顾，于是花上较多的时间、经费，去沟通设计。有时分日、夜两班拍摄，白天拍文戏，晚上拍武戏，我是两班都盯，要求也比较啰唆。

开拍之初，我不知该如何要求，大概一个月后才慢慢上路，推敲琢磨后找出调性。一开始我的眼睛不够尖，看不出动作到位与否，譬如这只脚的力道够不够，一拳打来，反应的时机是否拿捏得恰到好处。这与真打不一样，看着拳头打来，实在的力道并没有上身。这时就看演员的表演，夸张后，对之有所反应，其中的分寸拿捏要准。我起先摸不着这个准头，如第一天在新疆拍摄玉娇龙飞身而起踢倒四名盗匪的戏，那个大汉被她一脚踹在地上，照我看，他飞起老高摔在地上背着地，就挺好的了。八爷却说："你看可以，我们内行一眼就看穿了那是假的，他的背没摔实，是腿先着地，把力道先卸了点，不是真摔，他那不是摔死人的摔法，他没卖力。"这是他们内行人的看法。逐渐地，我也琢磨出一些窍门。八爷对劲道的要求比我多，他们最看重的是劲道的准确性，这是蓝领的工作道德。

八爷的得力左右手副武术指导黄剑伟告诉我，现在还弄个钢丝卸一下力，帮演员一点忙。以前他们年轻时，从二三楼摔下来，都是拼命地硬干实摔，到地时已是半死不活的了。之后电影院上映那部片子，他去看，才只有五个观众，当时真不晓得自己拼成那样是为了什么。我拍片时就常想到这件事。每次黄剑伟在镜头前教演员招式，我一看，哎，就是这样！可是演员做不到。这正应了八爷常挂在嘴边的一句话："电影是遗憾的艺术。"

轻功、招式彰显个性

因为我希望在武打招式中彰显人物的性格，因此不管轻功、打斗招式，都是角色个性的表现。尤其在生死关头，人的个性最鲜明引人，这是我拍《与魔鬼共骑》时的体验。打斗中得有故事，不能干打。设计武打动作前，我把意思说给八爷听，他则编进招式里，其实他也是编剧之一。片中的招式及轻功，除了得展现飞跃打斗的动作美感外，其中也负载了人物性格、剧情发展的多重讯息，这是我们的目标。

险象环生的轻功戏

拍轻功时，玉娇龙、俞秀莲、李慕白及碧眼狐狸，飞法各有不同。李慕白功力最高，飞得最灵逸。玉娇龙则是年轻气盛，没有负担，说走就走，天分高，让她在武功上得以直通最高境界，一股帅气无所阻拦，就算逃遁间飞身而退，也是刷地飞退，一口气提到底直上城楼之颠，翻身而逃。俞秀莲负担颇多，就算她飞檐走壁，攀爬间尚有许多附着，飞身之际，总有地心引力拉着她回来。我本来的构想是俞秀莲不会轻功，要她是沿着墙跑再上墙，啷啷地点几下，但做不到，因为钢丝一往上吊人就飞起来。

轻功，是一种超脱，是一种浪漫，也是一种牵制。因为和我想表达的主题符合，所以片中大量使用轻功。人都有超脱现实及限制的渴望，我在塑造李、玉时也有这种心情。但人再怎么飞也要落回地面，因为有地心引力，轻功只是暂时的一种脱离。若要真正的升华净化，就是抛弃一切，飞身投入山崖。但人世间就是有人情，有包袱，有地心引力。李慕白最后升华不得，就因为他要当大侠，无愧于本色。玉娇龙可以说是层次高，也可以说她比较没人情味。

一直以来我就很想从俯视来拍轻功。

当我们拍摄李慕白紧追黑衣盗剑人，两人使出轻功在北京城的屋顶上飞跃的戏时，我对摄影师说，要拍出诗意，观众就像正在船上俯瞰海里悠游的海豚。过去以电脑特效擦去钢丝的花费较为昂贵，一般的动作幅度较小。现在我们可以做较大的动作，于是从上方俯拍。但执行起来又是另一回事，要人飞起来可真是一大工程。眼高手低，在所难免。

而俞秀莲在紫禁城城墙上沿墙急跑、紧追玉娇龙的戏，是我的点子，他们来研究怎么做。但很多我要求的镜头多只能做到一半。武行说:“这在香港至少是五个镜头啊！”或者会问:“导演，我们可不可以中间插一个镜头？”我还是坚持:“试试看，还是一条打下来。”最后仍用剪接处理，本来我都想一镜到底的。拍轻功时我们使用极粗的钢丝，后制再以电脑涂掉，所以动作气魄较大。他们不断地实验，但有些场面钢丝还是不够粗。如杨紫琼在紫禁城墙上所展现的壁虎功，工作人员说：“一条拍下来也可以，但得去好莱坞买吊摩托车用的粗钢丝，才不会晃。那种一节要一万块美金，我们用不起，现在用的钢丝‘过江龙’就是会晃、会撞墙。”

刚拍时，我不了解吊钢丝的困难，地心引力竟有那么怪异的力量，我不知吊钢丝得花多少时间，其中牵涉到多少力学的困难。钢丝是条绳子，会回荡，尤其是长线钢丝，回荡的力量非常诡异。有时钢丝尾还再加上一大段橡皮筋，让它绷着让它弹，力道更加难测，人不知会弹到哪里去，很难控制，许多动作都难以做到。人吊钢丝很痛的，刚开始时不知掌握分寸，有时一拍三十几条，把人整死了，一个星期都动不了。武行自谓，武功被废了。

剑招背后的讲究

剑的原理很高妙，有如人体的延伸，我从武术书上看到各种剑姿，特别想实现，就要求他们做。

片中李慕白与玉娇龙用剑。李慕白使剑时我不但注意剑姿，还要注意他的眼神，大侠浩气凛然，眼神自然应是目不斜视。

片中只有李慕白、玉娇龙配使剑，懂得剑诀心法。知识即权力。他俩属同一层次的高人，练的都是“玄牝剑法”，可是使起来的味道又不同。李慕白处处剑下留情。玉娇龙一出手即招招狠毒，只为自己，没有包袱，无论是跟俞秀莲斗剑或在酒楼上剑扫群雄，均是如此。俞秀莲能使十八般武艺，刀枪棍棒样样上手，但无一门专精，是个江湖经验老辣的实用派。戏里碧眼狐狸是个反派，所以她的武器里暗藏机关，铜棒杖头都能射毒针，鞋里又暗藏小刀。在这里我小开 007 一个玩笑。（第二部 007 电影《来自俄罗斯的爱情》〔From Russia with Love〕里，也有个老太婆鞋里暗藏小刀。）

招式及轻功有一小部分在银幕上显现出成果。不过拍摄时，却困难重重。

如章子怡演的玉娇龙，右手舞剑，左手还得持剑诀比划，加上套招对打时的真切感，脸上要做表情，嘴里还要念对白……常是做了这个就忘了那个，丢三落四的。因为十几个动作必须一连串地做下来，同时一镜到底。有时动作越来越准，可她又累得没有劲道；或因为分神去做动作，兴奋感又不够了，我还得帮她注意情绪的连贯，总之是问题不断。

最后一场玉娇龙以一把剑对上俞秀莲的十八般兵器，打斗时还是用碰撞的。

明知做不到，我们还是硬着头皮做，有的像，有的不像，尽到点意思就够美的了。但比起武侠小说里所描写的“剑若飞凤，刀如猛虎，枪似游龙”，还是差得太远。

流畅的节奏感

武侠片的传统场景——饭馆、客栈、竹林，是我们从小看到大的，从张彻、胡金铨、刘家良到成龙，都有客栈对打的戏。客栈的格局是二楼及中庭，有个上下层次感。一开打，筷匙杯盘菜肴齐摔，桌椅栏杆之间的追跑有障碍性，也有破坏性，是视觉上的一个传统。打斗有节奏感，中间有个喘息，骂两句，对峙，摆个谱，做个姿态，挑动情绪……本身要有个叙事性。这套东西是一路从京剧传承过来的。包括蔡九以筷子夹飞镖，都是武侠片的传统招式。蔡九能在吃饭时用筷子夹住碧眼狐狸突然射来的飞镖，如此身手，怎么会眼看着那么大的飞轮丢过来正中额头？这些没什么道理，就是好看。

不过要在打斗当中变换节奏，则很难做到。第一场两女黑夜过招的节奏感，还是靠剪接完成的。真的反应还没法做到，因为在实际打斗中没有人是算好节拍才打的，可是拍摄时要是不算好拍子，两个人的手就碰不上、打不起来。

这次拍武侠片，从武术钻研到最后呈现在银幕上的武打动作场面，我是边拍边学。电影和现实不同，它是一种假象。在电影中你看到一个美女，不如你“以为”看到一个美女。这个“以为”很重要，蒙太奇也是这个道理。八爷就常说：“摄影机前的打和真打是不同的。”他对我的启发不只是拍武戏，连文戏也很受用。以前我一直用不同的方式来印证电影的本质，这次是用武打。

八爷袁和平

对八爷来讲，这次编招时要把角色个性融入动作会有所限制，打起来不够痛快。一来不能像拍港产武侠片的随性打，好看就拍。因为《卧》片偏重戏剧性，缺了它就像在看两部电影。二来对演员也比较危险，因为边套招还要边顾戏，手上舞的又都是锋利没长眼睛的家伙，不近拍又不见表情，但要弄兵器是“一寸长一寸强，一寸短一寸险”。同时还要“看实”，“打实”，以落实情绪。《卧虎藏龙》里的武打速度比一般港式武侠片要来得慢，因为我希望打斗时要彼此接触到，动作放慢又要做对，这等于是放大来看，容易显露缺点。慢，本来就难，加上我们的演员又多不是打星，所以八爷很伤脑筋。

放慢，完全是因为我的需要，我想增加戏感，不慢下来，感情无法进入。快打好拍，糊弄一下就过去了，电影感是很精彩，很刺激，但比较没戏感。我并不是为了要让外国观众习惯而改变速度。快，本来就会引发人的刺激感，并无中外之分。在我的印象里，西方的动作片比我们慢很多，打斗时刀戟相撞，当的一下，很笨拙，可是人的情绪比较投入。中国武侠片打得很炫，可是情绪不投入，就像看京剧武场的表演，观众不会紧张。这次我就想结合两者各取其利，其实也是进进出出，很难做到两全，是有强人所难之处。我经常会下一些笨功夫，但我认为是必要的。

拍摄当中，我也曾问过八爷：“他们能不能打出戏感来？”

八爷说：“要打得像演很困难，目前只有少数人像成龙、李连杰可以做到，其他人不是打就是演，得分开。”

拍武戏时，我们又回到华语片的拍法，无法事先计划好，多是到了现场才临时编动作。

不过副武术指导黄剑伟跟我说，要给八爷时间，他最好的招式，多是当场即兴琢磨出来的一些东西，现场想到的一些笔触。别人做就没这个味道，计划出来的招式就没那股子神韵。先都计划好了，办公一样地去拍，摄影会漂亮，进度会快，但一些灵气的东西可能就没了。像《铁猴子》里，纸张迎空飘下，主角撩袍一踢，单手接着。以他们做助理、副导的人，其实什么招式都知道，都是他们出点子，但这种就不会。八爷就是大师，他们就是助理。叽叽喳喳地大家都很能干，最后决定还是在八爷，出来的电影感就是不如他。

我想这次八爷没能尽兴发挥。

我常做让人无法尽情发挥的事，并非故意，而是我觉得大家都应该为电影整体服务，包括我自己。不过这是我的风格，很难改。这次好像除了摄影鲍德熹外，其他主创人员都表示过，觉得没能完全发挥，做出自己的理想。要求太多，时间不够之外，他们也觉得好像没有完成我的要求，未能尽兴，也可能是没机会就其所长尽情挥洒。

起用女武行

武侠片一向阳刚，以男性为主导，这次重头戏转到两个女主角身上，连主要的打戏也以她俩为主。能打时我还是希望她们本人上场，如雄远镖局前厅的对决戏，换了各种兵刃比武，很多戏都是她俩亲自上阵，两人都很认真。但拍摄中，替身不可或缺。

这次我比较常用女武行。华语片界武行多不兴用女人，这是个很男性的行业。女人动作慢，不经摔，力度感不够，只能摆个架子，不宜硬碰。但男武行扮女装就是丑。这次我尽量用女武行，除非做不到才由男武行瓜代。

管武行的工头曾经跟我诉苦：“导演，在中国要我找女武行比找老婆还难！”而且还得找貌似杨紫琼、章子怡的人。杨、章一共用了两个女替身，均出身大陆的武术学校。一个是老经验，但没吊过这么多钢丝。另一个是武术学校来应征的，我看她的体质很好，但缺乏拍片经验，就边拍边训练，同时还要学女主角体态。

我拍女人电影，但武行很阳刚。起先没注意仍照惯例做，一吊钢丝套，粗胖的模样像欧巴桑，不好看。而且冬天天冷，演戏时里面穿着毛衣，一个个包得像粽子似的。我说话了：“拜托，这是女主角，女主角丑，片子怎么卖？裹得像个粽子，李慕白还怎么遐想？不能光管舒服，要想办法，做出美感来啊！”章子怡也皮，以后一上戏就娇喊：“粽子来啰！”大伙于是绞尽脑汁想各种办法，用化妆、造型来修，换上极薄的护垫。身材，是做出来的；脸，是画出来的。

港片机动性强的优点这次全然发挥，无论发生什么状况，都给你想出办法来解决，我们拍文戏出身的人就比较没这个能耐。八爷他们在片厂里从小打到大，真的很懂电影，遇到困难，灵光一闪，办法就出来了，直截了当，想得不深，但很机灵。跟八爷拍久了，连我都觉得脑子灵光了许多。道具更厉害，要什么马上给你弄了来。这是香港影人独步全球、很国粹的东西。

身心俱疲的拍片经历

这次我们不只拍摄时跑中国大江南北，后制时还美国、香港、大陆三地走。

第一批外景地包括新疆戈壁沙漠、天山冰川，驻扎的基地是乌鲁木齐。当地文化混杂，街道同时以中文和回文标示，在那里拍摄三周。接着回北京拍摄。之后全体下江南，至安徽及浙江安吉县的竹林出外景。再回头往北，至清朝皇室避暑夏宫的承德及苍严山取景，最后返回北京片厂拍摄。后制时，在纽约进行剪接、对白及音效的混音，同时录制马友友的大提琴部分。洛杉矶做特效及录制主题曲。上海广电大楼录音乐。香港做特效、录对白。北京录对白及混音。

外景第一站到新疆，就遇上沙漠风暴、大洪水。本以为八月正值旱暑，新疆应该是晴天，当地又极少下雨，一定干燥。事实却全非如此。开镜典礼一拜完，连下了一星期的雨。我说："往西把水给拜来了。"化妆小梅姐（仇小梅）还安慰我说："港片遇雨都大卖。"当地百姓则是欢喜地说："你们把一整年的雨都拜来了！"

但这些雨却成了我们的灾难。外景之一的五彩城，缺了烈阳城就没五彩，什么也拍不到。那么辛苦用卡车及火车将大队人马、器材，千里迢迢地从北京运至新疆，结果先前看好的景全变了，让人觉得运气真是背，似乎新疆不想让世人看到她的美丽壮阔。你费尽力气，追求的却是个非常脆弱易变的东西，大自然或命运的稍一拨弄，就改变了一切。只有想尽办法，拍一点是一点。

开镜一星期就发生沙漠迷途事件。那天下午吃完饭出去拍到半夜，有个车队迷路没回来，大伙开车到处去找，带回来时已是隔天清晨七点了。延到下午两点再接着拍，刚拍完第二个镜头，沙漠风暴来袭，足足刮了两个小时，来了一次又一次，眼看太阳就要下山了，赶快抢拍几个镜头。那个外景场地，第一次去拍时，沙漠居然都是烂泥，车子全陷进去，整个车队得拖过来；第二次去就遇上沙漠风暴。三天两头的老碰上这种事。

大洪水是我们到另一个景点时遇到的，桥被洪水冲断了，得绕道。新疆大部分的地方只有一条路，当地小路常断，也没路标。整个车队被堵在半路上，不上不下地老转不出去。当时又闪电、又打雷下雨的，半夜带着一家人及整个剧组，小孩也在，大伙在暴雨的沙漠中摸索找路。加上当地路况很差，为了绕过坑洞，司机老是刹车、转弯，刚开得顺一点，又常砰的一下跳起来。前面似乎通行无阻，但就是不敢放手疾驰。经常一开就是十几个钟头，开得司机两眼猩红，又多是烂车，光坐在上面也难过。一切都让你觉得，人在那边是很无助的！

回到北京又分日、夜两组拍摄，两班我都得看，武戏要是不看怕连不上。就这样，有一度连筹备到拍摄长达八个月没回家，我也没有半天休假。到了拍片后期，我的身体机能开始抗议，某天清晨入睡时呼吸困难，看来像是休克，赶紧去医院。我不知是不是抗压性失调，因为拍戏时保持高度敏感，对付压力的开关开始弹性疲乏，整个免疫系统失调。拍片时我就知道这笔账将来会找回来，因为当时精神亢奋，不会病倒，但常感觉像要死掉似的。果不其然，过了两个月全都找了回来，那时正是我拍完片回美国开始忙剪接、配音等后制时。加上勘景爬山时过劳的脚踝又得了肌腱炎，遵从医生嘱咐，从北京、上海、香港一路包着脚，坐在轮椅上，像个废人。回美国又牙痛拔牙，整个人就这么捂着。

事后录音是个大工程，共有两组人员录制。头一组共四人，一位录音工程师带着三名技师，专门录制音乐，分别在纽约录制马友友的大提琴，之后与上海交响乐团合作在上海广电大楼录制其他配乐并将音乐混声。那位录音工程师是世界顶尖好手，马友友指定非他不可，但在纽约录音乐时，我因为正处于神经紧绷的敏感状态中，听出有些音不准，录音师回头再听，的确也是。上海广电大楼仿英国录音室买入全新的录音设备，我们又常是几十个声音一起混声，也被我一一挑出毛病。但上海录配乐还算是小case，只花了几个工作天。最后在纽约的总体混音——将音乐、对白、声效等的混制过程，才是最最痛苦的时刻。这时又由另一组录音人员负责。

《卧》片的音效比美国大片还复杂，美国影片的音效多很固定，《卧》片音效的频率很高，变化较多。尤其是青冥剑的响声，诡异复杂，加上斗剑或兵器交锋时的声音变化，美国音效师没有这方面的经验，我要在一旁盯着，注意频率变化时的细节。加上当时我陷入一种神经质的挑剔中，人很敏感，对白、音效等稍有一点差异就让他们再三回头做，加上交货时间的压力，搞得混音工程师都快疯了。

又如调光时，十六分之一的光圈变化许多几十年的老手都难分辨，我觉得那个镜头比上一版亮一点，技师回去看表，就差十六分之一点，一般两点以内都看不出差异的。就这样，我自己难受，大家日子也不好过，连我也受不了自己。但要做出水准，就得磨。最后总体混音时，我连坐都坐不住，是躺着做的。后来打类固醇，吃抗压药，人比较麻木，没那么挑剔，大家日子才比较好过些。

后制期间我老是心揪着，脸发黑，血压、神经、胆固醇等内分泌全乱了套，跟腱炎加上心悸一起爆发。睡觉时身体会放电，四肢充血，醒睡换档之间会暂停呼吸。人常被吓醒不说，每逢夜晚即如临大敌，经常睡眠失调，有时整晚无法入睡直到晨曦微露，坐在窗前看到日出，眼泪就不由自主地流下来，人很沮丧，心神无法控制，当时觉得真是熬不过去了。

再加上促销、交货、冲片都不顺利，宣传期又长达一年，就这样拼了一年。所以到奥斯卡时我真的受不了了，颁奖典礼后，才想着自己终于活过来了。直到暑假在家我才能真正地休息。

自成一格的制片方式

猛龙过江又一回

这次《卧虎藏龙》的拍摄模式，是结合好莱坞与港片过去十几年在大陆磨出的方式，成员则为两岸三地的混合军。导演之下，香港班底为主创人员，大陆制片及工作人员有一百五十多人，台湾来的两人，录音则从美国调两人来，冲突没有我想象的大。这次我没带什么特别的做法进入剧组。因为这次的幕后班底均为华人电影中的精英，各小组的负责人都拍过西片，本身的素质就是世界水准。尤其是鲍德熹，他会很主动地把器材及好莱坞的标准带进来，当然也所费不赀。而且港片基本上已具有西片基础，它是介于西片与华语片中间的制作水准。我就在这个基础上提出我的要求，我不管他们怎么做，只要达到要求的品质就成。

《饮食男女》时带入新制度的做法我不再重复，当时比较有热情有傻劲。这次是看什么能做我就做。我是跳出好莱坞，不同于美国一般的做法。因为我想经验一种比较灵活、另类的拍片方式，享受创作的自由。但品质上必须达到好莱坞的水准，我只是用我可行的方式拍片。

拍西片，工作有规律。拍《卧虎藏龙》，我又重回华语片的不规则工作方式，不过这次的不规则，又和拍摄《饮食男女》时有所不同。拍完《理性与感性》后升级了，以后在制作规模上均是专业水准，《卧虎藏龙》也是。

这次的标准比较高，场面比较大，工作人员均是成熟的、顶尖的。同时拍摄时间有五个月，从 1999 年 7 月 31 日开拍，到同年 12 月 22 日在北京前门饭店办杀青酒。

拍《卧虎藏龙》我再次接受挑战，一如拍《理性与感性》，导演的尊重要自己去挣。这次是以香港工作人员为主创班底，我是新手，所以需要再“赚”一次。虽然我是中国人，但并不表示我就全懂中国的文治武功。连好莱坞都要向他们取经，他们自成一个体系，我单枪匹马地去做领导，就要吸纳那个体系的东西，要向他们学习，然后再尝试变化他们的惯性，同时还要和大陆方面合作，其实并不比到英国拍《理性与感性》容易。我有想法，他们有技术，要怎么去挖那个技术、指导他们做事，对我是个很大的挑战。

这两次就好似猛龙过江，一个人去和一团人合作。我面对的是英国、香港的电影精英，又是搞他们的本行，一个是简·奥斯汀，一个是武侠片，我觉得是个很好的锻炼。其他的片子拍完就完事了，就照我的意思拍。而这两部片子拍完后，我感觉自己好像升了一级，头脑也变灵光了些。其实我拍片感觉最像是回家、最舒服、最自在的是在美国，到别的地方是去做客，要去"赚"。连回台湾都是这样。

香港经验

香港电影熟悉好莱坞的作业方式，与美国沟通没问题。不但接轨，有些做法也比好莱坞能变通，而且能"熬"。

除了各种纸上作业、工作习惯与好莱坞的制作模式接轨外，摄影、音效等人员跟特技公司间的往返沟通也非常娴熟。而且港片自有一套做法，但它会吸收西片的经验。当我拍华语片时，西片也会吸收华语片的经验，相互交流。西片的工作方式比较照着流程来，香港反应快，不过还是比较刻苦，预算低，有因陋就简的习性。两者最大的不同在此，我必须要适应。

很多导演都有班底。我的融合性还行，我喜欢与当地的工作人员合作，他们熟悉地方，做的东西地道。在英国我用英国的人，去大陆用大陆的人，武术用香港人，我可以从他们身上学东西。我是生人，在地人熟，彼此可以搭配。如果都是熟人较易有积习，而且同一个班底雷同性太大，缺乏新的刺激。如果重复拍摄相同的主题，班底熟好办事，能省去许多沟通协调的时间，而且这组人可能就是最佳拍档，跟别人合作反而不到位。因为我大概每次都去做新尝试，是个新冒险，固定班底并不适合我的制作。

大陆的支持

这次要不是大陆制片刘二东等人的帮助，说实在，也拍不成《卧虎藏龙》。大陆方面的工作同仁待我非常好，令我十分感念，官方也相当礼遇，合拍公司与北影厂都给予我们最大的支持。所以大陆方面除了合拍的郑全刚总经理外，我一定要请刘二东代表来参加奥斯卡。典礼当天索尼经典电影公司（Sony Classics）的庆祝酒会结束后，当他跟我说："我觉得这次的经验很值得！"我再也憋不住了，和二东两人抱头痛哭。

拍摄期间我们真的是一路一起熬过来的。

我是第一次到大陆拍片，需要一个跟当地关系熟络的人来搞定一切。因为拍华语片没个固定模式，所以我会有野心，希望一分钱能做十分事。这是制片的本性。而其中的层层关节，除了港方的策划崔宝珠及制片主任畲伟森外，就要靠刘二东和他的班底搞定。他们得要人面广、关系好，有八面玲珑的本事，软的硬的都来得。整个情况是一种我无法控制的复杂。但死搞活搞，最后都给搞定了。

拍完后，刘二东跟我说起他为什么这么拼命，就因为前置时詹姆斯来探班，我介绍他时曾说：“詹姆斯对我帮助很大，以前担任我的制片，很能干，帮我杀价。”二东受到刺激，当时虽没吭声，但已下定决心，在大陆一定要事事都帮我搞定。结果拍完后他才向我吐露实情：“现在总算熬过来了，我就赌那一口气！”真的很可贵。

二东最苦的时候是在新疆。记得那天我要拍大队人马路过火焰山下，他得找骆驼。现在已经没人用骆驼队了，我们又没算对季节，骆驼都在山上，得发动车队上山去载骆驼。二东在山上找到六十多匹，毛又长，块头又大，夏天了却还没掉毛，很漂亮，大家都很高兴，说好第二天几点钟到场。没想到前一晚上山去载时，骆驼硬是不上车。因为现在大家都开车，不用骆驼拉货，骆驼都野了，就算抓住了也不肯上，乱踢乱跳，好不容易弄上车，又从车上跳下来，还把一个工作人员的腿都踢伤了。忙了一个晚上，直到第二天中午人全被搞惨了，可是一匹骆驼也没搞上车。没法子，只好再找。结果找来的是那些给游客拍照瘦不拉叽的丑骆驼，有十只，价钱又贵了五倍。他正一肚子火，我则完全不知情。

忙了一个晚上，二东一口东西都没吃。刚在路边一个面店坐下来，面端上来，他正要吃，我们的车队到了。我一看，怎么骆驼站错了地点，差了十几公里，就在车上叫他。结果他筷子一放，面也没吃，又花了三个钟头把骆驼拉到我要的地点。谁知道当地又开始刮起沙漠风，什么都看不到。当时临时演员也拉来了。我就要他们先布置，我去另一个沙漠拍罗小虎与玉娇龙马上追打的戏，后来迷路也没拍到。再回来他们已拍了两个镜头，灰蒙蒙的，什么火焰山，跟堆狗屎一样。

我们拍了十几天，把片子寄给詹姆斯，他剪了一个片花在戛纳放给片商看，好有个交代。

不久回到北京，周润发请吃饭时搞了个花样，把这段片花放来给大家看。二东一看到新疆的第一个镜头出现，眼泪立刻喷了出来。我的助理朱洪波坐在他身边，说他哭的样子很好玩。问他："你怎么啦？"二东嘴上说："没什么，没什么。"人倒忍不住悲从中来地跑到旁边去哭。那大半年真不知他和他那组人是怎么活过来的，真的令人很感动。

他也不嫌我跟他的工作方式不一样。我的要求是比较好莱坞的要求，没有的，他就想办法去弄。他们以前也和港台合作过，没见过这么啰唆的，而且是每个部门都啰唆，香港有香港的做法，我有我的要求。不过跟他们相处都一直蛮好的。

群策群力的艺术班底

摄影鲍德熹

《卧》片的摄影师找了很久才决定是鲍德熹。因为我对香港的摄影、打光法等，不是很有兴趣。包括王家卫都跟我提过，鲍德熹做这个工作最合适。真是要拍才晓得，武侠片是另一个天地。决定用鲍德熹前，我已经看了几位摄影师，见面时他问我："香港武侠片里，哪部片子的摄影令你印象深刻？"我回答："没有。"

于是我们一起研究，定出影片的色调采中国水墨画之感。拍轻功时，我要求镜头跟着动作走，一气呵成，人在屋顶上飞檐走壁的画面，要让观众看到人起身、落地及飞翔的过程。我曾跟鲍德熹说，平常我们从下面拍轻功，因为现在可以用电脑处理，不怕钢丝穿帮，我想从上面俯拍，看到整个过程，镜头尽量跟人物平视，把摄影机拿高一点。这对他们是个很大的挑战。

鲍德熹的工作经验和摄影方式，让这个片子雅俗共融成为可能，既让人看到美丽的画面，又不失动感与野性。一般艺术片的打光法虽漂亮，但动不起来，或动起来不对劲。而他的打光及摄影方式，既可要得起来，又呈现雅致的情趣。詹姆斯跟我说，他觉得这是摄影对这部片子最大的贡献。武侠片类型本是俗野的，这部片子能够将本质相悖的特质共融下来，跟鲍德熹的摄影有很大的关系。他的拍摄方式、美感，可以融得下这个片子做这样的发挥。

不过他的脾气比较急，我还能接受。他的长处是不要人家操心，自己会做功课，技术上非常专业。

美术叶锦添、服装助理许淑贞

武侠片属于高度设计的片型，我并不是一个设计性类型的导演，以前也没特别从设计出发来做人物造型。这次跟叶锦添合作，是唯一的一次经验。

和小叶做抽象的沟通非常有意思，跟他聊天会刺激出许多想法。但想象要落实到现实，就像武打招式一般，总是会有些差距。

我与艺术指导叶锦添在《卧虎藏龙》拍摄现场坐镇，背后是众人合作的成果。（黄家能摄）

他是非常概念化的一个人。我觉得我俩交集最成功的部分就是章子怡的玉娇龙与周润发的李慕白造型，尤其是布料轻盈两人飞舞的那几件服装，周润发的简练白袍及章子怡的夜行衣都很出色。我们之间也有过意见上的拉锯战，从使用的布料到色彩等，因为我喜欢写实的东西，他比较喜欢设计，后来是各迁就一步。武侠片可能也需要这样虚实相间。西方拍电影时比较没有造型设计，如李慕白造型如何，这在港片里较为普遍，同时武侠片也有这个需要，加上这次我们也有经费盖景。

放到世界来看，小叶很值得一提的是，服装、造型、化妆、发型、道具、布景等所有艺术部门的工作，在西方得好几个主管做的事，在这里都是他一个人做，一人身兼数职，是五六个人的工作。西片分工很细，艺术各部门各司其职，没有一个主导，通常一个人也不见得那么多才，又会做布景，又要画气氛图，还得管服装、发型、化妆、道具等。而《卧虎藏龙》所有艺术部门均由小叶统筹做整体规划，对我来讲是比较特殊的经历。虽然他一些太华丽的东西我吃不消，但我也兼容他去做很多的发挥。不过古代写实真的很难做，譬如服装，现在已经没那份手艺了。像玉娇龙的那几件衣服，还是北影厂用了四个人连日绣了两个月才完工，但还是不能跟古董比，我也没办法。就算绣工有那个技巧，但那么细致的品味，现在可能已难得再见。同时他也想出一些办法来替代，结果我们彼此各退一步，这样对电影也好。我想要真都是古朴，大概也不适合，因为现代人的眼光跟以前不同，以前看着美，现代可能不见得。

整体看来效果还不错，但我们都觉得大概只做到我们理想中的四成左右。

此外在服装上，台湾来的许淑贞帮了很大的忙，尤其是在写实的做工及款式上，更是她的专长，有阵子甚而成为支柱。

作曲谭盾

《卧虎藏龙》的配乐，我们是把它当成一个歌剧来做。我过去没有使用过这么大量的音乐，这次用了很多的衬底音乐。

我只跟谭盾讲了两个主题，一是婉约，呈现江南；一是奔放，展现新疆。此外，我希望在打斗当中放入打击乐。因为我一直对京剧的锣鼓点子有着幻想，在《与魔鬼共骑》里曾尝试放入，可是效果不彰，打击乐跟开枪的枪声有所抵触。这次我希望重新来过，尤其前半场的肉搏打斗部分，效果比较成功。

另外我想用巴乌这个乐器。我喜欢巴乌，觉得它的音色很神秘，但不太明白它的来历。谭盾告诉我，巴乌是泰国、云南一带的乐器。同时问我，电影的背景在北方适合用吗？我说谁晓得，他就用了。本来是想用巴乌来表现碧眼狐狸。后来不只碧眼狐狸的配乐用，所有表达感性神秘的感觉时都用，包括俞秀莲有时也用。后来谭盾玩出了兴致，还说想作首《巴乌协奏曲》。他是快手，配乐在十天内完成，大概之前酝酿了很久。跟他谈音乐很愉快。这次音乐对电影加分很多，尤其是把马友友拉进来融合中西，十分成功。

好莱坞投资？不是那回事！

外界常有个笼统的说法，认为《卧虎藏龙》是由好莱坞电影公司投资拍摄的片子，一般人看到《卧虎藏龙》以西片方式发行全球，又有哥伦比亚公司的招牌在海报上，想当然尔以为如此，就这么讲，这么评论，结果造成大家这样的印象，事实上并非如此。我想要澄清的是，这和好莱坞拿出一笔钱来给人拍片，完全是两回事。

不论是北美地区的发行商索尼经典公司，还是法国地区的发行商华纳公司，或是负责亚洲地区发行的哥伦比亚公司亚洲部等，都只是买下若干年的放映版权（negative pick up）。这和华语片以往卖埠东南亚、如今艺术片卖埠欧美，是同样的模式，只是《卧虎藏龙》如今的买家是好莱坞的电影公司。该片的版权则永远属于我们。

拍摄《卧》片的资金，是我们以自己公司向银行贷款，由我、江志强及徐立功三人担保，自己经营出这笔钱来的。而影片未完成前，所有的风险也都是由我们三人来承担。好机器国外部则帮忙洽谈欧洲版权。

我们是先行卖埠，预售版权卖给片商，预售并非现金入账，而是取得合约，然后拿着预售合约向银行贷款。由于银行贷款一定得有保险公司（Completion Bond Company）担保，方能借到款项，而保险公司愿意作保的先决条件，除了对我们的信任外，就是要先行预售，将来再交片。

影片完成之后，我们把片子交给当初预售的买家，如索尼经典、哥伦比亚公司亚洲部、法国华纳等，交片之后，这才付款。这与好莱坞电影公司拿出一笔钱来拍片，完全是两回事。

记得当初筹资时，备极艰辛。我们还是先找华人，可惜那时候没人、也没有集团或银行愿意投下那么多资金来拍摄一部华语片，他们看不到华语片有这样的可能性。当时只有西方有可能投入这笔资金，还是看着我们的老面子及好机器的底子。

其实找银行贷款，找保险公司及监控影片完成的公司作保，都是不得已的事，因为当时那是唯一的资金来源。电影开拍在即，本来打算投资的台湾老板，因为股票投资失利临时撤资，我们到处筹钱，东方不成西方试，片子才得以开拍。当时经费十分有限，我们尽量把钱用在制作上，所以有些工作人员的薪资都还欠着，直到影片交片后有所进账，才得以付清。

找保险公司作保、向银行贷款的筹资方式，在我们之前，华语片只有《荆轲刺秦王》做过，当时华语片大制作并不景气，所以我们办理贷款时也受到一些牵连。不过如今这种方式已经十分普遍，华语片虽继续的不多，但韩国片却有不少行此模式贷款，《卧》片的保险公司主管唐纳·史密斯（Donna Smith）来《绿巨人浩克》现场探班时告诉我，韩国影人跃跃欲试，均以《卧》片为目标，主攻国际市场。

《卧虎藏龙》拍摄现场，该片开创出李安在世界影坛的新局面。（张靓蓓摄）

《卧虎藏龙》召开第一次国际记者会，李安导演与该片重要主角张震、章子怡、杨紫琼首度一起亮相，周润发则保持神秘未现身。（张靓蓓摄）

Take Home Messages

说实在，《卧虎藏龙》我还不敢讲。对我来说，目前还处于一个太过掩盖性的状况中，它的实际价值仍需要时间沉淀。

我只能说，我付出了很多，包括它的促销宣传，当然我很高兴它得到的回收。不过从拍摄到后续，整个过程其实都很难受。

只有一点让我觉得比较踏实的是，它表达出我内心里比较私密的部分。当然其他片子也有，但不这么直接。我想大概跟创作过程中遭遇了很多的挫折有关。

原先只是想过一过武侠瘾，我想拍武侠片，包括海外片商也就给钱了，基本上没怎么啰唆，只是钱就给到这么多。我自己定下了这段时间拍武侠片，也没顾及武侠片在华语片目前的生态上并非当红片型，就照着自己的时刻表拍了。

当初拍片时并没想到会有今天的局面，直到美国上演以后，才觉着不同。因为华语片以往也没有过这样的西片发行做法，其实它已经走往另一个地步，不再仅是西片、华语片的问题了。北美一上演后，又印证了这个想法，我就得处理。

过去我拍华语片，不管在台湾还是美国拍，都是独立制片，以小搏大地打入西片艺术院线市场。拍西片时我就累积大联盟的工作经验。因为我不甘心拍成规的好莱坞片，所以三部西片都是半好莱坞片、半艺术片的混合。在离不开美国的情况下，又想跟自

《卧虎藏龙》让我再次经历拍片的至高点。（张靓蓓摄）

己的文化有所联系，所以拍出来的东西和美国片又不太一样。

拍过大联盟的制作后，再回头拍华语片《卧虎藏龙》，与回台拍《饮食男女》时又不一样了，现在是大玩。但武侠片是个很特殊的国粹技术，它有许多因陋就简的做法，我以好莱坞的品质去要求，又要有艺术片的味道，结果是中西古今雅俗都加入，成了现在的面貌。

只是我没想到，拍部武侠片后我再回头来拍西片《绿巨人浩克》，味道又不一样。以前从华语片到西片是往上打，现在反而居高临下，拍部武侠片、港片很罩得住，反倒是西方人前来求教。港片在好莱坞是很吃得开的。

幸运的是，我经历了两次的制高点。以前拍西片再回头拍华语片，是居高临下。现在拍了华语片再来拍西片，又是居高临下。以前华人到美国是来当苦力，价廉物美，努力地文化适应；现在则是远来的和尚会念经，味道不一样了。

随着《卧虎藏龙》跑世界各地参加影展，开场白时我经常讲这个笑话，先幽自己一默："《卧虎藏龙》之前，我还是个新锐；《卧虎藏龙》之后，常有人给我办回顾展了。"当然个中滋味酸甜苦辣，心里自有一番体会。

《卧虎藏龙》拍完，我第一次有人到中年的感觉。以前是抬头往前去，现在才发现好像累积了一些东西。

有如爬山，以前我是往山顶爬，走上坡路，尽量要东西，埋头往前，累积经验，做完这一部，接着又去弄下一部。每次拍片，身体出了状况，有了毛病，就休息一下，或恢复，或衍化成其他的毛病。但不论如何，都还撑得住，没多大影响，也不见尽头。

但拍完《卧虎藏龙》后，我第一次觉得自己已翻过山头，能从层峰看往山下。我第一次感到体力上好像碰到了底，开始得保养，要控制，再也不能纵情，不能任意而为。人生就这么多，要懂得取舍。当然还是可以透支，可以力拼，人还是有无限的可能性。但我知道这样做是在透支，这是以前走上坡路时看不到的。

这使得我行事上比较决断，不会什么都要。

做事时比较不会用蛮力，而用实力。

蛮力是虚的，不需学习，自然就会，是一股傻劲，力道没用在刀口上。年轻力壮时力气大，却没那么多经验，尝试冲撞时用的常是蛮力。如今年纪渐长，经验多了，力气却已不及当年。当人的劲力没那么大的时候，就需要用实力。

人生就如一场修炼。

做事一如练功，是“一分功，一分松”。松了一环后，再往里面、往紧处练。练松一层后，再进一层，如此层层而上。功力越深，实力越强，越不易被击败。

多年来我慢慢体会到这些，无形中它就来了。一路走来，不论做人、做事或拍片，我一直在调整关系。人生不就是这样？不断地学习、调整、求进步。年复一年，要涵盖的面向越来越广，想隐藏的东西也越多；得面对的情况越来越复杂，所承受的压力也越大。在过程里，我开始试图去除自己的惯性，找出有效使用力道的方法，这些都得靠学习。有人学得快，有人慢。我学得比较慢，但好像也不是完全学不会。

实力很奇妙，我希望我能印证。当人能掌握一种情况后，就松一分紧张，增一分实力。当人能放松之后，才较能深入了解、看到或使用实力。不过一旦动及实力，就触动内里；一旦受伤，则伤得更重，因为此时是伤及心神的内伤隐痛，而不仅是皮外筋骨伤了。

而懂得用实力，也仅是个人的体会，并不见得作品就会更好。作品的好与不好，跟个人的机运有很大关系。观众的感受力、作品的渲染力，还有个人的命、你该吃几碗饭等，都是决定因素，不能强求。

至于我所能做的，也就是一直求进步，能够继续拍片，能够有作品，希望身体不要坏，能够做个有用的人吧！

注：温哥华三天的讨论，李安和王蕙玲碰撞出许多火花，这段思想上的激荡过程，在王蕙玲的记忆里留下了这样的图像：

“李安对这两个角色的想法非常强烈，一开始就抓得很稳，不需要我来补充，但他希望有我的观点融入，能更清楚地掌握这部分。我比较能加分的是玉娇龙和李慕白这条线，因为在原著和原剧本里这条线均付诸阙如，缺乏两个武林高手之间心印心、武艺较量的过程。原先李慕白的角色更不鲜明，他的戏被两个女主角给分掉了。我看过剧本后，觉得这个平衡很重要。”

“原先从男性观点描写手帕交、女性情谊，我看了有点纳闷。因为玉娇龙存有心机，就算她跟俞秀莲再怎么惺惺相惜，情分也不到那么深。所以刚看英文剧本时，我觉得这两个女人的关系好暧昧，说是姊妹之情，又不太像，因为习武的女子是很磊落的。而且这里要表达的不是两人之间的黏腻，而是她们之间的张力。而这个张力，不在于姊妹之间的琐事倾吐，而在于彼此心理上的互相控制，亲密中又带有相互较劲的味道。我认为不该从正面下手，对这方面的铺陈我有意见，两人讨论了很多。”

“此外，英文剧本中尚未找出适切的方法呈现李慕白。缺了李、玉‘隐情’的这一段，即无法显现李慕白教导玉娇龙功夫的意图。这条线若没连上，玉娇龙和俞秀莲之间的张力也无从成形。这里面既有姊妹的情谊，也有同时喜欢一个男人、折服于一个男人的对应关系，整部电影就是看三人间心理上的拉扯。但当时每条线各自发展，却未能相互紧扣。譬如，玉娇龙和俞秀莲是一条线，李慕白和俞秀莲又是一条线，玉娇龙和罗小虎是另一条。若玉娇龙和李慕白之间没有关联，整个电影的肌理似乎不够紧实。如此，玉娇龙内心的撞击只呈现片面状态，当玉娇龙跟俞秀莲撞击得如此强烈时，和李慕白之间却没有撞击，电影里武艺最高的两个人彼此没有对应，会造成电影架构的松散。动笔之前，我提出想法，着力点会放在这个部分。”

讨论出的东西太多，李安担心放不进去。临上飞机去北京的前一晚，两人舌战到天亮，直到上飞机。因为彼此都无法说服对方，各自对自己的想法都很坚持。后来王蕙玲提议："这样好了，我照你的意思，以原来的英文剧本为本，加以修改，不做太大的更动。另外再照我的意思写一稿，但你只能看，不能拍。因为我自己没有实践，我也不知道。但我对事情的接受程度，只是凭直觉，我觉得不行的一定说，当我说出不行的部分时，我会负责把我的想法写出来，才能取代原来的构想。我做，一定要帮你加分，否则就不如不做。"

李安也尊重她的感受："你先照你的意思写一个剧本，我们再来商量！"

当时的时间很紧迫，王蕙玲必须在四月完成，李安将在五六月进行前置作业，同时周润发也还没谈定，得先寄剧本给他，他才决定接不接："所有的事都箭在弦上，我们没有重来一次的机会。"

再次合作，王蕙玲觉得很开心："李安对我的信任是很重要的，否则，我可能会因为无法按自己想法来写而担忧，而决定不写。这次合作，我觉得我们就像两个小学毕业生到了大学时又再见面，彼此都发现对方的成长，在这一行里，是很难得的。"

（以上是2001年奥斯卡提名名单揭晓后，王蕙玲接受张靓蓓访问时所言。）

奥斯卡

《卧虎藏龙》千禧年戛纳首映之后，我们随即在卡尔登饭店前的海滩上举行庆功宴，大家情绪都很高亢。左起：章子怡、李安、杨紫琼、张震。（张靓蓓摄）

奥斯卡，这个全世界最大的电影秀！为了《卧虎藏龙》的得奖，我全力以赴。这场过五关斩六将的马拉松，感觉遥遥无期，似乎看不见底。

从千禧年戛纳影展开始，7月的亚洲宣传，8月的泰勒莱（Telluride）影展，然后多伦多、纽约影展，美洲、欧洲地区的宣传，中间再插上个金马奖，接着是一路的年尾影评人协会的肯定、各种影展，包括2001年的金球奖、棕榈泉奖、英国的影艺学院奖、美国导演公会最佳导演奖等等，所有活动都指向“小金人”。《卧虎藏龙》的整个发行也是搭着奥斯卡的路线走，发行成功非常重要，对造势有推波助澜之效。我们从纽约两家、洛杉矶一家戏院开始做起，到奥斯卡前一周开到一千八百六十家戏院，之后两千多家。

对我来讲，这是一个草根性、阶梯性的长期抗战。期间我们把武侠片的片型及其历史背景，一点一滴地介绍给世界各地的媒体，然后推广给大众。所以不只拍片时很辛苦，为了推销这部片子我又花了一整年的时间，真是鞠躬尽瘁。奥斯卡结束三个月后，我才觉得自己总算又活过来了！

千禧年戛纳影展期间，台湾「新闻局」举办餐会，两岸三地参展导演合影。右起：杨德昌（《一一》）、章蕙兰（《小百无禁忌》）、李安（《卧虎藏龙》）、姜文（《鬼子来了》）、李岗（《条子阿不拉》）。（张靓蓓摄）

戛纳首映，经验难忘

千禧年 5 月 18 日晚间六点，《卧虎藏龙》在第五十三届戛纳影展“特别放映”项目举行世界首映，我与杨紫琼、章子怡、张震等人一起出席，这是我的电影第二次在卢米埃戏院(Lumière Theater）做世界首映。第一次是 1997 年 5 月 12 日的《冰风暴》。两次感受很不同，法国人对电影的热情及营造气氛的手法堪称一流。

《冰风暴》放映前，我心里七上八下的。因为片子挑衅观众，又与我以前的片型不同，完全无法预期。放映时观众席一片安静，演完后先是全场一片漆黑，短短的静默空当却长得让人心焦难熬。接着一盏聚光灯由偌大的戏院屋顶对着我一个人打下来，顿时头上像是加了顶光环，全场起立鼓掌足足有七分钟，气氛很感人，我真的很感动，那次的经验很特殊。

这次《卧虎藏龙》是武侠片，又没参加竞赛，我的心情比较轻松。加上 17 日我一到戛纳，刚下飞机就是连串的访问。因为记者场已在早上先试片过，口碑传出，《时代》周刊、《新闻周刊》等多家媒体要求访问提前。听到反应好，我长久紧绷的神经稍微放松，也比较放心了些。首映那天一进场，观众就从楼上后座刷地全冲向前来，热情得令人难忘。我想这是从《饮食男女》、《冰风暴》起陆续累积下来的人缘与印象。这次首映一演完，灯光霎时全亮，演出当中的反应持续至结束时到达高潮，观众以十分钟掌声来表达他们的喜爱。之后，我们随即在戛纳卡尔登饭店

（Carlton Hotel）前的海滩上举行庆功宴，大家情绪都很高亢。当时预估，美国市场大概可以冲到一千五百万美金，大约是《饮食男女》的两倍，很美了吧！

其实我对参赛与否也很矛盾，当时觉得有点对不起工作人员，因为参赛的荣誉感对他们来说别具意义，还好之后的奥斯卡补足了这个遗憾。

影展像选美

在我感觉里，影展竞赛很像选美，胜负不由己。

我天性竞争性不强，碰到竞赛，我会退缩。跟我自己竞争没问题，要跟别人竞争，我很不自在，我没那个好胜心。从《推手》第一次参加柏林影展时的雾煞煞，到现在成为影展常客，这也是命，由不得我。

记得拍摄《冰风暴》前，陈凯歌拍完《风月》到纽约，我俩吃过饭在车里聊天谈起影展参赛的甘苦。他正说得兴起，我一时牙关没咬紧蹦出一句话来："你几岁了，还在比赛！"我也不知道自己怎么会讲出这么二百五的话来。后来他到台湾和记者说起这事儿："还是人家通达！"我从《世界日报》上看到这则消息，心想："哇，不知又得罪多少人！"不过也是报应，后来我自己也得参加影展竞赛。

大凡竞赛就得有个标准。可是影展竞赛又不像体育竞赛，譬如赛跑，一个起点一个终点，不管你身体状况如何，谁最先抵达终点，大家都看得到，有个公平性。影展竞赛的标准比较主观，见仁见智，不管评审人数是多是少，都是一种“看法”。我真的无法在我的智力范围内相信它的结果是一个公允的产物。但参赛时，人还是会被竞争的气氛影响，我也没法子酷到完全无动于衷，就是一种欲拒还迎的心情，真假难辨，很不自在。奇怪的是，大部分的电影工作者对影展都有这种心情。尤其是奥斯卡，既期待又怕受伤害，包括世界名导都是。你以为他清高不在乎，得不得奖潇洒不甩，其实不然。而且大家都知道奥斯卡并不是艺术绝对值的判断指标，得奖是跌份儿的事，但对奥斯卡却都放不下，少有例外。人人都想受到大家肯定，在全世界的瞩目下出风头，这就是人性。如大导演库布里克（Stanley Kubrick）配合角逐过一次，整个人被带到那种心情，结果没得，伤到后来他再也不去了。同时在所有合约里注明，不可报名奥斯卡或参加奥斯卡的各项活动。

因为只要参赛，人就会不由自主地陷入这种气氛中。拍电影，带影片参展，为的就是争取最大的回报。既然参加了，再讲什么都多余。你不能在乎也不能不在乎。在乎了，不清高；不在乎，你臭屁啊？！整个过程就是一种很尴尬的状况，像是喜宴，本质荒谬但其中又有着真情。赢了，当下都会很高兴，不过高兴的时刻很短暂，接下来难免会被评头论足，得要面对它的后坐力；输了，熬过那一阵子的不舒服后，却反倒轻松。但不论输赢，都不自在，所以每次参赛我心里总有股别扭。

在我的感觉里，影展的竞赛很像选美活动。其实怎么能用容貌姣好、身材曼妙（艺术形式风格显眼），或机智得体（隽永）地回答一两个问题，或看起来很有爱心（社会议题、人道主义），或文化（国情），来评断这个女人（这部影片）比其他女人（其他影片）美好？选美本身就是一种很表面的东西。大家也知道，女人的美丑及价值不是这样评断的。但奇怪的是，电视上转播的选美大赛大家还都爱看，只要转到那一台，我也会看。有人说选美有贬低女人价值的意味，可是拼死拼活带着女儿去报名参加选美的，却多是妈妈，还不是爸爸。这中间就有着一种掺杂的心理。

对我来讲，导演和美女并无高低之分。参加影展，也要做出某种姿态，达到某种标准，也要被评比，然后选出名次来。我觉得从评论电影的角度来看，竞赛是没道理的，但它是很重要的电影活动。得了奖我也想看，这和看选美的心理没两样。

电影靠的就是一股人气，影展与选美，都是能凝聚人气的活动。电影在本质上是都市属性，就是要把人气、把新闻炒起来。所以做宣传，我都到都市或旅游区等人多的地方，因为它是人为的市场。电影、艺术绝对是人为的营造，均非自然形成，都是一种做作，它的本质如此。不过既然从事这一行，也就甘愿一点。

世界各大影展中，除了奥斯卡摆明是一门大生意外，其他影展的竞赛多少有着跟奥斯卡抗衡的意味。假设它清高、脱俗、反好莱坞，可是去参赛被评比，本身就已经是一种从俗的行为了，同时没有卖座为靠山，得整个豁下去，对结果更在乎。

我比较喜欢没有竞赛的影展，选上就是一种荣誉，观众来参加是因为喜欢看电影。有竞赛的话，场面会弄得比较崇高一点，让你感觉自己很重要，其实也都是人造出来的，当然你可以享受一下。我现在也皮了，随波逐流，一切顺其自然！

我去影展，基本上就是为影片造势推销。华语片走入国际市场，多靠导演亲自叫卖，这是华语片、非英语片特有的现象。因为华语片在本地不景气，又没有海外市场，需要额外费力去打出来，明星不可能像我这样地毯式地做宣传。宣传《喜宴》、《饮食男女》时，我各花六七个月扫遍各地，很累。到了《理性与感性》，由哥伦比亚公司安排，按照好莱坞影片的模式做。我本以为以后都是如此，有明星如埃玛·汤普森、休·格兰特、凯特·温斯莱特等人时，导演只要在一旁说两句就成了。《冰风暴》的大明星最多，没想到访问却又多指定要我，尤其是第一次戛纳影展首映后的记者会，当时一排人坐在台上，问题却都针对我而来。我当时才有点意识到，大家的兴趣还是我，这是导演的片子，我是作者。加上电影卖埠海外，我只好辛苦点，跑各地去做宣传。《与魔鬼共骑》时宣传重点也在我身上。到了《卧虎藏龙》，访问更是排山倒海而来，我还是得自己做，大小地方都去，想尽办法打入各个阶层。这才慢慢弄明白，是我把自己搞到这步田地的。

本来宣传做到一个地步，累积出一个知名度后，就不需要做那么多了。我只是没想到，从《喜宴》起做了那么多年，到现在居然还要做更多。不过《卧虎藏龙》不同，因为是在开拓一个更大的、前所未有的华语片新市场，在规模上更上层楼，所以只得自己带头闯。我想，大概全世界很少，甚至没有导演像我做这么多宣传的，原因可能就在于我的拍片路数和市场性的某种结合。拍片路数和个性、天分、文化背景及机缘有关，我的片子就得自己宣传，想通了，也怪不了别人。大概拍片时就有这个野心，我就得付出代价。

从亚洲打回欧美

《卧虎藏龙》先亚洲再欧美，上映顺序与前三部华语片相同。不同的是，这次《卧虎藏龙》亚洲上片及宣传方式都是西片做法。

5 月戛纳之后，就开始准备 7 月亚洲地区的上映。香港是武侠片的老大，因而成为开张的第一站，接着是马来西亚、新加坡、台湾、大陆、以色列及韩国、日本。从 6 月底到 7 月底，我开始亚洲巡回宣传。亚洲票房好坏参半，台湾、新马、韩国反应很好。韩国的女翻译还说："两个女人对打我当然想看，要是男人打，管他打个你死我活的！"让我对女人戏又多了一层认识。

台湾虽有国语发音等问题，但在家乡《卧虎藏龙》也获得最大的支持及回响，在华语片的低潮中能突破票房纪录，我感觉最窝心 *。很欣慰的是观众群包括了各阶层，男女老少都有，而且重复观赏的不在少数。不过在台湾上片时，《卧》片是以好莱坞影片的发行方式做宣传，我本来对中片西做很不以为然。如预告片以英文旁白在戏院放映，我本来想改成中文，但此地发行商说，不要改，就是要用好莱坞影片的宣传方式才能吸引观众，因为华语片市场太冷。

香港反应平平，则在我的预料之中，因为武侠片虽是香港片

* 台湾惯用语，意为"舒心"。

型，这次又用他们的技术，但拍出来不是他们的味道。加上当时武侠片正处于低潮期，不是个卖座片型，又是国语、广东话参半发行，所以在香港上映时吸引力有限，反应呈现两极化，有捧的、有批评的，中间意见也有。

日本因发行系统不擅做特殊类型片（包括外语片、艺术片等），把重心放在先一步上映的好莱坞大片《霹雳娇娃》上，错失良机。大陆反应不佳，则出乎意料之外，以前我的电影在大陆电影及文化圈内非正式放映时的回响好像不俗，本以为大陆和台湾口味差不多，但从这次的反应来看并非如此，我也不清楚原因，这是我的电影第一次正式在内地院线上映。

以前我在亚洲是走大众市场，到了欧美走艺术院线。这次，我们企图在欧美突围，从艺术院线走入大众院线。因为看片后大家都很兴奋，觉得值得一试，但做不做得成，谁也没把握。毕竟这是以前从来没有的事，《卧虎藏龙》还是一部华语发音的外国片。美国一般观众一向没有看字幕的习惯，上字幕的外语片从未打入过主流院线，中间仍有许多灰色地带有待突破。虽然我有个心愿：从小到大我们都看中文字幕的西片，如果现在能反过来，让老外走入戏院看打上英文字幕的华语片，感同身受一番，会很过瘾，但当时也只是个想头！

8 月起，我开始为欧美宣传做准备。通常非英语片导演多半参加几个主要的区域影展，举行个记者会，做几个专访就可以了。美国大片多是制式做法，把世界各地记者请来，集中到一个地点做访问，再来几个大型杂志的专访。《卧虎藏龙》的宣传策略及做法则是细致绵密，多重交叉进行，逐步建构。欧美地区除了各大影展外，欧洲各国、美国各地区还分别做了访问，重点加强。

欧洲从 9 月起由法国率先上映，各国票房陆续开出好消息，一来为美国上片热身，二来替奥斯卡之路造势。

美国是千禧年 12 月 8 日从纽约两家、洛杉矶一家戏院开始上映。上片的时间表跟着奥斯卡的时间而定。

奥斯卡起跑——转战各影展

以前奥斯卡的风向球只有金球奖，现在越来越多。年底各大影评人协会的肯定外，许多影展都具有指标性作用。这些年奥斯卡的前哨战渐次挪前，先是 10 月的多伦多影展成为起跑点，2000 年更提前到 8 月底的泰勒莱影展，来年奥斯卡的热门人选就开始碰头了。

泰勒莱位于美国科罗拉多州的高山上，为一滑雪胜地。居民十分富有，买下整片山几千亩地。该影展就是居民自行举办、自家人参与的活动，他们按照自己的品味选片，不受影评、媒体的影响。因为办得不错，慢慢传出口碑，自然形成造势作用，是一条终南捷径。整个影展很舒服，受邀方能前往，没记者没访问，我还有时间看电影，游山玩水，和索尼经典电影公司的老板迈克尔 · 巴克尔（Michael Barker）及汤姆 · 伯纳德（Tom Bernard）交换意见。该影展颁给我终身成就奖，我带着家人前去。

泰勒莱之后，10 月去北美地区最大规模的多伦多影展。纽约影展则选了《卧虎藏龙》为闭幕片，各有记者会。因为影展会带来高潮，有观众反应、有评论、有新闻，导演、明星出席，拍照、造势、访问，会热上一阵子。媒体除了报纸、杂志、电视、广播外，现在又多了网络。多伦多影展时还连做两组访问，一是北美地区记者会，一是国际记者会，包括台湾、印度、北美《世界日报》、阿根廷等地及我没法去的一些小地方的记者，借世界一级影展媒体都在时集中访问。当然没法做全，遗漏的下个影展再补上。

北美地区的宣传点划分得很细，一次记者会做不完，也不会一次做完，就是要不停地制造话题。

影展之外，每隔一阵子又累积一批，来个联访。我就纽约、洛杉矶、芝加哥等各大城市跑，访问一直不断。

纽约影展之后，我开始跑欧洲影展，如法国杜维尔影展、德国汉堡影展，11 月去北欧四国的斯德哥尔摩影展、西班牙圣萨巴斯汀影展及英国伦敦影展。每个影展就照顾一区。北欧媒体的水准很高，访问都很深入，尤其是英国，所以每位记者至少给他半个到一个小时做访问。

从《饮食男女》起英国媒体就对我最为友善，也是我的电影最卖座的地区。这次《卧虎藏龙》我去了三趟；伦敦影展外，谭盾音乐会时主办单位给我办了个回顾展，颁发终身成就奖，再来是英国影艺学院奖颁奖时前往。2001 年英国影艺学院奖恢复几年前的做法，提前到奥斯卡之前颁奖，风向球的作用大增。

各个击破，逐步打入大众市场

欧洲各大影展跑完，接下来的最大目标就是 12 月 8 日的美国上片。美国影艺学院每年选出一部影片义演作为筹款，千禧年选了《卧虎藏龙》。12 月 5 日在洛杉矶比弗利山的塞缪尔·戈尔德温戏院（Samuel Goldwyn Theater）举行，我们将美国首映与之合并，我和杨紫琼一同出席。

为了《卧虎藏龙》的宣传，美国发行商索尼经典电影公司派了三组公关人员负责策划，纽约的两组人马从一开始就企划上片的所有事宜，洛杉矶的一组则专门负责奥斯卡。大家都很努力，知道身负开创新局的重任。企划小组连着半年都没有周末，大伙忙着想新点子。在一般人印象里，好像只要搭上好莱坞发行系统，就吃香喝辣地稳赚，实情并非如此。《卧虎藏龙》能够创新纪录，靠的是苦功加创意，一点一滴打下来这片新江山，大伙虽辛苦，但很过瘾！

动脑的结果是，设立许多目标阶段，订出不同的策略分别进攻。因为《卧虎藏龙》不是第一个周末一翻两瞪眼*、一开始就在几千家戏院放映的模式，而是分阶段建构，细火慢炖、逐渐炒热行情的做法。原则上由小到大，先稳住艺术院线再逐渐扩展到大众院线。从核心扩散到边缘，先抓住中产都市观众群，再从都市逐渐扩散到一般观众及乡镇地区。

第一个阶段的目标，是维持我原先艺术院线的观众群。走高

---

*原指开牌时底牌全亮在桌面，意指“没有转圜或补救的余地”。

品味路线，定位在浪漫戏剧（romantic drama）的形象。目标观众为：女性及成人观众，中产阶级，艺术院线观众。宣传重点放在影评、《时代》周刊年度最佳影片、轰动戛纳、多伦多影展观众票选最受欢迎影片、爱情片等诉求上。待高品位的口碑稳定后，再开始进行下一阶段计划。循着已建立的核心观众群扩散至周边，开始办试映会，抓都市的、传统的观众群。

第二个阶段主打武术及传统武打片的观众群，即看武打片录影带的观众群。因为中国武打片以录影带方式在欧美地下流行已久，是传统的 B 级片（B-Movie）观众群。再加上练武或阅读武术杂志的观众。他们和第一批艺术电影观众群的口味完全相反。上映后不到一个月，第二波瞄准的对象就是这批观众。除了请当红的前卫饶舌歌团武当派（Wu Dun Clan）成员看试片制造口碑外，同时全美拥有五百家连锁店的著名空手道武馆 Tiger Schlman 砸下百万美金主打电视广告。片中包括《卧》片里俞、玉两位女侠拳脚相向的武打身手，强调该武馆可以教授这种功夫，再配上女人以空手道打沙袋等画面，并说明凭《卧》片票根至该武馆上课，可享有百分之十的折扣等等。

第三个阶段则瞄准青少年观众群。

选择年轻人的刊物如《滚石》等杂志，放入一些有关动作的形象。同时雇用一位十三岁的网络天才，架设《卧虎藏龙》专属网站。

再来针对一般女性观众群下功夫。因为是武侠片，所以脑筋动到女性运动员如纽约的女子篮球队、芭蕾舞团、体育播报员、气象新闻播报团体等群体上，招待她们看试片，只要她们播报时口头上带个一两句，口碑就会散布出去。为了吸引家庭主妇，特别选择白天肥皂剧的时段打广告，放些母女相偕看片及年轻小姐看完后的反应画面。

而各行各业的意见领袖也成为要掌握的新目标，因为公关人员做宣传时发现，意见领袖的口语传播效果甚佳，马上活用。

总之大家会去试探新途径，找出新的观众群，了解这些群体的口味如何，然后对症下药，制造风声传出去。如当时职棒世界杯正在开打，于是举办派对招待球员看片。

同时将宣传点扩散到乡镇地区的新做法也奏效。索尼经典电影公司不采砸大钱做大广告的大一统方式，而是先到各地小乡镇去进行详细的调查，如哪个地方举行篮球赛、输赢行情如何，最热门的电视时段是什么时间等，全摸清楚之后，然后根据居民的品味，选择恰当时段来打广告，如此一点一点地各个击破。

执行时完全照着计划来，不受外界意见左右。如第一批艺术院线上映后，口碑很好，大家力劝该公司乘胜追击大开戏院，他也不开，酝酿渴望。到后来开了两千家戏院，有人问，是不是开太多戏院了？他也不理，就照着自己的步骤来。第一波宣传做完，艺术院线稳了，各大城市卖座，观众大排长龙时，广告诉求才开始多样化，着手开辟新路线，吸引新的观众群。

这些步骤一样样地执行之后，接下来就是奥斯卡造势接棒，再冲一波，赚一票；得奖之后最后一波，全部扫尽。

而上映后每一次扩大放映厅数，都是个大节日，如上片两个礼拜后的圣诞节，又是一波宣传。他们的计划是步步为营，稳扎稳打地逐一实施，我得要配合，日渐深入草根。

绵密周详的媒体计划

媒体策略也是一波接一波，大报先曝光，接着相关报系跟进，媒体几乎全上。如堪萨斯城的媒体访问过后，泰勒莱及科罗拉多地区接着就会散播一些相关讯息。纽约有报道，再下来就是新泽西的报章跟进。洛杉矶访问之后，橘郡等区的访问我得接着做。

访问几乎涵盖了所有层面，每个媒体性质不同，各有观众群。受访前我都得先问一下，观众层次、年纪等，以调整讲话的内容。其中有世界性的媒体，如 CNN、ABC、《纽约时报》（New York Times）、《时代》周刊（Time）、《新闻周刊》（Newsweek）、《浮华世界》（Vanity Fair）、《首映》（Premiere）、《娱乐》周刊（Entertainment）等，也有地方性的媒体。有专业的评论刊物如《美国电影摄影师》（American Cinematographer）、《影评》（Film Comment）等，也有生活上软性走向的杂志。有针对年轻人的媒体，如 MTV、《滚石》（Rolling Stone）等，还有老年人或成人品味的媒体 GQ 等。此外，还包括较时髦前卫的媒体、网络与杂志等。

《时代》周刊及 CNN 等媒体则是全程盯，每发生一个事件，如各影评人奖、金球奖、奥斯卡入围、英国的 BAFTA、美国导演公会最佳导演等，都再来一波访问。每一波都是三部曲：前期报道、事件发生时、之后输赢的心情。每次颁奖典礼从入场起，媒体访问区就是一条长龙，上百个媒体得一家家地讲着入场。如今光是《纽约时报》资料库里有关《卧虎藏龙》的报道文章就有四千多篇，世界其他媒体的报道则是多到无法一一列举，这都是一路下来大伙辛勤耕耘的结果。

除了媒体宣传外，这次在放映品质上也特别讲究。由于戛纳及亚洲上映的拷贝色调偏暗，所以重新调光。同时纽约部分没有杜比音响的戏院，每家花上两万美元重新加装音响。索尼经典电影公司与杜比公司各负担一半费用，影片下档后机器再回收。而且随时更新放映机的灯泡，以保证电影品质。

就这样点点滴滴，聚沙成塔。《卧虎藏龙》终于成功地打入美国主流电影市场，更一路打入金球奖及奥斯卡，同时在美国引发出《卧虎藏龙》的文化效应。

洛杉矶影评人协会——最佳影片

其实影展、影评人协会的肯定，都是造势，也都是奥斯卡的指标。各地影评人一组织起来成立协会，评比颁奖，发挥影响力，就有权力。明星、片厂都会捧场，因为目标均指向奥斯卡。

奥斯卡是由五千多名美国影艺学院会员投票选出，票数很多，与电影工业有很密切的关系。参加奥斯卡竞赛，就和参加选举一样，造势、拉票，要投入很多本钱。至于如何造势，各有法门。有的声势还不见得能造得出来，有的刚好和大众投缘顺势而上。全世界有十亿观众透过电视转播观赏奥斯卡颁奖典礼，是个很大的宣传活动。各大明星不仅当天出席，而且早从前一年年底各大影评颁奖典礼时就乖乖地前来报到。保守估计至少要忙上四个月。

若拉长战线来看，《卧虎藏龙》从 2000 年 5 月戛纳亮相、网络形成话题起就开始起跑了。为了该片的宣传，我整整忙了十一个多月。所以到了奥斯卡前夕，几乎撑不下去。参赛期间我不断地找理由来鼓励自己，包括背负着替华人争光露脸、改变世界影坛潮流、推介中华文化等责任。当我受到反击时，心中也不禁泛起“为谁辛苦为谁忙”的辛酸与无奈。又得给自己找理由，把它当成一个任务，希望有个“大我”在那边撑着，我这个“小我”就能够为它牺牲服务，忘掉自我的感受，顺水推舟地去做这些事，不然我会很难受。

这次全美最重要的五个影评人协会里，《卧虎藏龙》拿下三个：全美影评人奖、洛杉矶影评人奖、波士顿影评人奖及奥斯卡前夕的“独立精神奖”也获得“最佳影片”、“导演”及“最佳女配角”三项奖。

金球奖——最佳导演

这是我第四次参加金球奖。

2001 年 1 月 22 日，对我来说是个特别的日子。第五十八届金球奖由朱莉娅 · 罗伯茨颁发最佳导演奖，当她念出我的名字时，当时我脑中一片空白，有些慌张，只见大家都跳起来指着我直叫，快步上台时我还想着该怎么办，等下要说些什么。五十七年来，金球奖最佳导演从没给过外国导演，这又是一部华语发音的电影。

从朱莉娅手中接过奖座，沉甸甸地握在手里，因为根本没准备感谢词，只好把事先为“最佳外语片”准备的谢词挪前使用：“我的惊喜之情难以形容。我要感谢我强悍的太太，她是《卧虎藏龙》里除了碧眼狐狸以外所有女角的典范。我到大陆拍片一年，处理了我的童年幻想与中年危机。”

致完辞正要往后台走时，我突然想到还没有谢谢双亲，赶紧折回用中文说：“爸妈，谢谢你们！”远隔重洋，我知道父母朋友及乡亲们正守在电视机前为我加油打气。第二次上台领最佳外语片时，我刚从外面接受访问回来，詹姆斯临时拟了个感谢名单写在一张小卡片上，我就在台上念一遍，把刚才漏谢的人给补上，结果还是漏了蒂姆·斯奎雅斯及芭芭拉·罗宾逊（Barbara Robinson）两人。因为当时角逐外语片，所以没顾着谢老美，只想着中国人该谢的别漏了。

旧历除夕的前一天，拿下最佳导演及最佳外语片两座金球奖，我很高兴能不负期望，带给大家一个新年贺礼。这是我第二次拿到金球奖，上次是1996年以《理性与感性》拿下戏剧类最佳影片，但两次的感受很不同。这是一个美国主流奖项，华语片能打进来不容易，这次还算蛮争气的。我觉得这不只是一个导演奖，它代表了一种眼光、心胸的开阔及接纳，开始了一个新局面，这方面我觉得很有意义。

奥斯卡十项提名

2月13日洛杉矶清晨五点，第七十三届奥斯卡提名揭晓。当天我正在拍BMW（宝马公司）广告最后一天的戏，整夜出外景没睡觉，一进旅馆就赶上提名揭晓。那一刻我真的很开心，助理李良山逐项告诉我有哪些入围，听到第八项，我开始问，还有谁没有。啊，杨紫琼没有，章子怡没有。我心里很希望演员至少有一个代表入围，事前我们觉得章子怡的配角有些希望，杨紫琼很难，因为女主角项目历年来外国明星被提名的只有两次，除非大牌如索菲亚·罗兰（Sophia Loren）。不过工作人员都入围，连编剧、主题曲都有。

《卧虎藏龙》集合了华语片中的许多好手，大家要彼此融合。我的角色及工作很多是协调统御。这不仅是我个人的创作，我还要想怎么让这些顶尖人才在一个片子里合作，其实很难得也很难做。

入围揭晓后，我于第一时间和台湾媒体进行联访，当大家问我感受时，我直觉就说："恭喜大家！"当时我心里真是这样想的。这个片子从台湾开始，以香港的创作班底，在大陆拍摄，到美国后制，代表台湾参展。虽是我带头做，但背后有很多人的推动及努力，我觉得是一同推大家的片子。我真没想到它会冲到这么高，当初因为连拍三部西片后想回头拍华语片，我仅希望能像《喜宴》一样，在台湾受欢迎，到海外进入艺术院线。想不到原想退出美国反而反攻核心，成为首度打进美国大众院线、票房破亿的外国片，同时奥斯卡又如此全面地接受这部华语片。我知道大家对我的期待更高，我的心理压力也很大。如今更加谨慎外，我更期待这种事经常发生在更多华人身上，分散一些注意力。

英国影艺学院奖

第五十三届英国影视艺术学院奖《卧虎藏龙》入围十四项。2001 年 2 月 25 日颁奖，除我到场外，杨紫琼、监制江志强、摄影指导鲍德熹、艺术指导叶锦添等工作人员也齐聚伦敦，这是入围美国奥斯卡之后大伙首次团聚。结果《卧虎藏龙》又得了四个奖：最佳外语片、导演、音乐及服装设计。

颁奖典礼当天，我一到伦敦就被接往埃玛·汤普森家，她亲自下厨招待我，老友重聚分外温馨。

晚上颁奖典礼由凯特·温斯莱特颁发最佳导演奖，她拆开信封时兴奋地大叫“Ang Lee”，热情感染了全场。我一上台，她抱着我又叫又笑地恭贺我，我感慨地说：“拍《卧虎藏龙》训练章子怡时，我时常想起你当年拍《理性与感性》的情形，那都是你们的第二部剧情长片，也都是十九岁第一次跟大明星合作。当年的训练让你吃了那么多苦，没想到现在你还拥抱我！”这一讲，惹得凯特及全场观众大笑。那晚的感觉真好，我感受到很多善意的祝福。

而第一次上台领取最佳外语片时，我邀请监制江志强一起上台，他也致辞谢谢所有工作人员、英国的发行商及英国影艺学院。

从《推手》起我就和江志强建立起合作关系，到今天大家也一起分享荣耀。当初《推手》在香港上片时，因为一般大片的发行方式不适合该片，经由张艾嘉介绍，找到香港安乐公司的老板江志强，特为《推手》量身定做一套发行方式，彼此合作愉快。

之后我的影片《喜宴》、《饮食男女》在港都由他发行，这次拍《卧虎藏龙》时又找他担任监制之一。

紧锣密鼓的前奏

奥斯卡大秀，各方角力登场。

《卧虎藏龙》代表团这次拿到四十多张票，可算是各代表团里最多的，但还是不够分。光是为了谁能进入神殿大会堂参加典礼，就已经打了两个月，颁奖典礼前一晚，又因为调整座位，搞到凌晨两点多。即便如此，第二天到了会场还是有争执，这种情形早从金球奖时就开始了。以前《喜宴》、《饮食男女》时，奥斯卡的入场券只有十张，当时由徐立功做主，我只要人到即可。这次是中美联军，美国公司本身有其内部伦理及功劳等问题，大陆、香港、台湾每一方又各有几面得顾及，包括政治因素、媒体关系等需要考虑，如台湾有不同的党派。美国工作人员怕搞错不放心，都要问过我，再衡量各种情况，排列组合一番。我们还是最和善的团队。

不管中西方，椅子都是地位的表征，座位摆哪里是很重要的。虽然会场那么大，很难注意到谁坐哪里，可是对他个人、对他的生活圈来说，这是他的面子，代表他在圈内的地位。整个奥斯卡的过程里，他怎么被对待、飞机坐什么舱等、住哪家旅馆哪个房间、颁奖典礼上坐哪个位置等等，人人寸土必争。就连旅馆游泳池边的两张躺椅及躺椅上面的包厢都各有专属，詹姆斯的太太带着孩子游完泳，顺便在池畔的躺椅上一坐，马上有人出面干涉：“这是我的躺椅。”见微知著，这两张躺椅还不知花了多少功夫才取得拥有权。我和索尼经典公司的老板迈克尔·巴克尔及汤姆·伯纳德等五人住在比弗利山庄旅馆（Beverly Hills Hotel）。我住独门独院的别墅套房，听说当年玛丽莲·梦露（Marilyn Monroe）就是在此偷情被抓，因而和阿瑟·米勒（Arthur Miller）离婚。

奥斯卡就像一面镜子，反映出人生百态。

我不是搞政治的人，《卧虎藏龙》一直代表台湾，因为不论奥斯卡或戛纳等影展都以导演作为提名标准，所以角逐奥斯卡时，很自然地就以台湾“新闻局”的名义提名。大陆方面我写过信解释，他们也能理解。虽然我心里没有政治问题，可是过程中有些事还是令我紧张。我尽量面面俱到，如果不行时，我们就代表台湾。中国人的问题到了海外有时也真难为老外，他们很想搞清楚，但个中复杂真的很难弄明白。

为了顺利接待中外媒体以及两岸三地的称呼等问题，在奥斯卡之前，我还给索尼经典电影公司的美国公关人员上过两次课，解释三个政府的关系及三地媒体的状况。我怕我的助理李良山都还不清楚这中间的曲折，于是亲自交代，就是怕到时候万一出错。老外连国、共两党都分不清，对一些称呼问题当然更是雾煞煞，只好临时恶补一番。对我来讲，能够做到不卑不亢是最理想，只有不断努力！

奥斯卡主戏登场

抱着平静的心情，我 3 月 22 日从加拿大飞抵洛杉矶，参加奥斯卡及之前的相关活动，这是我第四次入围，第三次参加奥斯卡。

踩在人家的地盘上，得奖与否全凭人气、人缘及人旺，不到最后一刻，谁都不知道结果。

颁奖典礼当天我带着太太、两个儿子于下午三点多抵达会场，这是我们一家四口第一次一起走红地毯。我穿着阿玛尼提供的西装，太太被我硬逼着放弃那套唯一的三宅一生黑礼服，挑了雷切尔·泰勒（Rachel Tyler）的燕尾服新装，足蹬高跟凉鞋，她只好抱着“伸头一刀、缩头也是一刀”的心情尽她的义务。结果半天下来把她累惨了，凉鞋的带子嵌进脚背留下好深的一道痕，事后她说：“真是痛彻心肺！”平常她都是球鞋一双就打发了。不过那天她还是全程陪伴我、支持我。

记得我第一次参加奥斯卡是抱着凑热闹、参加派对的心情来的，这次心理上多少有点准备。进场后大家坐一排，很有风度，颁奖前，镜头都会对准你，一宣布时，镜头刷的一下对准得奖者扫过去，就很现实！

当天颁奖典礼上，我主要的心情就是：“希望一切进行顺利，平平安安度过，不要出什么纰漏。”那天晚上，《卧虎藏龙》团队很风光，成为晚会的主题之一。从我们进场、就座、表演、得奖的反应，到上台领奖等等，整个实况透过电视立即传送到全世界十亿观众面前，面子十足。四个人得奖上台致辞，也都很拉风，好像一家人一样，谁得奖大家都跳起来，又抱又叫地为他高兴。整体来看，华人频频露脸，一会领奖，一会周润发、杨紫琼上台颁奖，李玟唱主题曲，马友友大提琴演奏，章子怡入场秀礼服……旗袍、西装、晚礼服等等都很称头。第二天报纸一翻开，赏心悦目，煞是好看！

拿到最佳外语片我还蛮高兴的，一路都很顺利。虽然事前对外语片我也没把握，因为它比较邪门，常常是大家最意想不到的片子得奖。记得1993年《喜宴》与《霸王别姬》同时入围最佳外语片，那年是西班牙的《四千金》（Belle Epoque）得奖，揭晓后徐枫还问我："怎么是这一部，这部也参加柏林影展了，你记得不？"我都不记得了。

这回大家比较看好的是导演奖，不过提名那么多项，哪一个奖不拿都有可能。

那天晚上我们是先盛后衰，第一个奖项最佳美术设计由叶锦添拿下，之后是鲍德熹拿摄影、谭盾拿最佳音乐。当最佳外语片由朱丽叶·比诺什（Juliette Binoche）宣布"台湾，《卧虎藏龙》"时，大家也都高兴地跳起来，我先是拥抱坐在身边的太太，接着和工作伙伴们相拥祝贺，上台致辞时，我感谢美国影艺学院的肯定外，同时也谢谢两岸三地的工作伙伴及亲友。就这样，前面一直得奖，到了后半段就全部杠龟，是有些可惜。不过那种场合，很少想到个人，我想到自己的，就是上台致辞时别讲得乱七八糟，担心的就是这些事。

拿着小金人来到后台，工作人员正要带我到记者会现场接受采访，这时导播室有人打电话来说："不要，他后面还有奖！"我就问:“那我是不是可以回座?”当时节目还在进行,要等那个段落的广告时间才能回座,我就在后台等了一阵子。后来算算时间,其实也还够去记者会,可能导播怕赶不上吧。

最佳导演奖公布的一刻,我没得,当时感觉只是有点奇怪,大家都回过头来安慰我,说没有关系,镜头照到我,我正在拍手。史蒂文·索德伯格(Steven Soderbergh)那边则爆出欢呼及掌声。最佳影片宣布前我已知道没有,因为导演奖都没得。我很抱歉没拿下导演奖,没机会再次上台用中文谢谢双亲及家人,太太则安慰我说:“没关系,人不可以太贪心!”事后也没什么侧面消息,因为这么多人投票,大概百分之六十五都是演员,原因谁也不知道。

其实一路导演奖的得与失都很意外,我是从拿下金球奖最佳导演后,才开始觉得角逐奥斯卡最佳导演有点希望。之后,没想到英国的BAFTA颁给我,美国导演公会又是我拿。导演公会的最佳导演奖很难拿,由内部成员投票,是个最核心、最男性、最白人的奖,听说是年轻一辈的导演支持我。拿了这个导演奖后,我心里才比较笃定了些,有了点信心。所以,奥斯卡是我唯一为“最佳导演”准备感谢稿的一次,结果反而没得。由于奥斯卡本身就是件大事,新闻价值又那么大,对它就有种爱恨关系,我是拿也好、不拿也轻松,宣布的那一刻,当然都会想自己会不会得,可是过去也就过去了。

本来一部外语片要角逐奥斯卡最佳影片、最佳导演,照以往的情势来看,根本不可能。颁奖前我们之所以燃起希望,就是因为奥斯卡最佳影片的几个重要指标:泰勒莱影展、多伦多影展观众票选奖、美国影艺学院年度义演影片、《好莱坞报道》奥斯卡特辑封面的电影、金球奖及美国导演公会，《卧虎藏龙》全中。每一中鹄，就引起大家谈论，也凝聚起对《卧》片的向心力，所以我们也有了侥幸的心理。比较吃亏的可能是我们男、女主角都没入围，不过主角要入围真的很难，一来很难提名外国演员，二来我们不是走传统的明星路线，加上戏份又分掉了。唯一觉得稍有希望的是新人章子怡，也没入围。加上索尼经典电影一家公司，在票源上、气势上也都抵不住两大片厂合挺的片子。

身在人家的地头上，能拿下四座奖已经很不容易了。我是没有遗憾，但有点可惜。电影拿下最佳外语片，也算是为华语片争光了。奥斯卡七十三年来，毕竟这是亚洲电影第一次拿下四座奖。我觉得每个奖就单项来看都还好，包括最佳外语片，只因为华语片从未得过，比较稀奇些。在我眼里，三个技术奖及十项提名来得更重要及有意义，那个面子比较大，是对影片整体制作的肯定。近些年来，华语片没什么主流电影，不是靠艺术片就是武打片，和西片相比，主流电影更是缺乏，要赶上似乎是遥不可及。

这次总算是争了一口气！

实荣、虚荣，都是光荣

典礼之后，访问就没停过，当媒体问我感觉如何时，我还没什么感觉就要开口说。不过总是到了那个份位上，不管得不得奖，都是个话题。因为这次十项提名，跟阳春外语片得奖的气氛不太一样，大家恭喜的方式也不同。我先参加州长七千多人的晚宴派对，这是唯一能休息的空当。一出来就在门口被堵了一个多钟头，访问完已经很晚了，先把孩子送回旅馆后，我们夫妇再前往索尼经典电影公司在圣塔莫尼卡街上的酷伊斯餐厅举行的庆功宴。在门口又被中国记者堵到，搞了一阵子才进场，又是照相，又是访问。和台湾进行电话联访时，人多乐声吵，我对着电话扯着嗓子讲，结束时几点了都不知道，只觉得人快要被搞死。

派对结束，正要坐车回旅馆，大陆制片刘二东过来跟我说："再见了，导演，这场经验真的很值得！"我一时间百感交集，人坐在车子里，二东身在车外，我俩卡着车门，顿时抱头痛哭。哇！终于宣泄出来，真像憋了很久吐不出来，一吐出来后，人整个通气舒畅的感觉。终于熬过来了，从三年前起意动手想拍这部片子，就老觉得不见底，当然现在也还没见底，我也不知道以后还会有什么事情，但总算告一段落，把事情做完。基本上我要对得起良心，至少要尽力。奥斯卡结束后，我想到自己终于能活着过来，所以派对后当场崩溃，整个人像散掉了似的。

想想几乎一整年，精神都花在推销电影上。我脸皮薄，但每天都得干"候选人"的事，造势、拉票、明争暗斗。同一批人三不五时地就凑在一起，都是史蒂文·索德伯格、里德利·斯科特（Ridley scott）等那一年奥斯卡的热门人物，大家得各出新招。每次颁奖典礼，光是进场访问几乎都要讲上一个小时，致答辞我都想得词穷了，因为都要想个理由，为什么这个奖对我特别有意义。一年来都干这种事，做多了，有时会想，自己到底是拍电影的还是在卖片，我还是喜欢拍片。其间熬不下去时，就勉励自己当成是在尽责任，在完成一件不可能的任务，要有始有终。而"为华语片争光"是最大的动力来源。

这次我深深地体会到，实荣和虚荣没什么差别，都是一种光荣。看到工作人员们上台领奖我很高兴，我自己上台也很高兴；更高兴的是能给华人带来鼓舞，听到家人、乡亲们能以此为荣。

感谢之旅

衣锦还乡

颁奖典礼当晚，我一看情势，就知道大概还得忙上一个月。做事要有始有终，拿完奥斯卡，还不算做完。还要和三地的工作人员聚会，大家一起分享这份喜悦，回台湾衣锦还乡，去大陆跟工作人员致谢，送个小礼物，之后参加香港电影金像奖。

第一站当然是衣锦还乡，带着小金人，我于 4 月 22 日清晨五点多返抵台湾。这次回台湾和《喜宴》拿金熊奖时回来有些不同。上次片子的价值还在面临考验的阶段，入围"竞赛"大家都觉得是幸运了，家庭剧是健康写实路线的延续，当时是被新电影彻底打败的类型，《喜宴》得奖，好似败部复活，我自己心里也有些忐忑不安。这次《卧虎藏龙》的价值经过一年来正反多方的反复验证，早就皮得无所谓了，我觉得如今的结果是个最好的结果。这次回台湾很高兴，我就是想和乡亲分享这份荣耀，从我出道起，就深受大家的爱护与支持，《卧虎藏龙》亚洲地区的票房也是台湾最好，所以我一定要带着小金人回来，跟大家一起高兴一下。

华语片这次能在奥斯卡提名十项、连下四城，我们那么多人上台露脸，也不全是个偶然，我觉得这是两岸三地华语片所有工作人员，多年来前仆后继共同努力的一次结果。一方面我们往前进，一方面西方观众也在逐步改变当中，从最初的影展到艺术院线、如今到大众院线的广泛接受，然后主流的奥斯卡给它一个这样的肯定，这也是对大家多年来努力的一个总体肯定。身为这个打造华语片历史的一分子，我觉得很光荣。尤其我们知道华语片的环境不是很好，我觉得我们的电影工作者很像王云五所讲的母牛，“吃进去的是杂草，挤出来的是鲜奶”，非常可贵。

返台五天，像是被剥了三层皮。衣锦还乡，我是怀着孝子的心情回来的，在外面赢得荣誉，唯有拿回家乡，让父母开心、听到乡亲们的祝福，我的心里才有踏实感。过去我因为没考上大学，对父亲一直有所歉疚，才会去拍那些影片。现在给大家带回佳音，我这次满足的是一个现代人无法尽孝的遗憾，是很讨喜的。五天时间就这么多，我随便你，大家看着办吧！媒体、政党、学校、亲友，大家都来邀请，很多人情要还，但我是心甘情愿。能完成一件事又直接看到效果，我打心底高兴。小金人真的很奇特，大家一见它就会兴奋，都想要摸一摸，那种感觉很奇怪，就像喜宴，既讽刺又温馨，这是别的奖所没有的。仔细看，它真的很漂亮，像尊金菩萨！

抵台当晚就由老弟李岗开车载我连夜直奔台南，到家时已经是 23 日凌晨快两点了，爸妈和一大堆媒体还都在等门。我们兄弟俩在第一时间向老妈祝寿，当天正是她七十六岁生日，就像老爸说的，妈妈的内心还像个小孩，我们祝福她青春永驻。五年前父亲八十大寿，我带着《理性与感性》拿到的金熊奖回来给他老人家祝寿，这次则带着奥斯卡来给老妈祝贺，不过妈妈说，奥斯卡放在家中她心理负担太重，结果还是由我带回美国放在家里，其他如金熊奖等，我都留在台湾。

一回到家，我才体会到什么叫“光耀门楣”。家中大门口挤满了人，但不论是媒体、学生，还是邻居好友，大家都是真心诚意地高兴。就算媒体整场盯人，我感受的也是真诚，而不是在采访一则不甘愿的新闻。这份归属感最窝心，回家的滋味就是不一样！第二天我走出家门，一抬头就看到对面南一中三层楼的教室窗口挤满了学弟，齐声对着我大叫：“我要小金人！”我也向三楼的学弟们喊话：“以前我就在那一班。”

母亲生日那天中午我们在台南某餐厅为她庆祝，下午我回母校台南一中做模范校友，捐出“新闻局”颁给我的一百万奖金给母校作为文艺基金，希望多培养几个电影人。南一中是中南部最好的中学之一，父亲在此担任校长多年，我当年却连着两年大专联考落第，曾让父亲很没面子。反讽的是，以前我书念不好才去学电影，没想到如今反倒带回荣耀来。我长于斯，多年来离家在外，师友们常年代我照顾父母，如今有机会回馈母校及感谢邻里，使得原来尊敬父亲的地方更加尊敬他，让他觉得很有面子，得尽孝子之心以慰亲恩。

以前都是父亲站在台上演讲训话，我没想到自己有一天也会站在南一中的大礼堂里，对着一千二百多位学弟述说自己拍电影的经验。那天下午一进校门，就受到学弟们英雄式的夹道欢迎，大伙一哄而上，簇拥着我一路来到大礼堂，莘莘学子的赤子之情，直接、实在又热情，令我感动莫名。我和大家一起唱校歌，对他们的问题也知无不言。老实说，我当时比两周后的 5 月 10 日重回纽约大学接受荣誉博士学位，面对现场一万四千位来宾致辞时还在意；许多昔日的师长还在南一中，我总觉着有些压力；不像在纽约，我是从那边混起家的，系主任也都是我这个年纪，没什么压力，人也比较活泼。两个都是我吧，解放前后是不同！

荣归故里

这次回来，我是三党来邀都报到。其实那阵子，我身体尚未恢复，一睡不好就脑筋发涨，头昏昏地神志不清，东西组织不起来。25 日中午，去国民党中央党部时已是头脑微昏，有些事情记不清了。到了下午，更是强弩之末，所以我有点担心，不晓得去亲民党时会不会语无伦次，至少现场发生什么事，我不太能掌握，脑力不太集中，就是觉得有点对不起亲民党及宋楚瑜主席。

国民党主席连战颁发华夏一等奖章给我，走进中央党部拿这个奖，我想父亲会感到骄傲。父亲入党很久，我的电影生涯起步也是党营“中影”支持的，那天见到老友及合作伙伴，备感亲切。致辞时我直言，其实拍《卧虎藏龙》的动机没那么伟大，当初只是想实现儿时的武侠梦及追求对古典中国的想象。我是外省第二代，很多对中国文化及形象的了解，都是透过父母及国民党系统的教育，间接重建的浪漫怀旧想象。这次我是打了场迷糊仗，如今回想起来，有如一场春秋大梦。

这个梦，是我跟两岸三地甚至美国的工作人员共同分享的，我们都在追寻自己心中的“卧虎藏龙”。就是隐藏的这条龙，把中国人各方面都联系起来，它是一种感性的、抽象的历史文化情愫，而不是政经、生活习惯，甚至文化上的一些共同点。全球华人在政经、文化及生活习惯上有同有异，但这条“藏龙”才是共同的联系，我觉得它非常珍贵。当我做出来后，看到中西各方的反应，让我体会到《卧虎藏龙》经验，恰似孙中山先生当年撰写《三民主义》及创党的最初心情。

“华侨为革命之母”，为什么要革命？因为我们受到西方政经文化等各方面的挑战，必须要现代化。在现代化的过程里，我们需要向西方学习，需要用西方的观点来重新检视中国文化的生存力。因为爱国，因为爱护它，所以要去芜存菁。在这个变迁过程中，固有的伦理及文化受到了极大的挑战，这是近百年来我们不断挣扎、至今仍无定论的问题。

当我们在海外写剧本时，也体验到孙中山先生当年创立兴中会、同盟会的心情。我们面临着同样的西化、现代化的过程，剧本里有中学为体、西学为用的地方，也有做不通的时候，我们也在这个历史的洪流里挣扎。在制作过程里，我们所做的好像正是三民主义里所讲的原则，集结外资外才（民生主义），用中国人的精神来拍出一部现代的、东西方都能接受的电影，以提高民族的尊严，争取我们在民权上的一个新面子，一个新的人权价值观。我们是抛砖引玉。

回到这个大家庭来，我有种温故知新的感觉，要走的路还很长，华夏奖是一种期许，也是一种压力，我希望大家一起来努力。

在台湾最后一场重头戏，是“新闻局”及“国立艺术大学”（前身为“国立艺专”）在台北凯悦饭店举行的颁奖典礼。母校颁给我的是杰出校友奖。这次又让“新闻局”破费四百万，我紧歹势 *！其中制片纵横影视公司得三百万，我个人的一百万则捐给母校台南一中。

再拿“新闻局”的奖金，心中感触很多。不管我在外面得到多少奖励，只有回来参加金马奖（不管得不得，志在参加）及拿到“新闻局”的奖金，心里才觉得踏实。就像是回家，父亲拍拍我的肩、母亲摸摸我的头，很温馨，你的价值被肯定了。十年前，我回台湾第一次领取“新闻局”优良电影剧本奖及一万美元的奖金，自此展开电影生涯，“新闻局”就像我的老东家。十年来，每次拿“新闻局”的奖金，我好似循环般地重回原点。这十年里，“新闻局”的电影规章一改再改，与我们的电影发展平行前进。在这个解构、再结构的过程里，我们的文化也透过电影，在海外一点一滴地打开知名度，虽然数量不如我们希望的那么大。但这次得奥斯卡，则是华语片多年来累积的成果，它不仅是个很大的面子，在里子上对文化交流、精神生活都有一些影响力。

“新闻局”的这个奖，我不觉得是锦上添花，有大家的栽培才

---

*闽南语发音，意为“我不好意思”。

有今天的我。希望台湾相关机构继续支持电影，设立电影学校或科系以培养人才，鼓励企业支持电影，重视电影图书馆，改进电影辅导措施。同时我们电影界也要争气，要团结以累积经验与传承。

大陆、香港答谢忙

27 日我离台前往大陆停留一天，就在北京前门饭店，也是《卧虎藏龙》举办杀青酒的老地方，再度宴请大家，并每人发面小金牌。当天来了三百多人，除了一百五十多位工作人员外，其他还包括支持赞助的厂商、旅社等。大家的热情让我铭感于心，我们一同走过那段艰困的拍片岁月，摸着小金人，大家都好高兴，听到大伙的一句“值！”，我五内搅动，大伙都觉得，得不得奖是另外一回事，整个工作经验真的很值得，让我好感动。他们还说，以后再干，连钱都不必谈。大陆制片二东跟我说，他在这行干了十九年，还没听说过这种事。

最后一站到香港，感觉也蛮好的。这次香港电影金像奖《卧虎藏龙》提名十六项，赢得最佳影片、最佳导演等八项奖，同时金紫荆奖也给予肯定，为《卧虎藏龙》一年来的活动画下完美的句点。

来到香港，我心里很高兴，也很平静。得不得奖，我是怎样都好。香港金像奖类似奥斯卡，同行投票，同样的方法，基本上颇能代表香港业界的一些看法和态度。这次是个很好的鼓励，尤其《卧虎藏龙》是武侠片，又用香港的创作资源来拍，这是一个很有意义的肯定。当然会有相反意见，媒体上也有批评。但从给奖见态度，我可以感受到香港电影界对它的礼遇，表示他们至少肯定我们的努力。颁奖之前，大会还举办了一个导演座谈会，讲完后，第二天岑建勋又召集香港导演们齐聚一堂，大家再次讨论华语片的生态问题。其中只有我不会讲广东话，结果大家都说国语，视我为其中一分子，令我感动莫名。

文化的争议

《卧虎藏龙》是一次很奇特的做华语片的经验！

它所引发的社会文化现象，出乎意料，面对这些现象及反应，我也只能学着去对付。

美国一向是世界流行文化的龙头老大，马首是瞻，它的变化会影响到世界各地的变化。《卧虎藏龙》这次反刍回来，打破东西文化的藩篱，撞破好莱坞这座无形的墙，有人说，是打通了东西的任督二脉。我的看法是："任督二脉通了，可是奇经八脉还没通，中间还有许多枝节有待努力。而且文化是否适宜如此大量交流，也尚待观察。"但我觉得这是个很好的契机，它打开东西交流的门槛，突破了多年来美国强势文化的单向、排他及独大的心理障碍，证明西方主流观众已经开始接受不同的电影语言及文化。它使得西方社会对东方社会产生兴趣，让美国人有机会从不同的视角来审视自己及他者，正视其他文化的优点，能够从中再吸收养分。而且这个回流注入美国主流的东西，原先是从美国散发出去，结合当地文化后，再回流过来。

美国电影拍多了，开始公式化，呈现疲态，它需要外来电影的刺激。

《卧虎藏龙》以一部华语发音与中国式影像的电影反刍回来，它不是美国片，但却被广大的美国观众接受。尤其是中小学生，重看几遍的情形十分普遍，有些美国学校更以该片的英文剧本作为教材，这些都是当初完全没想过的事。

这个现象显示了大众文化的主导权并非美国的专利，各国都有机会参与创造。如果明年亚洲人拿不出什么东西，可能墨西哥人、法国人会拿来，美国以外地区的创作者，有了更广阔的创作空间，不再一定要用异国情调来吸引美国观众，如英国人压抑，爱尔兰人沮丧，中国人比较变态、折磨女人，澳洲人就得是怪胎等等，实际上大部分的澳洲人、中国人也不是这样，我们也和美国人一样都是人，并非异类。但以往非美国地区的电影若不强调这些特色，就很难与美国片竞争。如今《卧虎藏龙》证明各国都有机会打破长久以来银幕上的民族刻板形象，回归人的本质面，做人性、人情的交流与探讨。人有共通处，也有相异点，你可以表达自己真正的想法，同时有机会成为主流。我觉得对美国以外的大众文化是一种很好的鼓励，对美国也是一个很好的教育。

事情总有正反，《卧虎藏龙》所掀起的文化现象也产生后坐力，就在逆转美国大众文化既有优势的过程中，它在西方面对的是复杂的文化政治（culture politics）主导权问题；在两岸三地则引发了西化、不够地道等方面的争议。这些东西文化的争议，又透过全球媒体间的互动，如网络等，彼此激荡，相互影响。

因为《卧虎藏龙》广被西方人接受，所以华人里有“这是为外国人拍的电影，这是好莱坞电影，不是华语片”的声音，认为用的不是中国手法，同时认为它的成功是因为好莱坞的发行及资金。当这些反应传回美国后，引发西方人开始质疑《卧》片是混淆文化的电影，说它和香港武打片不一样；说我这样拍不地道，不是中国的传统手法，认为是跟了西方手法。也有人提出相反意见，认为为什么毕加索学非洲人就是开创了现代艺术，中国人提一句简·奥斯汀就是文化堕落？这不是歧视吗？在美国也有笔战。

我的“新天堂乐园”

《卧虎藏龙》当时正在美国上演，《纽约时报》计划做一系列《与导演看电影》的专题，先访问了史蒂文·索德伯格，接着是我。我就挑了李翰祥导演的《梁山伯与祝英台》，想借此表态，让人们对中国传统电影及手法有个比较贴切的认识。《梁祝》与西方人从八九十年代的中国艺术片里所认知的中国电影及文化很不一样，也与香港武打片不同。西方最初大量接触中国电影及文化，是透过武打片及八九十年代的艺术片（台湾新电影、大陆第五代及香港新浪潮），这些形成了西方人对华语片的参考架构，并将之视为中国传统电影，以此来评价华语片，因而造成不少误解及扭曲。它是一个参考架构，但不是中国传统电影的参考架构。因为武打片没有规矩可言；而西方现在所看到的艺术片（台湾新电影、大陆第五代及香港新浪潮），则是反上一代、反中国传统电影规矩的产物，两者都不是中国传统电影。真正中国传统电影是通俗剧，是隐喻、触景生情，是胡金铨、李翰祥他们那一代从大陆带到港台，以及与他们相通的大陆导演谢晋及之前的电影。这些电影是从二十至四十年代的导演如费穆（《小城之春》）、程步高（《春蚕》）、孙瑜（《小玩意》、《大路》）、蔡楚生（《一江春水向东流》、《新女性》）、吴永刚（《神女》）、袁牧之（《马路天使》、《桃李劫》）、张石川（《压岁钱》）、马徐维邦（《夜半歌声》）、沈西苓（《十字街头》）、卜万苍（《三个摩登女性》、《凯歌》）、岳枫（《逃亡》）等一脉相传下来，基本上是学好莱坞的一套，再加上俄国艾森斯坦（Sergei Eisenstein）的蒙太奇电影理论、斯坦尼斯拉夫斯基（Konstantin Stanislavsky）的方法演技、德国的表现主义（expressionism）、意大利的新写实主义（neorealism）等手法，都是从西方传过来，再与本地文化结合的产物，以通俗剧为主轴，连当时的流行歌曲也是如此。

从幼稚园到留学前后（1978年），我就是看岳枫、严俊、李翰祥、胡金铨、李行等人的电影长大的。从早年的《桃花江》、《江山美人》、《山歌恋》、《星星月亮太阳》，到《梁祝》开启的黄梅调时期，黄梅调尾声时出现武侠片，交叉过渡到李小龙、张彻等人的武打片，其间王羽是横跨武侠到武打片的重叠转折点上，他曾学过空手道。同时间还有"中影"的健康写实片，"国联"的文艺片、历史宫闱片等。"联邦"时期胡金铨导演的武侠片，琼瑶小说改编的三厅电影*，以及武打片之后、台湾新电影兴起之前的社会写实片

---

*以琼瑶小说改编为主的爱情电影，其场景多在室内，以家中的客厅、饭厅，与外出约会的咖啡厅为限，因此后来被戏称为"三厅电影"。

（王冠雄）、喜剧搞笑片《许不了》和探索性的《云深不知处》、《六朝怪谈》等，这是我这个年纪的人成长时的华语片观影经验，正好是香港新浪潮、台湾新电影及大陆第五代崛起之前。

我是在社会写实片兴起时去留学的。到了海外，觉得很自由，想起我们的电影为什么与文化及生活比较搭不上边，想着如果回台湾要拍些比较写实或和生活有关的电影，那时候大约是八十年代初。不久就看到《小毕的故事》，那是“新闻局”举办的十六毫米台湾电影巡回展，在 NYU 放映。片中的升旗典礼、下午放学的音乐、倒垃圾的情景，让我觉得好新鲜、好亲切，当时心想，真的有人开始拍摄这种电影了。其实我们这一代的生活经验很类似，大家想的大概都差不多。

文化中国的塑造者

而我对武侠片的印象，除了来自于胡金铨导演外，主要就属邵氏时期的武侠片了，早期的粤语武侠片及影响香港甚大的黄飞鸿剧集，对我倒没什么影响。

在我的印象里，早期邵氏武侠片尚处于实验阶段，还是以江湖儿女情为主轴，并不排斥女角，如秦萍、凌波、冯宝宝等人在《琴剑恩仇》等片中还常扮演女侠。张彻执导《独臂刀》时，就算女人不开打，也还有女主角。但到了武打片，连女配角都很少见了。

导演胡金铨则成功地将京剧的动感转化成电影的动感，是京剧里（如《三岔口》等）武场热身戏的转化，忠义正直之士在龙门客栈或迎春阁等场景，遇上奸臣贼子，乒楞乓啷大打出手，然后呜里哇啦收场，有气氛、有画面，节奏感转化自京剧文武场的锣鼓点子，武打场面有如舞蹈。胡导演曾说："我是不懂武术的，在我的电影里，武打就是舞蹈。"在他的武侠片里，武打动作、人影晃动、追逐飞跃、气氛酝酿等，均脱胎于京剧武场里的套招、跑场、顿点、翻滚、亮相等。如跑场成了银幕上的衣袂飘动；翻跟斗、打滚等动作则转化成轻功，他运用弹床拍下不同角度的跳跃动作，再以蒙太奇的剪接手法连接，在银幕上造成连续的跳跃感，就成了轻功，其蒙太奇手法则不出艾森斯坦及希区柯克的范畴。《侠女》的竹林戏，与希区柯克《鸟》一片中被鸟叮死的场面及《惊魂记》中的浴室刺杀戏，是同一来路。筷子夹飞镖等招式来自于杂耍，轮番上阵、正邪大对决的车轮战则是京剧北派大战的变身。而定神、定场、亮相经过转化，则成了胡导电影里的计谋眼神。人物、服装及道具的造型、色彩等，参考文献、"故宫"* 的供奉画等，然后加以设计；武器则参考《古今图书集成·武经备要》。人物保持京剧脸谱式的面具，但较缺乏内心情感的探索。

《大醉侠》时期还很日本化，然后慢慢转化到《龙门客栈》的中国式风格。所以《大醉侠》对我们的影响较少，《龙门客栈》的影响就比较多。

这中间是有个过程的。因为当时邵氏公司的策略如此，还曾派《江湖奇侠传》的导演徐增宏至日本学习，再将技术带回。胡金铨导演执导《玉堂春》、《大地儿女》及《大醉侠》时的摄影师

---

* 指台北的故宫。

是日本人西本正（仅于《大醉侠》字幕上以“贺兰山”出现），胡导演曾说：“我跟西本正学了很多，拍《大醉侠》时，我学会怎么将电影拍出跃动感。”在内容方面，从《侠女》到《空山灵雨》时，他想要有所转变，《侠女》时则加了点《聊斋》。

我个人觉得，他最精彩的作品是从《龙门客栈》到《迎春阁风波》、《忠烈图》，都是描述制式的正反派人物。基本上他是定形式、定风格、定形象，定出了一些很好的基调，如走步该怎么走，明朝人物的服装造型，以及武打的节奏感。我们现在看到的明朝就是这个样子！

我觉得胡金铨的为明朝定型，一如李翰祥为清宫片、为民初定基调，李行为一般写实所提供的不少形象。这些都是外省人在海外所重新创造的文化中国影像。那是他们那一代对文化中国的想象，其中有他们儿时、年少时的生活经验所留下的印象，也有他们自己的浪漫化——他们对文化中国的想象。这里面有创作的部分，也有考据，还有当时香港及台湾电影界可以做的东西，及执行的环境和条件。如当时胡金铨还能在台湾找着老师傅，彼此商量着，照着古法，一针一线地，把他印象里的道具、服装等给做出来。

这些影像是他们脑海里想象的具现，但跟实像可能是有所差距的。李翰祥后来回北京故宫看实景，连他自己都说，怎么北京故宫的房间格局比他在香港搭的布景还小？在他印象中，皇宫是很大的啊！

究竟他们想象的影像和实像差了多少，不同在哪？我们这一代更说不上来。因为我们港台的这一代也没见过，对于过去的大陆、对文化中国均无亲身经验。大陆这一代大概也说不上来，因为很多东西都消失了。我们对大陆、对文化中国的印象，多半来自于间接经验——父母长辈的口传、书籍、画片及电影等。尤其具象的是电影、电视上的活动影像，人家怎么拍，我们就怎么以为。而李翰祥、胡金铨、李行等人的电影，对我们这一代是有影响的。譬如胡金铨的明朝戏，东厂、锦衣卫、官场等，李翰祥的清官戏及对市井小民的刻画，我们就把它拿来当成我们的中国影像。

对我来讲，胡金铨的影响不只是电影的武戏，更是中国影像的塑造。直到前去大陆拍摄《卧虎藏龙》时，我心中还拒绝现实的影像，我还把自己脑海中的影像强加在眼前的实像上。那个影像对我来讲是更真实的，眼睛看到的实像我反倒不太能接受。

这个影像包括气质、气氛、形象、色彩、行为举止等各方面，他们所塑造的文化中国影像，对我的影响比武术还大。

胡金铨之后，则是楚原的奇情武侠片及徐克九十年代执导的黄飞鸿系列影片，再掀一波波高潮。

追寻纯真年代

我觉得港台华语片有两个大传统：通俗剧与武打片。通俗剧又包括爱情文艺片、黄梅调及家庭剧等，多是女性观众，主要是宣泄情感。我想为什么我的电影在亚洲主要是女性观众，大概就是承继了这个传统。自六十到七十年代，主要就是黄梅调与武打片，各领风骚十年。先是黄梅调当道，当大家看黄梅调看烦了，转而成为武打片的天下，观众开始沉浸在男性阳刚要酷、不轻易显露感情的影像世界里，都是反黄梅调的。《卧虎藏龙》大概就是女性传统的通俗歌舞剧与男性传统的武打片结合后的重新再出发。它是两个年代的结合，也是我成长的年代。

《梁祝》是黄梅调的代表，它是一个通俗剧，是催泪弹。在那个年代里，它曾打动过我们多少人的心。我是小学三年级时在花莲“中美戏院”看的，前后看了十几遍，因花莲上映档期较晚，我是在看电影前，家里便先买了唱片，跟着唱片学会了整套的唱词对白，至今我还能整段整段地唱出来。当年《梁祝》口耳相传，万人争睹，造成一股风潮的盛况，令人难忘。一部电影不再仅只是电影，也代表了一个时代。它让我对做脍炙人口的东西产生向往，若能让人津津乐道，在文化上产生一种共通现象，乃人生一大乐事。现在我长大了，重看小时候看过的一些电影，会看不下去，但看《梁祝》时不会。这个东方式的幻想又带我回到当年，每次重看，还会不自觉地想哭或落泪，因为它总让我忆想起我的纯真年代。

拍《卧虎藏龙》时，我只是想把观众拉回以前看电影时那种很淳朴、很原始的观影感觉。不管我现在电影上做到多专业，我只希望让大家单纯地看得投入。很多人说看《卧》片时有这种感觉，仿佛又重温我们儿时看电影的快乐。

中国人的美学观

从《梁祝》到《卧虎藏龙》，其中就有着东方式“幻象的循环”（vision-circle）。梁山伯与祝英台最后化身彩蝶、飞向天际，像两个仙子飘浮在空中的影像，与玉娇龙飞身下崖的情景就很般配。我发觉无形中我是受到儿时记忆的影响，两者都是中国人表达感情的传统方式。它不同于西方，西方是以冲击、不平衡的方式宣泄出来，原先的感觉可能没那么强烈，它继续夸张，拉大冲突差距后再加宣泄。中国传统戏剧处理情感结局的方式则常常是将之升华，使用的手法有声东击西、有反扑，有会意、有假借、有暗喻等。从《梁祝》里的哭坟、天怒、殉情至幻化为彩蝶的比翼双飞；到《六月雪》里的窦娥冤，以三伏天六月降大雪的异象，来表达天地动容，借此来化解人间奇冤的不平之气；及至《卧虎藏龙》的飞入云霭之中，我自以为传承了中国传统的美学观。《卧虎藏龙》里我以此为本，使用了许多隐喻、触景生情等中国电影传统的手法，尽可能做这方面的努力；包括口音，我都尽量保存清朝的官话。只是这些地道的传统手法，到了新电影就比较不被爱用了。

我以为中国人以升华的方式来抒发情感，擅长使用暗喻、以景寓情等美学手法，自有其社会背景。宋、明以降，中国人一向都很压抑，身处于政治、社会及人际关系等种种的制约下，我们有许多心事无法明讲，只能借由迂回的方式来表达。这方面中国人最强，每个人都会，根本不用教的。

记得《饮食男女》入围奥斯卡最佳外语片，《亡命天涯》（The Fugitive）的监制阿诺德 · 科派尔森（Arnold Kopelson）颁发证书时在典礼上致辞时美言："我们怎么好意思说世界电影的中心在好莱坞，你看人家，所有电影里需要的元素都有了，人家暗喻用得多好！”我当时心里就想，美国人根本没这个需要，什么事都直来直往地明讲了，哪里还需要暗喻！

性别认知的吊诡性

而在中国社会里对性别的认知也和西方不同。记得我和《纽约时报》记者里克·莱曼（Rick Lyman）一起看《梁祝》时，回想当年我们不但对“反串”接受得理所当然，就连女人在戏中扮演真男人（梁山伯）或假男人（祝英台）也毫无困难地不会搞混。老外能够理解祝英台的反串一如《杨朵》（Yentl），但凌波反串的梁山伯或李香君反串的学生甲，这些“戏里真男人，戏外假男人”却把里克搞得七荤八素。他弄不明白凌波、李香君、顾媚等人的反串与乐蒂戏中戏的反串之间的差别，还以为中国古代书院里出了许多杨朵，以为是男女合班，殊不知李香君等当红女星在戏里就是个真男人的身份。黄梅调盛行时，戏里的男主角多是女扮男装，有很长的一段时间，男明星都没戏演，是纯女性的天下；到了武打片盛行时，尤其是张彻的电影里，又成了纯男性的天下，这回又轮到女明星们找不到出路。我们的观众从一个极端跳到另一个极端，中间并无转折喘息。

其实在亚洲地区，纯女性、纯男性的同性情谊基本上不但存在且普遍被接受，这种同性情谊，如吴宇森电影里的男性情谊或《自梳女》等电影里的女性情谊，也为同志们所认同。同性情谊一般人都有，但在东西方发展不同。

由于东、西方社会对男女关系尺度的界定不同。在东方社会里，异性间严防分明，谨守分际，身体肌肤的接触是另一层亲密关系的宣告，但同性之间则无此禁忌。所以常见东方女性手牵手、男人们勾肩搭背，或姐妹淘、兄弟档胝足而眠，这些都是常态。但在西方，异性间的肌肤接触是常态，同性间牵个手都是禁忌。

其实人的感情很难一分为二，多是交融在一起的。如果以分布曲线来看，两边极端的部分是同性恋，那么中间的模糊地带就是同性情谊。情谊可以发展成恋爱，坐标是可以游移的。在东方，同性情谊的发展及感情坐标的游移没有设限，但在异性发展上则有社会规范加以制约。西方正好相反。

因此，我们的电影从“纯女性”直接跳跃到“纯男性”，在那个时代来看，是很自然的事。

跨文化／越界的迷思

这些跨文化的背景，我们成长过程及环境里所经历的曲折，外国人哪里知道。所以当外国某些评论以为台湾新电影、大陆第五代、香港新浪潮是中国电影的传统，来批评《卧》片不地道；或看了一些香港武打片，自以为是中国通，就说这个与传统武打片不同，所以不地道；或者说，节奏太文艺，所以大陆观众不耐烦等等，我觉得都是对华语片观众的不尊重。这其中有着跨文化时知识不足所产生的隔阂与误解，也有西方的优越感在作祟，他觉得他拥有文化政治的主控权，觉得他可以替你来判断什么对你的文化好。

其实文化是活的，电影是活的，语言也是活的，都不是博物馆。东、西方都一样，我们的文化也在追求适应与进步，为什么中国武侠片就应该停留在以往的层面，停留在 B-Movie 的层次，武侠片就不能在品质及文化上有所提升，跟意境及人内心的情感有所联系？难道中国人原汁原味的东西就应该是烂东西？电影不野、不烂、不土、不边缘、不艺术、不别扭、不压抑，就是美国味？

至于在华人地区所引发的西化质疑，两岸三地都有这种声音。记得在香港电影金像奖前举行的座谈会上，有记者直指我受了西化的影响。他举例说，酒楼那段的结尾楼塌是西方的手法，中国人拍的武打片里他没看过这样的节奏！

其实我就是拍我想拍的电影，这里面有中有西，那段戏基本节奏是根据京剧锣鼓点子来的，后来楼塌的部分是西方用得比较多。难道说因为中国导演以前没用过，或者他没看过中国导演用过，就不是中国的东西？锣鼓点在一连串当当响之后，不就是再来一记“锵！”的亮相？！它是混杂在一起的，人的教养是说不准什么时候会跑出来的。这就是一部李安电影，华洋杂处。要说我受西方影响，也对，我相信没有一个导演不受西方影响，电影本来就是西方来的东西。

每当有人问我西化问题时，我总觉得非常困惑，拍完片子之后，我还要去分析哪些部分受到中国影响，哪些部分受到西方影响？那我还拍不拍片啊！电影本来就是怎么好玩怎么弄。我是一个现代的中国人，如果要严格划分的话，我是一个旅居美国的台湾外省人。我们中国人可不可以有这样的自由，不要被贴标签！

我有时想，中国会是一个历史悠久、五族共和的泱泱大国，就是靠着雍容大度的适调韧性，几千年的文化融合了多少丰富多样的东西，活力因而绵延不绝。曾几何时，气度竟让洋鬼子压得如此小鼻小眼的！

在此且恕老臣直言，中国这几百年的现代化就是西化，别这么不干不脆的。电影刚传入中国时就叫“西洋镜”，不管是科技还是语法，我们不是学自东洋就是出自西洋。电影不论是谁拍，基本上都是先模仿西片，之后与本地文化及制作条件结合，才慢慢产生了一种本土性。拍电影的人是中学为体、西学为用，写评论的人则是西学为体、中学为用。大家先把本行搞好，自成一家之后，我们再来说。这是大家都必须面对的现实。

也有声音说，这是拍给外国人看的。别人这样理解，也不能说是误解，但我本意并非如此。在我的意识里，这是地道的中国手法，连华语片都很少拍过，我还很高兴自己能拍出来。但是为什么会产生这种现象及质疑？也很微妙。我会反省，是不是在我的潜意识里真有这层意思？是不是因为我考虑到外国观众，才会这样拍？但回头又想，说不定用外国方式拍会更好啊，能把一部华语片做得更好，为什么要拘泥于什么习惯手法？更何况这些习惯手法，原先也多是参照洋片形成的。所以我也很矛盾。

但如果说我是为西方广大的市场而拍，这并不公平。当然每个人都想要成功，但我最大的考虑还是面子，东西拿出去要上得了台盘。

华语片很多手法西方几十年前就玩过了，要赢就得出奇制胜，比别人强很多才能吸引观众，就算差不多观众还是会看西片，连华人观众都如此。所以，当有人告诉我，这样的做法会闹笑话时，虽然他是个外国人，此时我是要坚持我们的惯性做法还是要改？那些意见乍听之下，别说是观众，就连我都会有民族情绪的反弹。但冷静理性地去想，我是要选边站，还是要片子好？至于什么对片子最好，又见仁见智，没个标准答案，这中间就有很多模糊地带。

所以片子拍出来最后如何，除了看当时的运气，也反映了很多我处事的个性。因此到头来，各种讲法也不能说人家不公平，那是他对我的观感，我也不可能让每个人都满意。

也许比较公允的讲法是，每次拍片我都很拼命，想得很多，能顾虑到的尽量顾到。当然有个主要目标，至于其他，能让更多的人了解，有更精彩的做法，能有更好的回收，我就会往那边看。我就是这块材料，机遇如此，我也只能做到这里。

我也曾扪心自问，当我在做跨文化的开拓、当我硬改掉一些华语片的惯性时，是不是也暴露了华语片的弱点，使得它失去了生机？《卧虎藏龙》引发出工业、商业及文化上的冲击，同时在文化政治上引发了一些可预测及不可预测的尖端现象，我到底是做了件好事，还是坏事？我也不知道。心里很想回避，但又总觉得自己有些责任，虽不太会应付，但我还是得去面对。

Take Home Messages

更严厉的挑战？

《卧虎藏龙》的成功，使得我们开始碰触到一个东西交流的新领域，也使得我们的隐忧化暗为明。

由于武侠片不但是中国电影里独有的特殊类型，且是个不死的类型，经常是行至穷处，又见峰回路转。看腻了不行了，又有人想出新方法来。新招、新式、新明星的出现，又带起一波高潮。它不像音乐剧或黄梅调，虽曾红极一时，但几年后，就完全地销声匿迹。武侠片虽时有起落，但从未消失过，《卧虎藏龙》正是这个起落循环里的一部分。

但不管如何循环，以往它的创作主轴，仍是东方世界。

1999 年当我开始拍摄《卧》片时，却隐约感应到有股潮流开始在东与西之间酝酿，拍到一半时，监制江志强跟我谈起一个问题，若是武打片风云再起，同时吹往西方，对华语片究竟是好是坏？因为当时不只我们正在做，香港影人也着手西进，好莱坞也开始套招吊钢丝，引进武打技术，这些都是同时发生的事。

从 1998 年的《黑客帝国》(The Matrix)、2000 年的《霹雳娇娃》(Charlie' s Angels) 到 2002 年的《蜘蛛侠》(The Spider Mall)，都受到东方武术及电影感，甚至情感表达及内容的影响。

表面上看，香港的西进、好莱坞的东方取经是好事。不过当好莱坞注意到并开始吸收、引进香港的武侠及武打技术，再加以完美化之后，我们还能再拿出什么新东西来与之抗衡？

以往在亚洲，东、西方电影市场泾渭分明，西方做西方的，东方做东方的。他们科技精良，我们用的方法虽然土，可是真玩命、有人味，自京剧武戏传承过来的武术动作，电影感好、节奏明快。大家井水不犯河水，仍各有天地。一旦这层隔膜打破，东西交流频繁，老路子一下被吸光，就得有新东西补上。若没有，就会被其他取代了。这是我们要面对的问题！

我觉得，此时此刻，武侠类型才面临了真正严厉的挑战！

武术 / 次文化的翻身

以往，武术(martial arts)在欧美常被归类于次文化(sub-culture)的范畴里。在流行文化中，次文化是一股不可忽视的力量，它野，有活力。欧美的前卫者早在几年前便从亚洲文化中去找寻灵感了，其中新生代里最具代表性的，就是导演昆汀·塔伦蒂诺（Quentin Tarantino)。他自第一部片子《落水狗》(Reservoir Dogs)起就学港片，师法吴宇森导演的黑色暴力美学；第二部拿下戛纳影展金棕榈奖的《低俗小说》（Pulp Fiction)，即再加上风格化的音乐、美术、精彩的对白与流行的举止，连吃两部。当时吴导演还没来美国。我觉得他的第三部《危险关系》（Jackie Brown）也相当好，是那一年我觉得比较有意思的片子，但没打响，因为已经锋头不再。之后昆汀更是大搞港片，不但穿着唐装促销《铁猴子》，更是人到北京拍摄武术片，由袁和平担任他的武术指导。

虽然从昆汀等人身上，我们看到次文化影响力之大，但要从次文化翻身为主流文化，还需要时机及其他许多条件的配合。

这几年，我觉得有两部片子令武术开始翻身，第一部是《黑客帝国》，另一部半翻不翻的是《霹雳娇娃》。

《黑客帝国》是部结合尖端科技电脑黑客的科幻片，片中主角身穿长袍、搞特效，是 MTV 式的影像，但剧本又还好得能够把它整合起来，不会看看就散掉，而且很卖座。《黑》片其实是武术在欧美的第一个大翻身。1998 年时，欧美观众对中国功夫虽有些印象，但在意识上普遍还无法接受它存在于现实当中，所以片中武打、轻功的部分，还是得给个科学的解释。它只能存在于人类的幻觉里，只有在人们想象世界的某一时刻里才可能发生。

到了千禧年的《霹雳娇娃》，则为武术的普遍性（popularity）打通关节。该片由三个女人挂帅，乒乒乓乓地打上一通，因为女人打架没人当回事，尽管没什么章法，但全世界的观众却接受得理所当然。要是再早两年，时机都还没成熟。《霹雳娇娃》本是部次文化的电影，但它在过去的七十年代却是个主流文化的电视剧集，十分普及。现在拍成电影，加入最新的流行，搞成一部喜剧片，结果成了一部为武术翻身之作，只是有点不登大雅之堂。

《霹雳娇娃》和《卧虎藏龙》都是索尼哥伦比亚电影公司发行。本来《霹》片的武术指导是袁和平，因为《卧虎藏龙》还没拍完，袁和平就派他的弟弟袁祥仁去。该片比《卧》片拍得晚，但在美国比《卧》片早上映，这对《卧虎藏龙》反倒是个好现象，为之暖身，因为两部电影都是讲女强人（woman in power）。

就在《黑》、《霹》两片相继炒热武术，为这个次文化的普遍化开始铺路、在欧美一般观众心里垫下个底时，《卧虎藏龙》进来，促使武术渐入主流文化。《卧虎藏龙》在美国从以往的艺术院线首度成功地走入大众院线，从小预算、外语片，做到票房一亿两千八百万美金。这是我们赶上时机，再加上很多的努力，才有了这个结果。当时这股力量正开始酝酿，但渠道未成，我们适时切入，打下这场仗，导引入流，开拓出这个潜在市场。

经由《黑客帝国》、《霹雳娇娃》及《卧虎藏龙》等电影，武术在西方终于从次文化翻上来进入主流文化。《卧》片并不是全然的开路先锋，因为是外语片，所以也还没达到百分百的翻身。

Give & Take

翻身并非一蹴可及，江山也极少能一部就打下来，有些局面十年也做不到，要时机、努力、能力、外在情势等多方面的配合。如今武打片这个类型，在欧美可以走次文化路线，也可以走主流文化；可以文，也可以野；可以拍成 A 级片，也可以照旧做成 B 级片，就看怎么拍。

将来似《卧》片类型的影片，在英美语系可能会是个很正常的东西，会是主流的一部分，它已经开始在这个文化里生根。再下一步就是欧美自己拍武侠片，美国一有，全世界就都看到了，我觉得这个日子已经开始了。

如今我们不只引进中文片的片型进入美国市场，我们的人才从导演、武术指导到演员，也开始进入美国体系，为之注入新血。像吴宇森导演来美拍的《变脸》等一系列片子，我拍的《绿巨人浩克》，以及袁和平、元奎、甄子丹等人进入好莱坞担任武术指导，成龙、李连杰、周润发等人主演美国电影等等。我们一步一步地来做，下一部是上一部的前身，这个现象正在持续进行中。此外，艺术电影也仍然不停地对精英文化产生影响，大家逐渐汇集成一股影响美国及世界文化的新力量。

其实不仅流行文化吹起亚洲风，其他方面也正在同步进行，如西医吸收中医的知识，运动吸收瑜伽、太极，中国主办 2008 年奥运会，韩国足球在 2002 年世足赛中拿下第四名。以前是欧洲文化与美国互动频繁，主导世界，现在亚洲文化也开始加入。

做《卧虎藏龙》时，我们所面对的不再只是一个片子的发行及文化现象，它启动的是一个新的世界文化现象。我们要去面对的是这个转折，它不再是华语片对抗西片的问题，而是打入世界文化之际，我们自己有多少的料。

在中西互动的过程中，我觉得彼此的关系应该是给与取（give & take）。当你给出自己文化的同时，也要调整一些不太适用的东西，才能交换西方（对方）的东西。当你拿取时，同时也在给予；它是取中也给，给时也取；它不是单向的，不只是对抗，也是一种交流。这个纠结的过程，当然是一种文化对抗；但没有对抗，就没有新意。

常常现象的发展在前，人在后面跟着反应。现在的这些争执，是因为也许人们没在前头看到一些新情势正在发生。我认为我们别老想着自己被美国文化压抑，只想着要保存自我的文化习惯；事实上我们也正在打入世界文化，正在影响世界文化。我觉得一个真正的进步，在于你能够看到自己也是这个创造过程中的一分子，你个人所做的一切，也正是世界文化的一部分。文化现象拥有许多的可能性及转折，不要只是守旧、反弹；不要只在事情发生后，才跟着去回应;应该站出来，去作为新的世界文化发展中的一分子。

以前我们或仅只接收，或被压抑，或反抗；现在我们可以站出来，跟它去沟通、交流，彼此交换经验、想法，相互增长，成为世界发展中的一分子。我们不再需要像父母那一代般地压抑自己，我们可以以身作则，影响着我们的下一代，让孩子们能够站出来做个世界公民，同时以身为中国人为傲。我觉得我们这一代真的比较幸运，你只要有梦，只要努力，就可以把它做出来，实现梦想。青壮辈这一代的亚洲人，有点类似二次大战后的美国起飞时期，我们不像上一代历经战乱，即使有梦，也不切实际，他们并没有适当的外在环境加以淘成。我们的下一代则比较像美国小孩，不像我们成长时那般压抑。记得不过是五六年前，我的小儿子石头上学时带便当，里面有凤梨酥，还不好意思拿出来，怕同学们笑话。才没过几年，现在每当旧历年，美国中、小学里还一起跟着过中国年，孩子们不但没有自卑感，而且觉得身为中国人更是件很酷的事。有的中学里尚且提供中文为第二外语课程，还挺热门的。

这些都是上一代难以想象的事，机运、环境加上努力，使得我们有机会为下一代创造出一个不同的环境来，这中间有着前人的努力，提升了我们这一代的立足点，使得上一代精英分子才能享有的机会（如到海外留学、增广见识、改善自己的环境等），到了我们这一代逐渐普及到一般大众；就在这一代人得以提升整体水平的同时，也逐渐缩短了中西间的差距。虽然每一代的境遇不同，但我从上下三代的身上看到，人得要自己努力，你做得怎么样，下一代就会承受。

命运与努力

现在我正在为新片奋斗，冒险尝试新东西，压力很大。至于未来会是个什么局面，我也不晓得。我只知道，自己的努力争取与未来的发展息息相关，我不知道未来的命运会怎么样，可是命运的揭晓和我们的努力争取有密不可分的关系。

人生不只是坐着等待，好运就会从天而降。就算命中注定，也要自己去把它找出来。有人说“人定胜天”，也有人说“命中注定”，两者我都有所感应。其实命定也没什么关系，努力与否，结果会很不一样的。在我过去的体验中，只要越努力，找到的东西就越好。当我得到时，会感觉一切好似注定。可是若不努力争取，你拿到的可能就是另一样东西，那个结果也似注定。所以目前的这个局面，可以说它是命定，也可以说是人改造了它。

以往多是西方影响我们，如今我们也开始影响他们，至于将来的局面会如何发展，则和我们的气魄、创意及努力有关。

我觉得，人类文明的发展是跟着赢家走的，这是一个族群与族群的竞争，是一个权利抗衡的输赢与调适的过程，适者生存，因为他或而开创新局，或而更适合新的发展。目前是西方占上风，他们是中心，自然占优势，发言机会多，赢面大，侵略性也较强。我们为边缘，身处弱势，多半照着西方的习惯走。

不过我觉得东西方仍存有许多共通之处，譬如在电影界，就有一个现象，不仅美国、台湾，而且是全世界都有这个现象，就是主流（普遍性）。这个主流市场是被西方、被好莱坞抢到，因为他做得最全，做得比较好看。他是抢到这个市场，而不是他拍就是普遍性，我们照那个拍就是学西方。普遍性是大家共有的，而普遍性的制作权及放映权则被好莱坞占据了很长的一段时间。他不只把他的习惯变成大家的共通性，也把大家的共通性变成他的发言权。目前在形势上西方占优势，所以多以西方的表达方式为标准，其实对共通性的掌握与呈现上，他们有他们体会的面向，我们有我们捕捉的角度，因为形势所迫，我们比较压抑，比较没有机会表达。在适应的过程中，我们要去掰他，把具有我们特色的普遍性表达出来，这部分是我们需要调整的。

这二十年来，华人电影工作者从各方面努力，不论在海外或本土，都各自发展出一些新东西，自己适用，也具有共通性。这些不同于过去固有文化的新本土与新国际，终于累积出一些新进展，使得我们逐渐开始在世界影坛上拥有发言权，平等的东西对话、交流也逐渐有所进展……

奥斯卡、戛纳金棕榈、柏林金熊、威尼斯金狮及西方市场等，都是个验证，证实这些不再是空话，我们是可以做到的。而且只要努力，今后我们还能有更多的人做到更多。

我们的未来，要靠我们自己去创造。

这是个进行式……

电影梦

我没想到自己会走到今天的局面，大概是时势造英雄吧！

说来幸运，出道至今，我碰到一群好伙伴，他们激发我，同时也帮我控制了许多东西，包括我的选材。前后有徐立功、詹姆斯·沙姆斯、江志强，还有编剧王蕙玲。他们不只帮我过滤，还按照我的性向及兴趣去寻找题材。要是我一个人坐在家里空想，真会憋得慌或做出很傻气的决定。其实任何一部电影，都是一群人的成绩，只是以我作为代表，以我的意愿出发，还不一定以我的意愿收尾。

当然，我主导了很多事情，做了很多冒险。只是在执行的过程中，包括选材、所走的每一步路，我不希望做垮。有时事情成不成，不是因为我挑选的题材险不险，而是看我们执行得牢不牢靠。人可以做最冒险的事，但因为谨慎没出事；也可以做最保险的事，可是阴沟里翻船。结果如何，牵涉到很多的因素。

江湖行走多年，我越来越觉得事情不是那么简单，不是我想怎么样就能怎么样的。

想象和现实总有着落差。有时我想要做什么，做不到，就会蹦出另一个东西来。电影是个有机体，许多状况不是我可以计算到的，有时就连计算到都还有例外。拍片时，每个人都在做制作意志的最大延伸，求取最大的效益、最大的回响。

这里面千变万化，不能一概而论。

凡是银幕显像，经常想法落了实就玄虚不得，着了色相便不够高妙。不论有多冒险新鲜，最后总要落实归根，很奇妙也很俗套。

为此，我经常要寻找新的题材。在摸索中，有时有些莫名其妙的东西，到最后搞不通，或弄到一半，又总得回到自己的习惯和文化本性，回到熟悉的情感或理路当中。可是每次归根和上次又不一样了，你又出去了一些。

在整个过程里，我要去体验，得承担后果。但不管我体验到什么，结果并不会因为我认知的不同而改变。每次我都是拼命去做，尽最大的努力，毫无保留。总觉得唯有个人的奋斗意志到位，才对得起大家，我才能够坦然。至于之后受到什么评议，也不要不服气，事情本是如此。

它是点点滴滴累积的一个结果，经过多少时间的沉淀、过滤，才有一点点的定论，但就连这一点点的定论都可能会被推翻。有些东西看似简单，其实不然。此外还有命运，许多未知的因素影响着它。

回首十年电影路，我走得不快，但感觉很丰富。拍片时，我试图走入一个自造的梦境，似睡似醒，支离破碎，但又似自有理路。

在我眼里，至今的七部电影中，除了《冰风暴》的戏还比较完整、偶有弱点，能够顺畅地看下来外，其他电影都是残缺不全的记忆与印象，好坏杂陈，是片段的组合，许多经验的拼凑，它不是一个个整体的故事，只是我的倾吐。就像我的孩子，一部分出自于我的基因，我的培养，但以后长成个什么样儿是他的事，我只是尽了一份心力。儿孙自有儿孙福，电影有那么多人参与，因素太多，我也无法全然控制。

这就是我的生活。十年来，我到各地拍片，但不论在台湾、英国、大陆或美国，都是我跟制片，跟演员及工作人员，跟这个系统，跟我的天性想法，跟财务，跟文化，跟运气，跟观众等等的协调过程。如天气突变时我要怎么应付；有时戏很好，我正给演员说戏时她哭出来，到了拍摄时人又没了眼泪；或突然间状况失控，又无法回头重拍；老远跑到新疆，勘景时一个样儿，出外景时又变成了另一个样儿……常常就是这种事。有些能解决，有些不能，我就得应变。我觉得，人生就是一连串的周旋协调（negotiation），人没有绝对的自由，每过一条路、翻一座山，我便要去克服或绕道。折冲过程的记录在影片中显像，观众从痕迹里或许会看出一点意思，产生共鸣。

拍电影就是这样，它可能是个俗套。可是当我亲身去做后，我知道它不是。戏假情真，它是很真切的一个体验，里面有着我多少的挣扎，而且我是带着多少人和我一起挣扎。它影响着我，也影响过许多人的生命、生活及情感。

它是我与幻想扭斗、企图将它显像过程中的一抹留痕。

它是我将思绪表达在纸张、胶卷、音符等媒体上的一个烙印。

它是一种颠倒众生、真情流露的做作。

它是我的青冥剑，是我心里的玉娇龙，

是我心底深处那个自作多情的小魔鬼。

它是我企图自圆其说所留下的一笔口供。

它是我想要了解这个世界的一点努力。

不论好与不好、成与不成、顺或不顺，我都必须面对这些记录，明了它矛盾与无常不全的本质，我才能够坦然，才能继续以后的创作与生活。

十年一觉，梦中，我仿佛正在涂抹着一幅巨大的、无法一目了然的壁画。我在不同的地方画着。当我画这边时，看不到那边；画那边时，又看不到这边。但在我的心底，它们相互撞击、彼此呼应。虽然支离破碎，但冷暖自知。十年来，当我第一次抽身远观，朦胧地感觉到，好似有什么在其中酝酿、穿梭、联系、逐步累积，可又指不出一个名堂。

《卧虎藏龙》前后对我是个转折，拍时还没有，之后拍摄BMW网络广告短片时，我才突然产生这种感觉。片中，小活佛相赠驾驶裹伤的绷带上有个浩克（Hulk）的图样，我开个小玩笑，在自己的广告短片里广告下一部电影。这也是我们一家人难得聚在一起，共同做一件我十年来一直做的事——拍电影，小儿子石头又演小活佛。传说中活佛轮回转世，一位老活佛的灵魂隐身在一个小活佛体内，小活佛得见三世：前世、今生与来世。此情此景，不禁想起拍摄《卧虎藏龙》当我构思李慕白时曾思索过的“中阴间”。根据佛教的说法，人在轮回转世或升天之前，在中阴间可以看见自己永世的种种。一部电影一个世界，每拍片一部，我就像是过了一辈子。此时此刻，我开始回顾我的部部电影，感觉好像我的前世今生，都投影在当时拍摄短片的这个时刻里。

拍片及家，是我生活的两面。梦境与现实合而为一时，我开始有种感觉，好像和另一个时空的我有了碰触。现在的我和前十年的我开始对话，新片与旧作开始交谈。现在筹拍新片时，许多断简残篇、无法解释的影像经常流入脑海中。寻寻觅觅，我不由自主地开始找寻我的过去。当我奔波于美国高山峻岭、湖泊沙漠之间勘景时，眼前不时出现似曾相识的新疆景物。以前拍片时也曾有过这种状态，可是当时混沌不明，虽然没有意识到，但手上还是做着。当然，现在的我仍陷入一个混沌的纠缠中。

我总觉得，每当清醒时，我们的意识管制着潜意识。意识仅浮游于思绪的表层，潜意识则在底层波涛汹涌，是我无法明讲的主流，只有在梦境或如梦幻的电影里，自己去找寻解脱的出口。在电影世界里，我们的潜意识得以自由驰骋，我们的意志可以获得满足，它吸引我不顾一切地前去，尽情地按照我的想象去建构一个理想世界。它是一个封闭的时空，它的时代、环境、运作及因果关系都是我们设计安排出来的。它比人生简单，比人生理想，它的魅力也在于此，它是很舒服的。我想，这也是为什么大家喜欢拍电影，或花钱买票关到一间黑屋子里去跟一群人看电影的原因。

它的世界跟我小时候想象的很不一样。在我们的教养及印象里，影剧界是很不堪、没规矩、乱糟糟的圈子，因此很多父母都不愿意孩子们去学电影。入行十年，我个人的经验却与儿时的听闻迥异。我觉得人生里乱七八糟的事似乎更多。直到今天，我拍片时很少碰到那些乌七八糟的事。这里不打诳语，算起来我跑过的地方也不算少，从美国小独立制片到台湾“中影”、大陆、香港、英国、好莱坞，从小制作到现在的大制作，基本上我觉得和拍学生电影时没太大的分别，原则类似。只是以前玩峨眉刺，现在要大关刀，使的家伙不同，出招及用劲的方式有异。

对我来说，拍片的世界其实很单纯，只要把道理清顺，可以运作，拍完即可。不清顺时当然很头痛，可是这种困难也不像应付人生那么复杂。电影是可感知的，但人生的奥妙及疑难则常超出我们的感知。拍片一天就那几个镜头，导演把这些镜头想出来，交代下去，并加以控制，拍到了大家都很高兴，拍不到就一肚子气，就这么单纯，没有太大的复杂性。因为电影是人设计出来的情状，是你去满足观众期待心理的一个游戏，是电影人尽力表达、分享经验并期望观众接受的一种努力，就像小孩的游戏家家酒。它不是老天爷设计出来的让我们搞不懂、认不清、无法掌握、逼人敬畏的复杂大自然。在电影世界里，只要工夫到，就可以想出办法，即使办法不好，也有成规可循。

我可以处理电影，但我无法掌握现实。面对现实人生，我经常束手无策，只有用梦境去解脱我的挫败感。

在现实的世界里，我一辈子都是外人。何处是家我也难以归属，不像有些人那么的清楚。在台湾我是外省人，到美国是外国人，回大陆做台胞，其中有身不由己，也有自我的选择，命中注定，我这辈子就是做外人。这里面有台湾情、有中国结、有美国梦，但都没有落实。久而久之，竟然心生“天涯住稳归心懒”之感，反而在电影的想象世界里面，我觅得暂时的安身之地。

对于现实人生，我似乎一向只是心不在焉地应付着，有一搭没一搭、藕断丝连地稀松联系着。而在电影梦境里，反倒比较能够专心致意。我一遍又一遍地去到那个地方，它是一个梦，是我企图寻回的“失”去“乐园”。自从夏娃、亚当偷食禁果，人类开始知道羞耻，怀疑上帝，被逐出伊甸园（乐园）后，我们开始拥有自我的人生，也开始经历痛苦。人类一方面要向善，心向上帝；一方面又要证明自我的智慧能力与存在价值，要挺起胸膛来对抗质疑上帝，表现自己。拍电影时，我正是应付着心中魔鬼得逞的部分——那个基督教的撒旦，佛教的色相业障，道教的卧虎藏龙。拍完片回家，我尽力做回上帝的子民。从儒释道的文化环境里出来，我习用东方式的协调来表达；接触西方的戏剧、宗教、文化及电影后，我又产生对冲突抗争及梦境的渴求。

记得为《理性与感性》片中两首歌寻找歌词时，监制林赛与詹姆斯给了我一堆诗词挑选。当我看到本·琼森（Ben Jonson）的《梦》（The Dreame）时，顿感满纸生辉，字里行间热情四溢，“爱含蓄地隐藏在梦中……让我祈求满心的狂野欲望……再次入梦，充满了愧疚及恐惧”。我觉得诗中朦胧感伤的浪漫心境，恰似《理性与感性》中，年轻初尝人间愁滋味的玛丽安在面对欲望时的惊蛰。

她不知是要清醒地去接受羞辱，还是要躲到睡梦中去接受惊吓。玛丽安对威勒比的向往，是她痛苦的来源。在背弃的灾难之后，在热情寂灭之后，在纯真丧失的惆怅中，玛丽安成熟了。那份潜藏在人心里共通的执着与情怀，我很能体会。我对电影的憧憬，正是我心蠢动的根源。每当陷入电影的梦境里，我的内心不由自主地与玛丽安、玉娇龙产生同感。而在现实生活里，我过的是俞秀莲与埃琳娜再加上一点李慕白的日子。玛丽安精神上那种既羞惧又喜爱的兴奋感，跟我拍电影的心情很像。如果我要与它相会，唯有躲入梦中，只有靠着睡眠的帮助我才能去探询。

詹姆斯告诉我，这首诗可能是基督教徒对原罪的想象，影射夏娃教唆亚当偷食禁果、犯下原罪、被逐出伊甸园（乐园）的前一晚，撒旦化身为爱欲进入她的梦中引诱她，令其惊心半晌，情痴暗随。情节好像有点类似明朝汤显祖《牡丹亭·游园惊梦》中杜丽娘的境遇。

The Dreame

Ben Jonson

Or scorne or pity on me take,
I must the true redemption make,
I am undone tonight.
Love, in a subtle dreame disguised,
Hath（Have）both my heart and me surprised,
Whom never yet he durst（dare）attempt awake;
Nor will he tell me for whose sake
He did me the delight or spight,
But leaves me to inquire
In all my wild desire
Of sleep again, who was his aid,
And sleep so guiltie and afraid
And since he dares not come within my sight.

梦

本 · 琼森

随你笑 随你怜
我总得有个真正的赎报（赎罪）
今夜我解除心防
爱情如花如雾在梦中（爱含蓄地隐藏在梦中）
惊了我身与我心
他从来不敢唤醒（我）
也不说是为了谁（我爱上了谁）
让我喜悦让我悲
使我寻寻觅觅（让我祈求）
满怀恣狂的欲望
觅回睡眠，有助姻缘（睡眠是他的帮凶）
却睡得如此忐忑不安（梦中充满了愧疚及恐惧）
因为他不敢走到我眼前
（注：我想诗中的“他”指的是“情欲”。）

感觉上这首诗隐晦诡谲，一如撒旦以强烈的浪漫情怀去暗示夏娃，使她受到惊吓与激情又不言明对象是谁的滋味，令她欲醒还睡、不知所从！

好像玛丽安深爱的并不见得是负心的威勒比，又好像玉娇龙相思的也不见得是大漠中的罗小虎，而是她们自我内心深处的浪漫情怀，令人动容，撕人心裂。有时我想电影之于我、于人，又何尝不是反映我们梦中那份令人惊蛰的心境？！

它是玛丽安歌声中的夏娃梦，撒旦托梦化身为惊扰她的爱欲！

它是玉娇龙的一跃而下，隐入不知处的云深！

我觉得电影最大的魅力，在于它显现我们未知的部分，而非已知的部分。有时我真想留在电影世界里不出来了。而从银幕的另一端观赏现实人生，说不定比电影更好看吧！

故国神游，多情应笑我，早生华发！

人生如梦，一樽还酹江月！

注：本章《The Dreame》一诗之译文，经四人之手，李安、李慧娜、张靓蓓，最后经由郑培凯教授之助，以其译文为主轴，加添其他三人的部分意见，经由张靓蓓综合而成，李安做最后的认定及添加文末之注。

李安导演作品年表

1980 追打 / RUNNER
16 毫米短片

1981 我爱中国菜 / I LOVE CHINESE FOOD
16 毫米短片
揍艺术家 / BEAT THE ARTIST
16 毫米短片

1982 荫凉湖畔 / I WISH I WAS BY THAT DIM LAKE
16 毫米短片
出品：NYU
片长：31 分钟
制片经理：Lvan Zats_diac、Jean Chang
导演：李安
编剧：李安
摄影：Bob Bukowski
音效：Dianne Wasserman
对白顾问：Mark Quinlan、Joe John
演员：Pat Cupo、Abby Gibson、P. Anderson Scott
得奖纪录：1983 年金穗奖最佳 16 毫米剧情片

1985 分界线 / FINE LINE
16 毫米剧情片
出品：NYU
片长：42 分钟 12 秒
制片经理：Claudia Donng、Michael Palumbo
导演：李安
编剧：李安
摄影：Bob Bukowski
灯光 / 照明：Eric Lau
剪接：李安
音乐：Daniel Joseph Dee
录音：John Scagfiotti
混音：Magno Sound
剧照：冯光远
演员：刘静敏、Pat Cupo、Chazz Palminteri、Anahid、

Frank Colangelo
得奖纪录：NYU 学生影展最佳影片、最佳导演

1991 推手 / PUSHING HANDS
出品：台湾“中央电影事业股份有限公司”
制作：李安电影公司、好机器电影制作公司
片长：105 分钟
预算：1350 万台币（约 48 万美元）
监制：郑水枝
出品人：江奉琪
制片人：徐立功
执行制片：刘怡明、Ted Hope、James Schamus、李安
导演：李安
编剧：李安
摄影指导：林良忠
剪接：李安、Tim Squyres
艺术指导：Scott Bradley
服装设计：Elizabeth Jenyon
作曲：瞿小松
录音：朱志诚、Tom Paul
混音：Reilly Steele
演员：郎雄、王莱、王野同（王伯昭）、Deb Snyder、李涵
得奖纪录：金马奖最佳男主角、最佳女配角、评审团特别奖
亚太影展最佳影片
法国亚眠影展最佳处女作导演奖
国际天主教电影视听协会台湾分会金炬奖最佳影片
金炬奖
参展纪录：金马奖、柏林影展、亚太影展、福冈影展、香港电影节、新加坡国际影展、韩国亚太文社影展、伦敦影展、瑞典影展、亚眠影展、戛纳影展市场展、德国布莱希特影展、亚松森电影周、西班牙圣萨巴斯汀影展、休斯敦影展、亚美影展、佛罗里达影展、夏威夷国际影展、国际钻石影展、洛杉矶新闻处“台湾电影展”、波士顿美术馆“台湾电影展”、亚特兰大艺术博物馆“台湾电影展”、华盛顿富利尔美术馆“台湾电影展”、加拿大蒙特立尔“中国电影节”、英国电影学会“台北电影展”、法国电影资

料馆“台湾电影二十年回顾展”、法国蒙贝利亚尔市“中国电影节”、比利时根特弗兰德斯国际影展“台湾导演周”、奥地利格拉次市“台湾电影节”、西班牙台北文经处“台湾电影节”、独联体“台湾电影节”、丹麦电影博物馆“台湾电影节”、萨尔瓦多和平纪念节“台湾电影展”、海峡两岸电影展“台湾观摩展”

注:2012年台湾“中影”公司出品数字修复版本

1993 喜宴 / THE WEDDING BANQUET

出品：三一股份有限公司、嘉禾电影有限公司，台湾“中央电影事业股份有限公司”发行

片长：106分钟

预算：2100万台币（约75万美元）

监制：郑水枝

出品人：江奉琪

制片、策划： 徐立功

执行制片：Ted Hope、James Schamus、李安

制作：李安电影公司、好机器电影制作公司

导演：李安

编剧：李安、冯光远、James Schamus

摄影指导：林良忠

剪接：Tim Squyres、李安

艺术指导：Steve Rosenzweig

服装设计：Michael Clancy

置景：Amy Beth Silver

作曲：Mader

录音：Tom Paul

混音：Reilly Steele

演员：郎雄、归亚蕾、赵文瑄、Mitchell Lichtenstein、金素梅

得奖纪录：柏林影展金熊奖

杜维尔影展影评人奖

卢卡诺影展观众票选最佳影片蓝豹奖

纽约国际独立电影及录影带展导演奖

西雅图国际影展最佳影片、最佳导演

纽约同性恋反歧视联盟杰出电影奖

洛杉矶同性恋反歧视联盟杰出同性恋独立制片奖

意大利皮斯卡拉影展最佳编剧
意大利国际影评人协会金车奖年度最佳影片
金马奖最佳影片、最佳导演、最佳原著剧本、最佳男配角、最佳女配角及观众票选最佳影片

参展纪录：柏林影展、奥斯卡金像奖、金球奖、独立精神奖、西雅图影展、夏威夷国际影展、亚美影展、纽约国际独立电影及录影带展、多伦多影展、戛纳影展市场展，杜维尔影展、卢卡诺影展、捷克喜剧片影展、意大利皮斯卡拉影展、墨尔本影展、悉尼影展、伊斯坦布尔影展、亚太影展、金马奖、香港电影节、英国电影学会“台北电影展”、巴尔的摩“台湾电影展”、华盛顿富利尔美术馆“台湾电影展”、华盛顿 D.C. 肯尼迪中心“李安回顾展”、中时晚报电影奖、纽约同性恋反歧视联盟、洛杉矶同性恋反歧视联盟

注：2012 年台湾“中影”公司出品数字修复版本

1994 饮食男女 / EAT DRINK MAN WOMAN

出品：台湾“中央电影事业股份有限公司”
片长：123 分钟
预算：3800 万台币（约 150 万美元）
监制：钟湖滨
出品人：江奉琪
制片、企划：徐立功
执行制片：蓝大鹏
导演：李安
编剧：王蕙玲、李安、James Schamus
摄影指导：林良忠
剪接：李安、Tim Squyres
艺术指导：李富雄
服装设计：陈文绮
作曲：Mader
录音：Tom Paul
混音：Reilly Steele
美食顾问：林慧懿、施建发、林昌城
演员：郎雄、归亚蕾、吴倩莲、杨贵媚、张艾嘉、王渝文、赵文瑄、陈昭荣、陈捷文、卢金城

得奖纪录：亚太影展最佳影片、最佳剪辑
全美国家影评人协会（NBR）最佳外语片
堪萨斯市影评人协会（KCFCC）最佳外语片
《首映》杂志美国年度十大佳片，名列第七
参展纪录：戛纳影展导演双周开幕片、奥斯卡金像奖、金球奖、独立精神奖、多伦多影展、西雅图影展、亚美影展、英国影艺学院奖、伦敦影展、卢卡诺影展、比利时根特弗兰德斯国际影展、都灵影展、西班牙圣萨巴斯汀影展、维也纳电影节、铁萨隆尼卡影展、安卡拉影展、伊斯坦布尔影展、亚太影展、福冈影展、金马奖、台北电影节
注：2012 年台湾“中影”公司出品数字修复版本

1995 理性与感性 / SENSE AND SENSIBILITY
出品：哥伦比亚电影公司（Columbia）
片长：136 分钟
预算：1550 万美元
监制：Lindsay Doran
执行监制：Sydney Pollack
导演：李安
编剧：Emma Thompson，改编自 Jane Austen 的同名小说
摄影指导：Michael Coulter
剪接：Tim Squyres
艺术指导：Luciana Arrighi
服装设计：Jenny Beavan、John Bright
选角：Michelle Guish
置景：Ian Whittaker
作曲：Patrick Doyle
录音：Tony Dawe
演员：Emma Thompson、Hugh Grant、Kate Winslet、Alan Rickman、Greg Wise
得奖纪录：柏林影展金熊奖
Reader Jury of the“Berliner Morgenpost”（李安）
奥斯卡金像奖最佳改编剧本
金球奖电影戏剧类最佳影片、最佳编剧
英国影艺学院奖（BAFTA）最佳影片、最佳女主角、最佳女配角

伦敦影评人协会（ALFS）年度英国最佳剧本
全美国家影评人协会最佳影片、最佳导演、最佳女主角
纽约影评人协会（NYFCC）最佳导演、最佳编剧
全美广播影评人协会（BFCA）最佳影片、最佳编剧
洛杉矶影评人协会（LAFCA）最佳编剧
波士顿影评人协会（BSFC）最佳影片、最佳导演、最佳编剧
电影演员公会（SAG）最佳女配角
德国电影奖（GF Award）最佳外语片
德国艺术电影院公会最佳外语片
伦敦标准晚报英国电影奖最佳女演员（Kate Winslet）、最佳编剧（Emma Thompson）
USC 剧作家奖作者 Jane Austen 及编剧 Emma Thompson
美国作家协会（WGA）最佳改编剧本
英国作家协会电影剧本奖

参展纪录：柏林影展开幕片、伊斯坦布尔影展开幕片、奥斯卡金像奖、金球奖，英国影艺学院奖、金卫星奖、德国电影奖、Chlotrudis 奖、USC 剧作家奖、美国导演公会（DGA）、电影演员公会、美国编剧协会、美国作家协会、英国作家协会、英国电影摄影学会、德国艺术电影院公会、伦敦影评人协会、全美国家影评人协会、纽约影评人协会、全美广播影评人协会、洛杉矶影评人协会、波士顿影评人协会、伦敦标准晚报英国电影奖

1997 冰风暴 / THE ICE STORM

出品：福克斯探照灯公司（Fox Searchlight）
片长：112 分钟
预算：1800 万美元
监制：Ted Hope、李安、 James Schamus
导演：李安
编剧：James Schamus，改编自 Rick Moody 的同名小说
摄影指导：Frederick Elmes
剪接：Tim Squyres
艺术指导：Mark Friedberg
服装设计：Carol Oditz
选角指导：Avy Kaufman

置景：Stephanie Carroll
作曲：Mychael Danna
录音：Drew Kunin
声音剪接：Philip Stockton、Eugene Gearty（音效设计）
混音：Reilly Steele
演员：Kevin Kline、Joan Allen、Sigourney Weaver、Tobey Maguire、Adam Hann-Byrd、Christina Ricci、Elijah Wood
得奖纪录：戛纳影展最佳编剧（James Schamus）
夏威夷国际影展电影视野特别奖（李安）
英国影艺学院奖最佳女配角（Sigourney Weaver）
丹麦 Bodil 奖最佳美国电影
瑞典 Guldbagge 奖最佳外语片
多伦多影评人协会（TFCA）最佳导演 / 亚军
参展纪录：戛纳影展竞赛项目、纽约影展开幕片、夏威夷国际影展开幕片、维也纳电影节开幕影片、台北金马国际影展闭幕片、英国影艺学院奖、伦敦影展、卢卡诺影展、多伦多影展、金球奖、金卫星奖、年轻艺术家奖（YAA）、新星奖（YSA）、美国选角协会、美国作家协会、丹麦 Bodil 奖、瑞典 Guldbagge 奖、澳洲电影学会、伦敦影评人协会、多伦多影评人协会、芝加哥影评人协会、佛罗里达影评人奖、年轻之星奖、Calotrudis 奖

1999 与魔鬼共骑 / RIDE WITH THE DEVIL
出品：环球电影公司（Universal）
片长：138 分钟 /148 分钟（导演版，DVD 发行）
预算：3500 万美元
监制：Robert F．Colesberry、Ted Hope、James Schamus
执行监制：David Linde
导演：李安
编剧：James Schamus，改编自 Daniel Woodrell 的小说《Woe to Live On》
摄影指导：Frederick Elmes
剪接：Tim Squyres
艺术指导：Mark Friedberg
服装设计：Marit Allen
选角指导：Avy Kaufman

置景：Stephanie Carroll
作曲：Mychael Danna
录音：Drew Kunin
声音剪接：Eugene Gearty 、Philip Stockton
混音：Rilly Steele
演员：Tobey Maguire、Skeet Ulrich、Jewel Kilcher、Jeffrey Wright、Jonathan Rhys-Meyers、James Caviezel
得奖纪录：杜维尔影展美国导演特别成就奖（李安）
Harry Award（李安）
参展纪录：伦敦影展开幕片、杜维尔影展、多伦多影展、Harry Award

2000 卧虎藏龙 / CROUCHING TIGER，HIDDEN DRAGON
出品：联华影视公司（United China Vision，UCV）
片长：120 分钟
预算：1500 万美元
监制：江志强、徐立功、李安
执行监制：James Schamus、David Linde
联合监制：郑全刚、董平
策划：李少伟、崔宝珠
导演：李安
编剧：王蕙玲、James Schamus、蔡国荣，改编自王度庐的同名小说
摄影指导：鲍德熹
动作导演：袁和平
剪接：Tim Squyres
艺术指导：叶锦添
服装设计：叶锦添
作曲：谭盾
大提琴独奏：马友友
录音：Drew Kunin
音效：Eugene Gearty
混音：Reilly Steele
演员：周润发、杨紫琼、章子怡、张震、郑佩佩、郎雄、高西安、李法曾、李黎
得奖纪录：奥斯卡金像奖最佳外语片、最佳摄影、最佳艺术指导、

最佳音乐
金球奖最佳导演、最佳外语片
美国导演公会最佳导演
《TIME》美国最佳导演
《TIME》2000 年年度最佳影片
《洛杉矶时报》2000 年最佳外语片
美国电影协会（AFI）年度风云导演
独立精神奖最佳影片、最佳导演、最佳女配角（章子怡）
洛杉矶影评人协会最佳影片、最佳摄影、最佳艺术指导、最佳音乐
英国影艺学院奖最佳外语片、最佳导演戴维连奖、最佳服装、最佳音乐
伦敦影评人协会最佳外语片
全美国家影评人协会最佳外语片
全美广播影评人协会最佳外语片
纽约影评人协会最佳摄影
波士顿影评人协会最佳外语片、最佳摄影
芝加哥影评人协会最佳外语片、最佳摄影、最佳配乐
佛罗里达影评人协会（FFCC）最佳外语片、最佳摄影
达福影评人协会（DFWFCA）最佳外语片、最佳摄影
堪萨斯市影评人协会最佳外语片
亚美影展最佳好莱坞影片、最佳男演员（周润发）、最佳女演员（杨紫琼）
多伦多影展观众票选最受欢迎影片
多伦多影评人协会最佳导演、最佳女配角（章子怡）
美国东南部影评人协会（SEFCA）最佳外语片
金卫星奖（GS Award）最佳外语片、最佳导演、最佳剪辑、最佳摄影、最佳服装、最佳艺术指导
美国科幻奇幻恐怖电影学会土星奖最佳动作 / 冒险 / 惊悚片
网络影评人协会（OFCS）最佳外语片、最佳摄影
Hugo 奖最佳戏剧放映
美国科幻奇幻作家协会星云奖最佳编剧
丹麦 Bodil 奖最佳非美国片
比利时根特弗兰德斯国际影展最佳音乐奖
澳洲电影学会（AFI）最佳外语片

澳洲影评人协会（FCCA）最佳外语片
挪威柏根影展观众奖（李安）
MTV 电影奖最佳武打场面奖（章子怡）
美国作曲家作者及出版人学会影视音乐奖（ASCAP）
票房最佳电影（谭盾）
金马奖最佳影片、最佳原创音乐、最佳剪辑、最佳武术指导、最佳音效、最佳视觉特效
香港电影金像奖最佳影片、最佳导演、最佳摄影、最佳女配角（郑佩佩）、最佳动作设计、最佳音响效果、最佳原创音乐、最佳原创歌曲；袁和平并获特别专业荣誉奖
香港金紫荆奖最佳影片、最佳导演、最佳女配角（章子怡）
耶路撒冷影展终身成就奖（李安）
泰勒莱影展个人成就奖（李安）
法国杜维尔影展个人成就奖（周润发）
德国 Bogey 奖
棕榈泉电影节国际电影人创作奖（李安）
国际巨星奖（杨紫琼）
金电影预告片奖最佳艺术及商业预告片、最佳罗曼史预告片
美国电影音效剪辑师协会最佳音效剪辑金胶奖（剧情片之对白及 ADR）
Robert 影展最佳非美国片
年轻艺术家奖国际电影最佳年轻女演员（章子怡）
格莱美奖最佳原创影视音乐专辑（谭盾）
旧金山保护天使岛协会杰出华人成就奖（李安）
美国《娱乐》周刊年度 101 位娱乐界最有权力人士，李安排名第 61
纽约独立制片人协会（IFA）终身成就奖（李安）
美国科学艺术学院人文科学会员（李安）

参展纪录：戛纳影展、奥斯卡金像奖、英国影艺学院奖、金球奖、独立精神奖、纽约影展闭幕片、温哥华影展开幕片、斯德哥尔摩影展开幕片、挪威柏根影展开幕片、耶路撒冷影展开幕片、棕榈泉电影节、泰勒莱影展、亚美影展、多伦多影展、伦敦影展、杜维尔影展、比利时根特弗兰德斯国际影展、西班牙圣萨巴斯汀影展、Robert 影展、Hof 影展、欧洲电影奖、英国帝国奖、德国 Bogey 奖、丹麦

Bodil 奖、挪威 Amanda 奖、巴西电影大奖、香港电影金像奖、香港金紫荆奖、台湾金马奖、MTV 电影奖、金卫星奖、Hugo 奖、百视达影视奖、Camerimager 金蛙奖、美国作曲家作者及出版人学会影视音乐奖、美国制作人协会金桂冠奖、世界电影配乐奖、世界特技 / 替身演员奖、美国科幻奇幻恐怖电影学会土星奖、美国科幻奇幻作家协会星云奖、金电影预告片奖、美国电影音效剪辑师协会金胶奖、格莱美奖、年轻艺术家奖、旧金山保护天使岛协会杰出华人成就奖、美国导演公会、美国科学艺术学院人文科学学会、美国电影协会、美国编剧公会、美国电影摄影学会、美国制片公会、美国电影音效剪辑协会、美国艺术指导公会、纽约独立制片人协会、澳洲电影学会、美国戏院"Sho West"年会、伦敦影评人协会、全美国家影评人协会、全美广播影评人协会、洛杉矶影评人协会、纽约影评人协会、波士顿影评人协会、芝加哥影评人协会、佛罗里达影评人协会、达福影评人协会、堪萨斯市影评人协会、多伦多影评人协会、美国东南部影评人协会、网络影评人协会、澳洲影评人协会、美国《TIME》年度电影评选、《洛杉矶时报》年度电影评选、美国《娱乐周刊》年度 101 位娱乐界最有权力人士

2001 选择 / CHOSEN
出品：宝马公司（BMW）
片长：6 分钟 / 11 分钟（DVD 版本）
监制：Robyn Boardman，Aristides McGarry
执行监制：David Fincher
导演：李安
编剧：David Carter
摄影指导：Frederick Elmes
剪接：Tim Squyers
艺术指导：Jane Musky
服装设计：Kasia Walicka-Maimone
选角指导：Avy Kaufman
置景：Jacqueline Canto
作曲：Mychael Danna

录音:Jeff Pullman
声音剪接: Eugene Gearty
混音: Reilly Steele
演员: Clive Owen、李淳、Sonom Gualson、Brian Smyj
参展纪录: DVD Exclusive Awards"Video 最佳互动首映 BMW Films.com"(李安)

2001 绿巨人浩克 / HULK
出品: 环球电影公司(Universal)、Marvel Enterprises
A Vahalla Motion Pictures、Good Machine Productions
片长: 138 分钟
预算: 约 1 亿 6000 万美元
监制: Avi Arad、Larry J. Franco、Gale Anne Hurd、James Schamus
执行监制: Kevin Feige、Stan Lee
导演: 李安
编剧: John Turman、Michael France & James Schamus,改编自 Jack Kirby 及 Stan Lee 的漫画
故事:James Schamus
摄影指导:Frederick Elmes
剪接:Tim Squyres
艺术指导:Rick Heinrichs
动画监督:Colin Brady
视觉特效:Dennis Muren
视觉特效制作人:Tom Peitzman
服装设计:Marit Allen
选角指导:Avy Kaufman
作曲:Danny Elfman
置景:Cheryl A Carasik
录音:Drew kunin
声音设计:Eugene Gearty、Gary Rydstrom
混音:Gary Rydstrom、Michael Semanick
演员: Eric Bana、Jennifer Connelly、Sam Elliott、Josh Lucas、Nick Nolte
得奖纪录: BMI 影视奖最佳电影音乐(Danny Elfman)
参展纪录: 美国科幻奇幻恐怖电影学会、视效学会奖、BMI 影视奖

2005 断背山 / BROKEBACK MOUNTAIN

出品：焦点电影公司（Focus Features）、河流道娱乐事业 (River Road Entertainment)

片长：134 分钟

预算：约 1400 万美元

监制：James Schamus、Diana Ossana

执行监制：Michael Costigan、Larry McMurtry、Michael Hausman、William Pohlad、Alberta Film Entertainment

联合监制：Scott Ferguson

导演：李安

编剧：Larry McMurtry、Diana Ossana，改编自 E. Annie Proulx 的同名小说

摄影指导：Rodrigo Prieto

剪接：Geraldine Peroni、Dylan Tichenor

艺术指导：Judy Becker

服装设计：Marit Allen

选角指导：Avy Kaufman

置景：Patricia Cuccia、Catherine Davis

视觉特效：Louis Morin

作曲：Gustavo Santaolalla

音乐制作指导：Kathy Nelson

声音剪接：Eugene Gearty、Philip Stockton

混音：Reilly Steele、Eugene Gearty、Drew Kunin

演员：Heath Ledger、Jake Gyllenhaal、Anne Hathaway、Michelle Williams、Randy Quaid、Linda Cardellini、Kate Mara、Anna Faris

得奖纪录：当选《TIME》2006 年"影响世界的 100 人"（艺术家、娱乐界）
奥斯卡金像奖最佳导演、最佳原创音乐、最佳改编剧本
威尼斯影展最佳影片金狮奖
英国影艺学院奖最佳影片、最佳导演戴维连奖、最佳改编剧本、最佳男配角（Jake Gyllenhaal）
独立精神奖最佳影片、最佳导演
金球奖最佳影片、最佳导演、最佳歌曲、最佳剧本

美国导演公会最佳导演
美国编剧公会最佳改编剧本
全美国家影评人协会最佳导演、
最佳男配角（Jake Gyllenhaal）
纽约影评人协会最佳影片、最佳导演、
最佳男主角（Heath Ledger）
洛杉矶影评人协会最佳影片、最佳导演
波士顿影评人协会最佳影片、最佳导演
旧金山影评人协会最佳影片、最佳导演、最佳男主角
芝加哥影评人协会最佳摄影、最佳配乐
拉斯维加斯影评人协会最佳影片、最佳导演、最佳配乐、最佳男主角
美国东南部影评人协会最佳影片、最佳导演、最佳改编剧本
金卫星奖最佳影片、最佳导演
卫星奖最佳影片（戏剧类）、最佳导演、最佳剪辑、最佳原创歌曲（Gustavo Santaolalla，Bernie Taupin）
全美广播影评人协会最佳影片、最佳导演、最佳女配角（Michelle Williams）
达福影评人协会最佳影片、最佳导演、最佳剧本、最佳摄影
中部俄亥俄影评人协会（COFCA）年度最佳演员（Heath Ledger）、最佳男主角（Heath Ledger）、最佳剧本
凤凰城影评人协会最佳摄影、最佳改编剧本、最佳男主角、最佳男配角、最佳女配角（Michelle Williams）
奥斯汀影评人协会最佳改编剧本
佛罗里达影评人协会最佳影片、最佳导演、最佳剧本、最佳摄影
伦敦影评人协会最佳导演、最佳影片
温哥华影评人协会（VFCC）最佳影片、最佳导演
MTV 电影奖最佳表演（Jake Gyllenhaal）、最佳接吻（Jake Gyllenhaal、Heath Ledger）
网络影评人协会最佳剧本、最佳作曲
美国金闪亮奖同志媒体奖及外籍同志电影节奖最佳影片、最佳男主角、最佳男配角、最佳女配角（Michelle Williams）
纽约同性恋反歧视联盟（GLLAD Media）杰出电影奖（广为放映）

Chlotrudis Awards 最佳导演、最佳改编剧本
美国电影摄影学会最佳摄影
美国选角学会戏剧类最佳剧情片选角（Avy Kaufman）
澳洲影评人协会国际奖最佳男演员 (Heath Ledger)
全美制作人协会(PGA)金桂冠奖年度电影制片奖(院线片)
世界电影配乐奖观众票选奖（Gustavo Santaolalla）
美国作家协会（WGA）最佳改编剧本（电影）
日本 Nikkan Sports Film Awards 最佳外语片奖

参展纪录：威尼斯影展、奥斯卡金像奖、金球奖、英国影艺学院奖、独立精神奖、挪威 Amanda 奖、法国凯萨奖、欧洲电影奖、丹麦 Bodil 奖、David di Donatello 奖、格莱美奖、金电影预告片奖、高谭奖、金卫星奖、卫星奖、MTV 电影奖、Chlotrudis 奖、世界电影配乐奖、洛杉矶影展、洛杉矶同性恋影展、比弗利山庄电影节、好莱坞影展、圣塔菲电影节、旧金山国际影展、旧金山 Frameline 电影节、伍德史托克电影节、西雅图 Damah 国际影展、西雅图国际影展、西雅图同性恋影展、华盛顿大学生电影节、波特兰同性恋影展、银湖电影节、棕榈泉电影节、丹佛国际影展、日舞影展、泰勒莱影展、科罗拉多州 Breckenridge 电影节、科罗拉多州矛高峰淡紫色电影节、波士顿地下电影节、波士顿同性恋电影节、水牛城国际恐怖电影节、纽约翠贝卡电影节、哥伦比亚大学电影节、马里兰大学恐怖片电影节、维吉尼亚电影节（美国国家艺廊)、费城影展、纽波特海滩电影节、芝加哥无政府主义者电影节、芝加哥人权节、威斯康辛电影节、印第安纳波利斯 LGBT 电影节、亚特兰大影展、亚特兰大 Inman 公园节、色拉索塔法国电影节、萨瓦讷电影节、迈阿密同性恋影展、坦帕同性恋电影节、德州奥斯汀影展、密尔瓦基国际影展、纳许威尔电影节、夏威夷国际影展、毛伊电影节、美国电影节、美国非裔影展、美国电影 & 传统节、亚美影展、桌面电影节、东边电影节、法语系电影节、未来电影节、Gadabout 电影节、Heartland 电影节、Howard Stern 电影节、自由电影节、杰克逊洞电影节、卷轴女性影展、南园电影节、SXSW 电影节、Westport 青年电影节、多伦多影展、杜维尔影展、鹿特丹国际影展、卢卡诺影展、西班牙巴里阿多里德国际影

展、西班牙 Actual 电影节、比利时根特弗兰德斯国际影展、南斯拉夫贝尔格勒国际影展、捷克卡罗威发利国际影展、挪威柏根影展、瑞典斯德哥尔摩国际影展、瑞典歌德堡国际影展、芬兰贺尔辛基女性电影节、巴黎同性恋影展、伦敦影展、伦敦同性恋影展、英国 Glastonbury 节、牛津国际影展、国际佛教电影节、加拿大班夫山岳影展、加拿大卡尔加里国际影展、维多利亚独立电影节、加拿大节、墨西哥 Festival Internacional de Cine Contemporáneo de la Ciudad de México、巴西里约热内卢国际影展、巴西圣保罗国际影展、澳洲布里斯本节、墨尔本地下电影节、以色列电影节、杜拜国际影展、东京影展、菲律宾 CineManila 国际影展、新加坡电影节、美国导演公会、美国编剧公会、美国作家协会、美国演员公会、美国电影摄影学会、美国制片公会、美国选角学会、全美电影剪接师协会、USC 剧作家奖、全美国家影评人协会、纽约影评人协会、洛杉矶影评人协会、波士顿影评人协会、华盛顿 D.C. 影评人协会、旧金山影评人协会、芝加哥影评人协会、拉斯维加斯影评人协会、美国东南部影评人协会、全美广播影评人协会、达福影评人协会、中部俄亥俄影评人协会、凤凰城影评人协会、奥斯汀影评人协会、佛罗里达影评人协会、伦敦影评人协会、温哥华影评人协会、网络影评人协会、澳洲电影学会、美国金闪亮奖同志媒体奖及外籍同志电影节奖、纽约同性恋反歧视联盟、美国科幻奇幻恐怖电影学会

2007 色，戒 / LUST, CAUTION

出品：海上影业有限公司、美国焦点影业（Focus Features）及美国河流道娱乐事业（River Road Entertainment）

联合出品：银都机构有限公司、上海电影集团公司

片长：158 分钟

预算：1500 万美元

监制：江志强、李安、James Schamus

执行监制：宋岱、任仲伦、邵在纯

联合监制：谢家慧、李良山

联合执行监制：王蕙玲、林炳坤

导演：李安

编剧：王蕙玲、James Schamus，改编自张爱玲的同名小说
摄影：Rodrigo Prieto
剪接：Tim Squyres
艺术指导：朴若木
服装设计：朴若木
视觉特效：Brendan Taylor
作曲：Alexandre Desplat
声音剪接：Eugene Gearty 、Philip Stockton
混音：Reilly Steele、Eugene Gearty、Drew Kunin
演员：梁朝伟、汤唯、陈冲、王力宏、Anupam Kher、庹宗华、朱芷莹、高英轩、柯宇纶、阮德锵、钱嘉乐、苏岩、何赛飞、樊光耀、卢燕
得奖纪录：威尼斯影展最佳影片金狮奖、最佳摄影（Rodrigo Prieto）
金马奖最佳影片、最佳导演、最佳男主角（梁朝伟）、最佳新演员（汤唯）、最佳改编剧本、最佳造型设计、最佳原创电影音乐、年度台湾杰出电影工作者奖（李安）
金卫星奖最佳外语片
香港电影金像奖最佳亚洲电影
亚洲电影博览会最佳女艺人奖（汤唯）
第三届亚洲卓越成就奖最杰出电影、最杰出电影男演员（梁朝伟）
香港金紫荆奖最佳影片、最佳导演、最佳男主角、最佳女主角、最佳女配角
亚洲电影奖最佳男主角（梁朝伟）
Guldbagge Awards 最佳外语片
美国 NBR（全美影评榜 National Board of Review）五部最佳外语片首奖、卫星奖、最佳外语片
参展记录：威尼斯影展、多伦多影展、香港电影节、伦敦电影节、英国影艺学院奖、台湾金马奖、金球奖、金卫星奖、独立精神奖、香港电影金像奖、香港金紫荆奖、亚洲电影奖、亚洲电影博览会、日本电影学院奖、全美广播影评人协会、芝加哥影评人协会、达福影评人协会、网络影评人协会、卫星奖、意大利全国电影记者协会、Guldbagge Awards、美国 NBR、卫星奖

2009 胡士托风波 / TAKING WOODSTOCK
出品：焦点影业公司（Focus Features）
片长：121 分钟
预算：3000 万美元
监制：James Schamus、李安、Celia Costas
执行监制：Michael Hausman
助理制片：李良山
导演：李安
编剧：James Schamus，根据 Elliot Tiber 及 Tom Monte 的同名著作《Taking Woodstock: A True Story of a Riot, A Concert, and A Life》改编
摄影：Eric Gautier
剪接：Tim Squyres
艺术指导：David Gropman
服装设计：Joseph G. Aulisi
选角指导：Avy Kaufman
置景：Ellen Christiansen de Jonge
视觉特效：Brendan Taylor
作曲：Danny Elfman
声音剪接：Eugene Gearty、Philip Stockton
混音：Reilly Stelle、Eugene Gearty、Drew Kunin
演员：Demetri Martin、Dan Fogler、Henry Goodman、Jonathan Groff、Eugene Levy、Jeffrey Dean Morgan、Imelda Staunton、Emile Hirsch、Liev Schreiber
得奖记录：第 21 届纽约同性恋反歧视联盟（GLLAD Media）
杰出电影奖（广为放映）
美国选角学会戏剧类最佳剧情片选角 (Avy Kaufman)
参展记录：戛纳影展竞赛项目、美国选角学会、纽约同性恋反歧视联盟、世界电影配乐奖

2012 少年派的奇幻漂流 / LIFE OF PIE
出品：Fox 2000
海上影业有限公司
片长：127 分钟
预算：1 亿 2000 万美金
监制：Gil Netter、李安、David Womark

执行监制：Dean Georgaris
联合监制：李良山
导演：李安
编剧：David Magee，改编自 Yann Martel 的同名小说
摄影指导：Claudio Miranda
剪接：Tim Squyres
艺术指导：David Gropman
服装设计：Arjun Bhasin
选角指导：Avy Kaufman
置景：Anna Pinnock
视觉特效：Bill Westenhofer
现场特效：Thomas L. Fisher
作曲：Mychael Danna
原创歌曲：《Pi's Lullaby》作曲 Mychael Danna，歌词 Bombay Jayashri
声音剪接：Eugene Gearty、Philip Stockton
混音：Ron Bartlett、Doug Hemphill、Drew Kunin
演员：Suraj Sharma、Irrfan Khan、Tabu、Rafe Spall、
Gerard Depardieu、Adil Hussain、Ayush Tandon
得奖记录：奥斯卡金像奖最佳导演、最佳作曲、最佳视觉特效、最佳摄影
英国影艺学院奖最佳摄影、最佳视觉特效
金球奖最佳作曲
《TIME》年度十大好片，排名第三
美国电影协会奖年度电影（李安、Gil Nette、David Womark）
美国电影音效剪辑师协会金胶奖剧情片最佳“音乐剪接”、
“对白剪接”、年度电影人奖（李安）
美国视觉效果工会奖远见奖（李安）、特效影片最佳
视觉效果、
实景影片最佳动画角色（老虎理查·帕克）、实景影片
最佳 FX
模拟、剧情影片最佳合成特效
国际 3D 公会奖最佳 live-action3D 电影、最佳 live-action 立体电影、
年度最佳 3D 时刻（飞鱼穿越救生艇）、
Harold Lloyd 导演奖（李安）
全美广播影评人协会最佳摄影、最佳视觉特效
波士顿影评人协会最佳摄影

华盛顿 D.C. 影评人协会最佳摄影
旧金山影评人协会最佳摄影
北卡罗来纳影评人协会最佳导演
达福影评人协会最佳摄影
美国东南部影评人协会最佳摄影
圣地牙哥影评人学会最佳摄影
芝加哥影评人协会最佳摄影（第二）
拉斯维加斯影评人协会 Sierra 奖最佳影片、最佳导演、最佳摄影、最佳作曲、最佳视觉效果、电影新人（Suraj Sharma）凤凰城影评人协会最佳摄影、最佳视觉效果、最佳真人家庭电影
堪萨斯市影评人协会最佳导演（李安）
佛罗里达影评人协会最佳视觉效果
卫星奖最佳摄影、最佳改编剧本
Mill Valley 电影节观众票选奖（李安）
棕榈泉电影节最佳电影音乐 Frederick Lowe 奖
美国艺术指导公会艺术指导杰出奖富想象设计之影片（David Gropman）
Annie 奖艺术指导卓越（David Gropman）
伦敦影评人协会 ALFS 奖最佳导演、年度技术成就奖（Bill Westenhofer、视觉特效）、年度影片排名第三

参展记录：奥斯卡金像奖 11 项提名、英国影艺学院奖、纽约影展开幕片、印度 Goa 国际影展开幕片、金球奖、伦敦影展、伦敦影评人协会、英国帝国奖、爱尔兰电影电视奖、美国《TIME》年度十大好片、台湾金马奖国际影展特别放映、美国电影协会奖、美国电影音效剪辑师协会金胶奖、美国视觉效果工会奖、国际 3D 公会奖、美国导演公会、美国编剧公会、美国电影摄影学会、USC 编剧奖、美国制片人公会、美国作家协会、全美广播影评人协会、波士顿影评人协会、华盛顿 D.C. 影评人协会、旧金山影评人协会、北卡罗莱纳影评人协会、达福影评人协会、美国东南部影评人协会、圣地亚哥影评人协会、芝加哥影评人协会、拉斯维加斯影评人协会、凤凰城影评人协会、堪萨斯市影评人协会、佛罗里达影评人协会、温哥华影评人协会、网络影评人协会、澳洲电影学会、卫星奖、Mill

Valley电影节、棕榈泉国际电影节、美国艺术指导公会、Annie奖、Rembrandt Awards、MTV电影奖、Image奖、法国文化部颁赠法国文化艺术骑士勋章（李安）

资料来源：http://www.imdb.com
http://www.dianying.com（中文电影资料库）
金马奖入围名单数据
《推手——一部电影的诞生》
《饮食男女——电影剧本与拍摄过程》（台湾远流出版公司）
《喜宴》（台湾时报文化出版公司）
张靓蓓整理之李安年表
李良山提供之相关数据

本书未署名图片由李安导演提供